21世纪全国高等学校物流管理专业
应用型人才培养系列规划教材

采购 5
库存控制

◉ 主　编　张晓华
◉ 副主编　魏晓安　陶水莲

Purchasing and
Inventory Control

华中科技大学出版社
http://www.hustp.com
中国·武汉

内 容 简 介

《采购与库存控制》是 21 世纪全国高等学校物流管理专业应用型人才培养系列规划教材的一种。

全书从应用型本科院校、高职高专院校学生的培养方向出发,在各章的内容安排上,除阐述基础理论外,注重实际操作流程的具体介绍;针对应用型本科院校、高职高专院校学生的特点,书中增加了大量的相关知识链接和案例分析,力求新颖,内容丰富,可读性强。

本书可作为大专院校物流管理、电子商务、市场营销、交通运输等专业的教学用书,同时也适合作为工业企业、零售企业的采购和库存管理人员及物流从业人员的培训教材,对企业一般管理人员也有参考价值。

图书在版编目(CIP)数据

采购与库存控制/张晓华　主编.—武汉:华中科技大学出版社,2011.9（2025.7重印）
ISBN 978-7-5609-7229-9

Ⅰ.采…　Ⅱ.张…　Ⅲ.①采购管理-高等学校-教材　②库存-仓库管理-高等学校-教材
Ⅳ.F253

中国版本图书馆 CIP 数据核字(2011)第 149885 号

采购与库存控制　　　　　　　　　　　　　　　　　　　　张晓华　主编

策划编辑:周小方　陈培斌
责任编辑:刘　烨　殷　茵
封面设计:刘　卉
责任校对:朱　玢
责任监印:徐　露
出版发行:华中科技大学出版社(中国·武汉)　　　电话:(027)81321913
　　　　　武汉市东湖新技术开发区华工科技园　　　邮编:430223
录　　排:武汉正风天下文化发展有限公司
印　　刷:河北虎彩印刷有限公司
开　　本:710mm×1000mm　1/16
印　　张:22　插页:2
字　　数:456 千字
版　　次:2025 年 7 月第 1 版第 10 次印刷
定　　价:58.00 元

总　序

　　"物流业是融合运输业、仓储业、货代业和信息业等的复合型服务产业,是国民经济的重要组成部分,涉及领域广,吸纳就业人数多,促进生产、拉动消费作用大,在促进产业结构调整、转变经济发展方式和增强国民经济竞争力等方面发挥着重要作用。"当前,虽然有全球性金融危机的深刻影响,但国务院颁发的《物流业调整和振兴规划》却给我们物流行业带来振奋和欣喜:物流业——危机和机遇同在,危机中蕴涵着更多的发展机遇。

　　21 世纪是知识经济的时代,是人才竞争的时代,对于蓬勃发展的物流行业更是如此。为了培养高素质创新型物流人才,必须建立高水平的人才培养体系和高质量的教材建设体系,这既是时代的召唤,也是历史的必然。

　　正是在这样的时代背景下,华中科技大学出版社于 2008 年初组织全国数十所高校物流专业正式启动了"21 世纪高等学校物流管理专业应用型人才培养系列规划教材"建设项目。其实早在 2006 年年初,华中科技大学出版社就有了"21 世纪高等学校物流管理专业应用型人才培养系列规划教材"选题的构想,按照物流管理专业基础课、专业主干课和实训课设置的思路,结合应用型人才培养要求进行了选题规划工作,同时开始依此原则着手对全国物流专业课程设置、院校数量及招生人数等方面资料进行了搜集整理,顺利完成系列选题的策划、市场调研、院校联系工作。经过华中科技大学出版社三年多的具体组织和策划,在总结过去教材建设经验和突出物流行业应用性特点的基础上,经过反复研究论证和精心写作,本套系列规划教材现已陆续出版。

　　这套系列教材主要体现了以下特色。

　　第一,基础性。立足中国高校物流教育的现实需求,在内容上,注重理论联系实际,注重吸收物流行业发展的新成果、新案例和新知识。同时"西学为体,中学为用","立足国情,博采众长",注重结合中国物流行业的发展阶段,既吸收国外优秀的、成熟的物流发展成果,又面对国内物流行业发展实践收集资料、数据和案例。

　　第二,实用性。在体系上,注重实用性和适用性,虽然不要求理论体系的完整性,但要求其有较强的针对性,以能力培养为主旨。同时强调技能培养与训练,侧重实践操作知识介绍,强调技能与方法介绍的系统性、完整性与模块化,侧重提高学生运用物流知识解决现实物流实务问题的能力。

　　第三,创新性。在形式上开拓创新,体例新颖,教材中设计了形式新颖的各种栏目,如知识库、资料库、典型案例、情景模拟、文化长廊、背景资料、实际操作、练习与思考等内容,有助于拓展学生学习视野,调动学生学习的积极性。

华中科技大学出版社组织编写的这套物流管理应用型人才培养系列教材,凝结着编写教师和出版者的辛勤劳动和汗水,是他们多年丰富的教学实践经验和出版经验的结晶。相信这套实用性很强的教材,对我国物流管理应用型人才的培养工作定是一个有力的推动和贡献。

中国物流与采购联合会副会长
教育部高等学校物流类专业教学指导委员会秘书长
2009 年 4 月 30 日

前　　言

随着经济全球化和信息技术的飞速发展,社会生产、物资流通、商品交易及其管理方式也在发生深刻的变革,作为国民经济和企业的"第三利润源"的现代物流业正在世界范围内广泛兴起,它必将成为 21 世纪的朝阳产业。

采购管理和库存控制是物流系统中的一个重要组成部分,也是物流供应链中的一个重要环节。采用一套科学、系统、有效的方法去指导、改善和实施货物采购与库存控制运作,可以促进企业研发,保障供应,形成企业独有的竞争优势,为企业参与市场竞争、获得持久发展提供动力。因此,加强采购和库存环节的研究、优化采购与库存控制过程、提高采购与库存组织水平和管理水平等,对提高整个物流运营质量和效率都具有重要意义。同时,通过开发实用性、操作性强的采购与库存控制教材,以加快物流专业人才的培养,也是我们面临的艰巨任务。因此,我们在分析和总结我国物流业发展现状的基础上,吸收了国外先进的采购与库存控制理念、技术和管理思想,系统地阐述了采购与库存控制业务中的基础理论、技术与操作规程,编写了这本 21 世纪全国高等学校物流管理专业应用型人才培养系列规划教材《采购与库存控制》。

市面上有关采购与库存控制的教材,一般都是编写采购管理有余而阐述库存控制不足。表现为采购管理的内容洋洋洒洒,成体系、有篇幅,库存控制的内容寥寥几章,形单影只,不成体系。本书在保持采购管理体系完整的前提下,完善了库存控制的内容,使之饱满且成体系。在建立库存控制基本原理之后,围绕库存控制的不同需求和情境,分别提出了独立需求、关联需求和供应链环境下的库存控制方法。可以说,本书的创新之处在于突出了采购与库存控制的联系,均衡了采购管理与库存控制的内容,对现有采购与库存控制教材的通行弊端做了必要的修补。

除此之外,本教材具有如下特点。

(1) 在各章的安排顺序上,按照采购作业及库存控制流程的主线逐步展开,有利于学生全面把握课程体系,理解各章之间的有机联系。

(2) 从应用型本科院校、高职高专院校学生的培养方向出发,在各章的内容安排上,除基础理论的一般论述外,更加注重实际操作流程的具体介绍;针对应用型本科院校、高职高专院校学生的特点,教材中增加了大量的相关知识链接和案例分析,力求新颖,内容丰富,可读性强,使涉及的相关内容更加易于掌握。

(3) 每章后面附有"案例分析"和"综合练习题",练习题有助于帮助学生巩固所学知识,案例分析有助于学生对各章知识与实践结合的进一步理解与认识。

本书由广州市广播电视大学张晓华校长任主编,广州城市职业学院魏晓安副教授、广州大学陶水莲副教授任副主编。在编写过程中,本书吸收了许多专家的研究成果或实践经验,在此向这些参考文献的作者表示感谢! 此书得以出版,实乃华中科技大学出版社的支持与促成,在此谨致谢意。

由于作者水平有限,书中难免有疏漏和不妥之处,敬请读者批评指正。

编　者
2011 年 2 月

目录 . . . . contents

第一章 采购与库存控制导论

本章学习重点

1. 采购的基本概念和主要分类,库存的基本概念和主要分类。

2. 采购的基本流程,采购与库存控制的关系。

3. 采购的职能与作用,库存的功能。

技能要求

能结合实际案例分析采购的基本流程,评价库存的功能。

第一节 采购概述

采购是一种非常常见的活动,从日常生活到企业运作,人们都离不开它。事实上在现代社会,个人或企业、生活或生产所需要的各种物资,已经不能"自给自足",必须依靠"采购"来获得满足,"采购"已变成一项不可或缺的经济活动。

一、采购的含义

(一)采购的含义

一般认为,采购是采购人员或者是采购单位基于各种目的和要求购买商品或劳务的一种行为,具有明显的商业性。通常可以从两个层次上来理解采购的含义。狭义上,采购可以被定义为企业购买货物和服务的行为;广义上,采购可以被定义为企业获取货物和服务的过程。

"采购"一词,从词面解释有两层含义:一是"采",即摘取、搜集、挑选,从众多对象中进行有目的的选取;二是"购",即买,通过交易获得所需。

因此,可以认为,采购是指购买主体为满足自身需要,通过交易手段从多个备选对象中选取物品或劳务的一种经济活动。采购同销售一样,是一种常见的经济活动。

（二）采购的基本特征

1. 采购是从资源市场获取资源的过程

从原始意义上讲,无论是生活还是生产,采购都是获取资源的过程,是社会资源进行分配和再分配的渠道之一。这些资源既包括生产资料,也包括生活资料;既包括有形资源（机器、厂房、生产原料等）,也包括无形资源（信息、服务等）。从这个角度讲,采购的功能就是帮助人们从资源市场获取他们所需要的各种资源。

2. 采购是商流、物流、信息流相结合的过程

从流通过程讲,采购是商流、物流、信息流相结合的过程。采购通过商品交易、等价交换将可用的资源从供应者手中转移到使用者手中,实现商品使用权和所有权的转移,它实现了商品的使用价值和价值,这是一个商流过程。同时,采购又是一个物流过程,通过包装、运输、装卸、配送等手段来实现商品在时间和空间位置上的转移。

采购的过程同时也是一个信息交换的过程。其他有关部门将相关信息反馈给采购部门,采购部门进行相应的处理,从而做出相应的决策和建议。没有这些信息,采购无法实现其功能,进而企业生产也会受到影响。同时采购部门在使用、处理这些信息之后,又将所产生的新的信息反馈给其他部门,以便于其他部门内部,以及与采购部门之间进行业务方面的协调。

3. 采购是一种经济活动

从经济效益的角度来讲,采购也是一种经济活动,必须讲求经济效益。企业进行采购活动,在采购过程中就会有各种各样的费用发生,这就是采购成本。从经济的角度讲,任何一种经济行为都要遵循经济规律,讲求经济行为的效益最大化,以最小的成本获取最大的经济效益。因此,降低采购成本是整个采购活动的关键。

 **[相关知识链接 1-1]**

采购与购买、供应、采购管理的概念辨析

采购是现代物流管理中的一个常见且重要的概念,在使用时易与购买、供应、采购管理等概念混同。

"购买"和"采购"常常被错误地认为同义,其实两者有着严格的区别。购买通常是指买卖活动本身,即交易双方所有物易手的短暂过程。采购不是单纯的购买

行为,而是从市场预测开始,经过商品交易,直到所采购的商品到达需求方的全部过程。采购是比购买的含义更广泛、更复杂的概念。

现代意义上的"采购"大多与"供应"联系在一起,但两者在概念上并不完全一致。一般而言,供应的含义比采购的含义更为宽泛,供应包括内部供应和外部供应:内部供应如生产自用、车间之间的供应等;外部供应是从外部寻找供应商、组织货源、对企业进行供应,采购就属于此类。此外,从功能上看,供应强调的是保障需要,而采购除为了保障需要之外,还具有降低成本、减少资金占用等功能。

"采购"与"采购管理"也是两个不同的概念。采购管理是指为保障企业正常生产经营活动所需的物资供应而对企业的整个采购活动进行的计划、组织、指挥、协调和控制。采购管理是企业管理的一个子系统,采购活动是采购管理的对象。如果企业采购处于一种自发状态,没有进行有效的计划、组织、协调与控制,那么可以说企业只有采购活动,没有采购管理。

二、采购的职能与作用

(一)采购的基本职能

1. 保障供应

采购的首要职能就是要实现对整个企业的物资供应,以保障企业生产和生活的正常进行。企业生产需要原材料、零配件、机器设备和工具,生产线一开动,这些东西必须样样到位,缺少哪一样,生产线都开动不起来。企业办公需要办公用具,企业生产需要生活物资,所有这些都需要采购管理有计划地安排好采购,只有这样才能保障企业生产和生活的正常进行。

保障供应不应当只是物资的品种数量,还应当包括物资的质量。所采购物资的质量,直接决定着企业的生产质量和产品的质量,也关系着企业对产品消费者的服务质量,从而关系着企业在市场上的竞争力和生命力。所以,采购管理保障供应,一定要以把好物资质量关作为自己的重要职能。

2. 供应链管理

传统的采购管理观念,一般把保障供应看成是采购的唯一职能。但是随着社会的发展,特别是 20 世纪 90 年代供应链思想出现以后,人们对采购的职能有了进一步的认识,即认为采购应当还有第二个重要职能,那就是供应链管理,特别是上游供应链的管理。

在市场竞争越来越激烈的社会,企业之间的竞争实际上就是供应链之间的竞争。企业为了最有效率地进行生产和销售,需要有一大批供应商的鼎力相助,相互之间进行最好的协调配合。采购管理是直接和供应商打交道的,建立起和供应商的协调合作关系,对于采购管理来说,既有必要又有可能。一方面,只有把供应商组织起来,建立一个完整的供应链系统,才能够形成一个友好的协调配合的采购环境,保证采购供应工作的高效顺利进行;另一方面,企业采购管理部门与供应商打交道的机会最多,只有他们最有可能通过自己耐心细致的工作,通过与供应商的沟通、协调和采购供应操作,建立起友好协调的供应商关系,从而建立起供应链,并进行供应链运作和管理。

3. 资源市场信息管理

采购的第三个职能,就是资源市场的信息管理。在企业中,只有采购部门经常与资源市场打交道,采购部门除了是企业和资源市场的物资输入窗口外,也是企业和资源市场的信息接口。所以,采购除了保障物资供应、建立起友好的供应商关系之外,还要随时掌握资源市场信息,并反馈到企业管理层,为企业的经营决策提供及时有力的支持。

采购的这一职能很容易被一般人所忽略。这是因为长期以来,我国在计划经济模式下,市场竞争不太激烈,人们不太重视信息的作用。而在市场竞争十分激烈的市场经济模式下,商战实际上就是信息战,谁抢先掌握市场信息,及时进行经营决策,谁就能够抓住商机,抢占竞争的优势地位,获得发展机遇。

采购经常与资源市场打交道,应当随时掌握资源市场的信息,一并及时反馈到企业管理层,为企业改进产品、改进采购、开发新产品、开发新的供应商提供决策支持。所以,采购管理应当把资源市场信息管理作为自己的重要职能。在某种意义上,采购管理的信息管理职能比保障物资供应的职能更重要。

 **[相关知识链接 1-2]**

采购职能的演化过程

加拿大学者 Michiel R. Leenders 描绘出了发达国家采购管理职能大致的演化过程(见图 1-1)。

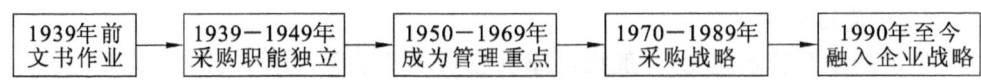

| 1939年前
文书作业 | → | 1939—1949年
采购职能独立 | → | 1950—1969年
成为管理重点 | → | 1970—1989年
采购战略 | → | 1990年至今
融入企业战略 |

图 1-1 采购职能的演化过程

发达国家在 20 世纪五六十年代开始重视采购管理,到七八十年代,采购战略与营销战略、财务战略、运营战略的概念几乎同时出现,在具体作业上它们是独立进行的。进入 90 年代,采购管理开始被应用于企业系统管理中。这一点以汽车工业的发展过程最为清晰和典型。

亨利·福特婚后在厨房成功制造出自己的发动机后,开始了他的制造汽车生涯。1903 年,福特开始致力于组装汽车,全部零部件靠采购获得。整台车一个工人装配,装配工作周期为 514 分钟。供应商加工零件,福特公司装配汽车,采购是维系这种生产方式的重要手段。

整车厂与零件商之间是一种松散的采购关系,当采购量增大时,要协调多个独立企业是十分困难的。1908 年,随着需求增加,福特决定每位装配工只承担单一的工作,发明了定位流水作业,装配节拍减少到 2.3 分钟。1913 年,福特进一步推出移动组装线,把节拍减少到 1.9 分钟,形成大量生产模式,但采购变得困难起来。1915 年,福特放弃与独立厂商协作的方式,只要是制造汽车所需要的东西,尽可能自己生产。每当福特的纵向一体化模式遇到市场波动时,就会频繁招工或解雇员工,代价很高。在 20 世纪 30 年代,当他精力衰退时,几乎使公司倒闭。

1950 年,福特二世想出新主意,用招标方式选择供应商,市场波动时停止合同。这样一来,看似又回到福特公司建立时的做法,但不是简单的重复,前一次是把分散的资源组织起来制造汽车,后一次是更有效地组织资源。到 1955 年,大量生产方式已经成熟。采购主要通过招投标形式,简化了供应商选择的繁复过程,也省去了价格谈判的烦恼,全靠降低采购成本获取利润。

1973 年以后,美国的生产方式遭遇日本丰田公司的挑战。丰田公司制造汽车的历史短,企业规模小、资金短缺。丰田公司发现大量生产方式不适合自己,就走上了联合众多小企业共同制造汽车之路。丰田负责整车设计和少数关键的代表汽车技术的部件、总成,如发动机、车身等制造,75% 的零部件通过采购获得。丰田公司根据合作关系选定 200 多家协作厂为第一层合作者,多数是部件或组件厂。再由第一层厂家找第二层合作者,根据需要依此再找第三层、第四层的合作厂商。

采购件的供货采用直送装配线、质量免检、小批量送货方式,达到准时化、零库存、零缺陷,由此丰田公司发明了 JIT(just in time,准时生产)生产方式,美国学者于 1990 年将它称为"lean production"(精益生产)。JIT 生产方式使丰田公司的整个制造过程中的库存量大为降低,竞争力提高,其作用在 1973 年的石油危机中显露出来,引起全世界的注意。

伴随着 JIT 生产方式的产生,采购管理也发生了革命性的变化。这不仅表现在采购的时间决策上达到准时化,数量决策上做到小批量,质量保证上达到零缺陷,还表现在整机制造商与零部件供应商之间形成了一种合作竞争的战略伙伴关系,把最初的双方的买卖交易活动扩大到设计、质量控制、成本控制等领域。

通过对丰田方式的深入研究,1990 年以后,又提出了供应链竞争力的概念,产生了供应链管理的理论。采购在供应链中被赋予新的含义,要求采购管理的功能在保证低成本高质量的同时,还能支持客户化定制的快速反应和柔性生产。

(二) 采购的作用

作为采购人员,很重要的一点就是要认识到机会来源于两个方面:一是准确把握采购活动在帮助组织实现总体客户满意的过程中的重要作用;二是正确理解组织的战略目标和发展方向,以便通过采购活动支持组织战略目标的实现。

1. 采购在总体客户满意中的作用

企业生存的主要目标就是要为所有者创造价值。许多管理者越来越意识到,要想成功地实现这一目标,只有通过为客户提供满意的服务。如果企业由于没有满足客户的某些需求而不能很好地为客户提供服务的话,那么企业就不能继续生存下去。这并不是营销理念的变化,而是对这一理念的重要补充。

过去,人们常把采购活动与企业的最终客户分开来看。然而,以合理的成本及时地为客户提供高质量的、可靠的产品和服务会直接影响客户的满意水平。企业提供给客户的产品质量不可能比它从供应商那儿采购的产品质量高。企业的任何一个上游供应商的运输延迟或质量问题,都可能影响企业对下游客户提供的产品(或服务)的质量和及时性,除非企业日常持有相当高的库存水平。这样一来,供应商就增加了产品或服务的总成本。

对于采购人员来说,很好地理解客户的需求是很重要的。这种理解有助于采购人员做出正确的决策。采购人员所需要的技巧和所担任的工作,在零售业、制造业、政府部门和服务业中都是很相似的。

2. 采购的战略作用

采购的战略作用表现为通过实施与供应源相关的活动来支持组织总体目标的实现。通过组织与外部的连接,采购活动对组织成功地实现总体发展战略会起到重要作用。

1) 接触外部市场

通过与供应市场的外部联系,采购能获得许多重要的市场信息,如新技术、潜在的新材料或服务、新的供应源及市场条件的变化等。通过从外界获取这些有价值的信息,采购有助于组织修改总体发展战略,充分利用市场机会。

2) 开发供应商,进行关系管理

采购通过识别和开发一些新的或既有的供应商,支持组织的战略取得成功。在开发新产品或服务及提升现有产品质量时,如果能使供应商在早期介入,就能大大缩短时间,而这种缩短时间使产品迅速投入市场的行为,将对树立组织在市场中的领导者或革新者的地位起到很大的作用。

影响组织实现总体目标的主要采购活动包括供应商选择、供应商评估和管理、全面质量管理及采购规划和研究。

事实上组织内部的每个职能都在信息或支持等方面不同程度地依靠采购职能。采购本身能为组织内部其他职能提供价值,因而组织内许多重要的决策都应有采购人员参与,至少应该参与那些对采购有影响的决策。良好的信息沟通能使采购活动为其他职能提供更好的支持,而这种支持反过来又能带来采购人员更深入的参与。

三、采购的分类

企业采购是一项复杂的活动,依据不同的标准对它进行科学的分类有助于企业根据自身的需要和采购的特点,合理选择恰当的采购方式,确保物资的有效供应。

(一)按供应商的来源分类

采购按供应商的来源不同可分为国内市场采购和国际市场采购两种。

1. 国内市场采购

国内市场采购,又称为国内采购是指在国内市场上向国内供应商进行的采购,但采购的物资并不一定都是国内企业生产的,也可以是通过国外企业设在国内的代理机构来购买所需物资,但只能以本国货币来结算支付货款。国内采购又可以分为本地市场采购和外地市场采购两种具体形式。

国内采购的优势主要表现在以下方面。首先,国内采购不会遇到商业沟通的困难。供应商与购买商有共同的文化背景、道德观念及商业组织,这样有利于维系良好的商业关系。双方都可减少耗费资源。其次,与国际采购不同,国内采购不存在国际贸易运输、定价的问题。国内采购因为是国内贸易,故运输距离较短,省却了在国际贸易中洽商运费、保险、交货付款条件等问题。国内采购不需额外的通信费用、进口关税及评选合格供应商的费用,使国内采购的费用低于国际采购。再次,国内采购一般需时较短。而国际采购常常要面临运输时间的不确定性,无法预估不同活动所需时间,如恶劣的天气、罢工等突发事件等。此外,对于品质标准的认定不同,也为国际采购造成了困难。如果是国内采购,供应商和采购商都执行统一的标准;而在国际采购中,各国执行不同标准,国外供应商对于必要的设计改变的弹性不如国内供应商。所以,采购商在购入产品时必须对产品的这些风险进行控制。要实行必要的控制,就增加了品质管理的工作,还要考虑退货成本等因素,而且由于国际采购运输时间长,采购商要相应增加存货数量,这无疑又增加了成本。

2. 国际市场采购

国际市场采购又称为国外采购或全球采购,是指国内企业直接向国外供应商采购所需物资的一种行为。国际采购一般通过向境外厂家咨询,或者向国外企业设在本国的代理机构咨询来进行采购,国际采购的对象多为单位价值比较高的生产资料或资本品、公共物品,例如生产线设备、大型机床、系统软件、通信设备等。

国际采购的优势主要表现在以下方面。首先,企业,尤其是大型跨国公司,对品质有严格要求,国际采购扩大了供应商的范围,使得采购者有可能得到合乎要求的标准品质。从事国际贸易的厂商通常具备较高的生产水平,所以采购者可以在国际采购中满足这一要求。其次,每个采购商都希望降低采购成本,而国际采购中国外有竞争力的供应商通常能提供比国内供应商低很多的价格。这样一来,虽然由于运输、保险、汇率、通信等增加了成本,但采购商在支付总价款时,往往会比国内采购节约采购成本。再次,国际供应商一般都具备即时交货的可靠性。虽然在评选合格供应商及与供应商建立商业关系时耗费了时间,但在以后的采购交易中,采购商会从即时交货中得到补偿。由于国际供应商都在努力改善生产系统,严格管制生产计划,提供持续的、更符合要求的服务,使得他们在时间方面与国内供应商越来越具有竞争优势。最后,国际采购可以使采购商有了更多的选择,扩大了供应基础。

国际采购也有一定的缺点:①由于是跨国交易,要面对不同的经济体制与政策制度不同的国家,所以影响交易的因素较多;②无法全面掌握供应商的信息资料,交易风险较大,一旦发生纠纷需索赔,追索起来相对比较困难;③汇率变动频繁,增加了交易结算的风险。国际采购要用外汇结算,而许多国家的外汇体制实行的是不同程度的浮动汇率制,这就给采购结算带来了一定的风险。

一般情况下,采购首选国内市场,以节约运输与仓储费用,缩短物流时间,也比较容易搜集供应商的信息资料,易于控制货源组织的进度。在国内市场不能满足采购需求的情况下,采购人员再考虑从国际市场采购。

(二) 按采购对象的形态分类

采购按采购对象的形态不同可分为有形产品采购和无形产品采购两种。

1. 有形产品采购

有形产品采购是指以具有实物形态的产品为采购对象的采购活动。企业有形产品采购一般包括固定资产、原材料、低值易耗品和办公用品等物品。

固定资产采购是采购企业生产经营所需的机器设备。其特点是采购次数少,每次采购金额大,采购计划时间长。对于科技含量比较高、技术先进的机器设备,当国内采购无法满足需求时,往往需要从国际市场采购。

原材料采购指的是生产中所用的主料、辅料和半成品等物品采购。主料使用量大,是原材料采购的重点;辅料在生产过程中需求量不大;半成品的采购一般面向协作单位采购。

低值易耗品采购是指采购价值较低且在生产过程中容易损坏消耗的物品,如磨损性大的生产工具、包装材料等。

办公用品采购包括对非生产人员使用的设施及文具、纸张、桌椅、电脑、账册、打印机、卫生清洁用品等物品的采购。

2. 无形产品采购

无形产品采购是指以不具有实物形态的产品为采购对象的采购活动,主要包括劳务采购和一些专有技术采购等。

劳务采购主要包括企业对服务业的采购,如聘请专业机构提供会计服务、管理咨询、法律咨询、程序设计等服务。此类采购的技术含量高,采购人员需针对企业的不同需求,选择在特定方面有优势的专业服务供应商。此外,对劳务的采购还包括售前和售后服务,即在机器设备采购前后,供应商所需提供的必要的技术咨询、产品说明、操作示范和讲解、设备安装调试、设备的维护和保养及人员的培训等。此类采购一般不单独进行,而是随有形产品采购而发生。无形产品采购还包括对专有技术的采购。专有技术是指操作或使用机器设备所需的专业知识,或能提高产品质量、改良生产工艺、增加花色品种的专门技术。

与有形产品采购不同,无形产品在被购买之前是看不见、摸不着的,为降低无形产品采购的不确定性,采购过程应积极寻求服务质量的标志或证据,从可以看得到的如产品生产经营的场地、人员、设备、供应材料、品牌象征和价格等,对无形产品的质量作出判断。

(三)按采购主体分类

采购按采购主体不同可将采购分为个人采购和组织采购两种。

1. 个人采购

个人采购是指消费者为满足自身需要而发生的购买消费品的行为,如购买生活必需品、耐用品等。个人采购实质上是一种购买(习惯上)活动,购买对象主要为生活资料,其特点为单次、单品种、单一决策,购买过程相对简单。

2. 组织采购

组织采购是为实现组织目标而发生的采购行为。组织可以按不同标准进行分类,但从组织的经济活动,特别是从采购的角度,一般可将组织采购分为家庭采购、政府采购、事业单位采购、军队采购、企业采购等。家庭通常以生活资料的购买为主;政府、事业单位、军队通常按照国家相关的法律、法规,在一定价值以上实行招标采购;企业是社会经济的主体部分,因而企业采购也就成为组织采购的重点。

企业采购一般分为生产企业采购和流通企业采购。生产企业采购是为了生产而采购,是一种生产性消费,因而,采购对象以生产资料为主;流通企业采购是为了销售而采购,是一种生活消费,采购对象为生活资料。当然,流通企业除了商业流通企业外,还有生产资料流通企业、粮食流通企业、外贸流通企业等。这些企业又可分为批发企业、零售企业等。

(四)按采购行为的组织方式分类

采购按采购行为的组织方式不同可分为分权式采购和集权式采购两种。

1. 分权式采购

分权式的组织方式是指采购过程中不同的工作和职责分别授予不同部门,各部门互相监督,以提高内部控制的效果。如采购计划和采购工作由不同的部门操作,而验收、储存、保管等工作也由销售部门、制造部门、物料储存部门分别执行。这种采购组织方式使得采购行为分散化管理,有利于互相监督,提高采购的透明度。但随之而来的问题也非常突出,将采购权利分割,使采购时间拉长,对各部门协调工作的要求很高。如达不到要求,采购工作就显得杂乱无章,而且容易产生工作职责不清、互相推诿的情况。另外,不同的部门容易由于采购目标的不同而产生冲突,如采购计划部门追求的是效益最大化而使采购数量增加,而采购储存保管部门为节省库存成本则要求采购数量减少。这样产生的矛盾在两个不同部门之间是很难协调的。如果为了解决矛盾而互相了解对方的目标又会耗用大量的人力物力,造成资源的浪费。

2. 集权式采购

采用集权式组织方式是指将与采购相关的职责全部授予一个部门完成。这样从采购计划、采购执行到物料接收、绩效衡量都由一个部门完成,就大大降低了采购管理成本,节省了人力资源,缩短了采购时间。统一化管理使采购协调性增强,可以降低管理费用,对于采购绩效的评定也大大简化。对于从原材料投入到生产加工,直到销售的整个过程,企业不能明确界定时,采用集权式组织方式进行采购较为合适。如采用分权式的组织方式则会浪费大量的人力物力资源去重复某些过程。而集权式的采购组织方式则将整个采购职责全部赋予一个部门,这就要求采购部门的管理水平较高,内部监控的能力较强,而且对采购流程的设计要格外重视,使整个部门为共同的采购目标而组织采购工作。

四、采购的基本流程

对于企业采购来讲,也许单个企业之间的采购会略显差异,但大体上来讲都有一个共同的模式,一个完整的采购流程大致包括以下几个步骤。

(一)需求分析与资源市场分析

需求分析,就是要弄清楚企业什么时候需要什么品种的物品、需要多少等问题。这种需求可以由企业内部任何一个职能部门来确认,甚至可以由企业外部的某个人(如消费者)来确认。一旦需要被确认,采购活动就开始了。采购人员将客户的需求传递给潜在的供应商,从而为制订科学合理的采购计划做准备。

资源市场分析,就是根据企业所需求的物资品种,分析资源市场的情况,包括对资源分布情况、供应商情况、品种质量、价格情况、交通运输情况等。资源市场分析的重点是供应商分析和品种分析。资源市场分析有助于采购人员确定市场上供应商的数量、权限与依存性的平衡点,以及何种购买方法(协商谈判、公开招标等)才是最有效的。

(二)制订采购计划

制订采购计划,要求根据需求品种情况和供应商的情况,制订出切实可行的采购订货计划,包括选择供应商、供应品种、具体的订货策略、运输进货策略及具体的实施进度计划等,具体解决什么时候订货、订购什么、订多少、向谁订、怎样订、怎样进货、怎样支付等具体的计划问题。为整个采购计划绘制蓝图。

(三)选择采购模型

选择满足客户需要的采购类型也就同时决定了采购过程所需要的时间及该过程的复杂程度。当采购战略及计划确定以后,采购模式的选择就显得格外重要。它决定着企业能否有效地组织、控制物品资源,以保证其正常的生产和经营及较大利润空间的实现。在采购实践中,采购主体应根据企业制度、资源和环境状况、专业水准、资金情况以及储运水平等因素选择合适的采购模式。

(四)选择、确认供应商

在采购的前期,最重要的事情就是从能满足客户需求的所有可能的供应商中选择最好的供应商。在这个阶段,找到那些采购企业以前没有合作过但今后可能合作的供应商是很重要的。而且,识别所有可能的供应商也是一个挑战,并且还要对其进行调查,特别是在如今全球化的环境下。

当将可能的供应商减少到足以满足客户需求的时候,就可以确定哪一个或哪些供应商可以更好地满足客户的需求。如果采购项目相当简单或者比较标准,并且有足够多的供应商,那么这项活动可以通过公开招标来完成。如果这些条件不存在,那么就有必要进行较为精细的评估,需要进行技术检验或者终端使用状况模拟。

对供应商选择的同时也决定了采购企业和供应企业之间的关系,以及这种关系的结构是如何构建和实现的。这一活动也决定了如何与那些未被选择的供应商保持关系。

(五)洽谈合同

当确定了供应商之后,采购部门要与供应商进行反复的谈判和磋商,以确定采购价格及其他采购条件,如质量、运输、服务、风险赔付等,最后以书面合同的形式确定下来。

(六)采购评估

采购评估,就是在一次采购完成以后对本次采购的评估,或月末、季末、年末对一定时期内的采购活动的总结评估。主要在于评估采购活动的效果,总结经验教训,找出存在的问题,提出改进方法等。通过总结评估,可以肯定成绩,发现问题,制定措施,改进工作,提高采购管理水平。

（七）采购监控

采购监控,是指对采购活动进行的监控活动,包括对采购的有关人员、采购资金、采购事务活动的监控。

采购部门有责任督促供应商按时送货。采购员要督促、监督进货过程,确保按时到货。一旦发现问题,必须及时采取行动。采购部门还负责就任何关于送货要求的改变与供应商进行协商。

到货后,采购员要督促有关人员验收、入库,以确保所收到货物的质量、数量与订购要求相符,必要时要确定货物的破损情况。然后通知结算部门进行货款结算。

以上只是一个大概的采购流程,不同类型的企业在采购时有不同的特点,因而具体的步骤和内容会有所不同。

第二节　库存控制概述

库存控制是物流大系统中重要的子系统,是物流研究中的一个重要领域。把库存量控制到最佳数量,是很多企业家和经济学家追求的目标,甚至是企业之间竞争生存的重要一环。

一、库存及其分类

（一）库存的含义

库存是指处于储存状态以备将来使用的物品。如工业企业的原材料、半成品,商业企业的商品,建筑企业的建筑材料等,在它们处于"备用"、"待售"状态时就属于库存。库存通常都储存在正规的仓库中,也有临时堆放于工序岗位、零售柜台或货架上,甚至在运输途中。

 [相关知识链接 1-3]

我国仓库的由来

人类社会自从有剩余产品以来,就产生了储存。在西安半坡村仰韶遗址发现的储存食物和用具的"窖穴",是我国目前发现的最早的仓库雏形。在古代,"仓"是指专门藏谷的场所(专门藏米的场所叫"廪"),"库"是专门存放兵器的地方。后人把"仓"和"库"结合起来,指储存和保管物品的建筑物或场所。

"邸店"是我国商业仓库的最初形式,它既具有商品寄存性质,又具有旅店性质。随着经济的发展,专门储存商品的"塌房"从"邸店"中分离出来,成为带有企业性质的商业仓库。19世纪的商业仓库叫做"堆栈",指堆放和保管物品的场地和设备。堆栈业的主要业务是替商人保管货物,物品的所有权属于寄存人。

严格说来,库存(inventory)与存货(stock)是有区别的,不过这种区别在很多场合下,经常混用。其实,库存与保管在含义上有比较明显的差别,前者从物流管理的角度出发强调合理化和经济性,后者从物流作业的角度出发强调效率化。

还应注意到,"库存"一词在不同人的眼中有不同的理解。例如:在会计人员看来,它指的是与存货相关的资金,或者是一个商业组织的资产总值,而不是那些物质意义上的存货;对于一个金融分析师来说,从股票和债券的角度来看,它所代表的是一种融资的手段,与企业所存储的物品是两回事。

从物理意义上看,库存具有很强的可识别性是显而易见的。然而,在有些情况下,库存则不那么显而易见,如科学研究机构所拥有的信息储备、咨询师们所积累的经验、大学教师所积累的知识等,所有这些无形的东西同样需要与库存类似的管理体系。因此,完整地讲,库存不仅包括那些有形的物品,也应包括无形的资产,或者说无论在实业界还是在服务领域,都存在库存。需要说明的是,本书只讨论企业的有形库存,不涉及非企业的无形库存。

(二) 库存的分类

对库存可以从不同角度分类。

1. 按储存状态分类

库存按储存状态,可以分为仓库储存和临时堆放。

仓库储存,通常指正规仓库中的储存,一般储存数量较大,存储时间较长。因占用资金,需负担流动资金利息;占用仓库需要负担保管费,且随着储存数量的增加和储存时间的延长,负担的费用也就越高。如生产企业的成品库、原材料库、中间品库等,流通企业的商品仓库、批发仓库、零售仓库,储运企业的储存仓库,仓储企业的仓库等,都属于仓库储存这种类型。一般把仓库储存的物资称为库存物资。库存物资的数量称库存量,简称库存。

临时堆放,一般是指在工作地临时堆放的、小量的、没有进入仓库保管的物资。如临时堆放于工序岗位上、零槽柜台上、货架上的商品等。临时堆放虽然也占用流动资金,但不需要占用仓库,不需要负担保管费。

2. 按资源需求的重复程度分类

库存按资源需求的重复程度,可划分为单周期需求库存和多周期需求库存。

单周期需求也称一次性订货,这种需求的特征是偶发性和物品生命周期短,很少重复订货。多周期需求是在长时间内需求反复发生,库存需求不断补充。

3. 按库存的作用分类

库存按其作用,可划分为周转库存、安全库存、调节库存和在途库存。

周转库存是指企业为经营周转而进行的一些临时性的、不断流转而设置的库存,包括仓库储备和临时堆放。周转库存的产生基于经济采购批量思想。如流通企业商品仓库及柜台上存放的货品,不断地被销售出去,又不断地进货补充。生产企业的原材料库、中间品库、成品库,以及生产作业旁临时堆放的物品,不断地被领用消耗,又不断地采购进货补充。周转库存是保证生产或流通顺利进行的前提条件。

安全库存是为了应付需求、生产周期或供应周期等可能发生的不测变化而设置的超过平均需求数量的库存。如为预防大量突发性订货、交货期突然延期、临时用量增加、交货误期等情况的发生,企业需要备有安全存货来进行缓冲处理。安全库存越大,出现缺货的可能性越小;但安全库存越大,会导致剩余库存的出现。安全库存在正常情况下不动用,只有在库存量过量使用或者送货延迟时,才能使用。

调节库存是用于调节需求或供应的不均衡、生产速度与供应速度不均衡、各个生产阶段的产出不均衡而设置的库存。

在途库存是指正处于运输以及停放在相邻两个工作地之间或相邻两个组织之间的库存。这种库存是一种客观存在,而不是有意设置的。处在卡车上被运往一个仓库去的库存在途中可能要经历较长时间。它存在的原因只是由于运输需要时间。

4. 按在生产过程和配送过程中所处的状态分类

库存按在生产过程和配送过程中所处的状态,可划分为原材料库存、在制品库存、维修库存和成品库存。

原材料库存包括原材料和外购零部件。在制品库存包括处在产品生产不同阶段的半成品。维修库存包括用于维修与养护的经常消耗的物品或部件,维修备件库存属于这一类。成品库存是准备运送给消费者的完整或最终的产品。

5. 按客户对库存的需求特性分类

库存按客户对其需求特性,可划分为独立需求库存和相关需求库存。

独立需求库存是指客户对某种库存物品的需求与其他种类的库存无关,表现出对这种库存需求的独立性。从库存管理的角度来说,独立需求库存是指那些随机的、企业自身不能控制而是由市场所决定的需求所形成的库存。如客户对自行车的需求即为独立需求,自行车厂的待售自行车就是独立需求库存。独立需求库存无论在数量上还是在时间上都有很大的不确定性,但可以通过预测方法粗略地估算。

相关需求库存是指与其他需求有内在相关需求所形成的库存。如自行车厂的零部件是相关需求库存,对零部件的需求可根据自行车的产量加以确定。根据这种相关性,企业可以精确地计算出它的需求量和需求时间,是一种确定型需求。

6. 按库存的功能分类

库存按其功能,可划分为波动库存、预期库存和屏障库存。

波动(需求与供应)库存是指由于销售与生产的数量与时机不能被准确地预测而持有的库存。如一给定物品的平均订货量可能是每周 100 单位,但有时销售量可高达 300 或 400 单位。通常从工厂订货后 3 周可收到订货,但有时可能要用 6 周。这些需求与供应中的波动可用后备存货或安全存货来弥补;后备存货或安全存货也就是波动库存的常用名。当通过诸工作中心的工作流不能完全平衡库存时,在工作中心也存在波动库存。在生产计划中可以通过波动库存来满足需求中的随机变化而不需改变生产水平。

预期库存是为迎接一个高峰销售季节、一项市场营销推销计划或一段工厂关闭期而预先建立起来的库存。一般来说,预期库存是为了满足未来的需要也是为了限制生产速率的变化而储备工时与机时。

屏障(或投机性)库存是指在价格低位时大量购进价格易于波动的物品而形成的库存。使用大量基本矿产品(如煤、汽油、银或水泥等)或农牧产品(如羊毛、谷类或动物产品等)的公司可以通过在价格较低时大量购进这些价格易于波动的物品而实现可观的节约。另外,对预计以后将要涨价的物品在现行价格较低时便买进额外数量可有效降低该物品的物料成本。显然,由此而实现的节约是对该项追加投资真正的报酬。

例如,考虑一种典型的成品,它可按每年 12 批、每批 1 000 件来制造。库存每月收货 1 000 件。如果均匀地耗用库存,则现有数将平均为 500 件——其平均批量库存就将是 500 件。为弥补需求的波动,可再额外持有 250 件作为后备或安全存货。因此该物品的平均总库存量(等于平均批量库存加上安全存货)将为 750 件。为迎接即将来临的一个假期,那时工厂将关闭,可能要给库存再加上 250 件,这就是预期库存。如果此产品要通过远方的分支仓库来分配,则在主厂与仓库之间还将存在在途运输库存。

二、库存的功能与库存控制

(一) 库存的功能

生产的连续性和供应方生产成批性及运输条件所造成的供应的间断性,形成了供需之间的矛盾。库存便是解决这种供需矛盾的一种方法:在销售方面,库存能保证及时供货,提高服务水平;在生产方面,库存能防止供应中断,保持生产的稳定。库存具有整合需求和供给,维持各项活动顺畅进行的功能。具体而言,库存具有以下功能。

1. 满足不确定性需求

顾客对产品的需求在时间与空间上均有不确定性。顾客可能是从街上走进商场买一套立体音响设备的人,也可能是工具箱或生产制造过程需要工具的机工。库存是为了满足预期平均需求的一种持有,它用以满足随时发生的顾客需求,以防脱销。

2. 平滑生产要求

当需求与生产能力不平衡时,企业可以利用库存来调节需求的变化。如对于季节性需求,可以在淡季建立库存,以供旺季时使用,这样通过预设库存使生产能力保持均衡,更好地利用生产能力。

3. 分离运作过程

库存可以使生产过程中密切相关的加工阶段或作业活动相对独立,使生产效率不同的各加工阶段或作业活动可以更独立、经济地运行,而且不会由于生产过程中某一加工阶段或作业活动的中断而使整个生产过程停止。制造企业用库存作缓冲,以保持生产的连续性,否则就会由于设备故障而陷于混乱,并导致部分业务临时中止。缓冲使得在解决问题时,其他业务不必临时中断。同样地,运用原材料库存的公司使生产过程和来自供应商的运送中断问题隔离开来,制成品库存使销售过程和制造过程分割开来。

4. 降低单位订购费用与生产准备费用

订购一批物品或生产一批产品,订购费用及生产准备费用与订购或生产的数量有关,如果大量订购或生产,会使单位物品或产品的订购费用或生产准备费用降低。同时,对生产过程来说,如果大批量生产,还会减少单位产品的生产准备时间,提高生产过程能力的利用程度,对于瓶颈环节更为重要。

5. 利用订货周期实现数量折扣

通常供应商为了刺激销售,为达到一定采购量的生产者提供价格优惠,采购量越大优惠幅度越大。采购商保持一定的库存是获取供应商的数量折扣的基础。为使采购和库存成本平衡,某些公司往往一次性地购买超过现有需求的数量,把所购买物品的其中一些或全部储备起来用于后期使用。同样,大批量生产往往也比少量生产经济,而其产出必须进入库存以后再用。因此,保存库存能够使公司以经济批量采购和生产,无须为短期需求与购买或生产的平衡而费心。这就涉及定期订单和订货周期。订货周期并不总是取决于经济订货批量。在有些情况下,集体订货和固定时间订货会更现实或更经济。

6. 避免价格上涨

有时公司怀疑实际物价要上涨,为避免增加成本,就会以超过平时正常水平的数量进行采购。储存多余商品的能力也允许公司利用更大订单获取价格折扣。

（二）库存控制

对于库存的原因,其解释有多种。究其根本,所有的理由都是基于库存对供需关系具有缓冲作用的认同。库存的出现,既有利于解决供给和需求之间的变化和不可知性的问题(解决供给的最佳批量和时间与需求的实际批量和时间之间存在差异的矛盾),又可以降低相邻环节之间的相互关联性(可以在操作中出现问题的情况下,保证运作顺利地进行,解决生产中的"断顿"问题)。

在注意到库存作用的同时,也须小心库存带来弊端。

第一,占用大量资金。库存从价值形态上看是资金的占用,不但使资金暂时不能发挥效用,而且还要因这一笔资金耗费使用费用,即银行利息。

第二,发生库存成本。库存从物质形态上看是一些物品,它们需要占用仓库进行存放,还要花费人力、物力、财力进行入库、出库和储存保管,这些都要发生仓储保管费用和管理费用;库存从风险上看是一种经营风险,库存可能存在因滞销积压、过时报废、保管损耗等风险而造成经济上的损失。所有这些均构成企业为持有库存所需花费的成本。

第三,掩盖企业生产经营中存在的问题。例如,掩盖经常性的产品或零部件的制造质量问题。当废品率和返修率很高时,一种很自然的做法就是加大生产批量和在制品、成品库存,以此掩盖工人的缺勤、技能训练差、劳动纪律松弛和现场管理混乱问题,掩盖供应商的供应质量、交货不及时问题,掩盖企业计划安排不当、生产控制不健全问题等。总之,生产经营中的诸多问题都有可能用高库存掩盖。正因为如此,在 JIT 生产方式中,把库存当做"万恶之源",尽量通过减少库存来暴露生产经营中潜藏着的问题。

如此看来,库存具有二重性。一方面它是企业生产和生活的前提条件,没有库存,企业的生产和生活就不能正常进行;另一方面,库存也是一种负担,它需要占用企业大量的资金,耗费很高的成本。库存量越大,库存时间越长,库存管理费用也就越高。

结合上述两个方面可以看出,企业的库存量不宜太大,太大了会造成沉重的负担;又不宜太小,太小则容易缺货,从而影响企业的正常生产或销售,影响人们正常的生活。根据企业具体的情况,在理论和实践上,都有一个最佳库存水平。在这个最佳库存水平上,既能够满足物资需求,保障供应,又可以使得库存总费用最省。因此无论是生产企业,还是流通企业,都在千方百计地为维持这个最佳库存水平而工作。所有这些为追求最佳库存水平而进行的工作,都属于库存控制工作。

所谓库存控制,是指通过对企业生产经营活动所需的各种物料进行预测分析,通过适量采购和存量控制,用最低的存货成本,实现对企业生产经营最佳或经济合理的供应。

科学的库存控制是提高企业经济效益的重要手段。库存控制做得好，可以做到不断料、不待料、不呆料、不滞料、不囤料、不积料。库存控制的中心任务就是做到供应好、周转快、消耗低、费用省，并保证企业生产经营的持续进行。

三、采购与库存控制的关系

采购最基本的职能是满足需求、保障供应。在企业中，一般的需求表现为两种形态：一是直接需求，二是间接需求。直接需求，即需求点的需求，这时不设仓库库存，采购进来的物资直接用于需求点的消耗。间接需求，即基于库存的需求，这时设有仓库库存，采购进来的物资直接存入仓库，再通过仓库去供应各个直接需求。各个直接需求点都到仓库去获取自己需要的物资，采购不直接与直接需求打交道。这时库存消耗量就是采购的间接需求量。采购管理无论满足哪一种需求形态，都需要进行库存控制。

在直接需求的情况下，采购管理的任务是要维持零库存运行，即把采购进货量控制到刚好能满足生产需要的程度，没有多余的库存。零库存运作需要进行库存控制。采购管理如果不进行库存控制，则这种零库存生产运作就不可能实现。

在间接需求的情况下，采购进来的物资直接用于填充库存，通过仓库去满足间接需求，因而就更需要重视库存控制。库存是采购供应和库存消耗两个方面共同作用的结果，是一个动态变化过程。库存消耗是生产和生活的需要，是采购管理必须保障和满足的间接需求。因而采购管理的任务，就是要把库存量控制在既能满足间接需求，又不使得库存水平太高的程度。这也必须进行库存控制。如果不控制库存，就不能满足生产生活的需要，或者造成成本太高、负担太重的局面。

所以采购管理应当全部承担起库存控制的任务，应当自觉地把库存控制作为自己的工作准则和基本工作。所谓工作准则，就是制定和实施物资采购工作的基本依据和工作好坏的判别标准。物资采购工作的好坏，就在于能否实现以最小的库存水平保障企业的物资供应。所谓基本工作，也就是要把物资采购工作的每一个步骤、每一步具体工作都看成是库存控制的具体工作，都要自觉地为库存控制作贡献，把库存控制的思想融化到每一个具体的工作、具体的行动中去。可以说，物资采购管理部门是企业库存控制的核心，在企业的库存控制中起着决定性的作用。企业库存控制的水平和科学化的程度，主要取决于物资采购管理部门的工作。

采购管理是直接进行物资采购进货与库存管理工作的，由它承担库存控制工作，不但有必要，而且也有可能。只要在采购管理工作中树立起库存控制的思想，针对各种具体的需求情况，科学地制定采购策略和采购计划，并在采购工作的各个环节认真实施和控制，就能够达到库存控制的目的。

 **案例分析**

上海宝钢的采购管理

宝钢是新中国成立以来我国引进技术最多、装备水平最高的现代化超大型钢铁企业。目前,生产产量已超过设计水平,产品质量已达到国际先进水平。宝钢在物资管理方面,借鉴国外先进的采购与供应管理思想和经验,突破了我国大型钢铁企业物资管理的模式,全面推行物资集中一贯管理,形成了具有宝钢特色的采购与供应管理方式。

宝钢原物资部和后来的物资贸易公司已做到:统一编制需用计划和采购供应计划;统一采购,由各专业采购部门对分管物资的供应承担最终责任;统一仓储,实行专业总库一级仓储体制;统一配送,完全实行送料到现场;统一物资的现场管理,并与使用单位合作,实行现场物资的动态管理;统一回收,包括余料退库与废旧物资的回收利用。与此相对应,原物资部连续3年推出一系列关键性的改革措施。

◎坚持送料到现场

作为改革的突破口,从1991年起,宝钢彻底取消二级厂、部到物资管理部门去领料的制度,改由原物资部负责定点、定层、定时、定人送料到现场。供需双方协议,在全公司范围内设605个送料点;根据客户的计划需用量,填发送料单,凭单送料;根据客户使用物资时间送料;固定专人快、准、好地完成送料。

◎供应站制订计划

申请用料计划完全由原物资部派驻的各地区供应站根据客户需求编制客户的申请计划,这打破了层层审批核发的老框框。

◎一级仓储体制

原物资部取消了本部9个地区供应站管理的中间仓库(总面积达9 734平方米),实行专业总库直接面向现场的一级仓储体制,即由专业总库直接送料到现场,从而大大缩短和简化了物流过程。由于取消地区中间仓库,当年就节约库存资金780万元,节约利息支出166.8万元,撤销重复岗位51个,减员112人。

◎实行现场物资动态管理

这项措施于1993年全面落实,做到各类机旁无多余备料,现场余料回收不超过两天,消除了账外物资,一举压缩流动资金1 300万元。与此同时,物资部门与各二级厂、部签订现场物资管理协议书,建立起双方共同参与的现场物资管理网络,聘请厂、部第一线的作业人员为网络的协调人员。物资部门设物资现场管理员,对生产现场使用的各种材料,划定区域并挂牌,限定两天的用量。宝钢由此有效地实现了物资的动态跟踪管理,包括了计划跟踪、管理跟踪、信息跟踪、协调跟踪、服务跟踪,既确保供应又增产降耗,使生产现场整洁文明。

至此,宝钢在各类物资的计划编制、采购、仓储、配送以及现场使用和回收等物资管理的主要环节上,以一竿子插到底的方式,真正实现了集中的、一贯到底的全过程管理。

 ## 本章综合练习题

一、选择题

1. 下列属于无形产品采购的是(　　　)。

A. 固定资产采购　　　　　　　　　B. 原材料采购

C. 低值易耗品采购　　　　　　　　D. 劳务采购

2. 按照采购主体不同可将采购分为(　　　)。

A. 国内市场采购和国际市场采购　　B. 个人采购和组织采购

C. 分权式采购和集权式采购　　　　D. 有形产品采购和无形产品采购

3. 企业为经营周转而进行的一些临时的、不断流转而设置的库存属于(　　　)。

A. 安全库存　　　　　　　　　　　B. 调节库存

C. 周转库存　　　　　　　　　　　D. 在途库存

4. 下列属于多周期库存的是(　　　)。

A. 奥运会纪念章　　　　　　　　　B. 报纸

C. 新年贺卡　　　　　　　　　　　D. 空调产品

二、判断题

1. 采购就是买卖东西。

2. 从采购主体上看,政府采购是一种组织采购。

3. 国内市场采购的物资都是国内企业生产的,国际市场采购的物资都是国外企业生产的。

4. 库存通常储存在正规的仓库中,也有临时堆放于工序岗位、零售柜台或货架上,甚至在运输途中。

三、简答题

1. 采购有哪些基本特征?

2. 库存的功能有哪些?

练习题参考答案

一、选择题

1. D　　2. B　　3. C　　4. D

二、判断题

1. ×　　2. √　　3. ×　　4. √

三、简答题

1. 采购的基本特征有以下几方面。

(1) 采购是从资源市场获取资源的过程。从原始意义上讲,无论是生活还是生产,采购都是获取资源的过程,是社会资源进行分配和再分配的渠道之一。从这个角度讲,采购的功能就是帮助人们从资源市场获取他们所需要的各种资源。

(2) 采购是商流、物流、信息流相结合的过程。采购通过商品交易、等价交换将可用的资源从供应者手中转移到使用者手中,实现商品使用权和所有权的转移,这是一个商流过程。同时,采购又是一个物流过程,通过包装、运输、装卸、配送等手段来实现商品的时间和空间位置上的转移。另外,采购的过程还是一个信息交换的过程。其他有关部门将相关信息反馈给采购部门,采购部门进行相应的处理,从而做出相应的决策和建议。

(3) 采购是一种经济活动。从经济效益的角度来讲,采购也是一种经济活动,讲求整个经济行为的效益最大化,以最小的成本获取最大的经济效益。

2. 库存具有以下功能。

(1) 满足不确定性需求。库存是为了满足预期的平均需求的持有,它用以满足随时发生的顾客需求,阻止脱销。

(2) 平滑生产要求。当需求与生产能力不平衡时,企业可以利用库存来调节需求的变化。如对于季节性需求,可以在淡季建立库存,以供旺季时使用,这样通过预设库存使生产能力保持均衡,更好地利用生产能力。

(3) 分离运作过程。库存可以使生产过程中密切相关的加工阶段或作业活动相对独立,使生产效率不同的各加工阶段或作业活动可以更独立、经济地运行,而且不会由于生产过程中某一加工阶段或作业活动的中断而使整个生产过程停止。

(4) 降低单位订购费用与生产准备费用。订购一批物品或生产一批产品,订购费用与生产准备费用和订购或生产的数量有关,如果大量订购或生产,会使单位物品或产品的订购费用或生产准备费用降低。同时,对生产过程来说,如果大批量生产,还会减少单位产品的生产准备时间,提高生产过程能力的利用程度,对于"瓶颈"环节更为重要。

(5) 利用订货周期实现数量折扣。通常供应商为了刺激销售,为达到一定采购量的生产者提供价格优惠,采购量越大优惠幅度越大。采购商保持一定的库存是获取供应商的数量折扣的基础。

(6) 避免价格上涨。有时公司怀疑实际物价要上涨,为避免增加成本,就会以超过平时正常水平的数量进行采购。储存多余商品的能力也允许公司利用更大订单获取价格折扣。

第二章 采购计划

本章学习重点

1. 采购需求量的确定，采购计划的编制和执行。

2. 采购需求分析的常用方法，采购计划的编制流程和采购预算的类型。

3. 采购需求的特性和采购预算的编制。

 **技能要求**

能运用所学理论知识确定采购需求量，分析企业采购计划的合理性。

计划是管理人员对未来应采取的行动所做的谋划和安排。采购活动的第一位工作即为采购计划工作，编制采购计划是整个采购管理的开始，采购计划制订得是否合理、完善，直接关系整个采购运作的成败。

采购计划的制订以对采购需求的正确分析为基础，经过严密的计划安排，最终以采购预算的形式确定下来。

第一节　采购需求分析

制订采购计划的传统做法是让企业各个部门层层上交"物料采购需求计划表"和"请购单"，采购部门再把所有需要采购的物料分类整理统计出来，确定采购什么、采购多少和采购时间。这种方法的弊端是兴师动众，耗费大；只要有部门的"物料采购需求计划表"迟报，就会影响汇总工作和采购工作；且交上来的采购表格往往不准确、不可靠，影响采购工作效果。现在很多企业已不用这种方法，改用需求分析法。

一、采购需求分析的含义及其重要性

(一)采购需求分析的含义

采购需求分析是指采购部门为最终得到一份确实可靠、科学合理的采购任务清单,在全面了解采购单位全部需求特征的基础上,分析和确定采购内容、采购数量、采购时间及采购方式的过程。

通过采购需求分析,采购部门找寻出采购单位的需求规律,据此预测采购单位下一个周期的需求品种和需求量,就可以明确应当采购什么、采购多少、什么时候采购及怎样采购的问题,从而制订采购计划,主动订货。

采购需求分析的最终目的在于要得到一份可靠且科学合理的采购清单,为选择采购方法、制订采购计划、分派采购任务提供决策支持。

(二)采购需求分析的重要性

采购需求分析是制订采购计划的基础和前提,采购需求分析结果的正确与否直接制约着采购工作质量的高低,并最终影响企业的经营效益。

在单次、单一品种需求的情况下,需要什么、需要多少、什么时候需要都非常明确,不需要进行复杂的需求分析。采购活动中,有一部分是属于这种情况。

对比较复杂的多品种、多批次采购的情况,就必须进行需求分析。例如,汽车制造企业生产的汽车由一万多个零部件组成,由多个车间、多个工序配合生产,企业每个车间、每个工序生产这些零部件,都需要原材料、燃料、辅料、设备、配件、办公用品、劳动保护用品及其他物资,且在各个不同时间需求各个不同的品种。如此多的零部件,什么时候需要什么材料、需要多少,哪些品种要单独采购、哪些品种要联合采购、哪些品种先采购、哪些品种后采购、采购多少等,若不进行认真的分析研究,就难以进行科学的采购工作。因此,采购前必须进行需求分析。

采购需求分析是一项重要而且复杂的工作。它涉及企业各个部门、各道工序和各种物资。其中最重要的是生产所需的原材料,它需求量大、持续时间长,直接影响生产的正常进行。做好需求分析,需要依靠企业各个部门互相配合,并提供相关资料。

二、采购需求的特性

(一)需求的时间性和空间性

需求的时间性是指需求随着时间的推移而发生变化,在企业中,这一变化往往反映为不同时期销售的波动。造成这种波动的原因很多,既有外部经济环境的变化、政府政策的调整、科学技术的进步、消费人群习惯的改变、外来竞争者的加入等,也有企业内在因素作用的结果,如营销策略的改变、物流战略的调整等。这种波动可能是长期的,也可能是短期的。

需求的空间性则是指在某一时间需求的地域分布,可以显示企业目标市场的分散程度。

一般来说,企业生产部门较多地利用需求的时间特性,根据产品总的需求做出下一阶段总的生产计划,而企业采购部门不仅需要考虑需求的时间特性,还需要考虑需求的地域分布,即不仅要知道需求在什么时间发生,还要知道需求发生的地点,这样才能够制订出相应的库存分布计划、车辆调度计划和运输安排等。

(二)需求的规律性

如果将需求的历史数据在平面坐标中按时间进行排列(时间序列),就会呈现出一定的形状或模型。如果这种模型有规律可循,则该需求就是规律性的需求。在现实生活中,大多数需求都属于规律性的需求。如果需求断断续续且总体需求量低,需求时间和需求水平非常不确定,则该需求就是无规律的需求。维修部门对已停产产品的零配件的需求就属于无规律的需求。

对于规律性的需求,总可以找到描述这种规律的模型。个别数据可能不完全遵循该模型,但基本上是围绕该模型上下波动。对数据的进一步分析又可以找出其发展趋势、周期性和随机因素三个特征。

其中,发展趋势是指需求呈现出随时间推移逐渐稳定增加或者稳定减少或者水平不变的走势,包括线性发展趋势和指数发展趋势等。周期性是指需求呈现出波浪形发展特征,如果这种周期性以年为基础发生,通常称为需求的季节性。零售行业就经常遇到销售量随一年中气候、节假日等波动的情况。周期性波动也可能在一周甚至一天内发生。例如,餐馆在一天内的不同时点需求就相差很大,超市的销售量在一周以内的不同日子也会发生波动。此外,需求的变化还会受到随机因素的影响,即发生在非特定时间的特殊事件所导致的需求变化。

(三)需求的稳定性

某些产品或服务的需求会随时间的变化而变化,而某些产品或服务可能在相当长的时间内需求保持不变。前者被称为动态需求,而后者被称为稳定需求。需求的动态变化可能影响需求的发展趋势、周期性或随机因素变动的幅度。一般来讲,需求越稳定,就越容易预测。

 [相关知识链接 2-1]

不同的采购需求

◎一次性需求和长期需求

对于像日报一类的时效性极强的特殊产品来讲,如果在特定时期内不能提供给市场,市场需求就会减小为零(或者需求过于零星可以忽略不计),这样的需求称为一次性需求。但对于大多数商品或服务,虽然也有销售的有效期,但相对较长,可以将需求看做是长期存在的,称为长期需求。

◎衍生需求与独立需求

当一种产品或服务的需求与任何其他产品或服务的需求无关,则这一种产品或服务的需求就是独立需求。大多数制成品的需求属于独立需求。反之,如果一种产品或服务的需求是由其他产品或服务的需求引发的,则这种产品或服务的需求就是衍生需求。对制造商来讲,原材料需求就是由产成品需求衍生出来的衍生需求。

三、采购需求分析的常用方法

采购需求分析的方法有多种,除了一般的市场预测方法之外,企业常用的有推导分析法、统计分析法和物资消耗定额法。

(一)推导分析法

推导分析,是指根据企业主产品的生产计划、结构文件和库存文件,分别计算出主产品所有零部件的需求时间和需求数量的过程。推导分析,必须进行严格的推导计算,不能凭空估计。

推导分析法实施的具体步骤如下。

1. 制订主产品的生产计划

主产品,是指企业提供给社会的主要产成品。例如,冰箱制造厂的主产品是冰箱,手机生产商的主产品是手机。主产品的生产计划是企业接受社会订货或者计划提供给社会的主产品的数量和进度计划,它是企业生产和采购的主要依据。对于订货型企业,这个计划主要是根据社会对主产品的订货计划生成的;对于备货型企业,这个计划主要是企业通过市场分析、市场预测和制订经营计划而生成的。

但是,企业生产和采购还有另外一个次要依据,就是社会维修企业对社会上处于使用状态的主产品进行维修保养所需要的零部件的需求计划,这些零部件的生产或采购也需要由企业承担。

2. 制定主产品的结构文件

确定装配主产品需要哪些零部件、原材料,各自需要的数量,哪些要自制,哪些要外购,其中自制件在制造过程中又需要哪些零部件、原材料及需要的数量,这样逐层分解,一直分解到最底层的原材料层次,即形成主产品的结构文件。在这个结构文件里,每一个层次的每一个零部件都要标出需要数量、是自制还是外购及生产提前期或采购提前期。

由这个主产品的结构文件可以统计得出这样一个完整的资料,即为了在某一时间之前生产出既定数量的主产品,分别需要提前多长时间生产什么零部件、生产多少,需要提前多长时间采购什么零部件和原材料及采购多少。

3. 制定库存文件

所谓库存文件,就是主产品及其所有零部件、原材料的现有库存量清单文件,即"主产品零部件库存一览表"。采购人员从仓库保管员处了解"主产品零部件生产采购一览表"中所有零部件、原材料的现有库存量及消耗速率,经过整理得到库存文件。

4. 推导采购需求量

根据主产品的生产计划(包括维修所需零部件的需求计划)、主产品结构文件和库存文件,推导出下个月需要采购的零部件数量和原材料数量。

设 P_i 是第 i 种零部件下月需求量,P 是主产品下月的计划生产量,n_i 是一个主产品中包含第 i 种零部件的个数,P_{oi} 是第 i 种零部件下月的外订货数量(社会维修订货数量)。则第 i 种零部件下月需求量可用下式确定

$$P_i = P \cdot n_i + P_{oi} \tag{2-1}$$

例 2-1 某企业的主产品甲由两个 B 和一个 C 组成,而一个 B 由一个 D 两个 E 组成,一个 D 又由 2.5 千克 F 加工而成,而 C、E、F 都是通过外购获得。主产品甲的结构文件,如图 2-1 所示(图中,甲、B、C、D、E、F 为产品名,括弧内的数字表示一个上级产品中所包含的本产品的件数,而 LT 表示提前期,单位为天)。

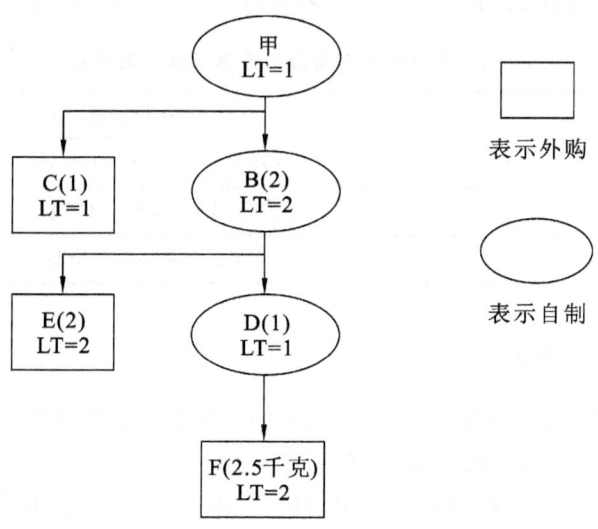

图 2-1 主产品甲的结构文件

由主产品甲的结构文件可以得到主产品甲的"主产品零部件生产采购一览表",见表 2-1。

表 2-1　主产品零部件生产采购一览表

零部件名称	数量	自制	外购	提前期/天
B	2 件	√	—	2
C	1 件	—	√	1
D	2 件	√	—	1
E	4 件	—	√	2
F	2.5×2 千克＝5 千克	—	√	2

　　主产品甲的生产计划和零部件外订计划见表 2-2,表 2-2 中包括主产品甲的生产计划,也包括社会对零部件 C、E 的维修订货计划。

表 2-2　主产品甲的生产计划和零部件外订计划

时期/周	第 1 周	第 2 周	第 3 周	第 4 周	月合计
出产甲/(件/周)	25	15	20	15	75
外订 C/(件/周)	15	—	15	—	30
外订 E/(件/周)	—	20	—	20	40

　　根据表 2-1 及表 2-2,利用公式(2-1)就可以求出所有需要采购的零部件的数量,如表 2-3 所示,这就是下一个月需要采购的零部件任务清单。

表 2-3　主产品甲下月需采购零部件任务清单

零部件名称	下月需要数量
C	(75×1＋30)件＝105 件
E	(75×4＋40)件＝340 件
F	75×5 千克＝375 千克

(二) 统计分析法

　　统计分析,是指运用统计的方法对采购的原始资料进行分析,找出各种物料需求的规律。在采购需求分析中,统计分析法应用得最为普遍。在采购需求的统计分析中,最基本的原始资料主要有各个单位的"采购申请单"、"销售日报表"、"领料单"和"生产计划任务单"等。

　　在现实生产中,统计分析法通常包括以下两种。

1. 对采购申请单进行汇总统计

　　目前,很多企业采购都采取如下模式:要求下属各个单位每月提交一份采购申请表,提出每个单位下月的采购品种和数量,然后采购部门对这些表进行统计汇总,将相同品种的需求数量相加,得出下月总的采购任务表,再根据此表制订下个月的采购计划。

这种模式简单易行,但也存在一些问题:一是市场响应不灵敏;二是库存负担重,风险大。一个月采购一次,会使采购批量增大,物资供应的时间延长,如果市场需求变化快,有可能采购时是畅销的物资,物资到达时就变成滞销物资了。这样,既占用了大量资金,又增加了保管费用,从而增加了经营成本,影响了企业的经济效益。

2. 对各个单位销售日报表进行统计

对于流通企业来说,每天的销售就是客户对企业物资的需求,需求速率的大小反映了企业物资消耗的快慢,因此由每天的销售日报表就可以统计得出企业物资的消耗规律。消耗的物资需要补充,也就需要采购,因此物资消耗规律也就是物资采购需求的规律。

(三) 物资消耗定额法

一般生产企业在材料消耗上都采用物资消耗定额管理法,即为每一个产品或零部件制订出一个合理的消耗定额。所谓物资消耗定额,是指在一定的生产技术组织条件下,生产单位产品或完成单位工作量所必须消耗的物资数量标准。通常用绝对数表示,如生产一台彩电消耗多少个喇叭;有的用相对数表示,如医药、化工等企业使用配料比、成品率。

在现实生产中,通常有以下三种制定物资消耗定额的方法。

1. 技术分析法

技术分析法是一种按产品结构、技术特点、加工设备和工艺流程来制定物资消耗定额的方法,具有科学、精确等特点,但需要精确计算,工作量比较大。其基本步骤如下。

第一步,根据产品装配图分析出产品的所有零部件。

第二步,根据每个零部件的加工工艺流程得出每个零部件的加工工艺。

第三步,对于每个零部件,考虑从下料切削开始一直到最后形成零部件的净尺寸 Q 为止的所有各道切削加工的切削尺寸留量 $q_i(i=1,2,3,4)$,每个零部件的净尺寸 Q 加上所有各道切削尺寸留量之和,就是这个零部件的物资消耗定额 G。其计算公式为

$$G = Q + \sum_{i=1}^{4} q_i \tag{2-2}$$

式中:q_1——加工尺寸留量。选择材料直径、长度时,总是要比零部件的净直径、净长度要大,超过的部分就是加工切削的尺寸留量。留有加工尺寸留量后的零部件

材料就叫零部件的毛坯。

q_2——下料切削留量。下料时,每一个零部件的毛坯都是从一整段原材料上切断而得到的。切断每一段毛坯都要损耗一个切口宽度的材料,这就是下料切削留量。一个零部件的毛坯尺寸加上切口宽度尺寸,就是零部件的工艺尺寸。

q_3——夹头损耗。一整段材料可能要切成多个零部件毛坯,在切削成多个毛坯时,总是需要用机床夹具夹住一头。如果最后一个毛坯不能掉头切削的话,则这个材料夹头部分就不能再利用而成为一种损耗,这种损耗就是夹头损耗。

q_4——残料损耗。在将一整段材料切削成多个毛坯时,也可能出现 n 个工艺尺寸不能刚好平分一整段材料而剩余小部分不能利用,这就是残料损耗。

2. 统计分析法

统计分析法是根据以往生产中物资消耗的统计资料,经过分析研究并考虑计划期内生产技术组织条件的变化等因素而制定物资消耗定额的方法。统计分析法要以大量详细可靠的统计资料为基础。例如,要制定某种产品的物资消耗定额,可以根据过去一段时间仓库的领料记录和同期内产品的产出记录进行统计分析,即能求出每个产品的平均材料消耗量,这个平均材料消耗量就可以看成是该产品的物资消耗定额。

3. 经验估计法

经验估计法是根据技术人员和工人的实际生产经验,参考有关的技术文件,考虑企业在计划期内生产条件的变化等因素而制定物资消耗定额的方法。这种方法简单易行,但缺乏较为严密的科学性,因而通常精度不高。

第二节　采购计划的制订

一、采购计划的含义及制订目的

(一)采购计划的含义

采购计划是根据市场供求情况、企业的生产经营能力和物料消耗规律,对计划期内物料和其他物品的采购活动所做的预见性安排和部署。

采购计划主要是要确定采购的数量、时间和方式。它包括两部分内容:一是采购计划的制订;二是采购订单的制定。这两部分内容需要综合平衡,以保证物料的正常供应,并降低库存成本。

(二)采购计划的制订目的

制订采购计划是整个采购工作的第一步,采购计划制订得是否合理、完善,直接关系到整个采购运作的成败。因此,一项科学的采购计划应达到以下几个目的。

1. 维持生产经营的正常运行,避免供应中断而影响产销活动

企业在生产经营活动过程中,必须能够及时获得足够数量符合要求的物料,否则生产经营过程就会被迫中断。因此,采购计划要根据企业的生产计划、工作进度安排、采购环境等因素估算所需物品的数量和时间,以便及时备货,保证供应。

2. 避免物料储存过多,占压资金

企业为了保证生产经营的持续进行,必须保证一定数量的库存。但是,库存本质上是一种闲置资源,过多的库存不仅不会在生产经营中创造价值,反而会因为占压资金、占用空间而增加产品的成本。因此,企业在制订采购计划时,要对未来因素进行深入的分析和预测,提高采购数量及采购时间预测的准确性,使采购既能保证企业生产经营的需要,又可尽可能降低库存水平,减少资金的占压。因此,企业要通过科学的采购计划来预防物料储存过多。

3. 配合企业生产经营计划的实现

采购活动直接服务于生产经营活动,采购计划一般是根据生产经营计划来制订的,以保证采购到适时、适量的物料以满足生产经营的需要。所以说,企业生产经营计划的实现,需要科学的采购计划与之配合。

4. 合理配置资源,获得最佳经济效益

科学的采购计划体现了最优化的采购决策与实施计划,以及对未来物料的科学筹划,这样的计划有利于企业合理地使用资金,以最大限度地发挥各种资源的作用,获得最佳效益。

5. 使采购部门事先准备,选择有利时机购入物料

在瞬息万变的市场环境中,抓住有利的采购时机并不是一件容易的事。只有事先制订完善、可行的采购计划,才能使采购人员做好充分的采购准备,在适当的时候购入适当的商品,而不至于仓促采购,以不恰当的价格购入不恰当的物料。同时,企业还应当有应急采购计划,以应对种种突发事件。

6. 确定物品耗用标准,以便控制物料采购数量及成本

根据对历史资料的分析和对未来的预测,采购计划可以比较准确地确定所需物料的规格、数量、价格等,有了这些标准,进行采购控制就容易得多了。

 [相关知识链接 2-2]

关于计划的误解

下面列举了一些常见的对计划的误解及对误解的正确分析。

(1) 计划可以消除变化。

计划不能够消除变化,无论管理当局如何计划,变化总会发生。管理当局制订计划的目的是预测变化和制定最有效的应变措施。

(2)不准确的计划是在浪费管理者的时间。

最终结果仅仅是计划的目的之一,过程本身就很有价值,即使最终结果没有完全达到预期的目标。计划迫使管理当局认真思考要干什么和怎么干,搞清这两个问题本身就具有价值。认真执行计划的管理当局将会有明确的方向和目的,并会使偏离方向的损失减至最小,这就是计划过程的价值。

(3)计划降低灵活性。

计划意味着承诺,它之所以成为一种约束,仅仅是因为管理当局在制订计划后就不做任何修正了。计划应当是一种持续进行的活动。事实上,由于正式计划是被推敲过的,因此它比只存在于高级经理脑子里的一套模糊的假设更容易修改。不仅如此,有些计划是可以做得更灵活的。

二、采购计划的影响因素

(一)年度销售计划

在激烈的市场竞争中,企业根据市场销售情况确定生产经营规模。当市场没有出现供不应求时,企业年度的经营计划多以销售计划为起点;而销售计划的拟订,又受到销售预测的影响。销售预测的决定性因素包括外界的不可控因素,如国内外经济发展情况(GDP(国内生产总值)、失业率、物价、利率等)、人口增长、政治体制、文化及社会环境、竞争者状况等;内部的可控因素,如财务状况、技术水准、厂房设备、原料及零件供应情况、人力资源及企业声誉等。

(二)年度生产计划

在一般情况下,企业的生产计划主要依据销售计划制订。销售计划过于乐观将使生产计划规模过大,产品变成存货,造成企业流动资金周转困难;反之,过度保守的销售计划将使企业压缩生产计划规模,从而导致产量不足以供应顾客所需,丧失创造利润的机会。因此,生产计划常常因为销售人员对市场的需求估算失当,使生产计划朝令夕改,也使得采购计划与预算常常不得不调整修正,物料供需长久处于失衡状况。

(三)用料清单

在企业中,特别是在高新技术行业中,为适应市场需求,产品研发不断更新换代,用料清单难以及时做出修订,致使根据产量所计算出来的物料需求数量或规格,与实际的使用量或规格不尽相符,造成采购数量过多或不足,物料规格过时或不易购得,从而影响企业生产经营。因此,为保证采购计划的准确性,必须不断更新、精确用料清单。

（四）存量管制卡

在采购过程中，实际采购数量应以计划采购数量减去库存数量加以确定，因此，存量管制卡就变得十分重要，存量管制卡成为影响采购计划准确性的因素之一。这包括实际物料与账目是否一致，以及物料存量是否全为优良品。若账目上数量与仓库架台上的数量不符，或存量中并非全部皆为规格正确的物资，将使仓储的数量低于实际上可取用的数量，从而导致采购计划中的应该采购数量偏低。

（五）物料标准成本的设定

在编制采购预算时，因对将来拟采购物料的价格不易预测，所以多以标准成本来计算。如果标准成本的制定缺乏过去的采购资料作依据，也没有工程技术人员去严密精确地计算其原料费用、人工费用及制造费用等组合或生产的总成本，则很难保证其正确性。因此，标准成本与实际购入价格的差额，即为采购预算正确性的评估指标。

（六）劳动生产率

生产效率的高低将使预计的物料需求量与实际的耗用量产生误差。产品的生产效率降低，会导致原物料的单位耗用量提高，致使采购计划中的数量不能满足生产所需。过低的产出率，也会导致经常进行修改作业，从而使得零部件的损耗超出正常需用量。所以，当生产效率有降低趋势时，采购计划必须将此额外的耗用率计算进去，才不致发生物料的短缺现象。

（七）价格预期

在编制采购预算时，常对物料价格涨跌幅度、市场景气或萧条、汇率变动等进行预测，并将这些列为调整预测的因素。不过，因为个人主观判定与事实的演变常有差距，也可能会造成采购预算的偏差。

由于影响采购计划的因素很多，故采购计划拟订之后，拟订者必须与产销部门保持经常的联系，并针对现实情况做出必要的调整与修订，才能实现维持正常产销活动的目标，并协助财务部门妥善规划资金来源。

三、采购计划的制订流程

完整的采购计划包括认证计划和订单计划两个部分。这两个部分必须做到综合平衡，才能保证物料的采购成功。

（一）认证计划的制订

采购认证是企业采购人员对采购环境进行考察并建立采购环境的过程。

1. 准备认证计划

1）接收开发批量需求

开发批量需求是整个供应程序流动的龙头。要想制订较为准确的认证计划，首先必须熟知开发批量需求计划。开发批量需求通常有两种情况：一是在目前采购环境中可以找到的物品供应；另一个是新物品，这是采购环境中无法提供的，需要寻找新物品的供应商，或者与供应商一起研究新物品的开发途径。不仅要分析量上的需求，而且需要了解物料的技术特征等信息。这种分析可以判断目前的采购环境是否能满足企业的需求，如果不能满足就需要另外寻找供应商。

2）接收余量需求

随着市场需求的增加，采购环境容量不足以支持物品需求，或随着采购环境呈下降趋势，该物品的采购环境在缩小，满足不了需求。以上两种情况会产生余量需求，从而要求对采购环境进行扩容。采购容量的信息可由认证人员和订单人员提供。通过分析现实采购环境中的总体订单量和同期供应商的最大供应量之间的差异，即可求得余量认证需求。

3）准备认证环境资料

采购环境内容包括认证环境和订单环境两个部分。有些供应商认证容量大，订单容量小；有些则反之。这是因为，认证过程是供应商的样品小批量试制的过程，需要有强大的技术力量支持，有时需要与供应商一起开发；而订单过程是供应商的规模化生产过程，突出表现是自动化机器流水作业及稳定的生产、技术工艺已经固化在生产流程中，所以它的技术支持难度较前者小。

4）制订认证计划说明书

认证计划说明书是通过对企业内部采购需求量的分析而制订的一项采购计划，包括物料项目名称、需求数量、认证周期等内容的文字说明。

2. 评估认证需求

1）分析开发批量需求

开发批量需求的形式很多，计划人员应对开发物品需求做详细分析，必要时与开发人员、认证人员一起研究开发物品的技术特征，按照已有的采购环境及认证计划经验进行合理分类。由此可以看出，认证计划人员需要兼备计划知识、开发知识和认证知识等，并具有从战略高度分析问题的能力。

2）分析余量需求

余量需求的来源主要有两个：一是市场销售量的扩大，另一个是采购环境订单容量的萎缩。这两种情况都会导致目前采购环境的订单容量难以满足客户的需求，因此需要增加采购环境容量。因市场销售量扩大造成的，可以通过市场及生产需求计划了解各种物品的需求量及时间；因供应商萎缩原因造成的，可以通过分析现实采购环境的总体订单容量与原订单容量之差得到。这两种情况的余量相加即可得到总需求余量。

3）确定认证需求

根据开发批量需求及余量需求的分析结果确定认证需求。认证需求是指通过认证手段,获得具有一定订单容量的采购环境。

3. 计算认证容量

1）计算总体认证容量

在采购环境中,供应商的订单容量与认证容量是两个概念,有时可以相互借用,但不是等量的。一般在认证供应商时,要求供应商只做认证项目。在供应商认证合同中,应说明认证容量与订单容量的比例,防止供应商只做批量订单,不愿意做样品认证。把采购环境中所有供应商的认证容量汇总,即可得到采购环境中大概的总体认证容量。对有些供应商的认证需要加上适当系数。

2）计算承接认证量

供应商承接认证量等于当前供应商正在履行的认证合同量,承接认证量的计算也是一个复杂的过程。各种物品项目认证周期不同,一般是计算要求的某一时间段的承接认证量。最恰当、最及时的处理方法是借助于电子信息系统,模拟显示供应商已承接认证量,以便进行认证计划决策时使用。

3）确定剩余认证容量

将某一物料所有供应商群体的剩余认证容量进行汇总即得到该物料的剩余认证容量。公式为

物料的剩余认证容量=物料供应商群体总认证容量-承接认证量

例 2-2 某电视机厂去年生产的某型号电视机销量达到 10 万台,根据市场反馈情况,预计今年的销量会比去年增长 30%。为生产 10 万台电视机,公司需采购某零件 40 万件,供应此种零件的供应商主要有两家,A 的年产能力是 50 万件,已有 25 万件的订单,B 的年产能力是 40 万件,已有 20 万件的订单,试求出该零件的认证过程。

解 第一步,分析认证需求。

$$今年销售预测=[10\times(1+30\%)]万台=13 万台$$
$$该种零件的需求量=13\times4 万件=52 万件$$

第二步,计算认证容量。

$$A 与 B 的供应量=[(50-25)+(40-20)]万件=45 万件$$
$$认证容量=(52-45)万件=7 万件$$

因此,公司拟再采购 7 万件才能满足需要。

4. 制订认证计划

1）对比需求与容量

如果供应商认证容量大于认证需求量,则无需进行综合平衡;反之,则需要借

助采购环境之外的认证计划确定剩余认证需求。

2）综合平衡

从全局出发,综合考虑市场、生产、认证容量、物品生命周期等要素,判断认证需求的可行性,通过调节认证计划尽可能地满足认证需求,并计算认证容量不能满足的剩余认证需求,这部分剩余认证需求需要到企业采购环境之外的社会供应群体中寻找,即当现有采购环境不能满足剩余认证需求时,就要开发新的供应群体。

3）制订认证计划

制订认证计划是认证计划的主要目标,是衔接认证计划和订单计划的桥梁。只有制订好认证计划,才能做好订单计划。确定认证物料数量及开发认证时间的公式为

认证物料数量＝开发样件需求数量＋检验测试需求数量＋样品数量＋机动数量

开发认证时间＝要求认证结束时间－认证周期－缓冲时间

通过分析认证需求,计算认证容量,并对它们进行综合对比、平衡,采购认证计划就制订出来了(见表 2-4)。

表 2-4　采购认证计划表

序号	主项							次项							现存订单环境容量	认证资源容量预测	备注
	物料编码	名称	型号描述	年需求量	单位	开始日期	完成日期	样品图纸	技术规范	工艺路线	工艺指令	配料清单	巡回文档	隶属产品			
1																	
2																	
3																	
合计																	

制定		日期		审核		日期		批准		日期	

认证计划编号		制定部门		任务来源编号/说明		来源部门	

例 2-3　9 月初,开发样件需求数量为 7 万件,根据经验,检验测试需求数量为此批样件数量的 0.1％,样品数量和机动数量分别为 0.05％,要求在 10 月 1 日前完成认证,认证周期为 10 天,缓冲时间为 10 天,试求认证零件数量和开发认证时间。

解　认证零件数量＝(7＋7×0.1％＋7×0.05％＋7×0.05％)万件＝7.014 万件

开发认证时间＝(30－10－10)天＝10 天

因此,应从 9 月 10 号开始认证,认证零件数量为 7.014 万件。

（二）订单计划的制订

如果市场容量足够,则只需做订单计划。制订订单计划应当综合考虑各方面的因素,如市场要货计划、生产加工计划、实际采购能力等。通常订单计划的制订需经过以下几个步骤。

1．分析订单需求

1）接收市场需求

市场需求是启动生产供应程序流动的基础,要想制订精确的订单计划,首先应熟知市场需求计划,或者是市场销售计划。对市场需求的进一步分解便得到生产需求计划。企业的年度销售计划在上一年末制订,并报送至各个相关部门,同时下发到销售部门、计划部门和采购部门,以便指导全年的供应链运转;根据年度销售计划制订季度和月度的市场销售需求计划。分析市场要货计划的可信度、市场签订合同的数量、合同剩余量(包括延时交货的合同),参照历史要货数据,最终得出市场需求结果。

2）接收生产需求

生产需求从采购角度来说也可以称为生产物料需求。生产物料需求的时间是根据生产计划而制定的,通常生产物料需求计划是订单计划的主要依据。为了有利于理解生产物料需求,采购计划人员需要熟知生产计划及工艺常识。在 MRP系统中,物料需求计划是主生产计划的细化,它主要来源于主生产计划、物料清单和库存文件;编制物料需求计划的主要步骤包括确定毛需求、确定净需求、对订单下达日期及对订单数量进行计划。

3）准备订单背景资料

准备订单背景资料是非常重要的一项内容。订单背景是在订单物料的认证完毕之后形成的,订单背景资料主要包括:①订单物料的供应商消息;②订单比例信息(对多家供应商的物料来说,每一个供应商分摊的下单比例称为订单比例,该比例由供应商管理人员规划并给予维护);③最小包装信息;④订单周期(从下单到交货的时间间隔)。

4）制订订单计划说明书

订单计划说明书主要内容包括:①订单计划说明书(物料名称、需求数量、到货日期等);②各种资料,如市场需求计划、生产需求计划、订单环境资料等。

2．评估订单需求

1）分析市场需求

订单计划除了考虑生产需求之外,还要兼顾市场战略及潜在需求等;因而订单计划不仅来源于生产计划,还要分析需求计划的可信度,仔细分析市场合同签订数量、合同剩余量的各种数据,研究其变化趋势,全面考虑需求计划的规范性和严谨性,参照相关历史需求数据,找出问题。总之,要对市场需求有一个全面的了解,将远期发展与显示需求相结合。

2）分析生产需求

分析生产需求,首先就需要研究生产需求的产生过程,其次分析生产需求量和到货时间。因为每周都有不同的毛需求量和到货量,这样就产生了不同的生产需求,所以对企业不同时期产生的不同生产需求进行分析是很有必要的。

3）确定订单需求

根据市场需求及生产需求的分析结果确定订单需求。通过订单操作手段,在未来指定的时间内,将指定数量的合格物品采购入库。

3. 计算订单容量

只有准确制定订单容量,最后才能制订出正确的订单计划。

1）分析物品（项目）供应资料

认证人员倾注大量时间和精力所得到的物品供应资料应牢记在计划人员的头脑中,以便下达订单计划时参照。

2）计算总体订单容量

总体订单容量是多方面的组合。一般包括两个方面的内容,即可供给的物料数量和可供给物料的到货时间。例如,甲供应商在 1 月 15 日之前可供应 4 万个开关（A 型 1 万个,B 型 2 万个,C 型 1 万个）,乙供应商在 1 月 15 日之前可供应 5 万个开关（A 型 1.5 万个,B 型 1.5 万个,C 型 2 万个）,那么 1 月 15 日前 A、B、C 三种开关的总体订单容量为 9 万个,其中 A 型 2.5 万个,B 型 3.5 万个,C 型 3 万个。

3）计算已承接订单量

供应商在指定时间内已签下的订单量称为已承接订单量。续上例,若甲供应商已经承接 A 型开关 0.8 万个,B 型开关 1.5 万个,C 型开关 0.9 万个;乙供应商已经承接 A 型开关 1.3 万个,B 型开关 1.2 万个,C 型开关 2 万个。那么在 1 月 15 日前,开关的总体承接订单量为 7.7 万个（A 型 2.1 万个,B 型 2.7 万个,C 型 2.9 万个）。

4）确定剩余订单容量

剩余订单容量是指某种物料所有供应商群体的剩余订单容量的总和。

物料剩余订单容量＝物料供应商群体总体订单容量－已承接订单量

上例中,则有

$$开关剩余订单容量＝（9－7.7）万个＝1.3 万个$$

4. 制订订单计划

1）对比需求与容量

经过对比,若发现物料需求量小于供应商容量,企业需根据物料需求来制订订单计划;若发现供应商容量小于物料需求量,企业要根据情况制订合适的物料需求计划,同时对剩余物料需求制订认证计划。

2）综合平衡

综合平衡是指考虑市场、生产、订单容量等要素,分析物料订单需求的可行性,调整订单计划及计算容量不能满足的剩余订单需求。

3）确定余量认证计划

对于剩余订单需求,要提交认证计划制订者处理,并确认能否按照物料需求规定的时间和数量交货。

4）制订订单计划

订单计划做好后就可以按照计划进行采购了。采购订单计划里,有两个关键指标,即下单数量和下单时间。

下单数量＝生产需求量－计划入库量－现有库存量＋安全库存量

下单时间＝要求到货时间－认证周期－订单周期－缓冲时间

制订订单计划是开展采购工作的基础,是采购工作得以及时、有序进行的有利保证,因此企业应当充分重视。采购订单计划表见表 2-5。

表 2-5　采购订单计划表

序号	主项							次项							现存库存数量	订单环境容量	备注
	物料编码	名称	型号描述	年需求量	单位	开始日期	完成日期	样品图纸	技术规范	工艺路线	工艺指令	配料清单	巡回文档	隶属产品			
1																	
2																	
3																	
合计																	

制定		日期		审核		日期		批准		日期	
认证计划编号			制定部门		任务来源编号/说明				来源部门		

第三节　采购预算的编制

一、采购预算的含义

预算是一种用金额表示的计划,采购预算是采购部门根据采购计划所制定的采购频率以金额来表现的形式。采购预算是依据销售预算和生产预算制定的,并考虑资金周转速度等因素,当然也要受企业整个年度资金预算的约束。

预算过程从审查采购目标开始,然后分解为实现这些目标所要完成的具体工作计划和预测所需的各种资源,最后根据这些资源来确定采购预算。采购预算的制定与采购调查、采购计划密切相关,因此,采购预算的时间范围应与采购计划期保持一致,不能过长或过短。长于计划期的预算没有实际意义,会造成人力、物力和财力的浪费;而过短的预算又不能保证采购计划的顺利执行。

二、采购预算的作用

第一,促进采购计划的顺利执行,减小企业的经营风险与财务风险。采购预算的基础是采购计划,采购预算能促使采购经理提前制订采购计划,避免盲目采购,避免不必要的经营风险和财务风险。

第二,便于各部门之间的协调,利于企业总体目标的实现。企业可通过编制采购业务预算,为采购部门和其他职能部门在计划期间的工作分别制定目标,明确各个部门的权利、责任和义务;各部门通过执行预算,可明确自己在整个企业所处的地位与作用,使各部门在工作时能从全局出发,协调合作,以利于企业总体经营目标的实现。

第三,有利于部门之间合理安排有限资源,保证资源分配的效率。受到各种条件的限制,企业所获得的可分配的资源和资金是有限的,企业通过编制采购预算和其他业务预算,能够充分考虑各部门的资源需求,并合理安排,保证资源得到最充分的利用,实现以最少的投入获得尽可能多的经济效益。

第四,有利于企业对采购成本进行监督、控制。业务预算是分析、控制各项经济活动的工具。采购部门认真编制切实可行的采购预算,并严格执行,可以避免不必要的开支,降低采购成本。

三、采购预算的类型

采购部门中主要有四个领域受到预算控制,即原料采购,维护、修理和运营(MRO),资产及采购运作预算。

(一)原料采购预算

原料采购预算就是确定用于生产既定数量的产品或者提供既定水平的服务所需要的原材料的数量和成本。通过它可以推断出用于原料采购所需要的资金,这对原料的投资很关键。预算的金额是根据生产或销售的预期水平及计划期的原料估计价格来确定的,所以,需求量的预期与价格的预测的准确性直接关系到原料采购预算金额的准确性。

在一般情况下,原料的预算期是1年以内或更短,但那些耗费资金多、生产周期长的产品,如飞机或变电站,需要的预算期就要长些。

原料采购预算的主要作用表现为如下几个方面:①有利于采购部门确立采购

计划以确保物料需要能及时得到满足;②帮助分析现金流动情况,以提前发现问题;③促使采购人员去寻找合适的替代品;④为供应商提供物料需求信息和进度,使供应商早做准备。

(二)MRO 物品预算

MRO,即维护、维修和运营(maintenance,repair,operation,MRO)。MRO 物品一般指不进入最终产品的零件和用品的间接材料,包括办公用品、实验用品、润滑油、小工具、机器修理等。MRO 物品预算为所有的维护、修理和运营用料提供采购计划,一般预算期为 1 年。

MRO 的项目通常很大,所以一般情况下并不是对每一种物品都进行精确的预算,而是参考过去的比率来确定,然后根据库存和价格水平的预期对它进行调整。

在过去很长时间里,MRO 的采购一直被采购部门所忽视,而现在人们逐渐认识到 MRO 是采购和供应管理中有潜在改进机会的一个领域。因为有的企业 MRO 物品的购买支出成本可能会高于进行这项采购的管理成本,改善 MRO 供应管理是节约采购成本的重要途径之一。

改善 MRO 供应管理的一个成功的方法被称为"高绩效企业流程的重新设计"。这个方法一般包括以下四个步骤:①把 MRO 采购细分为合理的商品小组,并对每个商品小组采用具体的细分战略;②合并需求并大规模减少供应商数量,以获得规模经济;③与供应商建立长期稳定的合作伙伴关系;④减少以交易为核心的活动以减少管理性成本。

(三)资产预算

资产预算是指确定企业固定资产的采购数量及其成本。因为固定资产的采购通常是企业支出中较大的部分,所以固定资产采购成本的高低对于企业采购成本的高低有着重大影响,而严格、准确的固定资产预算是确保固定资产采购成本降低的基础。

(四)采购运作预算

采购运作预算是指对采购运作过程中发生的所有费用进行确定。运作费用包括工资,供热费,电费,电话费,传真费,邮费,电子数据处理成本,购置办公设施、办公用品的费用,旅游与招待费用,参加研讨会和专业会议的人员的教育费用,商业杂志订阅费等。在制定运作费用预算时要以下一个会计年度的预期业务和行政工作量为基础,同时参考过去的运作费用支出情况。

采购部门除了确定运作费用的预算外,还应对运作预算的执行情况进行评估,定期对比计划与实际支出情况,以便于控制费用并及时发现问题。

四、制定采购预算的依据

采购预算是采购计划顺利实施的保证,制定采购预算的依据有以下两方面。

(一)物料标准成本

在制定采购预算时,由于难以准确预测计划采购物料的价格,一般以标准成本代替计划采购物料的价格。标准成本是指在正常和高效率的运转情况下制造产品的成本,而不是指实际发生的成本。标准成本可以根据过去的采购资料来确定,或者由工程技术人员根据生产流程严密精确地计算。企业可以用标准成本来对实际成本加以控制。

(二)价格预期

虽然对预购物料的价格进行预测难度很大,但企业仍需从影响价格变动的因素入手,尽可能准确地对物料价格进行预测。

影响价格变动的因素有很多,包括生产物料所用的投入品的价格、该物料的市场供求状况、国家的经济形势、汇率变化等因素。采购人员应认真分析,力求把握准确的价格预期。价格预期判断不准确,会造成采购预算的偏差。

五、采购预算的编制

(一)采购预算的编制方法

编制采购预算的方法多种多样,有固定预算、滚动预算、弹性预算、零基预算和概率预算等。各种方法的编制原理都不一样,各有不同的特点。

1. 固定预算

固定预算又称"静态预算",是指企业按照预算期内预定的经营活动水平,不考虑预算期内经营活动水平可能发生的变动而编制的一种预算。因此,当经营活动水平变动时,如不重新编制固定预算,就不能将实际数与预算数对比;而重编预算,工作量又很大。所以这种预算,一般只能用来考核非营利组织和经营活动水平较为稳定的企业。另外,用这种预算控制企业固定费用,也比较适宜。

2. 滚动预算

滚动预算,又称永续预算或连续预算,是指在预算的执行过程中自动延伸,使预算期永远保持在一定时期(一般为1年),每过1个月(或季度),就根据新的情况调整和修订稍后几个月(或季度)的预算。

滚动预算要求一年中,头几个月的预算要详细完整,后几个月可略粗一些。随着时间的推移,原来较粗的预算逐渐由粗变细,后面随之又补充新的较粗的预算。以此往复,不断滚动。

滚动预算的突出特点是:预算期与会计年度相脱节,始终保持12个月或4个季度的预算。

滚动预算的编制程序为：凡预算执行过 1 个月后，即根据前 1 个月的经营成果，结合执行中发生的变化等信息，对剩余的 11 个月的预算加以修订，并自动后续 1 个月，重新编制 1 年的预算。这样逐期向后滚动，连续不断地以预算的形式规划未来的经营活动，如图 2-2 所示。

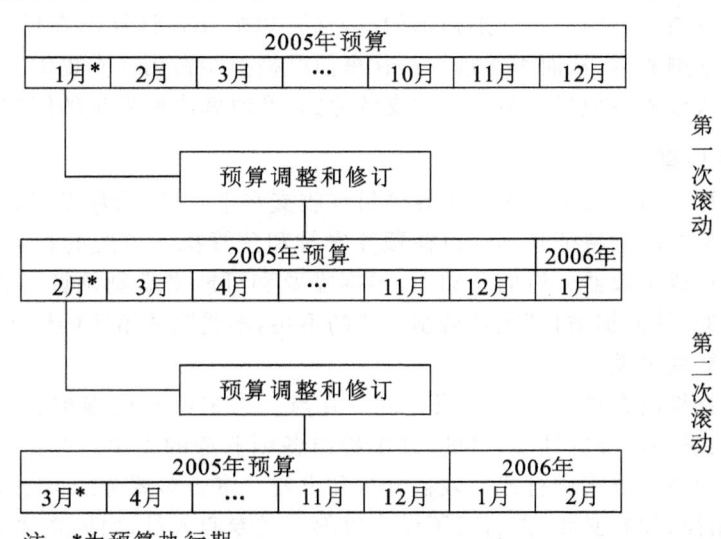

注：*为预算执行期。

图 2-2 滚动预算

滚动预算的优点有以下几方面。①可以保持预算的连续性与完整性，使采购人员能从动态的预算中把握企业的未来，以了解企业的总体规划和近期目标。②可以根据前期预算的执行结果，结合各种新的变化信息，不断调整或修订预算，从而使预算与实际采购工作相适应，有利于充分发挥预算的指导和控制作用，确保企业各项工作有条不紊地进行。

滚动预算的不足之处是编制工作量较大。为克服滚动预算的不足，宜适当地简化预算的编制工作，可采用按季度滚动来编制预算，而在执行预算的那个季度里，再具体地编制各月份的预算。

3. 弹性预算

所谓弹性预算，是指在编制预算时，考虑到计划期间采购业务量可能发生的变化，根据固定成本、变动成本与经营活动水平的关系而编制出一套能适应多种采购业务量的财务预算，以便分别反映各业务量的费用水平。由于这种预算是随着业务量的变化进行机动调整，具有一定的弹性，故称为弹性预算。弹性预算适用于业务量经常变动的企业。

弹性预算的编制原理是以成本性态分析为基础，将成本区分为固定成本和变动成本两部分，某一项目的预算数按下式确定

弹性预算＝单位变动成本×业务量水平＋固定成本预算数

弹性预算法有以下主要特点。①能够适应不同经营活动情况的变化。弹性预算是为一系列业务量水平而编制的,当某一预算项目的实际业务量达到某水平时(必须在选择的业务量范围之内),都有适用的一套控制标准。它能更好地发挥预算的控制作用,避免只要实际情况发生变化,就要重编预算或作修改的问题。②由于预算是按各项成本的性态分别列示的,因而可以方便地计算出在任何实际业务量水平下的预测成本,从而为管理人员在事前严格控制费用开支提供方便,也有利于在事后细致分析各项费用节约或超支的原因,及时解决所发生的问题。

4. 零基预算

零基预算是指不考虑过去的预算项目和收支水平,以零为基点编制的预算。

零基预算的基本特征是不受以往预算安排和预算执行情况的影响,一切预算收支都建立在成本效益分析的基础上,根据需要和可能来编制预算。它能克服我国长期沿用的"基数加增长"预算编制方式的不足,不受既成事实的影响,一切都从合理性和可能性出发。

零基预算编制方法的具体步骤有以下几点。①采购部门根据企业的经营目标,说明每项采购业务的性质、目的,详细提出各项业务的支出。②由预算主管对各部门提出的预算方案进行成本效益分析和审查。审查时要考虑该项工作是否有必要,能否精简;如有必要,是否可不设专管部门或专职人员;如果必须专设部门或专人去完成,能否进一步改进方法,提高工作效率。然后权衡每项工作轻重缓急和成本效益,以及所需经费的多少,进行顺序排列。③根据生产经营实际需要和资金供应的可能,落实预算。

零基预算不但能压缩经费开支,把有限的经费用到最需要的地方去,而且能够发挥各级管理人员的积极性和创造性,促使各级预算部门精打细算,量力而行,合理使用资金,提高经济效益。但由于一切开支都要从头进行分析研究,因而编制零基预算的工作量较大,费用较高。

针对零基预算的缺陷与不足,合理的解决办法是:每3～5年编制一次零基预算,以后几年内再做适当调整,以减少浪费和避免低效。

 **[相关知识链接 2-3]**

零基预算的由来与推广

零基预算也称零底预算,是由美国德克萨斯工具公司担任财务预算工作的彼得·派尔于1970年编制该公司的费用预算时提出的。美国前总统卡特在担任美国佐治亚州州长时,曾在该州极力推广此法。卡特当选总统后,曾指示1979年联邦政府要全面实行零基预算,于是该预算方法在当时的美国风行一时,引人注目。

一般而言,运用零基预算法控制经费,学校或预算事业单位要比企业更为适宜。国外已有这方面的经验,如美国斯坦福大学曾经运用零基预算,有效地削减了公共服务补助支出、多余人员及其薪资支出。

5. 概率预算

概率预算是在识别企业预算期内各预算项目不确定的基础上,结合它可能发生的概率,分别计算其期望值后所编制的一种预算。

在编制概率预算过程中,涉及的变量很多,如业务量、价格、成本等。在生产和销售正常的情况下,这些变量的预计可能是一个定值;但在市场供需变动较大的情况下,这些变量的定值就难以确定了。这就需要根据客观条件,对有关变量做一些近似的估计,估计它可能变动的范围,分析它在该范围内出现的可能性——概率,然后根据概率计算期望值、编制预算。

概率预算是弹性预算的修正和发展,由于它充分考虑了各项变量可能发生的概率,因此所编制预算比较接近实际。

上述几种方法各有不同特点,企业应根据自身的条件及所处的外部环境选择合适的预算编制方法。如果企业处于初创期或成长期,市场份额和产品市场价格不稳定,应选择弹性预算;反之,对于市场稳定的企业,采用固定预算法更适宜。如果企业预算水平较高,应选择较为复杂的预算方法,如滚动预算或零基预算;反之,如果企业预算水平偏低,则应选择比较简单的预算方法,如固定预算等。

(二) 编制采购预算的步骤

1. 明确企业及部门的战略目标

预算的最终目的是为了保证企业目标的实现,采购部门在编制预算前首先要了解企业总的发展目标和本部门的目标,以确保两者之间相互协调,保证采购部门设立的预算标准能够很好地体现企业目标的要求。

2. 制订详细的工作计划

采购部门要根据本部门的目标制订出具体的工作计划,列出在未来计划期内详细的工作计划表,将其作为制定预算明细的依据。

3. 确定所需的资源

根据详细的工作计划表,采购部门就可以对所需支出进行估计,确定为完成这些具体工作所需要的人力、物力和财力资源。

4. 提出准确的预算数

这一步是预算编制的重点,也是预算编制的难点之一,因为确定采购预算要面临大量的不确定因素。采购预算的数量可以依据以往的经验来判断,也可以借助数学工具和统计资料通过科学分析来预测。目前,企业普遍的做法是将采购目标与历史数据相结合来确定预算数,即通过对过去历史数据和未来目标逐项分析,使收入和成本费用等各项预算合理并切实可行。

5. 汇总

最初的预算来自各个分单元或各个岗位,需要把这些最基层的预算数字层层汇总,形成总体预算。

6. 提交预算

将编制好的预算提交企业负责人审批。

7. 修改预算

采购预算是关于预计支出的动态模型,它反映的是未来的采购支出。由于企业外在环境总是处于不断变化之中,因此,采购部门需要根据实际情况的变化不断修改采购预算,以确保预算能最大限度地反映实际的支出情况。

由于预算总是或多或少地与实际有一定的误差,因此,采购部门有必要根据实际情况选定一个偏差范围。偏差范围的确定可以根据行业平均水平,也可以根据企业的经验数据,但经验数据的主观性较强。设定了偏差范围之后,采购部门就应该了解实际支出和预算的差距,以便控制业务活动的进展,尽量将实际支出与估计值的差异控制在偏差范围之内。如果实际支出与估计值的差异达到或超过了允许的范围,就需要对预算进行修订。

(三)编制采购预算应注意的问题

编制采购预算的目的是增强采购的科学性,提高企业经济效益。为了实现这一目标,在编制采购预算时,要注意下述基本问题。

1. 预算编制以深入的市场调研为基础

编制预算前要进行深入的市场调研,广泛收集相关信息,包括采购品的价格、该采购品的市场供求状况、国家的经济形势、汇率变化、费用限额等。还要对这些信息进行必要的加工整理,作为编制预算的参考。只有如此,才能保证预算指标富有弹性,灵活应对市场的变化,使采购预算能够切实发挥其控制作用。

2. 制定切实可行的预算编制制度

应制定切实可行的预算编制流程、修改预算的方法及预算执行情况的分析监管办法等,以提高采购预算编制的科学性。

3. 合理预设预算假定

设定必要的假定,使预算指标建立在一些未知而又合理的假定因素的基础之上,以利于采购预算编制工作的顺利进行。预算编制中的一个难点是预算编制不可避免地要面对一些不确定因素,也不得不预设一些预算指标之间的关系。如在确定采购预算的现金支出时,必须预先假定各种商品价格的未来走向。为此,在编制预算时,一方面要对历史数据进行充分分析,另一方面要对未来的判断设定合理的假定,这样才能保证采购预算的合理性和可行性。

4. 每项预算应尽量具体化、数量化

在编制采购预算时,每一项支出都要尽可能地具体详细,对每一项采购都要注明具体的数量和价格。这样做既有利于对预算编制的准确性进行审核,又有利于采购部门发现能节约开支的环节。

5. 应鼓励各方积极参与采购预算编制工作

采购预算是采购部门为配合企业的总体生产经营预测,对所需要采购的商品数量按成本进行的估计,它涉及企业各个方面,采购预算如果由采购部门单独编制,会缺乏实际的应用价值。因此,采购预算的编制需要其他部门的配合,这样利于各部门的沟通,有利于提高采购预算的科学性和可行性。

 # 案例分析

西门子公司的全球采购策略

过去很长一段时间里,西门子公司的通信、交通、医疗、照明、自动化与控制等各个产业部门根据各自的需求独立采购。随着西门子公司的逐渐扩大和发展,采购部门发现不少的元部件需求是重叠的,如通信产业需要订购液晶显示元件,而自动化和控制分部也需要购买相同的元件。购买数额有大有小,选择的供应商、产品质量、产品价格与服务差异也非常大。

精明的西门子人很快就看到了沉淀在这里的"采购成本"。于是设立了一个采购委员会,来协调全球的采购需求,把六大产业部门的采购需求汇总起来,这样,西门子公司可以用一个声音同供应商进行沟通。大订单在手,就可以吸引全球供应商进行角逐,西门子公司在谈判桌上的声音就可以响亮很多。

对于供应商来说,这也是一件好事情。以前供应商可能要与西门子公司的六个不同产业部门打交道,而现在只需与一个"全球大老板"谈判,只要产品、价格和服务过硬,就可以拿到全球的订单,当然也省下了不少时间和精力。

西门子公司的全球采购委员会直接管理全球材料经理,每位材料经理负责特定材料领域的全球性采购,寻找合适的供应商,以达到节约成本的目标,并确保材料的充足供应。"手机市场的增长很快,材料经理的一项重要职能就是找到合适的、能够与西门子公司一起快速成长的供应商。"西门子公司认为,供应商的成长潜力在其他成熟产业可能并不重要,但是在手机产业,100%的可能性是选择供应商的重要指标。

西门子移动公司的采购系统还有一个特色,就在采购部门和研发设计部门之

间有一个"高级采购工程部门"。作为一座架在采购部和研发部之间的桥梁,高级采购工程部门的作用是在研发设计的阶段就用采购部门的眼光来看问题,充分考虑到未来采购的需求和生产成本上的限制。

有了这些充分集权的中央型采购战略决策机构,还需要反映灵活的地区性采购部门来进行实际操作。由于产业链分布在各个国家,西门子移动公司在各地区采购部门的角色很不一样,日本西门子移动公司采购部门的角色类似于一个协调者。由于掌握着核心技术,日本的供应商如东芝公司和松下公司直接参与了西门子公司手机的早期开发。西门子移动公司需要知道哪些需求在技术上是可行的,哪些是不可行的,而东芝和松下等企业也要知道西门子公司想要得到什么产品,因此,采购部门的主要工作就是与日本供应商的研发中心进行研发技术方面的协调、沟通和同步运作。

中国西门子移动公司采购部门的角色重心就不同了。主要任务是利用中国市场的廉价材料,降低生产成本,提高西门子手机的全球竞争力。2001 年西门子移动公司的全球采购额是 20 亿欧元,单是在中国的采购就达到了 5 亿欧元,占全球采购额的 25%。在中国生产的每部手机都达到了 60% 的国产率。中国低廉的材料价格已经成为西门子手机征战全球性市场的一大利器。

本章综合练习题

一、选择题

1. 采购需求分析的方法有多种,除了一般的市场预测方法之外,企业常用的有(　　)。

A. 推导分析法、会计分析法和物资消耗定额法

B. 推导分析法、统计分析法和物资消耗定额法

C. 推导分析法、统计分析法和劳动消耗定额法

D. 经济分析法、统计分析法和劳动消耗定额法

2. 余量需求的来源主要有两个,即(　　)。

A. 市场销售量的扩大、采购环境订单容量的扩大

B. 市场销售量的萎缩、采购环境订单容量的萎缩

C. 市场销售量的扩大、采购环境订单容量的萎缩

D. 市场销售量的萎缩、采购环境订单容量的扩大

3. 完整的采购计划包括(　　)两个部分。

A. 认证计划和生产计划　　　　B. 销售计划和生产计划

C. 认证计划和订单计划　　　　D. 生产计划和订单计划

4. 为企业所有的维护、修理和运营用料提供采购计划,这是( )。

A. 原料采购预算   B. MRO 物品预算

C. 资产预算   D. 采购运作预算

二、判断题

1. 根据企业主产品的生产计划、主产品的结构文件和库存文件,分别求出主产品的所有零部件的需求时间和需求数量的采购需求分析方法是推导分析法。

2. 在采购需求分析中应用得最为普遍的是推导分析法。

3. 完整的采购计划包括认证计划和订单计划两个部分。这两个部分必须做到综合平衡,才能保证物料的采购成功。

4. 确定企业固定资产的采购数量及其成本的预算是采购运作预算。

三、简答题

1. 什么叫采购需求分析?采购需求分析有哪些常用的方法?

2. 什么是采购计划?影响采购计划的因素有哪些?

3. 采购预算有哪些主要类型?

练习题参考答案

一、选择题

1. B   2. C   3. C   4. B

二、判断题

1. √   2. ×   3. √   4. ×

三、简答题

1. 采购需求分析是指采购部门为最终得到一份确实可靠、科学合理的采购任务清单,在全面了解采购单位全部需求特征的基础上,分析和确定采购内容、采购数量、采购时间以及采购方式的过程。

采购需求分析的常用方法有推导分析法、统计分析法和物资消耗定额法。

2. 采购计划是根据市场供求情况、企业的生产经营能力和物料消耗规律,对计划期内物料和其他物品的采购活动所作的预见性安排和部署。采购计划主要是要确定采购的数量、时间和方式,包括两部分内容:一是采购计划的制订;二是采购订单的制定。

影响采购计划的因素主要有:①年度销售计划;②年度生产计划;③用料清单;④存量管制卡;⑤物料标准成本的设定;⑥劳动生产率;⑦价格预期。

3. 采购预算主要有四种类型。

(1) 原料采购预算。原料采购预算就是确定用于生产既定数量的成品或者提供既定水平的服务所需要的原材料的数量和成本。

(2) MRO 物品预算。MRO 物品一般指不进入最终产品的零件和用品的间接材料,包括办公用品、实验用品、润滑油、小工具、机器修理等。MRO 物品预算是为所有的维护、修理和运营用料提供采购计划,一般预算期为 1 年。

(3) 资产预算。资产预算是指确定企业固定资产的采购数量及其成本。因为固定资产的采购通常是企业支出中较大的部分,所以固定资产采购成本的高低对于企业采购成本的节约有重大影响,而严格、准确的固定资产预算是确保固定资产采购成本降低的基础。

(4) 采购运作预算。采购运作预算是指对采购运作过程中发生的所有费用进行确定。运作费用包括工资、供热费、电费、电话费、传真费、邮费、电子数据处理成本、办公设施、办公用品、旅游与招待费用、参加研讨会和专业会议的人员的教育费用、商业杂志订阅费等。

第三章 采购模式选择

本章学习重点

1. 招标采购的运作程序,政府采购的一般程序,JIT采购的原理。

2. 招标采购的适用范围,政府采购的范围与方式,JIT采购的实施步骤。

3. 非招标采购的不同形式,集中采购与分散采购的选择标准,JIT采购与传统采购的区别。

技能要求

能运用理论知识根据采购对象的特点做出正确的采购模式选择。

能进行招标采购和政府采购的运作。

采购模式是采购主体获取资源或物品、工程、服务的途径、形式与方法。当采购战略及计划确定以后,采购模式的选择就显得格外重要。它决定着企业能否有效地组织、控制物品资源,以保证其正常的生产和经营及较大利润空间的实现。

采购模式很多,划分方法也不尽相同。采购模式依据采购方式的不同可划分为招标采购与非招标采购,依据采购制度的不同可划分为集中采购与分散采购,此外也有新发展起来的采购模式,如JIT(just in time,准时采购)采购等。采购实践中,采购主体应根据企业制度、资源状况、环境优劣、专业水准、资金情况和储运水平等因素正确选择合适的采购模式。

第一节 招标采购

招标采购是一种使用越来越广泛的采购方法,已经受到人们越来越多的关注。

本节主要介绍招标采购的一些基本做法及有关投标招标法方面的知识。

一、招标采购的含义

所谓标,是指标书,就是任务计划书、任务目标。所谓招标采购,是指通过招标方式寻找最好的供应商的采购方法,它是政府及企业采购中的基本方式之一。招标采购最大的特征是公开,凡符合资质规定的供应商都有资格参加投标。

从招投标业务活动来看,我国建设工程的招投标较多一些,也开展得早一些。在采购领域,机电设备的招标采购走在前头,而企业在物资采购中使用招投标的方式相对比较少。政府采购的兴起与盛行,为招标采购提供了一个广阔的市场。因为政府采购的批量大,要求公开、公正和公平,所以随着政府采购的广泛开展,招标采购有了较大的发展。

二、招标采购的特点

(一) 招标程序的公开性

招标程序的公开性有时也叫透明性,是指将整个采购程序完全公开:公开发布招标邀请;公开发布招标商资格审查标准和最佳投标商评选标准;公开开标,公布中标结果;公开采购法律,接受公众监督,防止暗箱操作、徇私舞弊和腐败违法行为。

(二) 招标程序的公平性

所有对招标感兴趣的供应商、承包商和服务提供者都可以进行投标,并且地位一律平等,招标方不允许歧视任何投标商。评选中标商是根据事先公布的标准进行的;招标是一次性的,并且不能同投标商进行谈判。所有这些措施既保证了招标程序的完整,又可以吸引优秀的供应商来进行投标。

(三) 招标过程的竞争性

招标是一种引发竞争的采购程序,是竞争的一种具体方式。招标活动是若干投标商公开竞标的过程,是一场实力的大比拼。招标的竞争性体现了现代竞争的平等、诚信、正当和合法等基本原则。招标也是一种规范的、有约束的竞争,有一套严格的程序和实施方法。企业采购通过招标活动,可以最大限度地吸引投标商参与竞争,从而使招标企业有可能以更低的价格采购到所需的物资或服务,更充分地获得市场利益。

三、招标采购的适用范围

招标采购一般是一项比较庞大的活动,涉及面广,耗费人力、财力、物力较多,因此一般只适宜于比较重大的或者影响比较深远的项目。如寻找比较长时期供应物资的供应商,或者新企业开业,寻找未来的长期物资供应伙伴;或者寻找一次批量比较大的物资供应商;或者寻找一项比较大的建设工程的工程建设和物资采购供应商等。

对于小批量物资采购和比较小的建设工程,则不宜采用招标方法。

四、招标采购的种类

(一)公开招标

1. 公开招标的含义

公开招标又叫竞争性招标,是指由招标人在国家指定的报刊、信息网络或其他媒体上发布招标公告,邀请不特定的企业单位参加投标竞争,招标人从中选择中标单位的招标方式。

2. 公开招标的种类

公开招标有不同的形式,常见的有按照招标步骤不同形成的单一步骤招标采购和两阶段招标采购,以及按照竞争程度不同形成的国际竞争性招标和国内竞争性招标。

1)单一步骤招标采购

单一步骤招标采购是指按照一般的招标程序所进行的一步到位的招标采购方式。通常所讲的公开招标采购就是单一步骤招标采购方式。这种招标是在物资采购和建设项目没有特殊的要求和规定的前提下,按照规范的步骤一次性完成,因此叫单一步骤招标采购。这种招标采购一般有以下特点。

第一,准备时间长。要达到一步到位的结果,必须要做好招标的前期准备工作,对各个环节和程序做仔细的设计和考虑。

第二,规模大。这种采购一般属集中性采购,把各种性能需求相同的采购品集中起来,以达到规模效益,因此采用这种方式要求采购资金达到一定的规模。

第三,效率高。由于资金量大,集中度高,把分散采购集中起来,大大降低了管理成本,提高了透明度和竞争性,因而效率较高。

2)两阶段招标采购

两阶段招标采购是一种特殊的招标采购方式,即对同一采购项目进行两次招标。第一次招标是采购单位要求供应商提交不含价格的技术标,目的是征求各供应商对拟采购项目在技术、质量或其他方面的建议。第二次招标是采购单位根据第一阶段征求的建议修改招标文件,要求供应商按修改后的招标文件提交最终的技术标和价格标。

对大型、复杂或技术升级换代快的货物,如大型计算机、通信设备,以及特殊性质的土建工程,要事先准备好完整、准确的技术规格有困难的,可采用两阶段招标

采购方式。

两阶段招标采购可适用于下列情况：采购单位不可能拟订有关货物或工程的详细规格或不可能确定服务的特点；采购单位为了签订一项进行研究、实验、调查或开发工作的合同，并且不带有营利的性质；采购单位的采购涉及国防或国家安全，并且采购机关认为采用这种方法是最合适的；已采用公开招标程序，但没有投标人或采购单位拒绝了全部投标，而且采购机关认为再进行新的招标程序也不太可能产生采购合同。

3）国际竞争性招标

国际竞争性招标是指在世界范围内进行招标，国内外合格的投标商都可以投标。它要求制作完整的英文标书，在国际上通过各种宣传媒介刊登招标公告。世界银行规定，我国利用世界银行贷款的工业项目在 100 万美元以上的，要采用国际竞争性招标方式。

4）国内竞争性招标

国内竞争性招标是指在国内进行招标，要求用本国语言编写标书，在国内的媒体上登出广告，公开出售标书，公开开标。国内竞争性招标通常用于合同金额较小（世界银行规定在 50 万美元以下）、采购品种比较分散、分批交货时间较长、劳动密集型、商品成本较低而运费较高、当地价格明显低于国际市场等类型的采购。

3. 公开招标的优点

公开招标的优点有以下几方面。

（1）公平。公开招标，使对该招标项目感兴趣又符合投标条件的投标者都可以在公平竞争条件下，享有得标的权利与机会。

（2）价格合理。由于公开竞争，各投标者凭其实力（规格符合、成本最低）争取合约，而不是人为或特别限制规定售价，价格比较合理。而且公开招标，各投标者自由竞争，因此招标者可获得最具竞争力的价格。

（3）改进品质。因公开投标，各竞争投标者的产品规格或施工方法不一，可以使招标者了解技术水平与发展趋势，促进品质的改进。

（4）减少徇私舞弊现象。各项资料公开，办理人员难以徇私舞弊，更可避免利用人情关系，减少作业困扰。

（5）了解来源。透过公开招标方式可获得更多投标者的报价，扩大供应来源。

4. 公开招标的缺点

公开招标的缺点主要表现在以下几方面。

（1）采购费用较高。公开登报、招标文件制作与印刷、开标场所布置等，均需花费大量财力与人力；一旦中标无效，花费更大。

（2）手续烦琐。从招标文件设计到签约，每一阶段都必须周详准备，并且要严格遵循有关规定,不允许发生差错,否则会造成纠纷。

（3）可能产生串通投标。凡余额较大的招标项目,投标者之间可能串通投标,不实或任意提高报价,给招标者造成困扰与损失。

（4）可能造成抢标。报价者或有现货急于变现,或有特权掩护,或基于销售或业务政策方面考虑等,而报出不合理的低价,可能造成恶性抢标,以致带来偷工减料、交货延误等风险。

（5）衍生其他问题。事先无法了解投标企业或预先做有效的信用调查,可能会衍生意想不到的问题,如倒闭、转包等。

（二）邀请招标

1. 邀请招标的含义

邀请招标是指由招标单位选择一定数目的供应商,向他们发出投标邀请书,邀请他们参加投标竞争,也称有限竞争性招标或选择性招标。一般选择 3～10 个投标企业参加较为适宜。

2. 邀请招标的优点

邀请招标的优点主要有以下几个方面。

（1）节省时间和费用。由于被邀请参加投标的竞争者有限,可以节省资料搜集及规范设计等的时间和费用,且无需登报或公告,工作量可大幅度降低,提高每个投标者的中标机会,缩短招标有效期,节约招标费用。

（2）比较公平。因为是基于同一条件邀请单位投标竞价,所以机会均等。虽然不像公开招标那样不限制投标单位数量。但公平竞争的本质相同,只是竞争程度较低而已。

（3）减少徇私舞弊行为。邀请招标虽然可以事先了解可能参加报价的单位,但因仍需竞争才能决定,因此可以减少徇私舞弊行为。

3. 邀请招标的缺点

邀请招标的缺点主要体现在以下几个方面。

（1）可能串通投标。邀请招标串通投标的机会较大,很可能事先分配或轮流供应,而不能做到真正竞价或合理报价。尤其当投标单位规模不一时,竞争能力必有差异,可能出现弱肉强食、被大企业操纵的局面。

（2）可能造成抢标。虽然投标单位报价竞标,也很有可能造成恶性抢标。有些投标单位甚至先以牺牲押金方式,以超低价格抢标,然后争取时效,在毁约重购时,谈妥串通投标,获取更多利益。

（3）规格不一。由于可能由多家分配或轮流得标,所以供应的规格会有所差异,以致影响生产效率,增加损耗。

五、招标采购的运作程序

招标采购是一个复杂的系统工程，它涉及各个方面各个环节。完整的招标采购过程可以分为策划、招标、投标、开标、评标、定标六个阶段。

（一）策划

招标活动是涉及范围很大的活动。因此，开展招标活动，需要进行很认真、周密的策划。

招标策划应主要做好以下的工作。第一，明确招标的内容和目标，对招标采购的必要性和可行性进行充分的研究和探讨。第二，仔细研究并确定招标书的标的。第三，对招标的方案、操作步骤、时间进度等进行研究决定。如采用公开招标还是邀请招标，是自己亲自主持招标还是请人代理招标，分成哪些步骤，每一步怎么进行等。第四，讨论研究评标方法和评标小组。第五，把通过上述讨论形成的方案计划组织成文件，交由企业领导层讨论决定，取得企业领导决策层的同意和支持，有些甚至可能还要经过公司董事会的认可。

（二）招标

招标阶段是指采购方根据已经确定的采购需求，提出招标采购项目的条件，向潜在的供应商或承包商发出投标邀请的行为，是招标方单独操作的。在这一阶段，采购方需要做的工作主要有：确定采购机构和采购要求，编制招标文件，确定标底，发布采购公告或发出投标邀请，进行投标资格预审，通知投标商参加投标并向他们出售标书，组织召开标前会议等。

（三）投标

投标人在收到招标书以后，如果愿意投标，就要进入投标程序。其中投标书、投标报价需要经过特别认真的研究、详细地论证完成。这些内容是要和许多供应商竞争评比的，既要领先，又要合理，还要有利可图。

投标文件要在规定的时间准备好，包括一份正本、若干份副本，并且分别封装签名盖章，信封上注明"正本"、"副本"字样，直接送给或寄到招标单位。

（四）开标

开标是采购机构在预先规定的时间和地点将投标人的投标文件正式启封揭晓的行为。开标由招标人组织，邀请所有投标人参加。开标时，由投标人或者其推选的代表检查投标文件密封情况，经确认无误后，由工作人员当众拆封，宣读投标人名称、投标价格和投标文件的其他主要内容。开标结束后，由开标组织者编写一份开标纪要，并存档备查。

（五）评标

招标方收到投标书后,直到招标会举行那天,不得事先开封。只有当招标会开始,投标人到达会场,将投标书邮件交投标人检查签封完好后,才能当面开封。

开封后,投标人可以拿着自己的投标书,向全体评标小组宣读自己的投标书,并且接受全体评委的咨询甚至参加投标辩论。陈述辩论完毕,投标者退出会场,全体评标人员进行分析评比,最后投票或打分选出中标人。

投标书一经开标,即转送到评标委员会进行评标。

1. 对投标书进行初步审查

评标是招标企业的权利。招标企业要依法组建评标委员会,其成员由招标企业代表和有关技术、经济等方面的专家组成。成员人数为 5 人以上单数,其中技术、经济等方面专家不得少于成员总数的三分之二。评标委员会成员名单在中标结果确定前应当保密。

在正式开标前,招标企业要对所有的投标书进行初步审查。第一,审查投标书是否完整,是否提交投标保证金,文件签署是否合格,投标书的总体编排是否有序。第二,审查是否有计算错误。如果单价与数量的乘积与总价不一致,以单价为准修改总价。若投标商不接受更正,可以拒绝其投标书,没收其投标保证金。如果用文字表示的数值与用数字表示的数值不一致,以文字表示的数值为准。第三,审查每份投标书是否在实质上与招标文件要求的全部条款、条件和规格相符,没有重大偏差。对关键条文的偏离、反对,如投标保证金、关税等偏高,将被认为是实质上的偏离。如果投标书实质上没有响应招标文件的要求,招标企业将予以拒绝。

2. 评标内容

评标的目的是根据招标文件中确定的标准和方法,对每个投标商的标书进行评价和比较,以评出最佳的投标商。评标必须以招标文件为依据,不得采用招标文件规定以外的标准和方法进行评标,凡是评标中需要考虑的因素都必须写入招标文件之中。

评标分为技术评审和商务评审两个方面。

1) 技术评审

技术评审的目的在于确认备选的中标商是否具有完成本招标项目的技术能力,以及之后提供的方案的可靠性。

技术评审的主要内容有以下几个方面。第一,标书是否包括了招标文件要求提交的各项技术文件,它们同招标文件中的技术说明和图纸是否一致。第二,实施进度计划是否符合招标商的时间要求,计划是否科学和严谨。第三,投标商准备用哪些措施来保证实施进度。第四,如何控制和保证质量,措施是否可行。第五,如果投标商在正式投标时已列出拟与之合作或分包的公司名称,则需要审查这些合作伙伴或分包公司是否具有足够的能力和经验以保证项目的实施和顺利完成。第六,投标商对招标项目在技术上有何种保留,建议的可行性和技术经济价值如何。

2)商务评审

商务评审的目的在于从成本、财务和经济分析等方面评定投标报价的合理性和可靠性,并估量授标给各投标商后的不同经济效果。

商务评审的主要内容有以下几方面。第一,将投标报价与标底进行对比分析,评价该报价是否可靠合理。第二,分析投标报价构成是否合理。第三,分析投标文件中所附现金流量表的合理性及所列数字的依据。第四,审查所有保函是否被接受。第五,评审投标商的财务能力和资信程度。第六,投标商对支付条件有何要求或给招标商以何种优惠条件。第七,分析投标商提出财务和付款方面建议的合理性。

(六)定标

定标是采购方决定中标人的行为。定标是采购方的单独行为,但需要由使用机构或其他人一起进行裁决。在这一阶段采购方所要进行的工作主要有:决定中标人;通知中标人其投标已经被接受;向中标人发出授权意向书;通知所有未中标的投标人并向他们退还投标保函,同时对他们表示感谢。

以上是一般情况下招标采购的全过程。在特殊的场合,招标的步骤和方式也可能有些变化。

第二节　非招标采购

非招标采购是指除招标采购方式以外的采购方式。达到一定金额以上的采购项目一般要求采用招标采购方式,但招标方式并不是最经济的,如需要紧急采购或者采购来源单一等,需要采用招标方式以外的采购方式。另外,在招标限额以下的采购活动也不需要采用招标采购方式。非招标采购方式主要有议价采购、询价采购、直接采购和定点采购等。

一、议价采购

议价采购是指基于专利或特定条件,与个别供应商进行洽谈的一种采购方式。因不公开竞标或不当众竞标,而是买卖双方面对面讨价还价,所以称为议价采购。

议价采购分两步进行,先由采购商向供应商发询价表,邀请供应商报价;如果供应商报价基本达到预期价格标准,即可签订采购合同,完成采购活动。

议价采购主要适用于需求量大、质量稳定、定期供应的大宗物资的采购。

议价采购有以下主要优点。①节省费用。议价采购不必登报、制作招标文件、事先拟定统一条款,只需提出主要规格及数量,其他如交货期限、包装、付款方式等,均可通过协商洽谈逐项决定。②节省时间。因为公开招标或邀请招标,须事先公告或通知,必须有等标或让投标单位有准备的时间,开标后必须对所报的条款及价格计算方式等进行分析比较,对复杂项目进行审查;或参加的厂商众多时,大多无法当场决定;议价则不会发生这些现象,可以节省不少时间。③减少失误,增加弹性。议价可逐项个别面对面分别谈判,减少失误,如果有失误,也可以立即更正,不必重新办理招标;若有变更规格或提高品质的需要,也可以修改原定底价或不以最低价决标。④可发展互惠关系。买卖双方,可利用交易行为,从事其他有利活动,如产品交换、市场推广、技术交流、人员互补等。

议价采购有以下主要缺点。①价格偏高。以议价采购方式采购时,报价单位会"将本求利",把物料生产成本和各项费用全部纳入计算,并要求达到一定的利润标准;不像招标采购,厂商之间竞争激烈,需求方可以获得最有竞争力的价格。②无法取得最新资讯。以议价方式采购,必须事先个别通知,而非公开征求,可能有品质更佳、成本或价格更低的单位,未能获悉。③易滋生徇私舞弊现象。议价采购由采购双方秘密协商,易受对方利诱,或受到特殊关系的影响,做出不当的决策。④技术难以改进。由于参加报价单位有限,因此难以对技术水平进行广泛的比较而获得最优的技术改进。

二、询价采购

询价采购也就是货比三家,是指采购组织向国内外有关供应商(通常不少于三家)发出询价单让他们报价,然后在报价的基础上进行比较并确定中标供应商的一种采购方式。这种方式适用于采购现货或价值较小的、标准规格的设备或者小型的土建工程。

询价采购的优点:可以根据多种采购内容和需求,灵活组织采购,采购周期相对招标采购来说要快得多,而且采购批次多,容易形成一个竞争市场。通过不断公开询价和邀请询价,以简便的报价方法,可以长期吸引供应商踊跃参加,使采购方不断得到较好的价格和服务,采购的效果比较明显。

询价采购的缺点:由于采购频繁,工作量较大,采购供货周期受到制定询价文件、报价、评审选择、签订合同、组织供货等环节流转的影响,相对定点采购来说采购周期显得较长,采购效率不易提高,供货和使用要求时常要受到影响。

为了弥补询价采购的缺陷,一种探索性的询价采购方法正在货物采购中试行,其具体做法是先根据采购需要,将货物按照使用的性质分成若干大类,然后按照以下采购程序采购。①按照采购大类制定询价文件,定期在网上公开询价。凡是在一周内能保证送货上门的合格供应商,按照询价文件的要求,可以对采购大类中各种型号规格的货物进行报价并注明报价有效期。不进行价格谈判,但允许各合格供应商根据经营情况和市场情况随时进行报价,最新的报价(有效期内)为有效报价。②每次采购(不定期)按照"合同授予有较好履约能力的并有效报价最低的报价单位,报价相同的以报价时间在前的报价单位为签约单位"的评审原则,根据采购需求,选择供应商,签订合同,组织供货。③付款为定期付款(一次),根据送货验收清单、发票和合同进行结算付款。

三、直接采购

直接采购是指在特定的采购环境下,不进行竞争而直接签订合同的采购方法。它主要适用于不能或不便进行竞争性招标、竞争性优势不存在的情况。如有些货物或服务具有专卖性质,只能从一家制造商或承包商处获得。

四、定点采购

定点采购一般是通过招标确定定点供应商,期限基本上是一年,在一年中,所确定的采购设备、货物或服务,按照日常提出的供货或服务需求,由定点供应商根据合同规定进行供货和服务,定期结算和支付。

定点采购的优点:工作量较小,一次采购,长期供货,采购效率较高,支付也比较方便。

定点采购的局限性:①市场竞争力较差,一年只组织一次,不容易引起广大潜在供应商的注意;②不容易控制价格浮动,尤其是在市场经济活动中,变化因素很多,不易掌握;③供应商容易受利益驱动,一旦中标,不再争取好的价格和好的服务,停留在招标时的水平上。

第三节　集中采购与分散采购

采购模式依据采购制度的不同可分为集中采购模式与分散采购模式。采购制度是指企业采购工作的管理方式。企业采购管理方式的选择与企业的规模、地理条件、产品种类等有密切关系。企业规模越小,分支机构分布越邻近,产品种类越相似,采用集中采购的机会越大;反之,则采用分散采购。

一、集中采购模式

(一) 集中采购的含义

集中采购是指企业在核心管理层建立专门的采购机构,统一管理企业所需物品的采购业务,即企业生产中所需物资的采购任务都由一个部门负责,其他部门(包括分厂、分公司)无采购职权。

跨国公司全球采购部门的建设是集中采购的典型应用。它以组建内部采购部门的方式来统一管理它分布于世界各地分支机构的采购业务,减少采购渠道,通过批量采购获得价格优惠。

集中采购模式的流程见图 3-1。

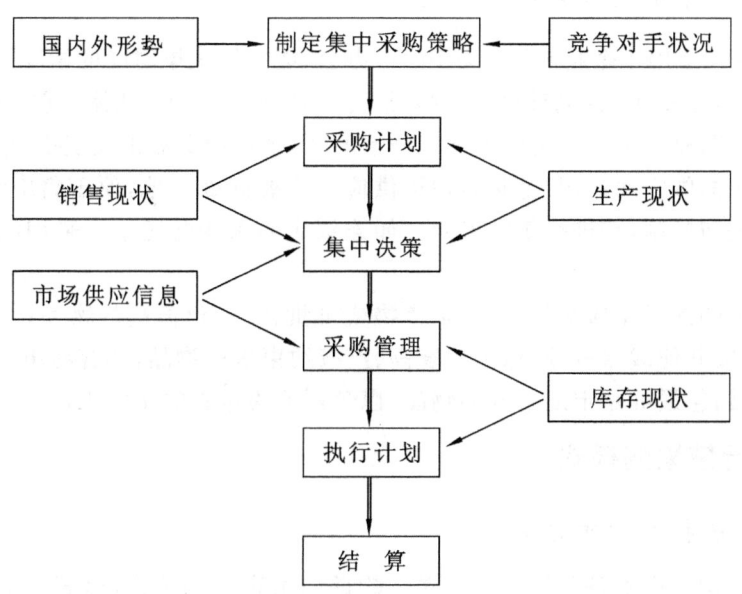

图 3-1　集中采购模式的流程

（二）集中采购模式的优点

集中采购模式的优点主要有以下几个方面。第一,可以降低企业采购费用,集中采购可以使采购数量增加,增加与卖方的谈判筹码,比较容易获得价格上的折让和良好的服务。第二,有利于实现采购作业及采购流程的规范化和标准化,提高采购效率。第三,有利于对采购工作实施有效控制,集中采购有利于对各部门和工厂所需物品的信息归集,进行统筹安排,减少采购次数,综合调配物资,防止采购过剩。第四,可以统一组织供应,合理配置资源,最大限度地降低库存。第五,有利于降低人力资源的耗用,推进员工的专业分工,降低采购作业的成本。第六,有利于采购方与供应商之间建立良好的合作关系,在技术开发、货款结算、售后服务支持等诸多方面进行合作,对于供应商而言,不必同时与采购方的多个内部机构打交道,而只需要和采购经理联系即可,可以推动供应商的有效管理。

（三）集中采购模式的缺点

集中采购模式也存在不足,主要表现在以下方面。第一,采购流程过长,时效性差,难以适应零星、地域性及紧急性的采购。第二,非共同性物料集中采购,难以得到数量折扣利益,集中采购的价格优势就无从体现。第三,采购主体与使用主体相分离,缺乏激励,很难衡量采购绩效。

（四）集中采购模式的适用范围

集中采购适用于企业各部门集中生产办公,能缩短决策时间的情况。若企业的生产规模不大,采购物品品种单一,没有很大差别,集中采购就能体现它的优越性。

集中采购模式主要适用于以下三种情况:①企业物资需求规模小,集中采购能够解决企业的供应问题;②企业的物资供应与需要同处一地,便于集中组织供应;③为了管理与控制,需进行集中采购。如连锁店的采购配送中心采用的就是集中采购模式。

集中采购的对象通常是:①大宗货物或批量物品,价值高的物品;②关键零部件、原材料或其他战略资源,保密程度高、产权约束多的物品;③容易出问题或已出问题的物品;④最好是定期采购的物品,以免影响决策者的正常工作。

二、分散采购模式

（一）分散采购的含义

分散采购是指由各单位自行设立采购部门负责采购工作,以满足部门生产需要。分散采购的组织主体是各预算单位,其采购范围与分散程度相关,一般情况下,主要是特殊采购项目。

分散采购是集中采购的完善和补充,有利于采购环节与存货、供料等环节的协调配合,有利于增强基层工作责任心,使基层工作富有弹性和成效。

分散采购模式的流程见图 3-2。

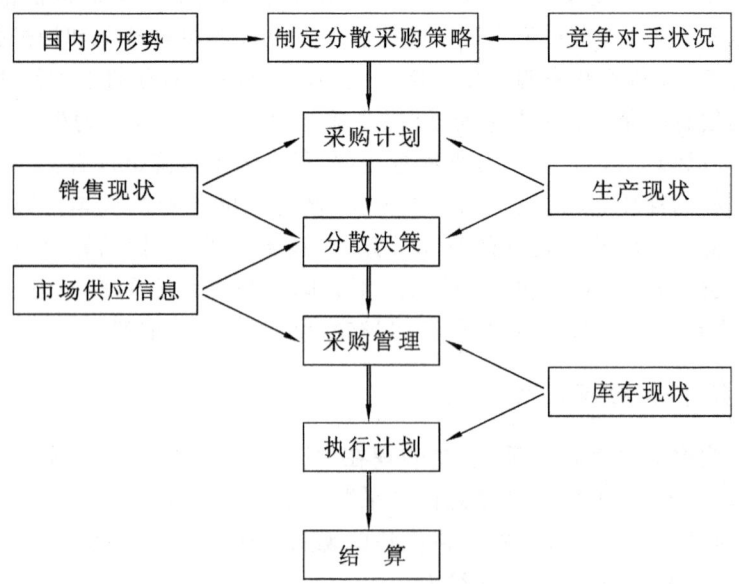

图 3-2 分散采购模式的流程

（二）分散采购模式的优点

分散采购模式可以有效地完善和补充集中采购模式的不足：①有利于增强采购主体的自主权，增强基层工作的责任心、积极性；②有利于采购各环节的协调配合，且手续简单、过程短、直接快速，同时占用资金和库存空间较小；③有利于缩短采购时间，使采购工作不延迟，有效应付紧急之需，能够满足采购对及时性和多样性的需求；④如果企业集团各公司或部门比较分散，还有利于采购物品的分散储存，分散经济责任，各采购部门可因地制宜，灵活制定采购规则。

（三）分散采购模式的缺点

实行分散采购也有缺点：①采购权力分散，不利于企业统一核算，易于导致暗箱操作；②采购数量分割，无法获得价格优惠，不利于采购成本的有效降低；③监控效果较差，不便于监督管理，可能会造成供应中断，加大采购成本，影响生产活动的正常进行。

（四）分散采购模式的适用范围

分散采购适合于那些规模较大，需要因地制宜地采用不同采购活动的企业，如大型生产企业或大型流通企业或实行事业部制的企业。

分散采购模式主要适用于以下三种情况：①二级法人单位、子公司、分厂、车间所进行的采购；②离主厂区或集团供应地较远，其供应成本低于集中采购成本的采购；③异国、异地供应的情况。

分散采购的对象通常是：①批量小、价值低、总支出在产品经营费用中所占比重小的物品；②市场资源有保证，易于送达且较少物流费用的物品；③新产品开发、研制、试验所需要的物品。

三、集中采购与分散采购的选择标准

在决定集中采购或分散采购时，应考虑下面的因素或标准。

（一）采购需求的通用性

经营单位对购买产品所要求的通用性越高，从集中或协作的方法中得到的好处就越多。这就是大型公司通常将原材料的购买集中在一个地点（公司）的原因。

（二）地理位置

当经营单位位于不同的国家或地区时，可能会极大地阻碍采购协作的努力。实际上，在欧洲和美国之间的贸易和管理实践中存在较大的差异，甚至在欧洲范围内也存在着重大的文化差异。一些大型公司已经从全球的协作战略转变为地区的协作战略,即变全球性的集中采购为地区性的集中采购。

(三)供应市场结构

有时,公司会在它的一些供应市场上选择一个或数量有限的几个大型供应商组织。在这种情况下,力量的均衡抗顶对制造商有利,采用一种协同的采购方法以在面对这些强有力的贸易伙伴时获得一个更好的谈判地位是有意义的。

(四)潜在的节约

一些类型的原材料的价格对采购数量非常敏感,在这种情况下,购买更多的数量会促使成本的节约,对于标准商品和高技术部件都是如此。

(五)所需要的专门技术

有效的采购通常需要非常高的专业技术,如在高技术半导体的采购中。因此,大多数电子产品制造商已经将这些产品的购买集中化,在购买软件和硬件时也是如此。

(六)价格波动

如果物资(如果汁、小麦、咖啡)的价格对政治和经济气候的敏感程度很高,集中采购的方法就会受到偏爱。

(七)客户需求

有时客户会向制造商指定必须购买哪些产品,客户与负责产品制造的经营单位商定的这些条件,将明显阻碍任何以采购协作为目标的努力。

除了以上需要考虑的因素外,选择采购方式时,还应该有利于资源的合理配置,加速周转,满足要求,提高综合利用率,保证和促进生产的发展,调动各方面的积极性以促进企业整体目标的实现。

第四节　政府采购制度

一、政府采购的含义与意义

(一)政府采购的含义

政府采购,是指各级国家机关、事业单位和团体组织使用财政性资金,采购依法制定的集中采购目录以内的或者采购限额标准以内的货物、工程和服务的行为。

政府采购是国家经济的组成部分,是政府行政的一项重要内容。政府采购与其他采购活动相比,具有以下特征。

第一,政府采购是财政支出方式的市场化。政府采购是财政支出管理方式的变革,从采购决策到采购方式和程序的选择都有较强的行政管理色彩,是财政管理与市场机制的有机结合。

第二,政府采购不以营利为目的。政府采购的目的是为了满足开展日常政务活动和提供公共服务的需要,同时,以维护社会公共利益作为出发点,注重社会效益。

第三,政府采购具有较强的政策性。政府采购与政府的宏观调控政策相协调,起到调节经济运行的作用。

第四,政府采购公开透明,并把竞争方式作为实现采购的主要手段。

第五,政府采购受到法律的严格限制。突出表现在:采购决策必须在法定程序批准后才能组织实施,采购的方式和程序由法律明文规定,采购机关的权利受到法律的制约,采购的对象受到法律的限制和采购标准的控制。

（二）政府采购的作用

目前,世界发达国家和地区基本上都实行了政府采购,这是市场经济发展以及政府行为规范化的必然产物。

1. 政府采购是规范财政支出管理、增强财政资金使用效益的有效途径

政府采购可以把资金限制在预算范围内,以获得竞争价格的优势,进而降低采购成本,形成规模效益。政府采购实际上是以规范化的形式结束过去各部门在使用财政性资金采购的过程中分散的无规可循、无法可依的采购历史,使采购工作迈上法制化、规范化的道路。

2. 政府采购是防范腐败行为、强化廉政建设的重要举措

通过招投标方式进行交易,实现交易的公开、公正、公平,可以有效地抑制采购工作中的各种腐败现象和不正之风,有助于净化财经秩序和塑造廉洁之风。

3. 政府采购制度是保护民族产业和国内工业的重要手段

政府采购优先购买国货的政策要求是符合国际惯例的。事实上,政府采购市场已是各国对各自国内市场进行保护的最后保留地。

 [相关知识链接 3-1]

政府采购制度的发展简史

政府采购制度最早形成于 18 世纪末和 19 世纪初的西方自由市场经济国家。1782 年,英国政府设立文具公用局,作为负责政府部门办公用品采购的机构,该局后来发展为物资供应部,专门采购政府各部门所需物资。英国的文具公用局通常被认为政府采购机构的雏形。美国的政府采购最早可以追溯到独立战争,当时政府采购主要是为军事部门采购战争物资。1792年,美国联邦政府通过第一部政府采购法律,将联邦政府采购供应品的责任赋予联邦财政部长。之后,美国不断完善其政府采购立法。1861年,美国通过了一项联邦法案,规定超过一定金额的联邦政府采购必须使用公开招标的方式,并对招标的形式和程序做了明确的规定。1949年,美国国会通过了《联邦财产与行政服务法》。该法为联邦事务服务总局提供了统一的采购政策和方法,并确立其为联邦政府的主要部门组织集中采购的权力。

随着国际贸易的自由化的进程,促进各国政府采购市场的对外开放成为国际经济组织促进贸易自由化的重要议题。1979年关税贸易总协定东京回合谈判签署了《政府采购协议》,标志国际政府采购制度的初步形成。目前,WTO《政府采购协定》已有28个成员方,并将不断扩大,《政府采购协定》从诸边协定发展为多边协定是贸易自由化的必然要求。

我国政府采购制度建设是在我国社会主义市场经济体制建设过程中应运而生的。1995年,上海市率先试行政府采购制度,之后,全国各地也相继试行。1999年4月,财政部制定了《政府采购管理暂行办法》,而后又相继颁布了一系列有关政府采购的实施办法,标志着我国的政府采购制度初步建立。2002年6月《中华人民共和国政府采购法》(2003年1月1日起实施)的颁布,标志着我国政府采购全面纳入法制化管理。

二、政府采购的原则

政府采购的原则是为了实现政府采购目标而设立的,是贯穿政府采购全过程的一般性规则。根据实践经验,政府采购应遵循以下几项重要原则,它们是实现政府采购目标的重要保障。

1. 公开原则

公开原则是指政府采购的法律、政策、程序和采购活动的有关信息及要求都要公开。由于采购机关组织实施政府采购使用的是公共资金,因此就对公众产生了一种管理的责任,这就要求采购机关谨慎地执行采购政策并使采购活动具有透明度。因此,公开原则是政府采购的一项重要原则。透明度高、规范性强的采购法和采购程序具有可预测性,使投标商可以计算出他们参加采购活动需要承受的代价和风险,从而提出最有竞争力的价格。公开原则还有助于防止采购机关及上级主管部门做出随意的或不正当的行为或决定,从而增强潜在供应商参与度和中标的信心。

在政府采购制度中,公开原则贯穿于整个采购过程。首先,有关采购的法律和程序要公布于众,并严格按照法律和程序办事。这些法律文件也要便于公众及时获得。采购项目的要求和合同的条件要公开,使采购单位与供应商双方履约明晰化;采购活动要做好采购记录,以备公众和监督机构的审查和监督;为保证采购透明度,要接受供应商的质疑和申诉。当然对一些特殊的采购项目,由于采购物品的性质和国家保密的要求,采购过程不能公开。即使如此,采购机构也必须做出说明和记录,并经严格审批和授权。采购活动的公开程度与采购主体的法律意识、监督力度和传媒手段等有着密切的关系。

2. 公平原则

公平性首先是指所有参加竞争的供应商机会均等,并受到同等待遇;允许所有有兴趣参加政府采购的供应商、服务提供者参加竞争;资格审查和投标评价对所有参加政府采购的供应商使用同一标准;采购机关向所有投标人提供的信息都应一致。

公平性的另一个重要表现是,合同的授予要兼顾政府采购社会目标的实现。在政府采购的竞争中,小企业、少数民族企业、困难企业等处于不利的地位,按其实力是很难能赢得政府采购合同的,因此在政府采购制度中,制定出一些规则和采取一些措施,使小企业等也能获得一部分政府采购合同,从而促进社会经济的协调发展。

3. 公正原则

公正原则是建立在公开和公平的基础上的,只有公开和公平,才能使政府采购得到一个公正的结果。公正原则主要由政府采购管理机关、采购机关和中介机构来执行。作为政府采购的管理机关,除制定统一的政策、法规和制度外,还必须坚持这些规则在执行中不偏不倚、一视同仁。因为政策、法规和制度都只是一些文字性的说明,很多只是原则性的规定,没有很具体、很详细的解释。因此,不同管理者、不同时间,对不同的对象,就会出现不同的理解程度和思维方式,在掌握执法的尺度上就会有所不同。为了避免过大的差异导致不公正,管理机关应尽可能统一思想和认识,统一执法的力度,尽量做到公正合理。作为采购机关要做到公正,首先必须对各供应商提出相同的供货标准和采购需求信息,对物品的验收要实事求是、客观公正、严格执行合同的标准,不得对供应商提出合同以外的苛刻要求或不现实的条件。作为政府采购的中介机构,主要是参与采购中的开标和评标,因此贯彻公正原则必须体现在开标和评标的过程中。在评标时,对各供应商提供的标书进行客观、科学的评价,既要看到各标的优点,也要指出其缺陷和不足,尽可能采用评分的方法进行评价,用分数的高低评出优劣及等次,为决标提供显而易见的依据,尽量使各供应商口服心服,从而得到真正的公正结果。

4. 效率原则

政府采购的效率原则包括经济效率和管理效率。

经济效率原则主要表现在两个方面:一是宏观经济效率,即切实强化财政支出调控,有效提供公共产品,保持宏观经济稳定,实现经济结构调整,促进民族工业发展,以实现市场机制与财政政策的最佳结合;二是微观经济效率,即该政府采购实施后是否节约财政资金,财政资金的使用效率是否有了提高。

管理效率原则要求政府经常公布招标信息,及时购买物美价廉的商品和劳务,缩短采购时间,降低采购成本。同时便于支出控制和财政监督,实现支出由价值领域向实物领域的延伸管理。管理效率主要体现在实施政府采购所花费的成本上,具体表现为节约的财政资金与实施政府采购的成本之比。一般来说,采购成本越低,节约财政性资金的比例就越大,管理效率也越高;反之则管理效率就低,甚至出现管理无效率的情况。

5. 物有所值原则

物有所值是指购买"物"的投入(成本)与产出(收益)之比,这里的投入不是指所采购物品的现价,而是指物品的寿命周期成本,即所采购物品在有效使用期内发生的一切费用再减去残值。政府采购追求的主要是寿命周期成本最小而收益最大。目前,物有所值原则的内涵在发达国家和发展中国家之间引起了激烈的争论,争论的焦点为对物有所值中的"值"的理解。我们认为,它不仅应包括资金的使用效率和物品在使用过程中的满意程度,还应包括为国内产业发展提供的机会以及促进技术转让等。

三、政府采购的范围

政府采购又称公共采购,它与私人购买行为有极大区别,这种区别成为确定政府采购范围的主要依据。

1. 资金性质标准

私人购买使用的资金,是个人消费基金或私人资金,其目的是为了满足个人消费或向市场提供私人物品和服务取得赢利,而政府购买使用的资金,是国家财政性资金,其目的是为了履行政府职能或提供公共品和公共服务满足社会共同需要。国家财政性资金的使用,有些是用于满足私人消费的目的,如用于社会救济支出,用于普通高学校的奖学金、助学金、困难学生补助等,这些虽然使用的是国家财政资金,其使用的目的并不是为了提供公共物品或公共服务,其性质属于私人消费,并不是政府采购行为。

2. 政府采购范围界定

依据上述标准,在我国,除了政府机关及全额预算拨款的社会团体和政党组织等必须纳入政府采购范围,对其他实行国家预算管理的实体是否纳入政府采购范围应做具体的分析。事业单位提供的物品或服务,并不是纯公共品,而是兼备公共品与私人品双重特征的混合品或称为准公共品,在市场经济下它可分为两类:一类只能由政府组织供给;一类并不一定都靠政府,它可以在政府财政的支持下,通过授予特许权,由民间组织供给。由于要对成本回收自担风险,它就必然要走上企业化经营道路,依市场规律办事,其采购行为当然也就不应当受政府行政性控制,不应纳入政府采购范围。

国有企业是否都应纳入政府采购范围,对此有两种截然不同的意见。国有企业按其经营性质划分为两大类:一类是垄断性的公共性企业;一类是非垄断性的经营性企业。前一类企业的发展靠国家财政投入来维持,所提供的物品和服务是为满足社会公共需要,这类企业应纳入政府采购制度规范之内。后一类企业不能靠行政手段和行政配置来实现,只有依市场法则办事,以追求营利最大化为目标,根据市场信号配置资源,方能保障其健康发展,为此就必须将经营性国有企业全面纳入市场轨道,使它们成为独立经济体。实现这一改革目标的前提条件是实行政企分开,消除政府的直接行政干预,因此它们不应纳入政府采购范围。

实行政府采购制度,并不意味着纳入采购范围的实体的所有采购活动都要纳入政府采购制度的规范和控制之中。实施政府采购制度后,总要保留一份自由采购权,作为制度内采购的补充。这就有一个采购内容的界定和采购"门槛"界限的设置,借以划清制度化采购与非规范化采购范围的界限。

在实施办法中,对于采购内容的界定可通过制定采购目录列出,纳入采购目录者,即"门槛"内的物品和服务必须按采购制度的规定依法实施。采购数量范围的界定,通常是以采购的总金额界定"门槛","门槛"以内的就要依照采购制度的规定,依法采购。哪些内容和多大金额的采购应当纳入政府采购法律法规的规范之中,需视具体情况而定。

四、政府采购的方式

政府采购是政府行为,各采购人为履行政府职能而购买货物、工程和服务的活动必须规范,首先就要规范采购方式,明确各采购方式所适用的范围,以免在实际工作中出现随意选用采购方式的问题。所以,明确采购方式是非常必要的,也是法律规定的内容。

政府采购方式是指政府在采购所需的货物、工程和服务时应采取什么方式和形式来实现。根据各国政府采购的经验,目前使用较多的政府采购方式有公开招标、邀请招标、竞争性谈判、单一来源采购、询价采购等。

1.公开招标采购

公开招标采购是指招标人按照法定程序,通过招标公告的方式,邀请所有符合要求的供应商参加投标采购,通过公平竞争,产生中标供应商的方式。

2.邀请招标采购

邀请招标采购也称限制性招标采购,是指采购机构不刊登招标公告,而根据供应商的资信和业绩,直接选定若干家供应商,以投标邀请书的方式,邀请他们前来报价投标,通过竞争,产生中标供应商。

邀请招标采购一般适宜于潜在供应商比较少、采购机构对潜在供应商较熟悉，或情况紧急等情况下进行的采购。

3. 竞争性谈判采购

竞争性谈判采购是指在紧急情况下，采购单位通过与多位供应商进行谈判，确定最优供应商的一种采购方式。有些达到竞争性招标金额的采购项目，由于出现了不可预见的紧急情况或灾难性事件，采购招标程序或任何其他采购方法都会延误时机。在这种情况下，如当地至少有两家能够提供采购单位所需货物、工程或服务的供应商，采购单位可采用竞争性谈判采购方式。

达到竞争性招标金额的采购项目，由于货物、工程的技术特点或由于服务的性质，采购单位必须与供应商进行谈判，也可实行竞争性谈判的采购方法。

4. 单一来源采购

单一来源采购也称单项采购，指由于采购项目的采购渠道单一，或发生了不可预见的紧急情况，或为保证原有采购项目的一致性或服务配套的要求，只能以一家供应商处获得商品或服务的政府采购方式。

单一来源采购是没有竞争的一种采购方式，往往在竞争性招标采购、邀请招标采购和询价采购三种方式都不可行，且只有一个供应商，无其他合适的替代标的情况下采用。

 [相关知识链接 3-2]

我国政府采购中可以采取单一来源采购的情形

达到限额标准以上的单项或批量采购项目，属于下列情形之一的，经政府采购管理机关批准，可以采取单一来源采购方式：只能从特定供应商采购，或供应商拥有专有权，且无其他合适替代标的；原采购的后续维修、零配件供应、更换或扩充，必须向原供应商采购的；在原招标目的范围内，补充合同的价格不超过原合同价格50％的工程，必须与原供应商签约的；预先声明需对原有采购进行后续扩充的；采购机关有充足理由认为只有从特定供应商进行采购，才能实施相关政策目标的；从残疾人、慈善等机构采购的；政府采购管理机关认定的其他情形。

5. 询价采购

询价采购即货比三家，是指采购单位向国内外有关供应商（通常不少于三家）发出询价单，然后在供应商报价的基础上进行比较并确定中标供应商的一种采购方式。

询价采购在采购过程中采购程序通常不公开，是对几个供应商提供的报价进行比较,然后选择最低的价格成交。询价采购一般适宜于特别紧急或采购独家产品或供应商非常少时的采购。通过此方式可实现互利互惠的目的。

 [相关知识链接 3-3]

我国政府采购中可以采取询价采购的情形

达到限额标准以上的单项或批量采购项目,属于下列情形之一的,经政府采购管理机关批准,可以采取询价采购方式:招标后,没有供应商投标或者没有合格标的;出现了不可预见的急需采购,而无法按招标方式得到的;投标文件的准备需较长时间才能完成的;供应商准备投标文件需要高额费用的;对高新技术含量有特别要求的;政府采购管理机关认定的其他情形。

五、政府采购的一般程序

政府采购程序包括下列主要步骤。

1. 编制政府采购预算

政府采购预算,是反映采购机关年度政府采购项目及资金的计划,是部门预算(或单位财务收支计划)的组成部分。采购机关应当按照财政部门要求,编制政府采购预算,经主管部门审核汇总后,报同级财政部门审核。

2. 制订政府采购计划

财政部门的政府采购主管机构要依据批复的部门预算,按品目或项目汇总编制本级政府采购计划,并批复给采购机关。政府采购计划主要内容包括:当年集中采购目录,采购机关各采购项目的采购组织形式、采购方式、资金支付办法等。其中,属于集中采购目录的项目由集中采购机关组织实施,属于分散采购的项目由采购单位组织实施。

3. 提交实行集中采购清单

采购机关的主管部门应当在接到财政部门批复的政府采购计划后规定的时间内,向同级财政部门提交实行集中采购清单。采购清单应当标明的内容是:采购项目的详细品名、技术规格和数量,预算和资金构成,交货时间或开工、竣工时间,货物配送单位名单和其他有关事项。

4. 委托

财政部门要根据预算和政府采购计划,对采购清单核对无误后,交集中采购机关实施;尚未设立集中采购机关的,可委托中介机构承办。集中采购机关应当按照政府采购计划中确定的采购范围和方式组织采购活动。

5. 选择供应商

为降低采购风险,提高采购质量,需要对供应商进行资质审查,并依据相关的标准选择好供应商。

6. 签订采购合同

政府采购项目在确定中标供应商后均应签订合同,合同订约程序按照《政府采购合同监督暂行办法》的有关规定执行。集中采购项目的合同原则上由集中采购机关与中标供应商签订,也可以由集中采购机关会同采购单位与中标供应商签订。分散采购项目的合同由采购单位与中标供应商签订。

7. 履行采购合同

政府采购合同依法签订后,合同当事人应当按照合同约定履行各自义务。

8. 验收

对已经采购到货的物资,要进行验收。政府采购合同的验收,应当依照合同的约定进行;按合同履行的质量验收,原则上应当由第三方负责,即国家认可的专业质量检测机构。

9. 结算

采购单位按照合同约定金额和采购付款进度向中标供应商付款。

 [相关知识链接 3-4]

我国政府采购的主要政策法规

◎《政府采购法》,2002 年 6 月 29 日第九届全国人民代表大会常务委员会第二十八次会议通过,自 2003 年 1 月 1 日起施行。

◎《政府采购管理暂行办法》,财政部 1999 年 5 月 17 日以财预字[1999]139号发文,对政府采购的管理范围、遵循的原则、主体、方式、招投标程序和政府采购监督等方面做了规定。

◎《政府采购招标投标管理暂行办法》和《政府采购合同监督暂行办法》。两个暂行办法是财政部于 1999 年 7 月 24 日以财预字[1999]363 号发文,对政府采购招标、投标、开标、评标和定标以及政府采购合同的监督等方面做了规定。

◎相关法律:《招标投标法》,第九届全国人民代表大会常务委员会第十一次会议 1999 年 8 月 30 日通过,自 2000 年 1 月 1 日起施行。

◎相关规定:财政部《政府采购信息公告管理办法》,财政部《政府采购运行规程暂行规定》,财政部、中国人民银行《政府采购资金财政直接拨付管理暂行办法》。

第五节　JIT采购

一、JIT采购原理与优点

(一)JIT采购的基本思想和功能

JIT生产方式作为一种管理哲理和管理思想,在库存控制中主要应用在订货管理,即采购管理中形成一种先进的采购模式——准时化采购(just in time)。它的基本思想是:在恰当的时间、恰当的地点,以恰当的数量、恰当的质量提供恰当的物品。实际上,超级市场模式就是一种采购供应的模式,有一个供应商、有一个客户,双方形成了一个供需"节",如图3-3所示。

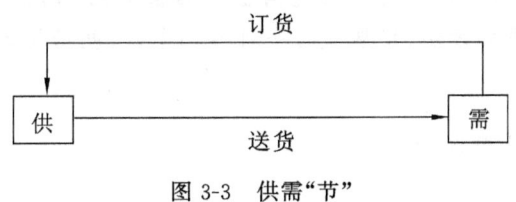

图3-3　供需"节"

在这个供需"节"中,需方是采购方,供应商是供货方。采购方向供应商发出订货,供应商根据需方的订货,送货到需方。具体在超级市场模式下,超级市场是需方,供应商给超级市场进行准时化供货模式。

JIT采购具有以下功能:①采购送货直接送到需求点上;②客户需要什么,就送什么,品种规格符合客户需要;③客户需要什么质量,就送什么质量,品种质量符合客户需要,杜绝次品和废品;④客户需要多少,就送多少,不少送,也不多送;⑤客户什么时候需要,就什么时候送货,不晚送,也不早送,讲求准时;⑥客户在什么地点需要,就送到什么地点。

JIT采购的上述功能既是JIT采购的原理,又是JIT采购的特点。它既做到了很好地满足客户的需求,又使得客户的库存量最小,甚至客户不需要设库存,只在货架上(或在生产线边)有一点临时的存放,一天销售完毕(一天工作完,生产线停止时),这些临时存放就消失,库存完全为零,真正实现了零库存。

 **[相关知识链接3-5]**

JIT的产生和发展

JIT(just in time)的产生缘于日益严重的自然资源短缺。靠进口原材料发展经济的日本受资源短缺的影响最严重,生产企业为提高产品利润,增强公司竞争力,在原材料成本难以降低的情况下,只能从物流过程寻找利润源,降低由采购、库存、运输等方面所产生的费用,这一思路最初为日本丰田公司提出并应用。

1953 年,日本丰田汽车工业公司首先提出了 JIT 概念,1961 年在全公司推广。通过实施 JIT 系统,丰田公司生产经营有了很大改进,到 1976 年,该公司的年流动资金周转率高达 63 次,为日本平均水平的 8.85 倍,为美国的 10 倍多。20 世纪 70 年代初,日本国内开始大力推广丰田公司的经验,其经验广泛应用于汽车、机械制造、电子、计算机、收音机制造等多种工业中,而且取得了意想不到的效果。

1973 年爆发的全球石油危机使 JIT 技术的效果进一步显现出来,引起西方企业界的普遍关注。20 世纪 80 年代以来,西方发达国家十分重视对 JIT 的研究和应用,并将它用于生产管理、物流管理等方面。有关资料显示,1987 年有 25% 的美国企业应用 JIT 技术,目前绝大多数美国企业仍在应用 JIT。如今,JIT 已从最初的一种减少库存水平的方法,发展成为一种内涵丰富,包括特定知识、原则、技术和方法的管理哲学。

(二) JIT 采购的优点

1. JIT 是一种理想的采购方式

JIT 采购设置了一个最高标准,也是一种极限:原材料和外购件库存为零,缺陷为零,实际中的采购活动可以无限地接近这个最高标准。同时,它还提供了一个不断改进的有效途径,即降低原材料和外购件库存—揭露采购问题—解决问题—降低原材料和外购件库存。

2. JIT 采购减少并最终消除原材料和外购件库存

企业采购过程中有大量的活动并没有增加产品的价值,如订货、修改订货、收货、开票、转运、送货等。JIT 采购的目的就是要消除这些浪费,消除原材料和外购件库存。减少并最终消除原材料和外购件库存,不仅取决于企业内部,而且取决于供应商的管理水平,取决于全社会的物资管理水平。也就是说,当全社会的物资管理水平发展到这样的阶段:企业需要什么原材料,市场就可以供应什么样的原材料,什么时间要,就能什么时间供应,需要多少就能供应多少,这样,企业的原材料和外购件库存才有可能降到最低水平。在这个意义上,企业的采购和供应才具有真正的柔性。

3. JIT 采购是企业内部 JIT 系统的延伸

JIT 生产方式必须把供应商也纳入到企业整个系统中来。消除原材料和外购件库存,要比消除工序间的在制品库存难得多,因为它不仅取决于企业内部,还取决于供应商和物资部门。而且,企业原材料和外购件占用了大量的资金,有数据表明,在汽车产品中购买的原材料和零部件的成本占其总成本的 50%、80%,而且

30％的质量问题和80％的产品交货期问题是由采购引起的。如果不消除这种浪费,推行JIT生产方式的优势就不可能得到充分的发挥。

二、JIT采购与传统采购的比较

(一)传统的物流采购模式

传统的采购是一种基于库存的采购,采购的直接目的是填充库存,再以一定的库存来满足经营者的需求。在这一模式下,经营者主要将注意力集中在控制库存上,即力求使订购点维持在采购成本与存货成本均衡及库存成本与服务目标均衡的水平上,从而避免浪费,提高效率。从经济学的角度来看,这一思想并不属于最优选择,而是属于次优或者是三优选择。事实上,订购点是一个很难量化的变量,与之相关的使用率、定置前置时间及服务水平同样很难确定,不同的经济环境、不同的产品生命周期阶段、不同的消费群体等所确定的以上变量值都是不一样的。因此在传统模式下,压缩库存的方法往往效果有限,特别是在需求急剧变化的情况下,常常导致既有高库存,又有存货短缺的局面,从而影响企业生产,降低了服务水平,浪费了企业资源。

(二)JIT采购与传统采购的区别

1. 单渠道采购,单源供应

单渠道采购就是对某一种原材料或外购件从一个供应商处采购或者说对制造商的某一种原材料或外购件的需求由一个供应商供货。多渠道采购就是将某一种原材料或外购件的采购分配给两个或两个以上的供应商。

传统的采购模式一般是多头采购,供应商的数目相对较多。单渠道采购是JIT采购的一个基本思想,最理想的供应商数目是每一种原材料或外购件只有一个供应商,即单源采购。实施单渠道供应采购可以使制造商成为供应商的一个非常重要的客户,因而加强了制造商和供应商之间的关系。

在JIT采购中,供应商与制造商建立了战略合作关系,签订供应合同的手续大大简化,不再需要双方的询价、报价、议价的反复磋商,交易成本也因此大为降低。采用单渠道供应,一方面,管理供应商比较方便,有利于降低采购成本,也有利于供需之间建立长期稳定的合作关系,质量上比较有保证。此外,单渠道采购使供应商获得内部规模和长期订货,可以使得购买的原材料和外购件成本降低。多渠道采购给生产协调和关系建设增加了困难,企业只能使用有限的力量和资源去帮助较少的供应商消除浪费,面对成千个供应商,企业无能为力。

2. 供应商的选择标准综合化

要消除采购中的浪费,就应该选择合格的供应商。合格的供应商具有较好的设备、技术条件和较高的管理水平,可以保证及时供货,保证产品的质量。在选择供应商时,必须依据一定的标准对供应商进行评价。这些标准包括价格、质量、交货期、批量柔性、交货期与价格的权衡、价格与批量的权衡、地理位置等,而不能仅仅依靠价格标准。在大多数情况下,其他标准较好的供应商,其价格也是相对较低的,即使不是这样,双方建立起长久的合作关系后,企业可以帮助战略供应商寻找降低成本的方法,使价格降下来。

在传统的采购模式中,供应商是通过价格竞争而选择的,供应商与客户的关系是短期的合作关系,当发现供应商不合适时,可以通过市场竞标的方式重新选择供应商。但在 JIT 采购模式中,由于供应商和客户是长期的合作关系,供应商的合作能力将影响到客户的长期经济利益,因此对供应商的要求就比较高。在选择供应商时,需要对供应商进行综合的评估,价格不是评价供应商的主要因素,质量是最重要的标准。这里,质量不单指产品的质量,还包括工作质量、交货质量、技术质量等多方面内容。高质量的供应商有利于建立长期的合作关系。

3. 对客户需求的响应时间大大缩短

在同步化供应链计划的协调下,采购物资直接进入制造部门,减少采购部门的工作压力和不增加价值的活动过程,制造计划、采购计划和供应计划能够一并进行,缩短了客户响应时间,实现了供应链的同步化运作。采购与供应的重点在于协调各种计划的执行。

4. 信息传递方式发生了变化

在传统的采购方式中,供应商对制造过程不了解,也无须关心制造商的生产活动。在 JIT 采购方式下,要求供应商和制造商之间进行有效的信息交换,双方的信息要高度共享,保证供应与需求信息的准确性和实时性。由于双方的战略合作关系,企业在生产计划、库存、质量等各方面的信息都可以及时进行交流,以便出现问题时能够及时处理。可靠而快速的信息交换才能保证准时、按量供应所需的原材料和外购件。

信息交换的内容包括生产作业计划、产品设计、工程数据、质量和交货问题、成本等。充分的信息交换可以增强供应商对变化的响应性。信息交换的手段包括电报、电话、传真、函件、卫星通信、电子数据交换(EDI)等。

5. 对交货准时性的要求不同

JIT 采购的一个重要特点是要求交货准时,这是实施精细生产的前提条件。交货准时取决于供应商的生产与运输条件。作为供应商,要使交货准时,可以从以下几个方面着手。

JIT 不断改进生产水平,提高生产的可靠性和稳定性,减少延迟交货或误点现象。作为准时制供应链管理的一部分,供应商同样应该采用准时制的生产管理模式,以提高生产过程的准时性。另一方面,为了提高交货准时性,运输问题不可忽视。在采购管理中,运输问题是一个很重要的问题。特别是全球的供应链系统,运输过程长,而且可能要经过不同的运输工具,需要中转运输等,因此要进行有效的运输计划与管理,使运输过程准确无误。

JIT 采购实现了面向生产的作业管理模式的转变。订单驱动的采购方式简化了采购工作流程,采购部门的作用主要是沟通供应商与制造部门之间的联系,协调供应与制造的关系,为实现精细生产提供基础保障。

JIT 采购消除了原材料和外构件的缓冲库存,供应商交货的失误或送货的延误必然将导致企业生产线的停产。因此可靠的送货是 JIT 采购的保证。可靠的送货通常取决于供应商的生产能力和运输条件,而一些不可预测的因素,如交通拥挤、恶劣的天气条件、运输工具的故障等都可能导致送货延迟。最理想的送货是直接将货运到生产线。

JIT 采购对原材料和外构件的包装有特定的要求。良好的包装不仅可以减少装货、卸货对人力的需求,而且使原材料和外购件的运输和接受更为方便。对每一种原材料和外购件使用标准的、可重复使用的容器清点则更容易更准确。在包装技术上,JIT 采购根据不同原材料和外购件的要求,分别使用耐用性包装、非耐用性包装、标签包装等包装技术。

6. 制定采购策略不同

小批量购买是 JIT 采购的一个基本特征。由于企业生产对原材料和外购件的需求是不确定的。而 JIT 采购又旨在消除原材料库存。为了保证准时、按量供应所需的原材料和外购件,购买必然是小批量的。JIT 采购和传统采购模式的一个重要不同之处在于,准时制生产需要减少生产批量,因此采购物资也应采用小批量办法。

 **[相关知识链接 3-6]**

JIT 采购与传统采购的比较

JIT 采购与传统采购的区别可通过表 3-1 的比较加以说明。

表 3-1　JIT 采购与传统采购的比较

项 目	JIT 采购	传 统 采 购
采购批量	小批量,送货频率高	大批量,送货频率低
选择供应商	长期合作,单源供应	短期合作,多源供应
供应商评价	质量、交货期、价格	质量、价格、交货期
检查工作	逐渐减少,最后消除	收货、点货,质量验收
协商内容	长期合作关系、质量和合理的价格	获得最低价格

续表

项目	JIT 采购	传统采购
运输	准时送货,买方负责安排	较低成本,卖方安排
文书工作	文书工作少、需要的是有能力改变交货时间和质量	文书量大,改变交货期和质量的采购单多
产品说明	供应商革新、强调性能宽松要求	买方关心设计、无特别说明
包装	小、标准化容器包装	普通包装、无特别说明
信息交流	快速、可靠	一般要求

三、JIT 采购的实施

(一) JIT 采购实施的环境特点

任何一种先进的思想、方法、技术都有其适用的社会经济及文化环境,JIT 采购模式及其思想也不例外。首先,与 JIT 生产模式一样,JIT 采购模式需要成熟的技术基础支持,主要指以计算机为主的信息处理与运算技术、网络技术、系统控制技术及电子商务技术及其思想的支持。其次,一个良好的经济秩序环境也是不可缺少的,包括健全的法律环境、市场环境及商业道德环境。在市场经济观念还没有被社会真正深入认识,市场经济的商业诚信秩序原则还没有被社会真正接受的情况下,很明显,这种旨在提高效率而简化了许多中间环节的商业运作模式只能加大交易双方的信息不对称,不但不能节约交易过程中的费用,而且还有可能比传统的模式更低效。因此,在接受 JIT 模式及其思想时,一定要结合商业环境发展的特点,尊重事物发展的客观规律,大力营造这一新技术、新思想发挥效率的社会经济环境。切忌盲目随从,一哄而上。

(二) JIT 采购的实施步骤

想要成功实施 JIT 采购策略,除了要具备一定的前提条件外,还必须遵循一定的科学实施步骤。在实施 JIT 采购时,大体上可以遵从下述步骤。

1. 创建 JIT 采购班组

JIT 采购班组的作用就是全面处理 JIT 有关事宜。一是要制定 JIT 采购的操作规程;二是要协调企业内部各有关部门的运作,以及企业与供应商之间的运作。JIT 采购班组除了采购部门有关人员外,还要有本企业及供应商企业的生产管理人员、技术人员、搬运人员等。一般应成立两个班组,一个班组是专门处理供应商事务的班组,该班组的任务是认定和评估供应商的信誉、能力或与供应商谈判签订准时化订货合同,向供应商发放免检签证等,同时要负责供应商的培训与教育。另外一个班组是专门从事消除采购过程中浪费的班组。这些班组人员对 JIT 采购的方法应有充分的了解和认识,必要时要进行培训,如果这些人员本身对 JIT 采购的认识和了解都不彻底,就不可能指望与供应商合作了。

2. 制订计划,确保 JIT 采购策略有计划、有步骤地实施

这一步骤要制定采购策略,改进当前的采购方式,减少供应商的数量、正确评估供应商、向供应商发放签证等内容。在这个过程中,要与供应商一起商定 JIT 采购的目标和有关措施,保持经常性的信息沟通。

3. 精选少数供应商,建立伙伴关系

选择供应商应从下述几个方面考虑:产品质量、供货情况、应变能力、地理位置、企业规模、财务状况、技术能力、价格、其他供应商的可替代性等。

4. 进行试点工作

先从某种产品或某条生产线试点开始,进行零部件或原材料的准时化供应试点。在试点过程中,取得企业各个部门的支持是很重要的,特别是生产部门的支持。通过试点、总结经验,为正式实施 JIT 采购打下基础。

5. 搞好供应商的培训,确定共同目标

JIT 采购是供需双方共同的业务活动,单靠采购部门的努力是不够的,需要供应商的配合。只有供应商对 JIT 采购的策略和运作方法有了认识和理解,才能获得供应商的支持和配合,因此需要对供应商进行教育培训。通过培训,大家达成一致的目标,相互之间就能够很好地协调,做好采购的准时化工作。

6. 向供应商颁发产品免检合格证书

JIT 采购和传统的采购方式的不同之处在于,JIT 采购中,买方不需要对采购产品进行比较多的检验手续。要做到这一点,需要供应商做到提供百分之百的合格产品,当其做到这一要求时,即发给免检手续的免检证书。

7. 实现配合准时化生产的交货方式

JIT 采购的最终目标是实现企业的生产准时化,为此要实现从预测交货方式向准时化适时交货方式转变。

8. 继续改进,扩大成果

JIT 采购是一个不断完善和改进的过程,需要在实施过程中不断总结经验教训,从降低运输成本、提高交货的准确性和产品的质量、降低供应商库存等各个方面进行改进,不断提高 JIT 采购的运作绩效。

(三)JIT 采购实施的问题及其解决办法

1. 小批量采购问题

小批量采购必然引起送货频率的增加,提高运输成本。对供应商来说,这是很为难的事情,特别是供应商在国外等远距离的情形下,实施 JIT 采购的难度就更大。可以通过混合运输、代理运输等方式解决,或尽量使供应商靠近客户等。具体来说,可以通过以下方法来解决小批量采购的问题:一是供应商在地理位置上尽量靠近制造商,如日本汽车制造商扩展到哪里,其零部件供应商就跟到哪里;二是供应商在制造商附近建立临时仓库(这其实是将库存负担转嫁给了供应商,并没有从根本上解决问题);三是由一个专门的运输承包商或第三方物流企业按照事先达成的协议,搜集分布在不同地方的供应商的小批量物料,按时按量送到制造商的生产线上;四是让一个供应商负责供应多种原材料和外购件。

2. 采购单源供应问题

采用单一的供应源也会给企业带来一些问题,如供应商可能因意外原因中断交货;企业不能得到竞争性的采购价格,使得企业对供应商的依赖性很大,有时候会处于被动地位等。为避免上述风险,很多企业常采用同一种原材料由两个供应商供货的办法,其中一个为主,另一个为辅。

在实际工作中,许多供应商也不是很愿意成为制造商的单一供应源:一方面供应商是独立性较强的商业竞争者,不愿意把自己的成本数据披露给客户;另一方面是供应商不愿意成为客户的一个原材料库存点(制造商将库存转移给供应商),实施 JIT 采购,减少的是企业的库存,于是库存成本原先是在客户一边,现在转移到了供应商一方。企业应该考虑到供应商的这种忧虑。因此,企业必须逐渐磨合,与供应商建立长期互利合作的新型关系,这样才能达到双赢的目的,提高整体社会效益。

 **案例分析**

三种"采购现象"背后的观念碰撞

首届中国企业采购国际论坛的最大贡献之一在于它是"首届"。与会企业在还不是太熟悉"行情"的情况下,自觉或不自觉地亮出底牌,让旁观者看到中国企业对现代采购的认识和应用程度有了一个清醒的认识。

从 20 世纪 80 年代开始,为了顺应国际贸易高速发展的趋势,以及满足客户对服务水平提出的更高要求。企业开始将采购环节视为供应链管理的一个重要组成部分,通过对供应链的管理,同时对采购手段进行优化。在全球经济一体化的大环境下,采购管理作为企业提高经济效益和市场竞争能力的重要手段之一,它在企业管理中的战略性地位日益受到企业的关注,但不同的企业有不同的理解和做法。以下列举三个企业的情况。

◎胜利油田现象

胜利油田每年的物资采购总量约 85 亿元人民币,涉及钢材、木材、水泥、机电设备、仪器仪表等 56 个大类、12 万项物资。行业的特性给企业采购的管理造成了一定的难度,然而,胜利油田目前有 9 000 多人在做物资供应管理工作,庞大的体系给采购管理造成了许多困难。胜利油田每年采购资金的 85 亿元中,有 45 个亿的产品由与胜利油田有各种隶属和"姻亲"关系的工厂生产,很难将其产品的质量和市场同类产品比较,而且价格一般都比市场价高,如供电器这一产品,价格比市场价贵 20%,但由于这是一家由胜利油田长期养活的残疾人福利工厂,只能是本着人道主义精神接受他们的供货,强烈的社会责任感让企业背上了沉重的包袱。同样,胜利油田使用的大多数涂料也是由下属工厂生产,一般只能使用 3 年左右,而市面上一般的同类型涂料可以用 10 年。还有上级单位指定的产品,只要符合油田使用标准、价格差不多,就必须购买指定产品。

在这样的压力下,胜利油田目前能做到就是逐步过渡,拿出一部分采购商品来实行市场招标,一步到位是不可能的。

◎海尔现象

与大型国有企业相比,一些已经克服了体制问题,全面融入国际市场竞争的企业,较容易接受全新的采购理念,这类企业中,海尔走在最前沿。

海尔采取的采购策略是利用全球化网络,集中购买。以规模优势降低采购成本,同时精简供应商队伍。据统计,海尔的全球供应商数量由原先的 2 336 家降至 840 家,其中国际化供应商的比例已达到了 71%,目前世界 500 强中有 44 家是海尔的供应商。

对于供应商关系的管理方面,海尔采用的是 SBD 模式,即共同发展供应业务。海尔有很多产品的设计方案直接交给厂商来做,很多零部件是由供应商提供今后两个月市场的产品预测,并将待开发产品形成图纸,这样一来,供应商就真正成为了海尔的设计部和工厂,加快了开发速度。许多供应商的厂房和海尔的仓库之间甚至不需要汽车运输,工厂的叉车直接开到海尔的仓库,大大节约了运输成本。海尔本身则侧重于核心交易和结算业务。这与传统的企业与供应商关系的不同在于:它从供需双方简单的买卖关系,成功转型为战略合作伙伴关系,是一种共同发展的双赢策略。

网上采购平台的应用是海尔优化供应链环节的主要方法,其具体做法如下。

(1) 网上订单管理平台。采购订单 100% 由网上下达,实现采购计划和订单的同步管理,使采购周期由原来的 10 天减少到 3 天。同时,供应商可以在网上查询库存,根据订单和库存的情况及时补货。

(2) 网上支付平台。支付准确率和及时率达到 100%,为供应商节省近 1 000 万元的差旅费,有效降低了供应链管理成本,目前网上支付已达到总支付额的 80%。

（3）网上招标竞价平台。通过网上招标，不仅使竞价、价格信息管理准确化，而且能防止暗箱操作，降低了供应商管理成本。

（4）在网上可以与供应商进行信息互动交流，实现信息共享，强化战略合作伙伴关系。

据透露，1999 年海尔的采购成本为 5 亿元，虽然业务不断发展，但采购成本预计将控制在 4 亿元左右。可见，利益的获得是一切企业行为的原动力，成本降低、与供应商双赢关系的稳定发展带来的经济效益，促使众多企业以积极的态度引进和探索先进、合理的采购管理方式。

与胜利油田相似，由于企业内部尤其是大集团企业内部采购权的集中，海尔在进行采购环节的革新时，也遇到了涉及"人"的观念转变和既得利益调整的问题。然而与胜利油田不同的是，海尔在管理中已经建立起适应现代采购和物流需求的扁平化模式，在市场竞争的自我施压过程中，海尔已经有足够的能力去解决有关"人"的两个基本问题：一是企业首席执行官对现代采购观念的接受和推行力度，二是示范模式的层层贯彻与执行，彻底清除采购过程的"暗箱"。

◎上海通用现象

上海通用的采购体系没有经历体制、机构改革后的阵痛，全球集团采购策略和市场竞标体系自公司诞生之日起就自然而然地融入了世界上最大"通用汽车全球采购联盟系统"中。上海通用的采购已经完全上升到企业经营策略的高度，并与企业的供应链管理密切结合在一起。

据统计，通用在美国的采购量每年为 580 亿美元，全球采购金额总共达到 1 400 亿～1 500 亿美元。1993 年，通用汽车提出了全球化采购的思想。并逐步将各分部的采购权集中到总部统一管理。目前，通用下设四个地区的采购部门：北美采购委员会、亚太采购委员会、非洲采购委员会、欧洲采购委员会，四个区域的采购部门定时召开电视会议，把采购信息放到全球化的平台上来共享，在采购行为中充分利用联合采购组织的优势，协同杀价，并及时通报各地供应商的情况，把某些供应商的不良行为在全球采购系统中备案。

在资源得到合理配置的基础上，通用开发了一整套供应商关系管理程序，对供应商进行评估。对好的供应商采取持续发展的合作策略。并针对采购中出现的技术问题与供应商一起协商，寻找解决问题的最佳方案；而在评估中表现糟糕的供应商，则请其离开通用的业务体系。同时，通过对全球物流路线的整合，通用将各个公司原来自行拟定的繁杂的海运线路集成为简单的洲际物流线路。采购和海运路线经过整合后，不仅使总体采购成本大大降低，而且使各个公司与供应商的谈判能力也得到了质的提升。

本章综合练习题

一、选择题

1. 下列不是招标采购特点的是（　　　）。

A. 合理性　　　　　B. 公开性　　　　　C. 竞争性　　　　　D. 公平性

2. 下列适用招标采购的情形是（　　　）。

A. 小批量物资采购　　　　　　　B. 寻找短期供应商

C. 大的建设工程采购　　　　　　D. 紧急采购

3. 在特定的采购环境下，不进行竞争而直接签订合同的非招标采购方式是
（　　　）。

A. 议价采购　　　　　　　　　　B. 直接采购

C. 定点采购　　　　　　　　　　D. 询价采购

4. 若企业的生产规模不大，采购物品品种单一，可采用（　　　）。

A. 分散采购　　　　　　　　　　B. 招标采购

C. 集中采购　　　　　　　　　　D. 公开招标

5. 不属于政府采购的方式是（　　　）。

A. 分散采购　　　　　　　　　　B. 邀请招标采购

C. 单一来源采购　　　　　　　　D. 公开招标采购

二、判断题

1. 招标采购一般只适宜比较重大的或者影响比较长远的采购项目。

2. 招标采购是竞争性的采购活动，邀请招标是有限竞争性招标，因此不属于
招标采购。

3. 在招标限额以上的紧急采购活动，需要用招标采购方式。

4. 分散采购有利于调动采购主体的积极性、企业统一核算、获得优惠采购价
格和降低采购成本。

5. 实行政府采购制度，并不意味着纳入采购范围实体的所有采购活动都要纳
入政府采购制度的规范和控制之中，要给主体保留一定的自由采购权。

三、简答题

1. 简述招标采购的基本运作程序。

2. 简述政府采购的一般程序。

3. 简述 JIT 采购的基本原理。

练习题参考答案

一、选择题

1. A   2. C   3. B   4. C   5. A

二、判断题

1. √   2. ×   3. ×   4. ×   5. √

三、简答题

1. 一个完整的招标采购过程可以分为策划、招标、投标、开标、评标、定标六个阶段。

招标策划要明确招标的内容和目标,对招标采购的必要性和可行性进行充分的研究和探讨;仔细研究并确定招标书的标的;对招标的方案、操作步骤、时间进度等进行研究决定。

招标阶段是采购方根据已经确定的采购需求,提出招标采购项目的条件,向潜在的供应商或承包商发出投标邀请,它由招标方单独操作。

投标人在收到招标书以后,如果愿意投标,就要进入投标程序:投标人认真制作投标文件,参与投标。

开标是采购机构在预先规定的时间和地点将投标人的投标文件正式启封揭晓的行为。开标由招标人组织,邀请所有投标人参加。

开标后,投标人当众向全体评标小组宣读投标书,并且接受全体评委的咨询甚至参加投标辩论,完毕,投标者退出会场,全体评标人员进行分析评比,最后投票或打分选出中标人。

定标是采购方决定中标人的行为。定标是采购方的单独行为,但需要由使用机构成其他人一起进行裁决。

2. 政府采购程序包括下列主要步骤。

(1) 编制政府采购预算。采购机关应当按照财政部门要求,编制政府采购预算,经主管部门审核汇总后,报同级财政部门审核。

(2) 制订政府采购计划。政府采购计划主要内容包括当年集中采购目录,采购机关各采购项目的采购组织形式、采购方式、资金支付办法等。

(3) 提交实行集中采购清单。采购清单应当标明的内容是采购项目的详细品名、技术规格和数量,预算和资金构成,交货时间或开工、竣工时间,货物配送单位名单和其他有关事项。

（4）委托。财政部门要根据预算和政府采购计划，对采购清单核对无误后，交集中采购机关实施；尚未设立集中采购机关的，可委托中介机构承办。

（5）选择供应商。对供应商进行资质审查，并依据相关的标准选择好供应商。

（6）签订采购合同。政府采购项目在确定中标供应商后均应签订合同，合同订约程序按照《政府采购合同监督暂行办法》的有关规定执行。

（7）履行采购合同。政府采购合同依法签订后，合同当事人应当按照合同约定履行各自义务。

（8）验收。政府采购合同的验收，应当依照合同的约定进行；按合同履行的质量验收，原则上应当由第三方负责，即国家认可的专业质量检测机构。

（9）结算。采购单位按照合同约定金额和采购付款进度向中标供应商付款。

3. JIT 采购的基本思想是在恰当的时间、恰当的地点，以恰当的数量、恰当的质量提供恰当的物品。JIT 采购有以下一些功能。①采购送货直接送到需求点上。②客户需要什么，就送什么，品种规格符合客户需要。③客户需要什么质量，就送什么质量，品种质量符合客户需要，杜绝次品和废品。④客户需要多少，就送多少，不少送，也不多送。⑤客户什么时候需要，就什么时候送货，不晚送，也不早送，非常准时。⑥客户在什么地点需要，就送到什么地点。JIT 采购的这些功能，既是 JIT 采购的原理，又是 JIT 采购的特点。它既做到了很好地满足客户的需求，又使得客户的库存量最小，客户不需要设库存，只在货架上（或在生产线边）有一点临时的存放，一天销售完毕（一天工作完，生产线停止时），这些临时存放就消失，库存完全为零，真正实现了零库存。

第四章 供应商选择和管理

 **技能要求**

能对现实供应商选择的个案进行分析和评述。

灵活运用供应商认证的流程。

能系统掌握供应商管理的全过程。

供应商选择与管理就是企业根据经营目标的需要,通过对供应商实行鉴别、考察和分析决策,选择、使用、监督和评估供应商及其所进行的采购及相关物流业务,进行有关谈判等工作和管理活动的过程。对于采购部门来说,供应商选择决策与管理是采购过程中不可忽视的一个重要环节。供应商管理作为供应链管理的一部分,对整个供应链的运营质量及绩效有着至关重要的作用,应该受到高度的重视。

第一节　供应商管理概述

2003 年上半年,SARS 疫情袭击了中国部分地区,各地纷纷加大了对相关医疗卫生用品的采购力度。然而由于疫情紧迫,对采购与供应工作中的供应商管理提出了许多问题,特别是应急采购选择,从而引发了如何有效地进行供应商管理,尤其是选择供应商决策的思考。供应链管理是企业的"第三利润"来源,一个成功的供应链需要有高水准的供应商配合。供应商对企业的重要性与日俱增,单从材料成本的角度来看,通常有50％到85％的成本是支付给供应商的。除此之外,供应商所提供的品质、交货期及服务,无不直接影响企业的竞争力。但在中国,供应链管理尚处于初始阶段,很多企业,特别是中小企业,在选择供应商决策时存在很多问题,例如:选择供应商受到一些个人主观因素的影响,有时往往根据印象而确定对供应商的选择;选择供应商的标准不全面,大多只集中在评估要素的某一方面,如产品质量、价格、交货准时性和批量等,没有形成一个全面的供应商评估指标体系,不能对供应商做出全面、具体、客观的评价。

因此,成功的采购与供应不仅依赖于采购人员出色的谈判技能,更依赖于高水平的选择供应商的决策与管理。

一、供应商与供应商管理

所谓供应商,是指可以为企业提供经营运作所需的原材料、设备、工具、服务和其他资源的企业。企业的生产运作离不开供应商的支持,供应商为企业的生产运作提供其所必需的资源,如人力资源、原材料、信息、金融资本等。企业要维持正常的生产,就必须有一批可靠的供应商为企业提供各类产品和服务,因而供应商对企业的生存和发展至关重要。

供应商管理就是对供应商的了解、选择、开发、使用和控制等综合性管理工作的总称。其目的在于建立稳定可靠的供应商队伍,为企业经营运作提供可靠的物资供应。采购管理的一个重要工作就是在大量的供应源中寻找合适的供应商,并做好对供应商的管理工作。如何做好供应商的选择与管理工作是采购活动过程中重要的工作之一。

在供应商的选择和管理方面,最为重要的是观念的转变。按照传统观念,供应商是以追求利润最大化为目的的利益主体,和购买者之间是既相互依赖又互相对立的关系,购买者为了防止供应商以劣充优,在供货质量、数量上做文章,需要花费很多人力、物力加强物资检验,这大大增加了物资采购验收的成本。为了克服传统的企业与供应商关系的弊端,企业必须重视对供应商的管理工作,多方面地去了解、选择、开发供应商,合理使用和控制供应商,建立起一支可靠的供应商队伍,使物资供应及时齐备、质优价廉,双方互相支持、关系融洽,这样才有利于采购工作的顺利进行,有利于保障企业的生产需求,达到降低成本的目的。

[相关知识链接 4-1]

供应商对企业的影响

对于企业来说,供应商之所以重要,不只是因为他们能够给企业提供生产所需的各种资源,更重要的是,供应商给企业提供的各种资源会直接影响企业生产运行的各个方面,具体来说主要包括以下几个方面。

◎对企业产品质量的影响

为了保证企业所提供的产品或者服务的高质量:一方面需要在企业内部不断改进生产工艺,提高技术水平,加强质量管理;另一方面尤其不可忽视的,就是要保证供应商所提供的原材料的质量。高质量的原材料是企业生产高质量产品的首要条件。原材料的质量直接影响到企业所生产的产品的质量,只有供应商提供优质的原材料,企业才能生产出高质量的产品,供应商提供质量低劣的原材料,则会降低企业产品的质量,给企业带来不可估量的损失。

◎对企业运作效率的影响

企业的运作效率是赢得竞争的重要指标之一。如果企业能非常迅速地对顾客的需求做出反应,先于竞争对手迅速地开发并且把一种新产品投放到市场中去,就更有可能赢得竞争的成功。但是,企业的运作效率会受到供应商提供原材料速度的影响,如果供应商能够非常迅速地按照企业的要求为企业的生产提供所需的原材料,对于企业竞争优势的建立显然是非常有利的。美国戴尔计算机公司在全球取得了巨大成功,它的一个竞争优势就是对客户需求的快速反应。客户发出订单后,戴尔可以在接到订单的 36 个小时以内组装计算机并且发货运出。为了支持这一生产速度,戴尔要求其供应商在接到戴尔的需求指令以后,必须在 1 个小时之内为它提供所需的零部件。如果没有供应商的高速支持,戴尔的高速也无法得到保证。

◎对企业生产成本和利润的影响

从某种意义上说,供应商也是企业的竞争对手,因为供应商也会与企业争夺利润。企业支付给供应商的原材料的价格是企业产品成本非常重要的一部分。在竞争的市场中,产品的价格由市场决定而不是由企业决定,在这种情况下,原材料价格的上涨会导致产品成本的提高。显然,在市场价格不变的情况下,如果企业不能把提高的成本转移到价格上去,就降低了企业可能得到的利润。所以说,供应商讨价还价的能力会直接影响到企业的生产成本及可获得的利润。

二、供应商的分类

供应商细分是指在供应市场上,采购方依据采购物品的金额、采购商品的重要性及供应商对采购方的重视程度和信赖程度等因素,将供应商划分成若干个群体。供应商细分是供应商关系管理的先行环节,在此基础上,采购方才有可能根据细分供应商的不同情况实行不同的供应商关系策略。

根据不同方法可以将供应商细分为以下几种类型。

(一)按供应商的选择方式分类

根据供应商的选择方式,可以将供应商细分为公开竞价型供应商、网络型供应商与供应链管理型供应商三种。

公开竞价型供应商是指采购商将所采购的物品公开地向若干供应商提出采购计划,各个供应商根据自身的情况进行竞价,采购商依据供应商竞价的情况,选择其中价格低、质量好的供应商作为该项采购计划的供应商,这类供应商就称为公开竞价型供应商。在供大于求的市场中,采购商处于有利地位,采用公开竞价方式选择供应商,对产品质量和价格有较大的选择余地,是企业降低成本的途径之一。

网络型供应商是指采购商在与供应商长期的选择与交易中,将在价格、质量、售后服务综合实力等方面比较优秀的供应商组成供应商网络,采购企业的某些物品只限于在供应商网络中采购,这类供应商就称为网络型供应商。供应商网络的实质就是采购商的资源市场,采购商可以针对不同的物资组建不同的供应商网络。供应商网络的特点是,采购商与供应商之间的交易是一种长期性的合作关系。在这个网络中应采取优胜劣汰的机制,以便长期共存、定期评估、筛选,适当淘汰,同时吸收更优秀的供应商进入。

供应链管理型供应商是以供应链管理为指导思想的供应商管理,采购商与供应商之间的关系更为密切,采购商与供应商之间通过信息共享,适时传递自己的需求信息,而供应商根据实时的信息,将采购商所需的物资按时、按质、按量地送交采购商,这类供应商就称为供应链管理型供应商。

(二)按 80/20 规则分类

根据采购的 80/20 规则,可以将供应商细分为重点型供应商和普通型供应商。

采购的 80/20 规则通常指 80% 数量的采购物品占采购物品 20% 的价值,而其余数量 20% 的物品则占有采购物品 80% 的价值。因而可以将采购物品分为重点采购品(占采购价值 80% 的 20% 的采购物品)和普通采购品(占采购价值 20% 的 80% 的采购物品)。相对应,可以将供应商依据 80/20 规则进行分类,划分为重点型供应商和普通型供应商,即占采购金额 80% 的 20% 的供应商为重点型供应商,而其余只占 20% 采购金额的 80% 的供应商为普通型供应商。对于重点型供应商应投入 80% 的时间和精力进行管理与改进。这些供应商提供的物品为企业的战略物品或需要集中采购的物品,如汽车厂需要采购的发动机和变速器,电视机厂需要采购的彩色显像管及一些价值高但供应保障不力的物品。而对于普通型供应商则只需要投入 20％的时间和精力跟进其交货。因为这类供应商所提供物品的运作对企业的成本质量和生产的影响较小,如办公用品、维修备件、标准件等物品。

按 80/20 规则进行供应商细分,其基本思想是针对不同的采购物品采取不同的策略,同时在采购的工作精力分配上也应各有侧重,对于不同物品的供应商也应采取不同的策略。在具体操作上应注意:第一,按 80/20 规则细分的供应商并不是一成不变的,而是有一定的时间限制,随着企业生产结构和产品线调整,需要重新进行细分;第二,对重点型供应商和普通型供应商应采取不同的策略。

(三) 按与供应商的合作关系分类

根据与供应商的合作关系,可以将供应商细分为短期目标型供应商、长期目标型供应商、渗透型供应商、联盟型供应商与纵向集成型供应商五种。

短期目标型供应商是指采购商与供应商之间是交易关系,即一般的买卖关系的供应商。双方的交易仅停留在短期的交易合同上,各自所关注的是如何谈判,即如何提高谈判技巧使自己不吃亏,而不是如何改善自己的工作使双方都获利。供应商根据交易的要求提供标准化的产品或服务,以保证每一笔交易的信誉,当交易完成后,双方的关系也就终止了,双方只有供销人员有联系,而其他部门的人员一般不参加双方之间的业务活动,也很少有什么业务活动。

长期目标型供应商是指采购商与供应商保持长期的关系,双方有可能为了共同利益对改进各自的工作感兴趣,并在此基础上建立起超越买卖关系的合作的供应商。长期目标型供应商的特征是建立一种合作伙伴关系,双方的工作重点是从长远利益出发,相互配合,不断改进产品质量与服务质量,共同降低成本,提高共同的竞争力。合作的范围遍及各公司内部的多个部门。例如,由于是长期合作,采购商对供应商提出新的技术要求,而供应商目前还没有能力,在这种情况下,可以对供应商提供技术资金等方面的支持。同时,供应商的技术创新也会促进企业产品改进,所以对供应商进行技术支持与鼓励有利于企业长期利益的获得。

渗透型供应商是在长期目标型供应商基础上发展起来的供应商。其指导思想是把对方公司看成自己的公司,是自己所在公司的一部分,因此,对对方公司的关心程度大大提高。为了能够参与对方活动,有时会在产权关系上采取适当措施,如互相投资、参股等,以保证双方利益的共享与一致性。同时,在组织上也采取相应的措施,双方各派人员加入对方的有关业务活动。这样做的优点是可以更好地了解对方的情况,供应商可以了解自己的产品是如何起作用的,容易发现改进方向,而采购商可以知道供应商是如何制造的,也可以提出改进的要求。

联盟型供应商是从供应链角度提出的。其特点是注重纵向链条上管理成员之间的关系,双方维持关系的难度提高了,要求也更高。由于成员增加,往往需要一个处于供应链上核心地位的企业出面协调成员之间的关系,称为供应链核心企业。

纵向集成型供应商是最复杂的供应商类型,即把供应链上的成员整合起来,像一个企业一样,但各成员是完全独立的企业,决策权在自己手中。这种供应商要求每个企业在充分了解供应链的目标、要求,以及在充分掌握信息的条件下,能自觉做出有利于供应链整体利益的决策。有关这方面的知识,更多的是停留在学术上的讨论,而实践中的案例很少。

(四) 按供应商分类模块法分类

根据供应商分类模块法,可以将供应商分为商业型供应商、重点商业型供应商、优先型供应商、伙伴型供应商四种。

供应商分类的模块法是依据供应商对采购商的重要性和采购商对供应商的重要性进行矩阵分析,并据此对供应商进行分类的一种方法。

在供应商分类的模块中,如果供应商认为采购商的采购业务对于供应商来说非常重要,供应商自身又有很强的产品开发能力等,同时该采购业务对采购商也很重要,那么这些采购业务对应的供应商就是伙伴型供应商;如果供应商认为采购商的采购业务对于供应商来说非常重要,但该项业务对于采购商却并不十分重要,那么这样的供应商无疑有利于采购商,是采购商的优先型供应商;如果供应商认为采购商的采购业务对供应商来说无关紧要,但该采购业务对采购商却是十分重要的,那么这样的供应商就是需要注意改进提高的重点商业型供应商;对于那些对于供应商和采购商来说均不是很重要的采购业务,相应的供应商可以很方便地选择更换,那么这些采购业务对应的供应商就是普通的商业型供应商。

第二节 供应商选择

供应商对企业的影响直接关系到企业的生存和发展,影响到企业在市场中竞争优势的建立。优秀的供应商可以为企业竞争优势的建立提供有力支持,而不良的供应商会对企业在市场中建立竞争优势制造障碍。因此,对企业来说,如何选择一个良好的供应商则至关重要。

一、供应商选择的标准

决定和哪个供应商进行大量业务往来通常要用一系列指标来对它进行考核。选择供应商时,有许多指标值得考虑。各指标的重要性因企业而异,甚至因同一企业的不同产品或服务而异。根据时间的长短,考核指标可分为短期指标和长期指标。在确定选择供应商的指标时,只有把短期指标和长期指标结合起来,才能建立一个比较完整的指标体系,进而利用这一指标体系对供应商进行评价,最终寻找到理想的供应商。

（一）短期指标

选择供应商的短期指标主要有商品质量、价格水平、交货速度和整体服务水平。

1. 商品质量

采购商品的质量是否合乎采购单位的要求是采购单位进行商品采购时首先要考虑的条件。对于质量差、价格偏低的商品，虽然采购成本低，但会导致企业的总成本增加。因为质量不合格的产品在企业投入使用的过程中，往往会影响生产的连续性和产成品的质量，这些最终都会反映到总成本中去。当然，质量过高并不意味着采购物品适合企业的生产所需，因为质量过高，远远超过生产要求的质量，对于企业而言也是一种浪费。因此，采购中对于质量的要求应符合企业生产所需，要求过高或过低都是错误的。

2. 价格水平

成本不仅包括采购价格，而且包括原料和零部件使用过程中所发生的一切支出。采购价格低是选择供应商的一个重要条件，但是价格最低的供应商不一定就是最合适的，因为如果在产品质量、交货时间上达不到要求，或者由于地理位置过远而使运输费用增加，都会使总成本增加。因此，总成本最低才是选择供应商时要考虑的重要指标。

3. 交货速度

供应商能否按约定的交货期限和交货条件组织供货，会直接影响到企业生产的连续性，因此，交货时间也是选择供应商时要考虑的指标之一。企业在考虑交货时间时需要注意两个方面的问题：一是要降低生产所用的原材料或零部件的库存数量，进而降低库存占压资金，以及与库存相关的其他各项费用；二是要降低断料停工的风险，保证生产的连续性。结合这两个方面内容，对交货及时性的要求应该是：客户什么时候需要，就什么时候送货，不晚送，也不早送，及时准时。

4. 整体服务水平

供应商的整体服务水平，是指供应商内部各作业环节能够配合购买者的能力与态度。评价供应商整体服务水平的主要指标有以下几个。

（1）培训服务。如果采购者对如何使用所采购的物品不甚了解，供应商有责任向采购者培训所出售产品的使用知识。供应商对产品出售前后的培训工作情况，也会大大影响采购方对供应商的选择。

（2）安装服务。通过安装服务，采购商可以缩短设备的投产时间或投入运行所需要的时间。

（3）维修服务。免费维修是对采购商利益的保护，同时也对供应商提供的产品提出了更高的质量要求。这样，供应商就会想方设法提高产品质量，避免或减少免费维修情况的出现。

（4）技术支持服务。如果供应商向采购者提供相应的技术支持,就可以在替采购者解决难题的同时销售自己的产品。如信息时代的产品更新换代非常快,供应商提供免费或者有偿的升级服务等技术支持对采购者有很大的吸引力,也是供应商竞争力的体现。

（二）长期指标

选择供应商的长期指标主要在于评价供应商是否能保证长期而稳定的供应,其生产能力是否能随公司的成长而相应扩展,其产品未来的发展方向能否符合公司的需求,以及是否具有长期合作的意愿等。

选择供应商的长期指标主要考虑下列四个方面。

1. 供应商内部组织的完善性

供应商内部组织与管理关系到日后供应商的供货效率和服务质量。如果供应商组织机构设置混乱,采购的效率与质量就会因此而下降,甚至会由于供应商内部各部门之间的互相扯皮而导致供应活动不能及时地、高质量地完成。

2. 供应商质量管理体系

采购商在评价供应商是否符合要求时,一个重要环节是看供应商是否采用相应的质量体系,如是否通过 ISO 9000 质量体系认证,内部的工作人员是否按照该质量体系不折不扣地完成了各项工作,其质量水平是否达到国际公认的 ISO 9000 所规定的要求。

3. 供应商内部机器设备的状况

从供应商机器设备的新旧程度和保养情况可以看出管理者对生产设备、产品质量的重视程度,以及内部管理的优劣。如果车间机器设备陈旧,机器上面灰尘油污很多,则很难想象该企业能生产出合格的产品。

4. 供应商的财务状况

供应商的财务状况直接影响到其交货和履约的绩效,如果供应商的财务出现问题,资金周转不灵,就会影响供货,进而影响采购企业的生产,甚至会出现停工的严重危机。

除以上要素外,与基本采购目标相关的还有其他一些选择供应商必须考虑的指标,包括历史记录、声誉、程序柔性、通信、劳资关系、所处地理位置等,根据企业的不同情况,这些指标也可以作为选择供应商的判断标准。

需要特别注意的是,影响供应商选择决策的指标的权重并不相同,企业的采购性质与数量会直接对供应商选择决策产生影响。一般来说,企业可以选择上述部分指标对供应商进行分析,也可以根据企业情况增加新的选择指标对供应商进行考核。在考核时,根据各考核指标重要性的不同而确定不同的权重。权重可用数字 0~1 之间的某个数值表示,然后,对每个评价指标打分,再将所得分数乘以该指标的权重,进行综合处理后得到一个总分,最后根据每个供应商的总分进行排序、比较和选择。

 [相关知识链接 4-2]

Dickson 的供应商选择准则

对供应商的选择研究最早、影响最大的是 G. W. Dickson。他通过分析 170 份对采购代理人和采购经理的调查结果,得到了表 4-1 所示的 23 项供应商绩效评价准则。

表 4-1 Dickson 的供应商选择准则

排　序	准　则	均　值	评　价
1	质量	3.51	EI
2	交货	3.42	CI
3	历史绩效	3.00	CI
4	保证	2.84	CI
5	生产设施/能力	2.78	CI
6	价格	2.76	CI
7	技术能力	2.55	CI
8	财务状况	2.51	CI
9	遵循报价程序	2.49	AI
10	沟通系统	2.43	AI
11	美誉度	2.41	AI
12	业务预期	2.26	AI
13	管理与组织	2.22	AI
14	操作控制	2.21	AI
15	维修服务	2.19	AI
16	态度	2.12	AI
17	形象	2.05	AI
18	包装能力	2.01	AI
19	劳工关系记录	2.00	AI
20	地理位置	1.87	AI

排　序	准　　则	均　　值	评　价
21	以往业务量	1.60	AI
22	培训	1.54	AI
23	往来安排	0.61	SI

注：EI 为极端重要，CI 为相当重要，AI 为一般重要，SI 为稍微重要。

从表中可以发现，Dickson 认为，质量是影响供应商选择的一个"极端重要"的因素；交货、历史绩效等七个因素则"相当重要"；"一般重要"包括遵循报价程序、沟通系统等十四个因素；最后一个因素"往来安排"则归入"稍微重要"之列。

二、供应商选择的方法

选择供应商的方法很多，可根据供应商的数量和规模、采购物品的特点、采购的规模及采购的时间要求等具体确定。常见的方法主要有直观判断法、采购成本比较法、考核选择法、招标选择法、协商选择法等。

（一）直观判断法

直观判断法是指通过调查、征询意见、综合分析和判断来选择供应商的一种方法。这是一种主观性较强的判断方法，主要是倾听和采纳有经验的采购人员的意见，或者直接由采购人员凭经验作出判断。这种方法的质量取决于对供应商资料的掌握情况，以及决策者的分析判断能力与经验。这种方法运作方式简单、方便、快速，但是缺乏科学性，受掌握信息的详尽程度限制。常用于选择企业非主要原材料的供应商。

（二）采购成本比较法

对于采购商品质量和交付时间均能满足要求的供应商，采购企业通常要进行采购成本比较，即分析不同价格和采购中各项费用的支出，以选择采购成本较低的供应商。采购成本一般为售价、采购费用、交易费用、运输费用等各项支出的总和。

例 4-1　某公司按计划需要采购某种物资 100 吨，甲、乙两个供应商提供的物资质量与交货期均能满足企业要求，且信誉也都比较好。甲供应商的报价为 200 元/吨，运费为 5 元/吨，订购费用（采购中的固定费用）支出为 300 元；乙供应商的报价为 180 元/吨，运费为 15 元/吨，订购费用支出为 600 元。请从中选择一位供应商。

解　根据以上资料，可计算出从甲、乙两个供应商采购所需支付的成本分别为：

从甲供应商处购买物资的成本 $= (200 \times 100 + 5 \times 100 + 300)$ 元 $= 20\,800$ 元

从乙供应商处购买物资的成本＝(180×100＋15×100＋600)元＝20 100 元

经比较,由于从乙供应商处采购所需成本较低,因此选择乙供应商较为合适。

(三)考核选择法

所谓考核选择法,是指在对供应商进行充分调查了解的基础之上,再进行认真考核、分析比较而选择供应商的方法。

考核选择法通常通过以下三个步骤来完成供应商的选择。

1. 供应商调查

供应商调查可分为供应商初步调查和供应商深入调查。每个阶段的调查对象涉及供应商选择的问题,而且选择的目的和依据不同。

供应商初步调查对象选择的基本依据就是其产品的品种规格、质量价格水平、生产能力、地理位置、运输条件和服务水平等。在这些条件合适的供应商中选择几个作为供应商初步调查的对象。

供应商深入调查对象的选择相对比较复杂:一是根据企业自己产品的 ABC 分类确定产品的重要程度,二是根据供应商的生产能力水平的实际情况。对于企业的关键产品、重要产品,要认真地选择供应商。这些产品对于企业来讲,或者是价值高,或者是精度高,或者是技术先进,或者是稀缺品,或者是企业产品的关键的、核心的零部件。要对这些产品的供应商进行深入细致的调查研究,选择真正能够满足企业要求的供应商。对于那些不太重要的产品,如普通的、供大于求的原材料、通用件、标准件等,可以不需要进行深入供应商调查。供应商深入调查对象的选择标准主要是企业的实力、产品的生产能力和技术水平、质量保证体系和管理水平等。

2. 考察考核供应商

初步确定的供应商还要进入试运行阶段进行考察考核,试运行阶段的考察考核更实际、更全面、更严格,因为这是直接面对实际的生产运作。在运作过程中,就要对包括产品质量合格率、按时交货率、交货差错率、交货破损率、价格水平、进货费用水平、信用度、配合度等各个评价指标进行考核和评估。在单项考核评估的基础之上,还要进行综合评估。综合评估就是把以上各个指标进行加权平均计算而得到的一个综合成绩。

3. 试运作阶段

考核选择供应商通过试运作阶段,得出各个供应商的综合评估成绩,由此就可以最终确定哪些供应商可以入选,哪些供应商被淘汰了。一般试运作阶段达到优秀级的供应商应该入选,被评为一般或较差级的应予以淘汰。对于良好级的供应商,可根据情况列入候补名单。候补名单中的成员根据情况处理,可以入选,也可能落选。为了鼓励供应商之间的良性竞争,一些企业采购同一商品时故意选两个或三个供应商,称为 AB 角或 ABC 角。A 角作为主供应商,分配较大的供应量(50%～80%);B 角(或再加上 C 角)作为副供应商,分配较少的供应量(20%～50%)。综合成绩为优的中选供应商担任 A 角,候补供应商担任 B 角。运行一段时间以后,如果 A 角表现退步而 B 角表现进步,则可以把 B 角提升为 A 角,而把原来的 A 角降为 B 角,这样就在无形之中造成了 A 角和 B 角之间的竞争,促使A、B 角竞相改进产品质量和服务,从而使得采购企业获取更大的利益。

总之,考核选择供应商是一个较长时期的、深入细致的工作。这个工作需要采购部门牵头负责,其他部门共同配合才能完成。当供应商选定之后,应当终止试运作期,签订正式的供应商关系合同,进入正式运作期后,就开始了比较稳定正常的物资供需关系。

(四)招标选择法

当采购物资数量大、供应市场竞争激烈时,可以采用招标方法来选择供应商。招标选择法就是采购企业采用招标的方法,吸引多个有实力的供应商来投标竞争,然后经过评标小组分析评比而选择最优供应商的方法。招标方法竞争性强,采购单位可以在更广阔的范围选择供应商,以获得有利的、便宜而耐用的物资。但招标方法手续繁杂、耗费时间长,不能适应紧急订购的需要;订购机动性差,有时订购者与投标者沟通不够,就会造成货不对路或不能按时到货。

具体招标的采购过程和方法,在第三章已做介绍,这里就不再过多解释。

(五)协商选择法

在可供货单位较多、采购单位难以抉择时,也可以采用协商选择方法,即由采购单位选出供应条件较为有利的几个供应商,分别进行协商,再确定合适的供应商。与招标选择法相比较,协商选择法因双方能充分进行沟通协商,在商品质量、交货期和售后服务等方面比较有保证,但由于选择范围有限,不一定能得到最便宜、供应条件最有利的供应商。当采购时间紧迫,投标单位少,供应商竞争不激烈,订购物资规格和技术条件复杂时,协商选择法比招标选择法更为合适。

三、供应商选择的一般步骤

不同的企业在选择供应商时,所采用的步骤会有差别,但基本的步骤如下。

(一)建立选择评估小组

企业应建立一个小组以控制和实施对供应商的选择。组员来自采购、生产、财务、技术、市场等部门。组员必须有团队合作精神,具有一定的专业技能。小组必须同时得到采购商和供应商最高领导层的支持。

(二) 确立选择目标

企业不但要确定供应商选择程序如何实施，信息流程如何运作，由谁负责，而且必须建立实际的目标。其中降低成本是主要目标之一。对供应商的评价、选择不仅仅是一个简单的评价、选择过程，它本身也是采购商与供应商之间的一次业务流程的重构过程，实施得好，就可带来一系列的效益。

(三) 确定备选供应商名单

企业可通过供应商信息数据库，以及采购人员、销售人员或行业杂志、网站等媒介渠道了解和确定市场上能提供所需物品的供应商。

(四) 制定供应商选择指标和选择方法

前面详细论述的选择供应商的标准和可以采用的方法是一般性的，企业应该根据自身情况以及采购商品的重要程度，选择适当的评判指标和评判方法。

(五) 筛选和比较供应商

选择供应商的一个重要步骤是调查、收集有关供应商生产运作等各个方面的信息。在收集供应商信息的基础上，可以利用一定的工具和技术方法对供应商进行分析判断。

对供应商的比较包括两个方面：一是对供应商作出初步筛选；二是对供应商进行实地考察。在对供应商进行初步筛选时，首要的任务是使用统一标准的供应商情况登记表来管理供应商提供的信息。这些信息包括供应商的注册地、注册资金、主要股东结构、生产场地、设备、人员、主要产品、主要客户、生产能力等。通过分析这些信息，可以评价其工艺能力、供应的稳定性、资源的可靠性及其综合竞争能力。在这些供应商中，剔除明显不适合进一步合作的供应商后，就能得出一个供应商考察名录。接着，应对供应商进行实地考察，这一步骤至关重要。必要时，可以邀请质量部门和工艺工程师一起参与，他们不仅会带来专业的知识与经验，共同审核的经历也会有助于公司内部的沟通和协调。

(六) 确定供应商

在综合考虑多方面的重要因素之后，就可以给每个供应商打出综合分，选出合格的供应商及适当数量的备选供应商。

四、供应商选择应注意的问题

(一) 选择供应商的原则

第一，系统全面性原则，即建立并使用全面系统的评价体系。

第二，简明科学性原则，即供应商的评价和选择的步骤、过程透明化、制度化和科学化。

第三，稳定可比性原则，即评价体系应该稳定运作，标准统一，减少主观因素。

第四，灵活可操作性原则，即对不同行业、企业、产品需求、不同环境下的供应商的评价应是不一样的，应保持一定的灵活操作性。

第五，供应源数量控制原则，即同类物料的供应商数量应控制在 2～3 家，应有主次供应商之分。

第六，供应链战略原则，即要与重点型供应商发展供应链战略合作关系。

第七，学习更新原则，即对供应商的评价指标、标杆对比的对象及用于评价的工具与技术不断地更新。

第八，全面了解原则，即要对供应商的生产状况、商业信誉、交货能力有全面了解，这直接决定与供应商合作的深度与广度。

（二）选择供应商要注意的问题

1. 选择有实力的供应商

在报价相同及交货承诺相同的情况下，应首先选择那些企业形象好并有实力的供应商。如某家供应商曾经给某些品牌企业提供过产品供应，并得到这些品牌企业的认可，这无疑是选择时的最好参考。在 1992 年，大量南斯拉夫廉价轿车涌入美国，很多人在第一次听到 Yugo 轿车的时候就购买了它，但不久之后那些购买Yugo 轿车的人就得不到任何服务了。对于这些购买轿车的人来说，如果当初能够选择一家已经有一定知名度并有实力的供应商，就能避免这样的损失。

2. 避免选择独家供应商

许多企业的某些重要材料过于依赖一家供应商，这种情况导致供应商常常能左右采购价格，对采购商施加极大的压力。当采购方落入供应商垄断供货的控制之中，只有唯一的一家供应商时，采购商就会处于进退两难的境地，因为更换供应商的转换成本太高。对于采购商而言，要尽可能避免出现这种情况的发生。这就要求采购商在采购同种商品时，尽可能多选择几家，最好选择 2～3 家供应商。

3. 避免随意性较强、缺乏科学依据的选择方法

目前，我国许多企业的管理制度不完善，缺乏科学选择供应商的方法，致使许多项目在选择供应商时，更多的是参考供应商本身提供的各类书面文字材料和自我介绍，以及在市场上的口碑，或凭个人的主观臆想选择供应商参与竞标。

另外，在供应商选择的标准方面，目前多集中在供应商的产品质量、价格、柔性、交货准时性、提前期和批量等方面，没有形成一个全面的供应商综合评价指标体系，因而还不能对供应商作出全面、具体、客观的评价。

第三节　供应商认证与评估

除了传统的选择供应商的方式以外,供应商认证已经成为目前很多大企业进行供应商管理的一项重要内容。供应商认证与评估主要是为了进一步细致地考察供应商的能力,一旦企业建立了完整的供应商认证体系,就可以掌握供应商的生产情况和产品价格信息,获取合理的采购价格、最优的服务,确保采购的物资质量和按时交货;可以对供应商进行综合动态的评估,甚至把供应商结合到产品的生产流程中去,与供应商建立长期的交易伙伴关系,以达到效益最优化。

一、供应商的认证

(一)供应商认证的内容

供应商认证是一个细致考察供应商能力的过程。认证过程可以证实供应商是否达到或超过了采购商的要求,这在供应商关系中很重要,在采购商寻求建立长期供应关系的供应商时更为关键。确定与那些已经过认证的供应商进行合作可以使采购商免去大半或全部的检查、测试商品的工作。在对供应商进行认证时,主要从以下几个方面考察供应商。

1. 供应商的基本情况

供应商的基本情况主要包括以下几方面内容。

(1)供应商的经营环境。主要包括供应商所在国家的政治、经济和法律环境的稳定性,进出口是否有限制,货币的可兑换性,近几年来的通货膨胀情况,基础设施情况,有无地理限制等。

(2)供应商近几年的财务状况。主要包括各种会计报表、银行报表等。

(3)供应商在同行业中的信誉及地位。主要包括同行对供应商产品质量、交货可靠性、交货周期及灵活性、客户服务及支持、成本等各项的评价。

(4)供应商近几年的销售情况。包括销售量及趋势、人均销售量、供应商产品产量占行业总产量的比例。

(5)供应商现有的紧密的、伙伴型的合作关系。包括与采购方的竞争对手的关系、与其他客户或供应商之间的关系。

(6)供应商的地理位置。主要包括与采购方的距离远近和海关通关的难易程度。

(7)供应商的员工情况。主要包括员工的教育程度、出勤率、流失率、工作时间、平均工资水平、生产工人与员工总数的比例等。

2. 供应商的企业管理

对供应商企业管理情况的认证要考虑以下因素。

（1）企业管理的组织框架，各组织之间的功能分配，以及组织之间的协调。

（2）企业的经营战略及目标，企业的产品质量改进措施，技术革新的情况，生产率及降低成本的主要举措，员工的培训及发展，质量体系是否通过 ISO 9000 认证以及企业管理战略等。

3. 供应商的质量体系及保证

供应商的质量体系及保证主要包括以下内容。

（1）质量管理机构的设置及功能。

（2）供应商的质量体系是否完整。主要包括质量保证文件的完整性与正确性，有无质量管理的目标与计划，质量的审核情况，与质量管理相关的培训工作的开展情况等。

（3）企业产品的质量水平。主要包括产品质量、过程质量、供应商质量及顾客质量投诉情况。

（4）质量改进。主要包括与顾客的质量协议，与供应商的质量协议，是否参与顾客的质量改进，是否参与供应商的质量改进，质量成本控制，是否接受顾客对其质量的审核等。

4. 供应商的设计、工程与工艺

供应商的设计、工程与工艺主要包括以下内容。

（1）相关机构的设立与相应职责。

（2）工程技术人员的能力。主要包括工程技术人员的受教育情况，工作经验，在本公司产品开发方面的水平，在公司产品生产方面的工艺水平及流失情况。

（3）开发与设计。主要包括开发设计的试验及试验情况，与顾客共同开发的情况，与供应商共同开发的情况，产品开发的周期及工艺开发程序。

5. 供应商的生产情况

供应商的生产情况主要包括以下内容。

（1）生产机构的设置及职能。

（2）生产工艺过程。主要包括工艺布置、设备（工艺）的可靠性、生产工艺的改进、设备利用率、工艺的灵活性、作业指导、生产能力等。

（3）生产人员的情况。主要包括职工参与生产管理的程度，生产现场的管理情况，生产报表及信息的控制情况，外协加工控制情况，生产现场环境与清洁情况等。

6. 供应商的企划与物流管理

供应商的企划与物流管理主要包括以下内容。

（1）相关机构的设立情况。

（2）物流管理系统的情况。主要包括物流管理、物料的可追溯性、仓储条件与管理、仓储量等。

（3）发货交单情况。主要包括发货交单的可靠性、灵活性，即时供应能力，包装及运输情况，交货的准确程度。

（4）供应商管理。主要包括供应商的选择与审核，供应商表现的考评情况，供应商的分类管理情况，供应商的改进与优化等。

7. 供应商的环境管理

供应商的环境管理主要包括以下内容。

（1）环境管理机构的设置及其管理职能。

（2）环境管理体系。主要包括环境管理的文件体系、环境管理的方针与计划等。

（3）环境控制的情况。主要包括环境控制的运作、沟通与培训、应急措施、环境检测、环境管理体系的审核。

8. 供应商对市场及顾客服务支持

供应商对市场及顾客服务支持主要包括以下内容。

（1）相关机构的设置。

（2）交货周期及条件。主要包括正常交货的周期，紧急交货的周期，交货与付款的条件，保险与承诺。

（3）价格与沟通。主要包括合同的评审，降低价格与成本的态度，电子邮件与联系方式，收单与发货沟通的情况。

（4）顾客投诉与服务。主要包括顾客投诉的处理程序，顾客投诉的处理与反应时间，顾客的满意程度，售后服务机构，顾客数量及伙伴顾客的数量等。

在对供应商的认证过程中还存在着定价策略、单一供应商与多家供应商的选择、直接采购与间接采购、供应商绩效管理等方面的问题，这些都需要结合采购方自身情况进行灵活的选择和决策。

 [相关知识链接 4-3]

香港的政府供应商注册制度

在我国香港地区，为了保证采购质量和减轻评标工作量，实行香港政府供应商注册制度，进行供应商的资格认证。负责供应商注册的机构是工务局和政府物料供应处。其中，工务局负责工程供应商的注册管理工作，审查工程供应商的资格标准主要有两个，即专业资格和财务能力。专业资格是按国际通用的建筑或工程方面的标准来衡量的，要求供应商提供公司整体方面的情况及专业人员构成等资料。在财务能力方面，需要提供经过审计的财务报表及银行出具的有关证明，交会计服务局进行核实。工务局定期对已注册的供应商进行审查，如发现业绩不佳等情况，就会取消注册资格。政府物料供应处负责各类货物供应商的注册管理工作。已注册的供应商，在采用公开招标方式时，会自动获得招标文件，未注册的供应商必须亲自购买招标文件。在采用选择性招标方式时，只有注册供应商才能参加投标。在册供应商能否长久保留资格，取决于其投标及履行合同的表现。在香港地区，供应商申请注册没有时间限制和地区限制。政府每年都在香港政府宪报和互联网上刊登公告，邀请有兴趣的供应商申请注册。供应商随时可以提交注册申请书。

（二）供应商认证的流程

1. 供应商自我认证

对供应商进行认证之前应要求供应商先进行自我评价。一般是先发信给供应商，让供应商作出自我评价，然后再组织有关人员进行认证。

2. 成立供应商认证小组

收到供应商自我认证的资料后，应着手成立供应商认证小组。供应商认证小组应包括不同部门成员，主要包括质量管理、工程、生产等部门。认证小组成立后应确认对供应商认证采取的形式和认证的指标体系。

3. 针对认证的内容，确定相应的指标评分体系

对于供应商的认证要针对不同的供应商采取不同的评分体系。一般来说，供应商认证的评分体系主要包括领导班子和风格、信息系统及分析、战略计划、人力资源、过程控制、商务运作、客户满意程度、供应管理、销售管理、时间管理、环境管理等。

4. 会同质量管理、工程、生产等部门进行现场调查

对供应商的现场调查，主要是为了了解供应商的管理机构设置情况，了解各个部门之间的分工及汇报流程，考察供应商质量控制与管理体系、生产工艺、顾客服务、环境体系等内容。在现场考察的同时，应根据预先设置的评分体系进行子系统的评价，并给出相应的分值。

5. 各部门汇总评分

进行现场考察后，各个部门应通过现场观察的情况，结合供应商的相关文件、先前的市场调查情况、供应商的客户情况和供应商的会谈情况等，进行综合评分，得出供应商最终认证的总成绩。各部门进行汇总评分后，组织进行现场调查的部门写出考察报告，呈报上级领导，并且将考察的资料备案、存档。

6. 将认证情况反馈给供应商

对供应商进行认证的最终结果应反馈给供应商，让供应商明确自己的不足，以便进行改进与提高。

7. 供应商认证跟踪

对供应商进行认证后,要进行跟踪。供应商的认证不仅仅是一个审查和评价的过程,也是一个反馈与跟踪的过程。要随时监测供应商的执行情况,不断督促供应商进行改进。

总之,对供应商的认证是一个长期的、动态的过程,是通过持续的评估和认证来确认和不断培养供应商的过程。

(三) 国际采购商对供应商资格的认证审核要求

随着资源优化配置和现代信息技术的迅猛发展,全球化的脚步也在加快,许多大型跨国公司和国际采购组织的采购网络正在加速向中国市场延伸,国际商业企业设在上海的跨国采购中心已达30多个,如通用、大众、西门子、沃尔玛等。除了前面所介绍的认证内容外,这类跨国采购对供应商的认证审核往往有许多特别的要求。除了要求供应商必须提供必需的ISO认证证书、许可证和测试报告外,大部分的国际品牌采购商会根据自己的需求,研制出一套对供应商资格审核的系统,如家乐福对供应商的选择一般要经过半年或一年的考察,然后对商品价格进行考察,考察后还要对供货商产品的规格、质量进行严格测试,最后才给供货商下生产通知单。IBM公司对供应商的选择主要是由一个被称为产品顾问委员会的机构来对一些国际供应商认证要求进行比较。主要的认证项目如下。

1. 价格要求

获取利润是采购商的主要目的,采购商希望降低购买成本,所以,供应商必须考虑如何实现物美价廉的生产。

2. 品质要求

采购商都非常重视产品品质,他们期望所购买产品的品质能够达到下游顾客的期望,所以,他们会严格要求及审核供应商的产品品质。多数的国际采购商都开发了自己的产品检验程序,确保产品的品质。

3. 生产能力要求

采购商除了重视产品品质外,也重视企业的生产能力、产量及交货期等。因此,供应商的生产能力是评估重点之一。采购商通常会选择产量或技术可靠性较高的供应商。

4. 研发要求

越来越多的国际采购商开始重视供应商的研发能力,供应商越能提供具有差异性及竞争力的产品,就越能让国际采购商感到满意。

5. 科技能力要求

随着信息技术的发展,许多采购商会通过网络来进行沟通,如文件的传递及下单等,通过先进的科学技术来追踪和掌控货品。所以,采购商希望供应商也能够相应地运用先进的科技手段进行管理。

6. 人文道德环境和健康安全的工作环境要求

由于法律和社会的要求,采购商在进行采购时会考虑商品的来源、供应商的环境和人文道德管理,以及健康安全的生产环境。

以上六大审核要素,最后一项尤其应该关注,即跨国公司对"供应商人文道德管理"的"软指标"的要求。以沃尔玛为例,在合作过程中,如果出现违规情况,如提供的资料与所供商品不一致、强迫员工超时加班、伪造身份证、延迟发放工资等,或是发现雇佣童工、虚报原产地、强制使用劳动力、工作环境不安全、囚禁工人、体罚殴打工人等情况,沃尔玛将终止与该厂的一切合作,包括取消所有订单及未装船发运的产品,而离港货物则要返还。另外,即便通过了认证,和国外跨国公司具有长期合作关系或投资关系的企业也不会一劳永逸,还要不断地接受定期或不定期的抽查,一旦发现问题就有可能被取消供货商资格。

采购商主要通过以上六大审查要素计算平均得分,如 80 分以上为体系合格供应商,50 分以下为体系不合格供应商,50～79 分为需讨论、视具体情况再定的持续考核供应商。此外,有些采购商还将通过认证的供应商分成高、中、低三个等级。最高级的供应商表示其交货期、品质、配合度等指标最受到认可,采购商授予的权限也最大。

二、供应商的评估

对供应商进行评估是供应商管理中很重要的一步,是对已经通过认证的、正在为企业提供服务的供应商的日常表现进行定期的绩效监控和考核,其目的是为了了解供应商的表现,促进供应商提升供应水平,并作为对供应商奖惩的依据,进而优化供应商结构,提高竞争优势。定期进行供应商评估是一种持续监督供应商的生产(或服务)能力、质量、交货,以及解决、执行采购商对供应商其他方面要求的有效措施。如果评估结果有问题,采购商就可以在发生严重问题之前把它们提出来。供应商评估过程中经常发现的典型问题主要集中在管理方式、质量保证、物料管理、设计程序、过程改进政策、纠正措施与后继措施等方面。供应商评估的主要内容与供应商认证的内容类似,下面详细介绍对供应商评估所使用的具体指标。

(一)供应商评估的目标和准备工作

现代企业处于动态的环境之中,要根据内外环境的变化随时调整其行动方略。企业从选择供应商开始就应将其纳入整个企业管理系统之中。可以说,供应商的业绩对企业的影响越来越大,在产品质量、提前期、库存水平、产品设计等方面影响着采购能否成功。因此,企业需要对供应商的开发、控制、评估、评定及重新确定双方合作关系等许多方面进行跟踪。

1. 供应商评估的目标

一般来说,对供应商评估要耗费企业的人力和物力,为了节约企业资源,避免不必要的浪费,只需选择企业认为对其产品质量有重要影响的供应商进行评估。一般来说,采购商对供应商进行评估有以下几方面的具体目标。

(1)获得符合企业总体质量和数量要求的产品和服务。每一个采购方都会有整套的战略规划和方针,在评估供应商时,要充分考虑该供应商与本企业的发展方向是否一致,它所提供的产品和服务能否满足本企业对其质量与数量的要求。

(2)确保供应商提供最优秀的服务、产品及最及时的供货。企业在选择供应商并确立了双方的供需关系后,要将它作为评估与选择供应商的基本原则。

(3)力争以最低的成本获得最优的产品和服务。企业总是以追求最大利润为根本目标,因此,在供需关系建立后,采购方也会采取多种措施来降低自己取得最优产品和服务的成本,能够提供最大供应价值的供应商是所有采购方都希望与它合作的对象。

(4)淘汰不合格的供应商,开发有潜质的供应商,不断推陈出新。采购方与供应商之间并非是从一而终的既定关系,双方都会不断地审视和衡量自身利益是否在与对方的合作中得以实现,不符合自身利益的合作伙伴最终会被摈弃。

(5)维护和发展良好的、长期的、稳定的供应商合作关系。越来越多的企业意识到,同供应商发展战略伙伴关系更有利于自身的长远发展,这是经过市场检验了的基本规律。采购方谋求的应该是同供应商的长期伙伴关系。

2. 供应商评估的准备工作

供应商评估是一个十分烦琐,而又必须尽量公正的工作。如果评估不公正就会引发供应商的不满,其结果将适得其反。因此,要实施供应商评估,就要制定对供应商评估的一整套严格完整的工作程序,有关部门或人员要严格依照文件实施。实施过程中要对供应商的表现,如质量、交货、服务等进行检测记录,为评估供应商提供量化依据。

一般认为,供应商评估的准备工作主要有以下几步:①制定评估准则,评估准则应体现跨功能原则;②确定评估指标,评估指标要明确、合理并与公司的战略目标保持一致;③确定评估的具体步骤并以文件的形式予以确认;④选择要进行评估的供应商,将评估的方法、标准及要求同供应商进行充分沟通;⑤成立评估小组,小组成员应包括采购员、品质员、企划人员、仓库保管人员等。

(二)供应商评估指标体系

不同企业的经营范围不同,供应商供应的商品也就不同,因此,对供应商的评估标准也各不相同,相应的评估指标设置也不一样。一般来讲,最简单的做法就是衡量供应商的交货质量和及时性。这是最易于衡量和评估的,而且不需要耗费太多的时间和精力,只需在每次进货和使用货物时进行相关记录即可。较先进的供应商评估系统则要进一步扩展到供应商的支持与服务、供应商参与本公司产品开发的表现等,也就是把评估、订单、交单的实现过程延伸到产品开发过程。虽然供应商的评估指标很多,但是归纳起来主要包括以下四个方面。

1. 质量指标

质量是用来衡量供应商的最基本指标。每一个采购方在这方面都有自己的标准,要求供应商遵从。供应商质量指标主要包括来料批次合格率、来料抽检缺陷率、来料在线报废率、供应商来料免检率。具体公式为

来料批次合格率＝(合格来料批次÷来料总批次)×100％

来料抽检缺陷率＝(抽检缺陷总数÷抽检样品总数)×100％

来料在线报废率＝[来料总报废数(含在线生产时发现的)÷来料总数]×100％

供应商来料免检率＝(来料免检的种类数÷该供应商供应的产品总种类数)
×100％

其中,以来料批次合格率最为常见。此外,也有一些公司将供应商质量体系、供应商是否应用 SPC(统计过程控制)及如何将 SPC 应用于质量控制等也纳入考核范畴。例如,如果供应商通过了 ISO 9000 质量体系认证或供应商的质量体系达到某一水平则为它加分。还有一些公司要求供应商在提供产品的同时也要提供相应的质量文件,如过程质量检验报告、出货质量检验报告、产品成分性能测试报告等,并对供应商提供信息的完整、及时与否给予评估。

2. 供应指标

供应商的供应指标又称企业指标,是同供应商的交货表现及供应商企业管理水平相关的考核因素。其中,最主要的是准时交货率、交货周期和订单变化接受率。

(1)准时交货率。准时交货率的计算公式为

准时交货率＝(按时按量交货的实际批次÷订单确认的交货总批次)×100％

(2)交货周期。交货周期是指自订单开出之日到收货之时的时间长度。一般以天为单位来计算。

(3)订单变化接受率。订单变化接受率是衡量供应商对订单变化反应灵敏度的一个指标,是指在双方确认的交货周期中供应商可接受的订单增加或减少的比率。用公式表示为

订单变化接受率＝(订单增加或减少的交货数量÷订单原定的交货数量)
×100％

值得注意的是,供应商能够接受的订单增加接受率与订单减少接受率往往并不相同。其原因在于,前者取决于供应商生产能力的弹性、生产计划安排与反应快慢、库存大小与状态(原材料、半成品或成品)等;而后者则主要取决于供应商的反

应、库存(包括原材料与在制品)大小及对因订单减少所造成的损失的承受力。

此外,有些企业还将供应商供应的原材料或零部件的最低库存量、供应商的企划体系水平、供应商所采用的信息系统,如 MRP(物料需求计划)、MRPⅡ(制造资源计划)或 ERP(企业资源计划)及供应商是否同意实施"即时供应"等也纳入考核范畴。

3. 经济指标

供应商考核的经济指标主要是考虑采购价格与成本。经济指标同质量、供应指标不同:质量、供应考核按月进行,而经济指标则常常按季度考核;另一点不同是经济指标往往都是定性的,难以量化,而质量、供应商指标是量化的指标。经济指标的具体考核点主要包括以下几方面。

(1)价格水平。企业可以将自己的采购价格同本企业所掌握的市场行情相比较,也可以根据供应商的实际成本结构及利润率等进行主观判断。

(2)报价行为。主要包括报价是否及时,报价单是否客观、具体、透明。报价可分解为:原材料费用、人工费用、包装费用、运输费用、税金、利润,以及相对应的交货与付款条件。

(3)降低成本的态度与行动。这是指供应商是否自觉自愿地配合采购方或主动地开展降低成本活动,是否制订成本改进计划,是否实施改进,是否定期与采购方协商采购价格等。

(4)分享降价成果。这是指供应商是否积极配合、响应采购方提出的付款条件、付款要求及付款办法,供应商开出付款发票是否准确、及时,是否符合有关财税要求。

有些企业还将供应商的财务管理水平与手段、财务状况以及对整体成本的认识纳入考核范围。

4. 支持、合作与服务指标

同经济类指标一样,考核供应商在支持、合作与服务方面的表现通常也都是定性的考核,一般来说可以每个季度一次。考核的内容主要有以下几个方面。

(1)投诉灵敏度。投诉灵敏度指供应商对订单、交货、质量投诉等反应是否及时、迅速,答复是否完整,对退货、挑选等要求是否及时处理。

(2)沟通。沟通指供应商是否派出合适的人员与采购方定期进行沟通,沟通手段是否符合采购方的要求(电话、传真、电子邮件以及文件书写所用软件与采购方的匹配程度,等等)。

(3)合作态度。合作态度指供应商是否将采购方看成是重要客户,供应商高层领导或关键任务是否重视采购方的要求,是否经常走访采购方,供应商内部(如市场、生产、计划、工程、质量等部门)沟通协作是否能整体理解并满足采购方的要求。

（4）共同改进。共同改进指供应商是否积极参与或主动提出与采购方相关的质量、供应、成本等改进项目或活动，是否经常采用新的管理做法，是否积极组织参与与采购方共同召开的供应商改进会议，是否配合采购方开展质量体系的审核等。

（5）售后服务。售后服务指供应商是否主动征询顾客意见，是否主动走访采购方，是否主动解决或预防问题的发生，是否及时安排技术人员对发生的问题进行处理。

（6）参与开发。参与开发指供应商是否主动参与采购方的各种相关开发项目，是否参与采购方的产品或业务开发，在其过程中表现如何。

（7）其他支持。其他支持指供应商是否积极接纳采购方提出的有关参观、访问、实地调查等事宜，是否积极提供采购方要求的新产品报价与送样，是否妥善保存与采购方相关的机密文件等以免泄漏，是否保证不与影响到采购方切身利益的相关企业或单位进行合作等。

第四节　供应商关系管理

一、供应商关系管理的重要性

供应商关系管理思想之所以得到企业和理论研究者的重视，是因为它能够帮助企业解决许多以前无法解决的问题，并能由此获得更多的利润。

1. 降低成本

企业使用供应商所推荐的材料，可以降低成本，如通过与供应商良好的沟通可以降低产品的开发成本、质量成本、商务运作成本、售后服务成本等。

2. 减少风险

企业如果能及时、安全地获得关键性原材料，可以降低企业及供应链中的潜在供应风险和不确定性。通过加强供应商关系管理，企业可通过供应商开发新的技术，从而降低其未知技术领域的风险；同时，如果供应商将资产投资用于双方合作的领域，那么，企业的投资风险也可以降低。

3. 规模经济

在某些领域，采购方企业的研究开发费用庞大，使它无法单独承担起开发和生产的全过程，把自身没有能力投资的部分技术转包给专业供应商，则可以在加强供应商力量的同时，通过合理分配技术投资，专注于开发核心技术，从而达到规模经济的效果。

4. 互补技术和专利

建立共同研究开发和企业间技术人员的相互协作，使相互间的发明专利应用于生产,采购企业和供应商联合进行技术创新,可以协助企业比竞争对手更快、更早地向市场推出新产品,从而使双方都受益。

5. 提高客户满意度

加强供应商关系管理,有利于企业产品质量、交货时间、供货准时率等方面的改善,从而提高顾客的满意度和忠诚度。

 **[相关知识链接 4-4]**

供应商关系的演变

采购商与供应商的关系经历了由买卖关系到合作伙伴关系、再到战略合作伙伴关系的演变过程。

◎买卖关系

传统的采购商与供应商的关系就是简单的买卖关系,这种关系的理念就是以最便宜的价钱买到最好的东西,其出发点是买卖双方围绕生意讨价还价,相互之间存在的是竞争关系,因此采购商往往将供应商看成生意场上的对手或敌人。

供应商和采购商的买卖关系表现为:①采购商常常同时向若干供应商购货,通过供应商之间的竞争获得价格上的好处,同时也保证供应的连续性;②采购商通常在供应商之间分配采购数量,以此对供应商加以控制;③采购商和供应商保持的是一种短期合作关系。

◎合作伙伴关系

供应商合作伙伴关系的观念萌芽于20世纪70年代后期的日本汽车业,发展于20世纪80年代中期,成熟于20世纪80年代后期。日本企业在第二次世界大战后,在开展全面质量管理、实施准时生产(JIT)的过程中意识到供应商的重要性,认为企业所面临的竞争不仅是企业与同行业之间的竞争,而且是整个供应链同另一个供应链的竞争。供应商合作关系最初的表现形式是采购商的注意力由关心成本转移到不仅关心成本,更注重供应商的产品质量与交货的及时性;后来的表现则是采购商为了控制企业上游资源,将采购活动由单纯的"做生意"转向了与供应商建立长期关系。

◎战略合作伙伴关系

供应商管理进入战略合作伙伴关系阶段的标志是,采购商主动帮助、督促供应商改进产品设计,促使供应商主动为采购商的产品开发提供设计支持。随着时代的发展,这种关系正逐渐地转向以价值为基础,供应链中各个成员得到的补偿将与其所附加的价值更加紧密地结合起来,由此,供应商关系将变得越来越复杂。

二、供应商关系管理的实施

（一）实施供应商关系管理的前提条件

1. 选定供应商的范围

实施供应商关系管理,因涉及众多的供应商,维持与众多供应商的关系会增加经营的复杂性和经营成本(不仅包括一般的采购成本,还包括零部件的设计成本、质量管理成本、运营测试成本、市场协调成本等)。由于不同物资对企业生产的重要程度不同,所产生的影响也不同,这就决定了企业不可能与每一个供应商都保持亲密的合作关系。

清华大学刘丽文教授提出了根据采购物资本身的重要程度和供应市场的复杂程度对物资进行分类的方法,如图 4-1 所示。

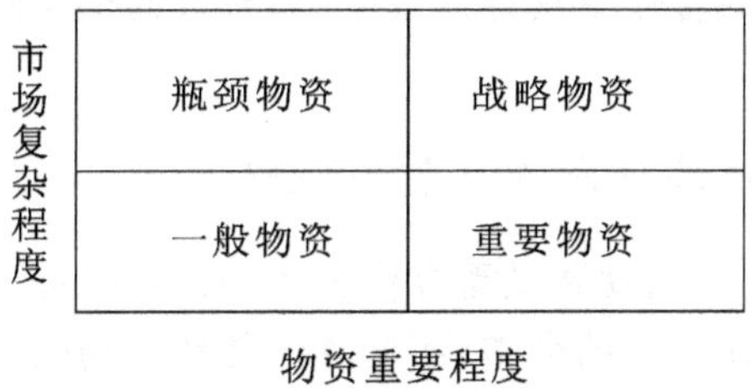

市场复杂程度	瓶颈物资	战略物资
	一般物资	重要物资

物资重要程度

图 4-1　物资分类方法

这种分类方法把物资分为战略物资、重要物资、瓶颈物资和一般物资四类。其中,战略物资指需求量大、价值昂贵,属于生产经营的关键性物资,其质量、价格和供应的可持续性对企业生产经营有重大影响。能够提供战略性物资的合格供应商不多,企业要想改为自制也不是短时间能够做到的。重要物资则是指对企业生产经营很重要,价值昂贵、库存占有资金大、市场供应充足、企业选择余地大的物资。瓶颈物资是指企业对该类物资需求量不大,但是其质量对企业的生产影响很大,而且,企业对该类物资没有多少讨价还价余地的物资。一般物资则是指本身价格不高,种类繁多,供应市场上容易获得的物资。

在整个物资采购网络中,企业应该针对不同物资的重要程度,选择不同的供应商关系模式。所以,对采购企业来说,第一步就是选择对自身有战略意义的供应商。

2. 有长期合作的愿望和动机

长期的合作关系意味着供需双方有长期规划,互相信任,忠诚度高。同时,供需双方应共同分析市场竞争环境,分析产品需求,以及产品的类型和特征等。实施供应商关系管理要抛弃一切短期的做法,不能以一方的发展建立在另一方利益的损失或者企业倒退的基础上,而应该以一方的发展一定会促进另一方的进步为出发点,这样才能够建立起双赢的供需关系。

3. 相同或相似的企业文化

企业文化在企业的发展中能起到导向、约束、凝聚和激励的作用。企业文化为企业的生存和发展确定了基本方向,提供了行动指南。在供应商关系管理中要实现供需双方的合作,就要做到双方认知的一致,建立共同的价值观。只有价值观、质量文化、历史文化相互之间能相互认同,才能达到和谐同步,构建双赢的合作关系。

4. 相互信任

相互信任,是指一方愿意且期待对方将会完成某一特定的行为,而且在其过程中没有监视和控制对方等行为的发生。信任是供应商关系管理中一个非常重要的因素,因为彼此间的猜疑与不信任,将产生供需不协调,导致上下游供需的"月晕效应"。而透过供应体系可以去除掉彼此间因不信任而重复存在的工作程序,让彼此价值链紧密结合,彼此的合作更具弹性效率,而有效的供应商关系管理更需以互信和沟通为基础。

(二) 构建双赢的供应商关系管理策略

建立双赢的合作是巩固发展供需合作关系的根本保证。双赢最为强调的就是双方的承诺、信任和长期持久的合作,而这种信任和长期的合作关系正是依赖于供应商关系管理来实现的。以下是几种较为常见的管理策略。

1. 股份赠予

股份赠予,在许多企业中发挥了一定的作用,有效地激励了管理者和员工的积极性。在供应链管理早期也得到了很多企业的认同,但因为战线拉得太长不能发挥自身的核心竞争力而被丢弃。在采购商和供应商之间进行适当的股份奖励(如同奖励内部员工那样),对双方合作开展业务、信息共享、技术合作均可产生积极的作用。企业拥有对方的股权(并非单纯交换股票,而是实现风险共担),会促进合作双方对企业命运的共同关注,增进合作的动力,提高研究开发工作及交货的责任感,从而延长互相依赖的时间,共同提高效益。

2. 共同开发新产品

在传统的供应条件下,供应商对新产品创意、公司政策等方面的建议很少被采购企业所采纳,而实施了供应商关系管理后,供应商在新产品开发阶段将担任重要的角色。采购企业愿意更多地与供应商沟通,以获得供应商在开发产品创意方面的建议,开发出让消费者满意的产品。从总体来看,从提出创意到规划、到实施,双方都应平等地参与。供应商把握产品原材料的质量及零部件的性能,采购企业则把客户的价值需求及时转化为对供应商的原材料和零部件的质量与功能的要求。

居世界主导地位的公司大多把优秀的供应商参与新产品的开发视为提高持续性竞争优势的一种原动力,如海尔目前已有 32.5% 的供应商参与到高科技和新技术产品的开发中来。有关机构对《财富》综合排名前 1 000 家公司的研究表明,在新产品推出的过程中,越早让供应商参与其中,整个项目所节省的资金也就越多。所以,供应商的及早进入会给采购企业带来莫大的好处。

3. 共同制定长期的发展战略

企业和供应商的良好合作有利于双方组织的持续性发展,也是实施供应商关系管理的主要条件之一。双方创造性的沟通和在管理、技术开发等方面的透彻了解,以及一致的发展方向,有利于共同制定相应的战略和规划,从而达到相互的协调和供应链的优化。如在青岛的海尔开发工业园,爱默生用 5 000 万美元投资建厂,作为海尔的供应商,这家工厂所生产的产品全部提供给海尔,为海尔的原料供应提供有力支持。如果没有共同长远的发展规划,双方是不可能走到这一步的。

4. 建立联合跨组织的团队

联合跨组织的团队的主要特点是这个团队由双方管理人员组成,因此更容易完成价格的确定、质量的改善、交货时间的缩短和客户服务的改进等具体目标。这些目标通常由供应商和采购方不同专业的专家组成团队,通过团队内的活动交换意见,并相互交换敏感的技术信息和成本信息,双方逐渐纳入经营活动的过程之中。这样,来自供应商的专家实际上与采购方的企业共同工作,采购方的工程师也会在供应商试生产阶段出现在其企业中,帮助解决问题,使双方对自己的现状、期望、优势与劣势更加了解,如一方发生了变化或出现了问题时,能够及时解决这种变化对双方可能造成的影响。

当然,建立跨组织的团队的最大障碍就是保密性,特别是涉及新产品设计,这就需要道德和信任的有利支持,甚至要求双方签署机密协议以减小这种障碍对团队效率的潜在影响。

5. 信息集成与共享

双赢关系的建立主要目的之一就是在瞬息万变的动态环境下,通过对延期时间的约定,掌握确切的需求以及共同承担这种关系带来的风险和收益,使供应活动建立在可靠的基础上,保持需求与供应的平衡。如果没有良好的信息集成系统,信息将在供应过程中产生混乱与浪费。

信息集成系统是信息共享的基础,信息共享是为了降低成本,促进彼此合作,在确定成本时增加透明度,即了解对方生产过程中成本结构的相关部分,并了解单方面成本变化对对方产生的影响。为了达到双赢,采购方需要了解供应的每一环节中增加附加值所需的成本,以及生产能力的要求,使双方资产回报率趋于一致,关系保持稳定,从而实现竞争优势共享。

三、供应商控制

采购方既要充分发挥供应商的积极性、创造性,保证企业的生产顺利进行,又要防止供应商的不轨行为,预防不确定的损失出现。

(一)控制供应商的方法

1. 完全竞争控制

在买方市场环境下,可以通过完全竞争控制的方法对供应商进行控制。这种方法使供应商成为市场的接受者,使采购方拥有更多的讨价还价能力;同时供应商为了获得采购方的信赖而进行竞争,不断地提高产品质量,控制生产成本。供应商的激烈竞争,使价格和信息都逐渐趋向于客观,采购方得到较为全面准确的价格和质量信息。

2. 合约控制

合约控制是一种介于供应商正常交易管理和伙伴管理模式之间的供应商控制方法,是根据双方签署的框架式协议而进行的控制方法。采购方利用自己的实力建立一个宽松的环境,通过合约控制得到非常优厚的条件,从而获得更多的利润。合约控制的关键在于要对双方的利益和关系进行积极的维护,以实现真正有效的控制。

(二)防止供应商控制

许多企业对于某些重要材料的采购过分依赖于一家供应商,使得供应商占据主动地位,从而控制采购价格,使采购方无计可施。

1. 供应商的独家供应

独家供应常在以下几种情况中发生:①按客户要求专门制造的高科技、小批量产品;②某些企业的产品及其零部件对工艺技术要求高,且由于保密的原因,不愿意让更多的供应商知道;③外包工艺性作业,如电镀、表面处理等;④产品的开发周期很短,必须有伙伴型供应商的全力、密切配合。

独家供应除了客观上的条件局限以外,也具有主观方面的优势,主要体现在:①节省时间和精力;②更容易实施双方在产品开发、质量控制、计划交货、降低成本等方面的改进并取得积极成效。

同时,独家供应会造成供需双方的相互依赖,进而可能导致以下风险:①供应商有了可靠顾客,但会失去竞争的动力及应变、革新的积极性;②供应商可能会疏远市场,以致不能完全掌握市场的真正需求;③采购方本身不容易更换供应商。

2. 防止供应商控制的方法

许多企业过于依赖一家供应商,落入供应商垄断供货的控制之中,在这种情况下企业仍可以找到防止供应商控制的措施。

(1)再找一家供应商。独家供应有两种情况:一是供应商有多家,但只向其中一家采购;另一种是仅有一家供应商。对于前一种情况,只要多找几家供应商,由一家供应变成多家供应迫使卖方竞争,自然会限制供应商随意抬高价格的情况发生;对于后一种情况,企业可以通过开发新来源来扩大采购范围。

(2)增强相互依赖性。企业可以增加对一家供应商的采购量,增加其在供应商供应量中所占的比重,提高供应商对采购方的依赖性。这样,该供应商为了维护自己的长期利益,就不会随意哄抬价格。

(3)更好地掌握信息。要清楚地了解供应商对采购方的依赖程度,并对这些信息加以利用。

(4)注意业务经营的总成本。当采购方只有一家供应商时,供应商可能会利用采购方对它的依赖而制定较高的价格,但采购方可以说服供应商在其他非价格条件上作出让步。

(5)让最终客户参与。如果采购方能与最终客户合作并给予相关信息,向最终客户解释只有一家货源的难处,并向最终客户解释他们所不了解的其他选择,最终客户往往可以让采购方采购到截然不同的原料,从而就有可能产生摆脱供应商垄断的机会。

(6)协商长期合同。如果企业长期需要某种产品时,可以考虑签订长期合同,从而保证持续供应和对价格的控制。

(7)与其他企业联合采购。

采购方可以通过采取上述措施摆脱供应商的控制,最大限度地为企业带来利益。

案例分析

麦当劳的供应商网络

麦当劳在116个国家和地区开设了25 000家餐厅,在每个国家都是本地化的企业。麦当劳在中国仅原材料采购每年就达10亿元人民币,最初,所用的原材料中有一大部分从中国境外进口,现在97%以上的原材料在本地采购。中国麦当劳的供应商所生产的食品半成品,还出口到亚太地区。麦当劳每年在中国购买的玩具就达13亿个,一部分还出口到其他国家的麦当劳市场。

麦当劳在中国建立了完善的供应商网络,先后建设了52间工厂,实际投资额近1.65亿元人民币。

麦当劳有一套久经考验的运转机制。其鸡、牛、生菜的养(种)殖,鸡(牛、猪、鱼)肉饼的加工,以及餐厅桌椅、厨房设备、专用招牌等分别有固定的供应商,有的已合作了四十多年,麦当劳连锁店开到哪里,这些供应商就把厂建到哪里。麦当劳和各个供应商之间在财务、会计、人事和管理上完全独立,各自对自己公司董事会负责。麦当劳只在品质监控方面对供应商提出严格的要求,没有任何利益上的关系。

麦当劳薯条受到严格的监控。1993年薯条主要供应商辛普劳在北京成立合资公司,年产量1万吨以上。早在1982年,麦当劳决定进入中国之前,便与辛普劳一起调查中国哪些土豆品种适合加工,最后选定美国品种"夏波蒂"进行试种,同时引进美国先进的种植技术,统一包括施肥、灌溉、行距、株距及试管育苗等方面的标准。

美国可诺奈公司负担向中国麦当劳餐厅提供高质量生菜的工作,于1995年在北京建立了一家生菜生产厂,并与昆明合资生产符合要求的生菜。1997年兴建了广州项目,为了达到高标准要求,厂房设备和实验室设备几乎100%进口。

美国福喜公司与麦当劳有多年的亲密合作,1991年在河北成立独资企业,为麦当劳提供肉类产品及分发配送服务。福喜有一套完整的产品质量保证体系,每个工序均有标准的操作程序。如生产过程采用统计工艺管理法,关键质量控制点采用现场控制图法。每种产品都有几十种质量控制指标,以确保食品的安全和高品质。

借助完善的供应商网络,麦当劳食品的品质有了充分的保证。

本章综合练习题

一、选择题

1. 根据采购80/20规则,可以将供应商细分为(　　　)。

A. 短期目标型供应商与长期目标型供应商

B. 网络型供应商与供应链管理型供应商

C. 重点型供应商与普通型供应商

D. 优先型供应商与伙伴型供应商

2. 供应商细分为公开竞价型、网络型与供应链管理型供应商的依据是(　　　)。

A. 供应商的选择方式　　　　　　　　B. 采购的80/20规则

C. 与供应商的合作关系　　　　　　　D. 供应商分类模块法

3. (　　　)是供应商选择标准的短期指标。

A. 供应商内部组织的完善性　　　　　B. 供应商的整体服务水平

C 供应商内部机器设备的状况　　　　D. 供应商的财务状况

4. (　　　)是供应商选择标准的长期指标。

A. 交货速度　　　　　　　　　　　　B. 价格水平

C. 商品质量　　　　　　　　　　　　D. 质量管理体系

5. 在对供应商进行充分调查了解的基础之上,再进行认真考核、分析比较而选择供应商的方法是( )。

A. 直观判断法   B. 采购成本比较法

C. 考核选择法   D. 招标选择法

二、判断题

1. 根据供应商分类模块法,可以将供应商分为商业型供应商、重点商业型供应商、优先型供应商、伙伴型供应商四种形式。

2. 对于采购商品质量和交付时间均能满足要求的供应商,通常是采用协商选择法来确定供应商。

3. 摆脱供应商控制的有效方法是与独家供应商搞好关系。

4. 控制供应商的方法有完全竞争控制和合约控制两种方法。

三、简答题

1. 简述供应商管理的意义。

2. 选择供应商一般包括哪些步骤?

3. 选择供应商有哪些方法?

4. 企业为什么要实施供应商关系管理?

练习题参考答案

一、选择题

1. C   2. A   3. B   4. D   5. C

二、判断题

1. √   2. ×   3. ×   4. √

三、简答题

1. 对于企业来说,供应商之所以重要,不只是因为他们能够给企业提供生产所需的各种资源,更重要的是,供应商给企业提供的各种资源会直接影响企业生产运行的各个方面,具体来说主要包括以下几个方面。

(1) 影响企业的产品质量。为了保证企业所提供的产品或者服务的高质量,一方面需要在企业内部不断改进生产工艺,提高技术水平,加强质量管理;另一方面尤其不可忽视的,就是要保证供应商所提供的原材料的质量。高质量的原材料是企业生产高质量产品的首要条件。原材料的质量直接影响到企业所生产的产品的质量,只有供应商提供优质的原材料,企业才能生产出高质量的产品,供应商提供质量低劣的原材料,则会降低企业产品的质量,给企业带来损失。

(2)影响企业的运作效率。企业的运作效率受到供应商提供原材料速度的影响,如果供应商能够非常迅速地按照企业的要求为企业的生产提供所需的原材料,对于企业竞争优势的建立显然是非常有利的。

(3)影响企业的生产成本和利润。从某种意义上说,供应商也是企业的竞争对手,因为供应商也会与企业争夺利润。企业支付给供应商的原材料的价格是企业产品成本重要的一部分。在竞争的市场中,产品的价格由市场决定而不是由企业决定,在这种情况下,原材料价格的上涨会导致产品成本的提高。显然,在市场价格不变的情况下,如果企业不能把提高的成本转移到价格上去,就降低了企业可能得到的利润。所以说,供应商讨价还价的能力会直接影响到企业的生产成本及可获得的利润。

2. 供应商的选择一般包括以下几个步骤。

(1)建立选择评估小组。企业应建立一个小组以控制和实施对供应商的选择。组员来自采购、生产、财务、技术、市场等部门。组员必须有团队合作精神,具有一定的专业技能。小组必须同时得到采购商和供应商最高领导层的支持。

(2)确立选择目标。企业不但要确定供应商选择程序如何实施、信息流程如何运作、由谁负责,而且必须建立实质性、实际的目标。其中降低成本是主要目标之一。对供应商的评估、选择不仅仅是一个简单的评估、选择过程,它本身也是采购商与供应商之间的一次业务流程的重构过程,实施得好,它本身就可带来一系列的效益。

(3)确定备选供应商名单。企业可通过供应商信息数据库,以及采购人员、销售人员或行业杂志、网站等媒介渠道了解和确定市场上能提供所需物品的供应商。

(4)制定供应商选择指标和选择方法。企业应该根据自身情况以及采购商品的重要性程度,选择适当的评判指标和评判方法。

(5)筛选和比较供应商。选择供应商的一个主要工作是调查、收集有关供应商的生产运作等各个方面的信息。在收集供应商信息的基础上,可以利用一定的工具和技术方法对供应商进行分析判断。

(6)确定供应商。在综合考虑多方面的重要因素之后,就可以给每个供应商打出综合分,选出合格的供应商及适当数量的备选供应商。

3. 选择供应商的方法很多,可根据供应商的数量和规模、采购物品的特点、采购的规模以及采购的时间要求等具体确定。常见的方法主要有直观判断法、采购成本比较法、考核选择法、招标选择法、协商选择法等。

4. 企业之所以要实施供应商关系管理,是因为它能够帮助企业解决下述问题。

（1）降低成本。企业使用供应商所推荐的材料，可以降低成本，如通过与供应商良好的沟通可以降低产品的开发成本、质量成本、商务运作成本、售后服务成本等。

（2）减少风险。企业如果能及时、安全地获得关键性原材料，可以降低企业及供应链中的潜在供应风险和不确定性。通过加强供应商关系管理，企业可通过供应商开发新的技术，从而降低其未知技术领域的风险；同时，如果供应商的资产投资用于双方合作的领域，那么，企业的投资风险也可以降低。

（3）规模经济。在某些领域，采购方企业的研究开发费用庞大，使其无法单独承担起开发和生产的全过程，把自身没有能力投资的部分技术转包给专业供应商，则可以在加强供应商力量的同时，通过合理分配技术投资，专注于开发核心技术，从而达到规模经济的效果。

（4）互补技术和专利。建立共同研究开发和企业间技术人员的相互协作，使相互间的发明专利应用于生产，采购企业和供应商联合进行技术创新，可以协助企业比竞争对手更快、更早地向市场推出新产品，从而使双方都受益。

（5）提高客户满意度。加强供应商关系管理，有利于企业产品质量、交货时间、供货准时率等方面的改善，从而提高顾客的满意度和忠诚度。

第五章 采购谈判

本章学习重点

1. 采购谈判的原则、策略和技巧。
2. 采购谈判的特点、内容和程序。
3. 采购谈判的目的和影响因素。

 技能要求

运用采购谈判策略和技巧进行实际谈判。

采购活动的主要目的就是要以最低的成本为企业采购能满足要求的物资,而这必须与选定的供应商共同来完成。在一些相对重要的采购活动实施前,采购方必须与供应商进行面对面的直接接触,进行谈判。可见谈判是采购部门最重要的活动之一,也是采购方与供应商订立采购合同的必要步骤。

第一节 采购谈判概述

一、谈判在采购中的应用

(一) 谈判与采购谈判

谈判(negotiation)是指人们为了改善彼此之间的关系而进行相互协调和沟通,以及在某些方面达成共识的行为和过程。作为协调各方关系的重要手段,谈判既是一门科学,也是一门艺术。它可以应用于政治、军事、外交、经济、科技等各个领域,并发挥着独特的作用。

当今世界,以经济问题为内容的谈判是最广泛的谈判类型。它可以在个人与

个人之间、个人与组织之间或者组织与组织之间就某一项经济问题或某几项经济问题进行谈判。一次商品的交易过程,实际上就是一次浓缩了经济谈判的过程,报价、讨价还价、成交。当然,一次重要的经济谈判远比一次商品交易复杂。如我国加入 WTO(世界贸易组织)进行了一系列谈判,这种具有全球意义的经济谈判就更为复杂了。

采购谈判是指企业在采购时与供应商所进行的贸易谈判。采购方想以自己比较理想的价格、产品质量和供应商的服务条件来获取供应商的产品,而供应商则想以自己希望的价格和服务条件向购买方提供自己的产品。两者未统一以前,就需要通过谈判来解决,这就是采购谈判。另外,在采购过程中,由于业务操作失误发生了货物的货损、货差、货物质量数量问题在赔偿问题上产生争议,也要进行谈判,也属于采购谈判。

采购谈判的目的:一是希望获得供应商质量好、价格低的产品;二是希望获得供应商比较好的服务;三是希望在发生物资差错事故损失时获得合适的赔偿;四是当发生纠纷时能够妥善解决,不影响双方的关系。

[相关知识链接 5-1]

谈判理论的形成及其流派

一般认为,第一部关于谈判的著作于 1714 年出自卡里叶之手,他是从外交的视角关注谈判理论的。直到 1960 年,美国国际政治理论家托马斯・谢林专门对谈判进行了研究,形成谈判学研究的转折点。

从 1960 年开始美国学者切斯特・卡洛斯以及杰勒德・I.尼尔伦伯格等人开始陆续总结介绍有关谈判的经验与谈判的原则等问题。美国早期的这些谈判理论主要是对人们谈判的经验描述,还没有形成系统的理论,随着心理行为理论的发展,人们开始在心理与行为层面来进行谈判策略分析,这时谈判学理论逐渐系统化了,并被视为一门重要的社会科学理论来加以探讨。

20 世纪 60 年代中后期,由于策略性思考及博弈论的引入,谈判的研究进入了一个新的纪元。美国学者以博弈论作为分析工具,将谈判因素进一步量化,使得谈判不再只是一种主观上的经验承传或道理原则,而是一门可以用来进行分析计算且决定最佳策略或价格的学问。

在谈判问题上最有创见的学者是威廉・扎特曼,他大力倡导"我们的时代是谈判的时代",从而进一步促进了对谈判理论研究的开展。1976 年扎特曼将谈判理论分为六大流派:①历史描述学派,其特点是研究直接与谈判有关的事实,代表人物主要有扎特曼、艾里森等。②结构-动机学派,即按谈判议题的结构、动机或目的作出分析,代表人物是德鲁克曼等。③博弈论学派,其特点是借助于博弈理论对谈判进行模拟研究,代表人物为纳什、拉波波特等。④有效行为学派,其分析对象是成功谈判的有效行为,其代表人物包括尼尔伦伯格、卡洛斯等。⑤谈判过程学派,其将谈判视为一系列的行动与挑战,通过供求、让步、战略战术等缩小双方差距以解决问题,属于这一学派的有科丁顿、克罗斯、巴扎斯等。⑥角色实验学派,即采用模拟法或实验室法来对谈判进行研究,戴维斯、斯佩克特等为这个潮流的代表人物。

(二) 采购谈判的作用

1. 争取降低采购成本

通过采购谈判,常常能以比较低的价格获取供应商的产品,降低购买费用;可以以比较低的进货费用获取供应商送货,降低采购进货的费用。这样就可以降低采购成本。

2. 保证产品质量

在进行采购谈判时,产品质量肯定是一个重要的内容,通过谈判可以让供应商对产品提供质量保证,使购买方能够获得质量可靠的产品。

3. 争取采购物资及时送货

通过谈判,可以促使供应商保证交货期、按时送货、及时满足采购方物资需要。由此可以降低采购方的库存量、提高其经济效益。

4. 获得比较优惠的服务项目

伴随产品购买,有一系列的服务内容,如准时交货,提供送货服务,提供技术咨询服务、售后安装、调试、使用指导、运行维护及售后保障等。这些服务项目,供应商都需要花费成本,供应商希望越少越好,而购买方希望越多越好,这就需要谈判。

5. 降低采购风险

采购进货过程风险大,途中可能发生事故,造成货损、货差,甚至人身、车辆、货物的重大损失。只有通过谈判,才可以让供应商分担更多风险、承担更多风险损失。这样,采购方就可以减少甚至避免采购风险,减少或者消除风险损失。

6. 维护谈判双方的利益和正常关系

谈判是为解决纠纷而进行的磋商,谈判双方在既坚持原则又妥协退让的谈判艺术引领下,大多能通过谈判就存在的分歧达成一致的或比较一致的意见,维护双方的效益和正常关系,为以后的继续合作创造条件。

总之,通过谈判,可以争取降低采购成本和采购风险,及时满足企业物资需要、保证物资质量、获取优惠服务、降低库存水平、提高采购的效益。谈判成功对企业是非常有利的。

二、采购谈判的特点

（一）合作性与冲突性

采购谈判是建立在双方利益既有共同点、又有分歧点的基础上的,其特点是合作性和冲突性并存。

合作性表明双方的利益有共同的一面,冲突性表明双方的利益又有分歧的一面,作为谈判人员要尽可能地加强双方的合作性,减少双方的冲突性。但是,合作性和冲突性是可以相互转化的,如果合作性的比例加大,冲突性的比例就会减少,那么谈判成功的可能性就大;反之,如果冲突的一面通过洽谈没有能够得到解决或减少,那么谈判就有可能失败。采购人员可以在事前将双方意见的共同点和分歧点分别列出,并按照其在谈判中的重要性分别给予不同的权重和分数,根据共同点方面分数和分歧点方面分数的比较来预测谈判成功的概率,并决定如何消除彼此的分歧。

（二）原则性和可调整性

原则性指谈判双方在谈判中最后退让的界限,即谈判的底线。通常谈判双方在弥合分歧方面彼此都会做出一些让步,但是,让步并不是无休止的和任意的,而是有原则的,超过了原则性所要求的基本条件,让步就会给企业带来难以承受的损失,因而谈判双方对重大原则问题通常是不会轻易让步的,退让也是有一定限度的。

可调整性是指谈判双方在坚持彼此基本原则的基础上可以向对方作出一定让步和妥协。作为采购谈判,如果双方在所有的谈判条件上都坚持彼此的立场,不肯做出任何的让步,那么谈判是难以成功的。因此,在采购谈判中,原则性和可调整性同时并存。作为谈判人员,要从谈判中分析双方原则性的差距大小,并分析是否可以通过谈判调整双方的这种差距,使谈判成功。在原则性方面的差距越大,谈判的任务越艰巨,因为原则的调整和改变是非常困难的,所以,在原则性方面差距较大的情况下,谈判人员要有充分的心理准备,既要艰苦努力,采取种种手段来消除或缩小这种差距,也考虑好谈判失败的应变措施。

（三）经济利益中心性

采购谈判是商务谈判的一种类型,在采购谈判中双方主要围绕着各自的经济利益作为谈判中心。作为供应商,则希望以较高的价格出售使已方得到较多的利润;而作为采购方,则希望以较低的价格购买而降低已方成本。因此,谈判的中心是各自的经济利益,而价格在谈判中作为调节和分配经济利益的主要杠杆就成为谈判的焦点。

经济利益中心性是所有商务谈判的共性,它不同于政治谈判、外交谈判等,在这些谈判中,需要考虑许多方面的问题,在许多利益中进行平衡和做出选择,因而谈判更为艰难。当然,谈判的经济利益中心性并不是意味着不考虑其他利益,而是说相对于其他利益,经济利益是首要的,是起支配作用的。

三、采购谈判的内容

采购谈判的中心内容是围绕采购对象展开的,进而延伸到敏感的价格问题及与采购对象相伴的有关条件。

(一)产品条件谈判

采购的主角是产品或原材料,因此,谈判的内容首先是关于产品有关条件的谈判。产品条件谈判有的复杂,有的简单,主要决定于采购方购买产品的数量和产品的品种、型号。对于采购方来说,如果购买的产品数量少,品种单一,产品条件谈判就比较简单;在采购的产品数量多、品种型号也多的情况下,产品条件谈判就比较复杂。一般来说,产品条件谈判内容包括产品品种、型号、规格、数量、商标、外形、款式、色彩、质量标准、包装等。

(二)价格条件谈判

价格条件谈判是采购谈判的中心内容,是谈判双方最为关心的问题,通常双方都会进行反复的讨价还价,最后才能敲定成交价格。价格条件谈判包括数量折扣、退货损失、市场价格波动风险、商品保险费用、售后服务费用、技术培训费用、安装费用等。

(三)其他条件谈判

除了产品条件和价格条件谈判外,还有交货时间、付款方式、违约责任和仲裁等其他条件的谈判。

四、采购谈判的目标

在采购工作中,谈判通常有六项目标:获得规定的质量,取得公平而合理的价格,要使供货商按合约规定准时、准确地执行合约,通过执行合约的方式取得某种程度的控制权,说服供货商给予采购方最大的合作,与表现好的供货商取得互利与持续的良好关系。

(一)质量

在大多数情况下,谈判人员的目标是获得设计工程或客户群体公认的质量。

然而,在有些情况下,质量本身有不同的标准。如用于飞机上的机械部件和家用汽车上的零件的质量要求显然不同。对于一些研发的新产品,更是要对采购物的质量明确要求,有时还需要专业技术人员协助阐明产品的质量要求。

(二)公平合理的价格

在大多数情况下,谈判的核心是对指定质量的商品确定公平合理的价格。谈判涵盖了从价格分析到更为复杂的潜在供应商成本因素分析等各方面。谈判可通过单独与供货商进行或由数家供货商竞标的方式来进行。在单独进行时,采购人员最好先分析成本或价格。当数家供货商竞标时,采购人员应选择两三家价格较低的供货商,再分别与他们谈判,求得公平、合理的价格。

(三)交货期

在采购工作中,交货期通常是最大问题。原因大多是因为:采购人员订货时间太短,供货商无法配合;采购人员在谈判时,未仔细考虑交货期的因素。

不切实际的交货期将危害供货商的商品质量,并增加他们的成本,间接地使供货商的价格提高。故采购人员应随时了解供货商的生产状况,以调整订单的数量及交货期。

(四)控制权

供应商不能有效履行合同,会严重影响采购商的经营情况,为此,对重要的合同,采购商方的谈判人员应设法获得主动权以控制局面,使合同按照规定的质量、数量、交货期和服务条款执行。

(五)合作

企业会将更多的订单来给予履约良好的供应商。除了未来的订单之外,好的供应商也期望愉快的合作关系。这种合作一般在买卖双方实力相当的情况下更容易实现,若买方或卖方一方过于强势,实际中很难获得比较好的合作。

(六)与供货商保持关系

表现不良的供货商往往会影响企业的业绩及利润,并造成客户不满。对于合作良好的供货商,应给予较多的订单或用其他方式进行奖励,毕竟买卖双方要互利,才可维持长久的关系。采购人员应明确任何谈判都是与供货商维持关系的过程,若在某次谈判中,采购人员让供货商吃了亏,在适当的时机,供货商也会利用各种方式回敬采购人员。因此,采购人员在谈判过程中应在本企业与供货商的短期与长期利益中,寻求一个平衡点,以维持长久的关系。

第二节　采购谈判程序

一个完整的采购谈判程序包括谈判前的准备、正式谈判和收尾的检查确认三个阶段,采购谈判的程序依三个阶段顺次展开。

一、准备阶段

"凡事预则立,不预则废",采购谈判也是如此。准备工作做得如何在很大程度上决定着谈判的进程及其结果。总体上说,前期的准备工作主要从以下几个方面展开。

(一)有关价格方面的准备

企业进行采购谈判,谈判的主要的内容包括所采购材料的价格,因此,企业在进行采购谈判以前,要对谈判时涉及价格方面的事情做好准备,大体包括以下五个方面的内容。

第一,慎重选择供应商。适合的品质、充分的数量、准时的交货、合理的价格和热忱的服务,应该是企业共同的要求。

第二,确定底价与预算。谈判之前,采购人员应该首先确立拟购物品的规格与等级,并就财务负担能力加以考虑,定出打算支付给供应商的最高价格,以便在议价之前,针对讨价加以适当的还价。

第三,请供应商提供成本分析表或报价单。为了确定物品或劳务能真正符合买方的需求,应请卖方提供报价单,以便详细核对内容。将来拟购项目若有增减,也可以根据这个重新核算价格。交货时,也应该有客观的验收标准。对于巨额的定制品等,另请卖方提供详细的成本分析表,以便了解报价是否合理。

第四,审查、比较报价内容。在议价之前,采购人员应审查报价单的内容有无错误,避免造成将来交货的纷争,将不同供应商的报价基础加以统一,以免发生不公平的现象。

第五,了解优惠条件。供应商大都会为长期交易的客户提供数量折扣;对于能以现金支付的货款,享有现金折扣;对于整批机器订购的,附赠备用零件或免费安装。因此,采购人员要掌握这些优惠条件的情报,以便于将来的谈判议价。

(二)谈判地点和时间的选择

1. 谈判地点的选择

谈判地点的选择通常包括三种情况:采购方所在地、对方所在地、双方之外的第三地。最后一种情况往往是双方在参加产品展销会时进行的谈判。三种情况地点的选择各有利弊,如表 5-1 所示。

表 5-1 采购谈判地点的优缺点

谈判地点	优 点	缺 点
采购方所在地	(1) 环境熟悉,不会给采购谈判人员造成心理压力。有利于以放松、平和的心态参加谈判; (2) 查找资料和邀请有关专家比较方便,可以随时向本企业决策者报告谈判进展; (3) 地利、人和等因素,可以给对方谈判人员一定的心理压力	易受本企业各种相关人员及相关因素的干扰,而且也少不了复杂的接待工作
对方所在地	(1) 采购方谈判人员可以少受外界因素干扰而以全部精力投入到谈判工作; (2) 可以与对方企业决策者直接交换意见,可以使对方谈判人员无法借口无权决定而拖延时间; (3) 省却了许多繁杂的接待工作	环境不熟悉,易有压力;临时需要查找资料和邀请有关专家不方便
其他地方	双方谈判可以不受外界因素干扰,保密性强	双方查找信息和请示领导多有不便,各项费用支出较高

2. 谈判时间的安排

谈判时间的安排就是要确定谈判在何时进行,为期多久。若是一系列的谈判,则需要分阶段进行,还应该对各个阶段的谈判时间作出安排。

一般来说,在选择谈判时间时要考虑下面几个方面的因素:①准备的充分程度,要注意给谈判人员留有充分的准备时间,以防仓促上阵;②要考虑对方的情况,不要把谈判安排在对对方明显不利的时间进行;③避免在谈判人员身体不适、情绪不佳时进行谈判。

(三)谈判人员的选择

谈判人员的选择对于一次采购谈判能否成功的重要性是不言而喻的。有的采购谈判可能因为规模小,目标单一、明确,仅需要 1～2 名谈判人员;而有的采购谈判可能因为规模大、情况复杂、目标多元化,而需要多个谈判人员组成谈判小组。

在实际谈判活动中,选择谈判人员时应注意以下几点。①在确定具体谈判人选时,尽量选择"全能型的专家"。所谓"全能",即通晓技术、经济、法律和语言四个方面的知识,"专家"即指专长于某一个方面的人。②在确定谈判小组具体人数时,合理确定谈判小组的规模,同时也要兼顾谈判小组的工作效率。一般情况下,谈判小组由 3～5 人组成。

总体上说,谈判人员应当具有以下几方面的知识和能力。①了解我国有关贸易的方针政策及我国政府颁布的有关法律法规。②具有丰富的产品知识,包括与本单位采购物料相关的各种产品的性能、特点和用途,产品的技术要求和质量标准,所采购产品在国内外的生产状况和市场供求关系,产品价格水平及变化趋势的信息,产品的生产潜力及发展的可能性。③熟悉不同供应商谈判者的风格和特点;懂得谈判心理学和行为科学;有丰富的谈判经验,能应付在谈判过程中突然出现的复杂情况等。④熟悉国外有关法律知识,包括贸易法、技术转让法、外汇管理法,以及有关国家税法的知识、有关国际贸易和国际惯例的知识等。

(四)谈判的分工与合作

在确定了具体谈判人员并组成谈判小组之后,还需要对其内部成员进行分工,确定主谈与辅谈。主谈是指在谈判的某一阶段,或者是针对某一方面或几个方面的议题时,进行主要发言,阐述己方观点和立场。除主谈以外的小组其他成员即处于辅助配合的位置,称之为辅谈。主谈人员与辅谈人员、辅谈人员与辅谈人员在谈判过程中并不是各行其是,而是在主谈人员的指挥下,密切配合,形成目标一致的有机谈判统一体。

(五)谈判方式的选择

采购谈判方式可以简单地分为两大类:面对面的会谈及其他谈判方式。面对面的会谈又可以分为正式的场内会谈和非正式的场外会谈,其他谈判方式包括采用信函、电话、电传、电报、互联网等进行谈判的方式。

(六)模拟谈判

为了提高谈判工作的效率,使谈判方案、计划等各项准备工作更加周密,更有针对性,在谈判准备工作基本完成以后,应对此项工作进行检查,其中,行之有效的方法就是进行模拟谈判。谈判双方可以由己方谈判人员和己方非谈判人员组成,也可以将己方谈判小组内部成员分成两方进行。有效模拟谈判可以预先暴露己方谈判方案、计划的不足之处及薄弱环节,检验己方谈判人员的总体素质,提高他们的应变能力,达到减少失误,实现谈判目标的目的。

二、正式谈判阶段

(一)摸底阶段

在正式谈判开始前,双方的主要任务是相互摸底,希望知道对方的谈判目标底线。所以在这一阶段双方说话往往非常谨慎,通常以介绍自己的来意、谈判人员的情况(姓名、职务、分工等)、本企业的历史以及产品的有关情况为主,并倾听对方的意见和观察其反应。在这一阶段,价格这一敏感问题往往先不在谈判中涉及,而是在倾听对方意见之后,再来决定。另外,在这一阶段切忌只是自己一方喋喋不休,要遵循"多听、多看、少说"的原则,给对方讲话的机会。

（二）询价阶段

价格是采购谈判的敏感问题,也是谈判最关键的环节,在这一阶段要考虑的问题有谁先开价、如何开价、对方开价后如何还价等问题。

（三）磋商阶段

磋商阶段主要是双方讨价还价,尽力为己方争取更多利益的阶段。初始报价已经表明了双方分歧的差距,要为己方争取到更多的利益,就必须判断对方为何如此报价,其真实意图是什么,可以通过一系列审慎的询问来获得信息。如这一报价和购买数量的关系,有没有包括运费、零配件费用和其他费用在内等。但是,在这一阶段,不宜马上对对方的话予以评论或反驳。

（四）消除分歧

分歧的类型有三种:一是由于误解而造成的分歧;二是出于策略的考虑而人为造成的分歧;三是双方立场相差很远而形成的真正的分歧。在明确了分歧的类型和产生的影响之后,就要想办法消除双方之间的分歧。由于误解造成的分歧,通过加强沟通,增进了解,一般是可以消除的。由于策略的考虑而人为造成的分歧及双方立场相差很远而形成的真正的分歧,其消除是非常困难和漫长的,需要高明的策略和技巧。

（五）成交阶段

经过磋商,双方的分歧得到了解决,就进入了成交阶段。在这个阶段,谈判人员应将意见已经一致的方面进行归纳和总结,并办理成交的手续或起草成交协议文件。

三、检查确认阶段

这是谈判的最后阶段,在这一阶段主要做好以下工作。

（一）检查成交协议文本

应该对文本进行一次详细的检查,尤其是对关键的词、句子和数字的检查一定要仔细认真。一般应该采用统一的经过公司法律顾问审定的标准格式文本,如合同书、订货单等。大宗或成套项目交易,其最后文本一定要经过公司法律顾问的审核。

（二）签字认可

经过检查审核之后,由谈判小组长或谈判人员进行签字并加盖公章,予以认可。

（三）小额交易的处理

对小额交易直接进行交易,在检查确认阶段,应主要做好货款的结算和产品的检查移交工作。

（四）礼貌道别

无论是什么样的谈判及谈判的结果如何,双方都应该诚恳地感谢对方并礼貌地道别,这有利于建立长期的合作关系。

总之,在谈判过程中,双方都是力求维护本企业的利益,想方设法使对方让步。如果双方都不让步,谈判就进行不下去,谈判就会破裂、失败。如果双方能够逐步让步、协调,最后大体利益均等,这时谈判双方意见达成一致,谈判就获得成功了。

第三节　采购谈判的原则

一、采购谈判的主旨

在采购谈判中,采购部门或采购人员通常要求供应商给予最优惠的价格或者最高的折扣,并尽可能在交货期、运杂费、售后服务等方面给予优惠条件。那么,采购人员如何去争取这些有利的条件呢? 根据采购实践的经验,采购谈判中的主旨可概括为"四有",即有理、有据、有节、有义。

（一）有理

所谓有理,就是采购人员与供应商有讨价还价的理由。当然有些理由不是每次谈判都一锅端上来,而是要根据场合和对象,掌握谈判的层次来运用。美国谈判学会会长杰勒德·I. 尼尔伦伯格在《谈判的艺术》中指出:"谈判的前提是谈判双方都要求得到某些东西;否则,他们就会彼此对另一方的要求充耳不闻,双方也就不会有讨价还价发生了。"

一般来讲,在采购业务谈判中供应商都希望尽可能扩大其产品的市场占有率,提高市场知名度,同时推销人员为完成销售任务也常表现出积极灵活的态度。对于采购人员来说,就是要充分利用供应商满足本身需要的心理变化,选择不同的理由和方式去顺应、抵制或改变对方的动机方向,以达到理想的效果。

（二）有据

所谓有据,就是要有根据,即在进入谈判之前应该占有并在谈判中酌情运用一切有关的信息和资料,主要包括:①对有哪些供应商供应同类产品及其生产历史、生产成本、销售价格、经营状况等情况应有较为详细的了解;②对选定产品的厂家产品说明书、价格表、客户反馈意见、售后服务措施等应掌握清楚；③对当时物价指数、原材料市场情况、产品供求情况也应尽可能了解，对商家营销策略、国家税收政策等都应非常熟悉。掌握这些信息要靠平时积累收集，其中有些要靠在谈判中注意探听、分析。不做任何准备的谈判，无疑会使自己陷入盲目和被动。

（三）有节

所谓有节，就是谈判条件要适当，谈判要有节奏。

谈判节奏的把握具体表现为以下方面。①要求供应商提供优惠条件时，不可漫无边际地讲话。否则，往往会使谈判陷于无意义的僵持状态，甚至不欢而散。事实上，在采购谈判中，不同性质的厂家、不同地区、不同产品、不同时期，其最终可能谈妥的优惠折扣和其他优惠条件不一定完全相同。②谈判要求的尺度取决于自己对情况的调查，对自己信心、能力的把握和经验的积累。事情是否成功有时就在于能否再坚持一下。③谈判时要采取有节制的态度，保持冷静的头脑，注意谈判进程的节奏。遇上僵持状态，不要急于求成，有时将谈判"冷冻"一下，给对方一个回旋的余地。欲擒故纵，有时反而会使谈判顺利得多。④谈判时要注意运用语言技巧。从询价摸底到成本分析、条款落实，任何时候话不能说得太绝对，要给自己留下一个回旋的余地。有时要学会"妥协"，以退为进，达到预定的目标，也是成功的谈判。

（四）有义

所谓有义，就是采购人员在谈判时要有正确的出发点、正确的态度。与供应商建立良好的关系已经成为众多企业关注的事情，其实供需双方的大目标是一致的，那就是增加彼此利润。双方只有本着建立良好的互惠互利、携手共进的协作关系，才能通过谈判增进了解、培养友谊。总而言之，谈判是一种合作事业，必须追求共同的利益。在一场成功的谈判中，每一方都是赢者。因此，谈判态度自始至终应该是不卑不亢、沉稳豁达、热忱大度、彬彬有礼。俗话说"生意不成仁义在"，无数的事实证明，供需良好的协作关系要靠双方共同努力，尤其是当事人的共同努力，才能保持长久、健康的发展。

二、采购谈判的原则

采购谈判的原则是指在采购谈判过程中，谈判各方所必须遵守的思想和行为准则。采购谈判原则是采购谈判内在的、固有的规范，任何谈判者在采购过程中都必须遵守。充分认识和了解采购谈判原则，有助于掌握和运用采购谈判的策略与技巧，从而有利于保护谈判当事人的权利与利益，提高谈判的成功率。采购谈判一般包括以下几个基本原则。

（一）合作原则

概括而言,合作原则就是要求谈判双方以最精练的语言表达最充分、最真实的信息。

合作原则包括:①量的准则。要求所说的话包括交谈所需要的信息,不应包含超出的信息。②质的准则。要求不要说自知是虚伪的话,不要说缺乏足够证据的话。③关系准则。要求说话的内容要关联并切题,不要漫无边际地胡说。④方式准则。要求清楚明白,避免晦涩、歧义,要简练、井井有条。

供需双方在谈判时,总是希望自己所说的话能被对方所理解,以共同配合,早日完成谈判,达到各自的目的,因此,双方都应遵守合作原则,以求实现这个愿望。当然,同样是遵守合作原则的谈判,不同说话人在不同场合会对不同的准则有所侧重。例如,在谈判中,当双方讨论到买卖商品的品质、规格等时,双方都会把质的准则放在首位,力求所说的话真实、有根据,同时也会顾及到其他准则,如方式准则强调所说的话清楚、完整,避免引起歧义。

（二）自愿原则

自愿原则,是指有独立行为能力的交易各方能够按照自己的意愿来进行谈判并作出决定。"自愿"是交易各方顺利进行合作的基础。因为只有自愿,谈判的双方才会有合作的诚意,才会进行平等的竞争,才会互谅互让,做出某些让步,最终取得双方都满意的结果。强迫性的行为在采购谈判中是不可取的,一旦出现强迫行为,被强迫的一方就会退出谈判,谈判会因此而破裂。自愿原则是采购谈判各方进行合作的前提和保证。

（三）平等原则

参与采购谈判的各方无论其经济力量是强还是弱,对合作交易项目都有一定的"否决权"。从合作项目的角度来看,交易双方所拥有的这种"否决权"是同质的,因为如果交易中的任何一方不同意合作,那么交易就无法达成。这种同质的"否决权"在客观上赋予了谈判双方相对平等的地位,谈判当事人必须充分认识并尊重这种地位,否则,很难取得意见一致。从另一个角度来讲,任何人都有做人的权利,都应受到同样的尊重。所以,在采购谈判中,参与谈判的各方应以平等的姿态出现,无论其谈判实力的强弱,都不应该歧视或轻视对手。

（四）合法原则

合法原则是采购谈判中的重要原则。所谓合法,包括两个方面的含义:一是谈判各方所从事的交易项目必须合法;二是谈判各方在谈判过程中的行为必须合法。

交易项目的合法是开展采购谈判的前提和基础。如果谈判各方从事的是非法交易,如买卖毒品、走私军火等,那么,为此所进行的谈判就不是合法的采购谈判,交易项目受到法律的禁止,交易者也要受到法律的制裁。谈判当事人谈判行为的合法是谈判顺利进行并且取得成功的前提,只有在合法的谈判行为下所达成的交易才受到法律的保护,交易才有可能顺利地进行。如果在谈判过程中有非法的谈判行为,如行贿受贿、武力胁迫等,那么,不但由此产生的谈判结果对谈判各方不具约束力,而且违法行为的实施者还要受到法律的制裁。

(五) 利益共享原则

利益共享原则,是指在采购谈判过程中,要使参与谈判的各方都能获得一定的经济利益,并且要使其获得的经济利益大于其支出成本。在采购谈判中,谈判的任何一方都要让出一定的、合理的利益给合作伙伴,而不能独自占有过多的经济利益;谈判各方要学会妥协,通过妥协、让步换取利益。幻想以只有一方取得胜利而告终的谈判都是不存在的。

利益共享原则在采购谈判中十分重要。在市场经济条件下,追求经济利益是从事经济活动的永恒动力,这是市场经济亘古不变的法则,市场经济条件下的采购谈判也不例外。所以,如果参加交易的其中一方或几方在交易中无利可图,那么,花费时间和金钱来从事采购谈判是毫无意义的事,采购谈判也会因此缺乏前进的动力。

(六) 系统化原则

采购谈判是一项综合性的工作,它不但要考虑自身的利益,还要考虑谈判对手的利益和整个社会利益;不但要处理好与合作伙伴的关系,还要处理好与政府及整个外部环境的关系。因此,采购谈判必须遵循系统化原则,从全局出发,综合考虑和处理各种问题。在采购谈判中"只攻一点,不及其余"的观点和做法是错误的、不可取的。在系统化原则的指导下,采购谈判可以引入系统管理的方法,从而提高采购谈判的效率,取得良好的谈判效果。

(七) 社会效益原则

社会效益原则,是指在进行采购谈判时,谈判的各方一定要从全社会的角度出发,综合考虑谈判的合作项目对全社会的影响。商务谈判中的社会效益原则与市场营销观点有相似之处,都强调经济活动主体的社会角色和社会责任,强调经济活动主体要力求从社会角度而非只从企业利益角度思考并处理问题。采购谈判中的社会效益原则将谈判双方的谈判哲学上升到了一个新的高度。

以上是采购谈判中必须遵循的七个原则。只有准确地把握和理解这些原则,才能认识采购谈判的本质,进而才能掌握和运用好采购谈判的策略和技巧。

 [相关知识链接 5-2]

原则谈判理论

原则谈判理论简称原则谈判法,也称价值谈判法或满意谈判法,最早由哈佛大学谈判研究计划中心提出,故也称作哈佛谈判术。哈佛大学法律学院教授罗杰·费希尔和威廉·尤里等人,在哈佛大学谈判培训中心主任、国际问题分析研究所所长雷法教授的参与下,与麻省理工学院的一些知名学者合作,于 1970 年提出了一种普遍适用于各个领域的谈判理论。原则谈判法是根据理性原则取得协议,坚持公平的标准以寻求双方各有所获的方案。

◎人与问题

原则谈判法力主把人与问题分开。在触及实质问题时,强调要把人和问题分别处理,谈判所针对的是问题,而不是个人。这是必须做到的,起码也要象征性地做到。为了真正做到这一点,应从理解、情绪、沟通等方面入手。

◎利益与立场

原则谈判法着眼于利益,而不是立场。纠缠于立场的谈判是低效率的谈判。采取立场性争执,其实质是固守阵地,往往会忘却阵地背后的真正利益所在,从而导致谈判难以取得圆满成果。传统谈判采用的是输-赢模式,而原则谈判法主张双赢模式。

◎意见与选择

原则谈判法倡导构思各种可能有的选择,听取各种意见。谈判者要跳出单一围绕某项内容的谈判圈子,克服非此即彼的绝对主义思维习惯,构思各种意见与方案以供选择,产生包容各方共同利益的可能的解决方案。

◎标准与公平

原则谈判法坚持运用客观标准。所谓"客观标准",是指谈判中所采用的独立于谈判各方主观意志之外的、谈判双方利益得失的准则。客观标准不仅科学、有效,而且体现公平。客观标准保证双方获取公平、合理的利益。

第四节 采购谈判的策略与技巧

一、采购谈判的影响因素

采购谈判是一个既"合作"又"冲突"的行为和过程,为了在谈判中取得优势,处于主动地位,取得较多的经济利益,企业必须加强谈判实力。

谈判是一个"双赢"和"互利"的行为和过程,谈判各方当事人之间的关系不是

"敌人"而是"合作的伙伴"、"共事的战友"。但是,"双赢"、"互利"并不是双方利益上的平均,而是利益上均衡。所有这些又使谈判各方必须努力为自己争取较多的利益。于是,形成了谈判双方的竞争和冲突,这种既合作又冲突的特点构成了采购谈判的二重性。

影响采购谈判的因素主要有以下几个方面。

(一)交易的内容对双方的重要程度

虽然采购交易成功对各方面都有益,但并不是交易本身对各方的重要性都一样,一般而言,交易的结果对哪一方更为重要,则该方在谈判中就处于弱势。

(二)各方对交易内容和交易条件的满足程度

在交易中的某一方对交易内容和交易条件的满足程度越高,那么在谈判中它的优势就越大。如在货物买卖的谈判中,如果卖方对买方在货物的质量、数量、交易时间等方面的要求都能充分予以保证和满足,则卖方的优势较大。

(三)竞争状态

在采购交易中,如果出现多个买者,则对卖方有利,可以增加卖方的谈判实力;反之,如果出现多个卖方,则有利于买方,会增强买方的谈判实力。从微观经济学角度讲,就是完全垄断的市场有利于卖方,卖方拥有"独此一家,别无他店"的优势;相反,在一个完全竞争的市场中则对买方有利,买方可以挑选卖方的产品和服务,拥有更多的选择机会。

(四)对于商业行情的了解程度

商业信息是无形资源,它可以转化为财富,谈判双方谁掌握的商业行情多,了解得更详细,谁就会在谈判中占主动地位,所谓"知己知彼,百战不殆"就是这个道理。

(五)企业的信誉和实力

企业的信誉和实力不等于谈判的实力,但它是形成谈判实力的基础,企业的商业信誉越高,社会知名度就越大,谈判时的优势就越明显,谈判中的主动性就越大。

(六)对谈判时间因素的反应

在谈判中,哪一方对时间要求紧张,不想拖延谈判时间,希望尽快结束谈判,达成交易,则时间的局限性就会削弱这一方的谈判实力;反之,最有耐心的一方,能够持久地谈判,其谈判时就处于有利地位,占有时间上的优势。

（七）谈判的艺术和技巧

艺术，是一种技能。它以从艺人的悟性、经验和知识为基础，体现在从艺人的职业个性、言谈举止、风度气质和内在魅力之中。谈判里面有科学，但在谈判桌上表现出来的多是艺术。谈判人员必须外塑形象，内强素质；素质高，谈判技巧娴熟，就能增强谈判的实力，否则就会影响谈判实力的发挥。

 **[相关知识链接 5-3]**

世界主要国家的商务谈判风格

◎德国人的谈判风格

准备工作充分完善，会仔细研究对方；非常讲究效率，不喜欢东拉西扯；自信和执著，坚持已见；重合同，守信用。

◎英国人的谈判风格

不轻易与对方建立个人关系；谈判准备不充分，不详细周密；不能保证合同的按期履行；谈判中缺乏灵活性；忌谈政治，宜谈天气。

◎法国人的谈判风格

坚持用法语谈判；富有情趣和人情味；注重原则问题，忽视细节问题；偏爱横向谈判；重视个人的力量，很少有集体决策的情况；时间观念不强。

◎美国人的谈判风格

干脆利落，不兜圈子；讲究效率，珍惜时间；重合同，法律观念强；谈判风格幽默；讲究谋略，追求实利；全盘平衡，一揽子交易；对自己的商品非常自信；见面要提前预约。

◎日本人的谈判风格

以礼求让；讲究面子；具有强烈的集体意识，慎重决策；注重建立和谐的人际关系；执著耐心，不易退让；精于商务，吃苦耐劳；尽量避免诉诸法律。

◎韩国人的谈判风格

谈判前重视咨询工作；注重谈判礼仪和创造良好的气氛；注重技巧；过于敏感；对合同不够重视。

◎阿拉伯人的谈判风格

重信誉，讲交情；谈判节奏缓慢；重视中下级人员的意见和建议；代理商在商务活动中起重要作用；喜欢讨价还价；喜欢图文结合的资料。

二、采购谈判的策略

在采购谈判中，为了使谈判能够顺利进行，并取得成功，谈判者应善于灵活运用一些谈判策略和技巧。谈判策略是指谈判人员通过某种方法达到预期的谈判目标,而谈判技巧则是指谈判人员采用某种具体行动执行谈判策略。在实际工作中,应根据不同的谈判内容、谈判目标、谈判对手等具体情况,选用不同的谈判策略和技巧。

(一) 投石问路策略

所谓投石问路策略,是指在采购谈判中,当买方对卖方的商业习惯或有关诸如产品成本、价格等方面不太了解时,买方主动地摆出各种问题,并引导对方进行较为全面的回答,然后从中得到有用的信息资料。这种策略一方面可以达到尊重对方的目的,使对方感觉到自己是谈判的主角和中心;另一方面,自己又能摸清对方底细,争得主动。

例如,当企业向供应商提出要购买 5 000 件产品时就可以使用此策略。首先,可以向供应商询问如果购买量为 1 000 件、2 000 件、3 000 件、4 000 件和 4 500 件产品的单价分别是多少,当卖方作出回答之后,买方就可以从中获取有关的信息资料,进而分析研究出供应商产品的生产成本、生产能力、产品的价格政策等。最后,买方就能够以较低的成本费用从供应商那里获得所需的产品。

运用该策略时,关键在于买方应给予卖方足够的时间并设法引导卖方对所提出的问题做尽可能详细的正面回答。为此,买方在提问时应注意:问题简明扼要、有针对性;尽量避免暴露提问的真实目的或意图。在一般情况下,买方可以提出以下问题:如果订货的数量增加或者减少,你方如何处理? 如果让你方作为固定的供应商,你方如何考虑? 如果有临时采购需求,你方能否及时满足? 如果分期付款,你方能否接受?

当然,这种策略也有不适用的情况。如在谈判双方出现意见分歧时,买方使用此策略则会让对方感到是故意给他出难题,这样对方就会觉得你没有谈判诚意,从而可能使谈判无法取得成功。

(二) 避免争论策略

谈判人员在谈判之前要明确自己的谈判意图,在思想上进行必要的准备,以创造融洽、活跃的谈判气氛。然而,谈判双方为了谋求各自的利益,必然会在一些问题上发生分歧。此时,双方都要保持冷静、防止冲动,尽可能地避免争论。因为争论不仅于事无补,反而只能使事情变得更糟。最好的方法是采取下列态度,进行协商。

1. 冷静地倾听对方的意见

在谈判中,听往往比说更重要。它不仅表现了谈判者良好的素质和修养,也表现出对对方的尊重。多听少讲可以把握材料,探索并揭示对方的动机,预测对方的行动意向。在倾听过程中,即使对方讲出己方不愿听的话,或对己方不利的话,也不要立即打断对方或进行反驳。因为真正赢得优势,取得胜利的方法绝不是争论。最好的方法是让对方陈述完毕之后,首先承认己方在某方面的疏忽,然后提出对对方的意见进行重新讨论。这样,在重新讨论问题时,双方就会心平气和地进行,从而使谈判达成双方都比较满意的结果。

2. 婉转地提出不同意见

在谈判中,不同意对方的意见时,切忌直接提出自己的否定意见。这样做会使对方产生抵触情绪,反而千方百计地维护其观点。如果有不同意见,最好的方法是先归纳对方的意见,然后再做探索性的提议。

3. 分歧产生之后谈判无法进行,应立即休会

如果在洽谈中,某个问题成了绊脚石,使洽谈无法顺利进行下去,双方为了捍卫自己的原则和利益,就会各持己见,互不相让,使谈判陷入僵局。休会的策略为那种固执型谈判者提供了请示上级的机会,同时,也会为谈判多方养精蓄锐创造了机会。

谈判实践证明,休会策略不仅可以避免僵持局面和争论发生,而且可以使双方保持冷静,调整思绪,平心静气地考虑对方的意见,达到顺利解决问题的目的。休会是国内外谈判人员经常采用的基本策略。

(三)感情沟通策略

如果与对方直接谈判的希望不大,就应该采取迂回的策略。所谓迂回策略,就是要先通过其他途径接近对方,彼此了解,联络感情。在沟通情感后,再进行谈判。人都是有感情的,满足人的情感和欲望是人的一种基本需要。因此,在谈判中利用感情的因素去影响对手是一种可取的策略。

灵活运用此策略的方法很多,可以有意识地利用空闲时间,主动与谈判对手聊天、娱乐、谈论对方感兴趣的问题;也可以馈赠小礼品,请客吃饭,提供交通食宿的方便;还可以通过帮助解决一些私人的问题,来增进了解,联系情感,建立友谊,从侧面促进谈判的顺利进行。

(四)货比三家策略

在采购某种商品时,企业往往选择几个供应商,进行比较分析,最后择优签订供销合约。这种情况在实际工作中非常常见,采购商的这种做法称为"货比三家策略"。

在采用该策略时,企业首先要选择几家生产己方所需产品的供应商,并向对方提供自己的谈判内容、谈判条件等,同时也要求对方在限定的时间内提供产品样品、产品的性能、产品的价格等相关资料,然后依据这些资料比较分析卖方在谈判态度、交易条件、经营实力、产品性能价比等方面的差异,最终选择其中的一家供应商与其签订供销合同。

另外,在运用此策略时,买方应注意选择实力相当的供应商进行比较,以增加可比性和提高签约效率,从而更好地维护己方的谈判利益。同时买方还应以平等的原则对待所选择的供应商,以严肃、科学、实事求是的态度比较分析各方的总体情况,从而寻找企业的最佳供应商合作伙伴。

(五) 声东击西策略

该策略是指一方为达到某种目的,有意识地将洽谈的议题引导到无关紧要的问题上故作声势,转移对方的注意力,以求实现自己的谈判目标。具体做法是在无关紧要的事情上纠缠不休,以分散对方对自己真正要解决问题上的注意力。从而在对方无警觉的情况下,顺利实现自己的谈判意图。

例如,对方最关心的是价格问题,而己方最关心的是交货时间。这时,谈判的焦点不要直接放到价格和交货时间上,而是放到价格和运输方式上。在讨价还价时,己方可以在运输方式上作出让步,而作为双方让步的交换条件,对方要在交货时间上作出较大让步。这样,对方感到了满意,己方的目的也达到了。

 **[相关知识链接 5-4]**

温克勒的"逻辑循环法则"

"逻辑循环法则"是美国谈判学家约翰·温克勒在其著作《谈判技巧》中提出的增强谈判实力的普遍性"法则"。

这个法则主张,在谈判中倘若对方在价格上要挟你,你就与他谈质量;倘若对方在质量上苛求你,你就与他谈服务;倘若对方在服务上挑剔你,你就与他谈条件;倘若对方在条件上逼迫你,你就与他谈价格。通过"价格—质量—服务—条件—价格"的循环,你将取得谈判的主动与成功。

(六) 最后通牒策略

处于被动地位的谈判者,总有希望谈判成功达成协议的心理。当谈判双方各持己见,争执不下时,处于主动地位的一方可以利用这一心理,提出解决问题的最后期限和解决条件。期限是一种时间性通牒,它可以使对方感到如不迅速作出决定,就会失去机会。因为从心理学角度讲,人们对得到的东西并不十分珍惜,而对要失去的本来并不重要的某种东西,却一下子变得特别在乎,最后通牒策略就是借助人的这种心理定势发挥作用的。

最后期限既给对方造成压力,又给对方一定的时间考虑,随着最后期限的到来,对方的焦虑会与日俱增。因而,最后期限的压力,迫使对方快速作出决策。一旦对方接受了这个最后期限,交易就会很快顺利地结束。

(七) 其他谈判策略

除以上介绍的谈判策略和方法以外,在实际谈判活动中,还有许多策略可以采用,如多听少讲策略、先苦后甜策略、讨价还价策略、欲擒故纵策略、以退为进策略等。

总之,只要谈判人员善于总结,善于观察,并能理论结合实践,就能创新出更多更好的适合自身的谈判策略,并灵活使用,用于指导实际谈判。

三、采购谈判的技巧

在了解谈判所采取的策略基础上,在实际谈判中还应运用一些谈判技巧。

 **[相关知识链接 5-5]**

斯科特的谈判技巧理论

比尔·斯科特是英国著名的谈判学家,他曾出任英国许多公司、政府机构的谈判顾问,并为世界上许多国家培养了大量的职业谈判能手。斯科特强调对谈判技巧的研究,他认为,谈判技巧指的是在长期的实践中逐步形成的、以丰富经验为基础的、本能的行为能力。斯科特在其《贸易洽谈技巧》一书中将谈判方针归结为三种。

◎谋求一致的方针

为了谋取双方共同利益、创造最大可能一致性的谈判方针,它可被比喻为将蛋糕做大。为了创造出良好的谈判气氛,谈判者要努力把握 4 个问题:目标(purpose)、计划(plan)、进度(pace)、个人(personalities),亦即"4P"问题。

◎皆大欢喜的方针

在关注自己最大利益的同时,也使对方在谈判中取得某种满足的谈判方针。它虽没有将蛋糕做大,但它根据不同的需要或价值观,将蛋糕分割到双方满意为止。

◎以战取胜的方针

双方都施展各种计谋和策略,通过牺牲对方利益,以获取自身利益的谈判方针。由于它旨在打败对方,结果往往是两败俱伤。它可能造成失去友谊、失去今后合作的机会、失去社会信誉,以及承担失败方在履约时偷工减料等后果。

在三种谈判方针中,斯科特极力推崇在友好、和谐的氛围中"谋求一致"的谈判方针,但对在谋得己方最大利益的前提下,给对方以适当满足的"皆大欢喜"的谈判方针也持积极肯定的态度,从而主张避免"以战取胜"的方针。这就是说,要改变谈判中输-赢的传统模式,争取谈判的双赢。

(一)入题技巧

1．迂回入题

为避免谈判时单刀直入、过于暴露,影响谈判的融洽气氛,谈判时可以采用迂回入题的方法,如先从题外话谈起,从介绍己方谈判人员入题,从"自谦"入题,或者从介绍本企业的生产、经营及财务状况入题等。

2．先谈细节、后谈原则性问题

围绕谈判的主题,先从洽谈细节问题入题,待各项细节问题谈妥之后,也便自然而然地达成了原则性的协议。

3．先谈一般原则、再谈细节

一些大型的经贸谈判,由于需要洽谈的问题千头万绪,双方高级谈判人员不应该也不可能介入全部谈判,往往要分成若干等级进行多次谈判。这就需要采取先谈原则问题,再谈细节问题的方法入题。一旦双方就原则问题达成了一致,那么,洽谈细节问题也就有了依据。

4．从具体议题入手

大型谈判总是由具体的一次次谈判组成,在具体的每一次谈判中,双方可以首先确定本次会议的谈判议题,然后从这一议题入手进行洽谈。

(二)阐述技巧

1．开场阐述

谈判入题后,接下来就是双方进行开场阐述,这是谈判的一个重要环节。

1）开场阐述的要点

一是开宗明义,明确本次会谈所要解决的主题,以集中双方的注意力,统一双方的认识。二是表明己方通过洽谈应当得到的利益,尤其是对己方至关重要的利益。三是表明己方的基本立场,可以回顾双方以前合作的成果,说明己方在对方所享有的信誉;也可以展望或预测今后双方合作中可能出现的机遇或障碍;还可以表示己方可采取何种方式为共同利益作出贡献等。四是开场阐述应是原则性的,而不是具体的,应尽可能简明扼要。五是开场阐述的目的是让对方明白己方的意图,创造协调的洽谈气氛。因此,阐述应以诚挚和轻松的方式来表达。

2）对对方开场阐述的反应

一是认真耐心地倾听对方的开场阐述,弄懂对方开场阐述的内容,思考和理解对方的关键问题,以免产生误会。二是如果对方开场阐述的内容与己方意见差距较大,不要打断对方的阐述,更不要立即与对方争执,而应当先让对方说完,认同对方之后再巧妙地转开话题,从侧面进行谈判。

2. 对方先谈

在谈判中,当己方对市场态势和产品定价的新情况不太了解,或者当己方尚未确定购买何种产品,或者己方谈判人员无权直接决定购买与否的时候,一定要坚持让对方先说明可提供何种产品,产品的性能如何,产品的价格如何等,然后再审慎地表达意见。这种先发制人的方式,常常能收到奇效。

3. 坦诚相见

谈判中应当提倡坦诚相见,不但将对方想知道的情况坦诚相告,而且可以适当透露己方的某些动机和想法。

坦诚相见是获得对方同情的好办法,人们往往对坦诚的人自然有好感。但是应当注意,与对方坦诚相见,难免要冒风险。对方可能利用这点逼己方让步,己方也可能因为坦诚而处于被动地位,因此,坦诚相见是有限度的,并不是将一切和盘托出。总之,应以既赢得对方的信赖又不使自己陷入被动地位、丧失利益为度。

(三)提问技巧

提问能摸清对方的真实需要,掌握对方的心理状态,表达自己的意见观点。

1. 提问的方式

提问的方式有:①封闭式提问;②开放式提问;③婉转式提问;④澄清式提问;⑤探索式提问;⑥借助式提问;⑦强迫选择式提问;⑧引导式提问;⑨协商式提问。

2. 提问的时机

提问的时机有:①在对方发言完毕时;②在对方发言停顿、间歇时;③在自己发言前后;④在议程规定的辩论时间。

3. 提问的其他注意事项

提问时还应注意:①提问速度,注意对方心境;②提问后给对方足够的答复时间;③提问时应尽量保持问题的连续性。

(四)答复技巧

答复时应注意:①不要彻底答复对方的提问;②针对提问者的真实心理答复;③不要确切答复对方的提问;④降低提问者追问的兴趣;⑤让自己获得充分的思考时间;⑥礼貌地拒绝不值得回答的问题;⑦找借口拖延答复。

（五）说服技巧

说服技巧具体包括：①讨论先易后难；②多向对方提出要求、传递信息，影响对方意见；③强调一致，淡化差异；④先谈好后谈坏；⑤强调合同有利于对方的条件；⑥待讨论赞成和反对意见后，再提出你的意见；⑦说服对方时，要精心设计开头和结尾，要给对方留下深刻印象；⑧结论要由你明确提出，不要让对方揣摩或自行下结论；⑨多次重复某些信息和观点；⑩多了解对方、以对方习惯的能够接受的逻辑方式去说服对方。

（六）还价的技巧

1. 还价要有弹性

在价格谈判中，还价要讲究弹性。对于采购人员来说，切忌漫天还价，乱还价格；也不要一开始就还出了最低价。前者让人觉得是在"光天化日下抢劫"，而后者却因失去弹性而处于被动，让人觉得有欠精明，使价格谈判毫无进行的余地。

2. 化零为整

采购人员在还价时可以将价格集中开来，化零为整，这样可以在供应商心理上造成相对的价格昂贵感，以收到比用小数目进行报价更好的交易。在报价时，不妨将价格换个说法，化零为整，化大为小，从心理上加重商品价格的昂贵感，给供应商造成很大的压力。

3. 过关斩将

所谓"过关斩将"，即采购人员应善用上级主管的议价能力。通常供应商不会自动降价，必须采购人员据理力争，但是，供应商的降价意愿与幅度，视议价的对象而定。因此，如果采购人员对议价的结果不太满意，此时应要求上级主管来和供应商议价，当买方提高议价者的层次，卖方会有受到敬重的感觉，可能同意提高降价的幅度。

4. 压迫降价

所谓压迫降价，是指在买方占优势的情况下，以胁迫的方式要求供应商降低价格，并不征询供应商的意见。这通常是在卖方处于产品销路欠佳，或竞争十分激烈，以致发生亏损和利润微薄的情况下，为改善其获利能力而作出的选择。

5. 敲山震虎

在价格谈判中，巧妙地暗示对方存在的危机，可以迫使对方降价。通过暗示对方不利的因素，从而使对方在价格问题上处于被动，有利于使自己提出的价格获得认同。

案例分析

航空公司廉价购买麦道机

某航空公司决定向美国麦道公司引进10架新型麦道客机。指定常务董事任领队,财务经理为主谈,技术部经理为助谈,组成谈判小组去美国洽谈购买事宜。

某航代表飞抵美国稍事休息,麦道公司立即来电,约定第二天在公司会议室开谈。第二天,3位代表还未消除旅途的疲劳,行动迟缓地走进会议室,只见麦道公司的一群谈判代表已经端坐一边。谈判开始,某航代表慢慢地喝着咖啡,还在缓解时差的不适。狡猾而又注重实效的麦道主谈,把客人的疲惫视为可乘之机,在开门见山的重申双方购销意向之后,迅速把谈判转入主题。

从早上9点到中午11点30分,3架放映机相继打开,字幕、图表、数据、电脑图案、辅助资料和航行画面应有尽有。麦道欲使对方仿佛置身于迪士尼乐园的神奇之中,会不由自主地相信麦道飞机性能和定价都是无可挑剔的。孰料某航三位谈判代表自始至终默默地坐着,一语不发。麦道的领队大惑不解地问:"你们难道不明白?你们不明白什么?"某航领队笑了笑,回答:"这一切"。

麦道主谈急切地追问:"这一切是什么意思?请具体说明你们从哪开始不明白的?"

某航空公司助谈歉意地说:"对不起,从拉上窗帘的那一刻开始。"某航主谈随之咧咧嘴,用连连点头来赞许同伴的说法。

"笨蛋",麦道领队差点脱口骂出声来,泄气地倚在门边,松了松领带后气馁地呻吟道:"那么,你们希望我们再做些什么呢?"某航领队歉意地笑笑说:"你们可以重放一次吗?"别无选择,只得照办。但麦道公司谈判代表重复那两个小时的介绍时,已经失去了最初的热情和信心。是某航开了麦道的玩笑吗?不是,他们只是不想在谈判开始阶段表明自己的理解力,不想用买方一上来就合作使卖方产生误解,以为买方在迎合,讨好对方。谈判风格素来以具体、干脆、明确而著称的美国人,哪里会想到某航有这一层心思呢?更不知道自己在谈判伊始已输了一盘。

谈判进入交锋阶段,老谋深算的某航代表突然显得听觉不敏、反应迟钝,显得很难甚至无法明了麦道方在说什么,让麦道公司代表十分恼火,觉得自己在跟愚笨的人谈判,早已准备好的论点、论据和推理根本没用,精心选择的说服政策也无用武之地。连日来,麦道方已被搅得烦躁不安,只想尽快结束这种与笨人打交道的灾难,于是直截了当地把球踢给对方:"我们飞机的性能是最佳的,报价也是合情合理的,你们有什么异议吗?"

　　某航主谈似乎由于紧张,突然出现语言障碍,他结结巴巴地说:"第第第"。"请慢慢说",麦道主谈虽然嘴上这么劝着,心中却又恨又痒。"第——第——第——。"麦道主谈忍不住问:"是第一点吗?"某航主谈点头称是。麦道主谈急切地问:"好吧,第一点是什么?""价——价——价——。"麦道主谈问:"是价格吗?"某航主谈又点了点头:"好,这点可以商量。"麦道主谈焦急地问:"第二点是什么?""性——性——性——。""你是说性能吗? 只要你们提出书面改进要求,我们一定满足",麦道主谈脱口而出。

　　至此,某航一方说了什么呢? 什么都没说。麦道一方做了什么呢? 在帮助对方和自己交锋。他们先是帮对方把想说而没有说出来的话解释清楚,接着为问出对方后面的话,就不假思索地匆忙作出许诺,结果把谈判的主动权拱手交给了对方。

　　麦道轻率地作出许诺让步,某航就想得继续讨价还价。这是一笔数亿美元的大宗贸易,还价应该按国际惯例取适当幅度,某航的助谈却故意装作全然不知,一开口就要求削价20%。麦道主谈听了不禁大吃一惊,再看看对方是真的,不像是开玩笑,心想既然已经许诺让价,为表示诚意就爽快地让吧,于是就说:"我们可以削价5%。"

　　双方差距甚大,都竭力为自己的报价陈说大堆理由。第一轮交锋在激烈的交锋中结束。经过短暂的沉默,某航第二次报价:削减18%,麦道方还价是6%,于是又唇枪舌剑,辩驳对方,尽管口干舌燥,可谁也没有说服谁。麦道公司的主谈此刻对成交已不抱太大希望,开始失去耐心,提出休会:"我们双方在价格上差距太大,有必要为成交寻找新的方法,你们如果同意,两天后再谈一次。"

　　休会原是谈判陷于僵局时采取的一种正常策略,但麦道公司注入了"最后通牒的意味",即"价钱太低,宁可不卖"。某航谈判代表这时不得不慎重地权衡得失:价钱还可以争取削低一点,但不能削得太多,否则将触怒美国人。那不仅丧失主动权,而且连到手的6%让价也捞不到。倘若空着两手回国怎么向公司交代呢? 他们决定适可而止。

　　重新开始谈判,某航一下子降了6%,要求削价12%,麦道公司增加1%,只同意削价7%,谈判又形成僵局。沉默,长时间的沉默。麦道公司的主谈终止交易,开始收拾文件。恰在这时,口吃了几天的某航主谈突然消除了语言障碍,十分流利地说:"你们对新型飞机的介绍和推销使我们难以抵抗,如果同意降价8%,我们现在就起草购买11架飞机的合同。"(这增加的一架飞机几乎是削价得来的)说完他笑吟吟地起身,把手伸给麦道公司的主谈。"同意!"麦道的谈判代表也笑了,起身和三位绅士握手:"祝贺你们,用最低的价钱买到了世界上最先进的飞机。"的确,某航代表把麦道飞机压到了前所未有的低价位。

 **本章综合练习题**

一、选择题

1. 采购谈判双方在谈判中最后退让的界限,即谈判的底线,通常被概括为采购谈判的(   )特点。

A. 可调整性　　　B. 经济利益中心性　　　C. 冲突性　　　D. 原则性

2. 采购谈判的特点之一是(   )。

A. 冲突性　　　　　　　　　　B. 不合作性

C. 非经济利益中心性　　　　　D. 不可调整性

3. 采购谈判的中心内容是(   )。

A. 产品条件谈判　　　　　　　B. 价格条件谈判

C. 交货时间条件谈判　　　　　D. 违约责任条件谈判

4. 采购谈判的程序可以概括为三个阶段,即(   )。

A. 摸底阶段、询价阶段和成交阶段

B. 谈判前的准备阶段、磋商阶段和签字认可阶段

C. 谈判前的准备阶段、正式谈判阶段和检查确认阶段

D. 摸底阶段、磋商阶段和检查确认阶段

5. 体现采购谈判主旨的"四有"是指(   )。

A. 有理、有据、有情、有义　　　B. 有商、有量、有节、有义

C. 有理、有据、有节、有义　　　D. 有商、有量、有情、有义

6. 参与采购谈判的各方无论其经济力量是强还是弱,对合作交易项目都有一定的"否决权"。这体现了采购谈判的(   )原则。

A. 合作　　　B. 平等　　　C. 合法　　　D. 自愿

7. 在谈判中处于优势的一方是(   )。

A. 对交易结果更为重要的一方

B. 对交易内容和交易条件的满足程度越高的一方

C. 掌握的商业行情少的一方

D. 对时间要求紧张的一方

二、判断题

1. 不同于政治、外交等谈判,采购谈判必须坚持经济利益中心性原则。

2. 采购谈判是一种经济谈判,谈判双方为了经济利益只会发生冲突,不可能进行合作。

3. 合作性和冲突性是可以相互转化的,如果合作性的比例加大,冲突性的比例将会减少,那么谈判的可能性就大;反之,如果冲突的一面通过洽谈没有能够得到解决或减少,那么谈判就有可能失败。

4. 在选择具体谈判人员时,应尽量选择"全能型的专家"。

5. 谈判地点选择在采购方所在地有利于采购方谈判人员少受外界因素干扰而以全部精力投入到谈判工作中去。

6. 在采购谈判过程中,要使参与谈判的各方都能获得一定的经济利益,并且要使其获得的经济利益大于其支出成本。这是在贯彻采购谈判的社会效益原则。

7. 一般而言,交易的结果对哪一方更为重要,则该方在谈判中就处于弱势。

三、简答题

1. 采购谈判有哪些特点?

2. 采购谈判的主要内容是什么?

3. 采购谈判一般包括哪些基本原则?

4. 采购谈判有哪些策略?

练习题参考答案

一、选择题

1. D　　2. A　　3. B　　4. C　　5. C　　6. B　　7. B

二、判断题

1. √　　2. ×　　3. √　　4. √　　5. ×　　6. ×　　7. √

三、简答题

1. 采购谈判的特点如下。

(1)合作性与冲突性。合作性表明双方的利益有共同的一面,冲突性表明双方的利益又有分歧的一面。由于采购谈判是建立在双方利益既有共同点又有分歧点这样的基础上,因此具有合作性和冲突性并存的特点。

(2)原则性和可调整性。原则性指谈判双方在谈判中最后退让的界限,即谈判的底线,谈判双方对重大原则问题通常是不会轻易让步的,退让也是有一定限度的。可调整性是指谈判双方在坚持彼此基本原则的基础上可以向对方做出一定让步和妥协的方面。在采购谈判中,原则性和调整性是同时并存的。

（3）经济利益中心性。采购谈判是商务谈判的一种类型，在采购谈判中双方主要围绕着各自的经济利益作为谈判中心。作为供应商，则希望以较高的价格出售使己方得到较多的利润；而作为采购方，则希望以较低的价格购买而降低己方成本。因此，谈判的中心是各自的经济利益，而价格在谈判中作为调节和分配经济利益的主要杠杆就成为谈判的焦点。

2. 采购谈判的中心内容是围绕采购对象展开的，进而延伸到敏感的价格问题以及与采购对象相伴的有关条件。采购谈判的主要内容如下。

（1）产品条件谈判。采购的主角是产品或原材料，因此，谈判的内容首先是关于产品有关条件的谈判。

（2）价格条件谈判。价格条件谈判是采购谈判的中心内容，是谈判双方最为关心的问题，通常双方都会进行反复的讨价还价，最后才能敲定成交价格。价格条件谈判包括数量折扣、退货损失、市场价格波动风险、商品保险费用、售后服务费用、技术培训费用、安装费用等。

（3）其他条件谈判。除了产品条件和价格条件谈判外，还有交货时间、付款方式、违约责任和仲裁等其他条件的谈判。

3. 采购谈判一般包括以下七个基本原则。

（1）合作原则。合作原则就是要求谈判双方以最精练的语言表达最充分、最真实的信息。

（2）自愿原则。自愿是指有独立行为能力的交易各方能够按照自己的意愿来进行谈判并作出决定。"自愿"是交易各方顺利进行合作的基础。自愿原则是采购谈判各方进行合作的前提和保证。只有自愿，谈判的双方才会有合作的诚意，才会进行平等的竞争，才会互谅互让，作出某些让步，取得双方满意的结果。

（3）平等原则。参与采购谈判的各方无论其经济力量是强还是弱，对合作交易项目都有一定的"否决权"。在采购谈判中，参与谈判的各方应以平等的姿态出现，无论其谈判实力的强弱，都不应该歧视或轻视对手。

（4）合法原则。合法原则是采购谈判中的重要原则。所谓合法，包括两个方面的含义：一是谈判各方所从事的交易项目必须合法；二是谈判各方在谈判过程中的行为必须合法。

（5）利益共享原则。利益共享原则，是指在采购谈判过程中，要使参与谈判的各方都能获得一定的经济利益，并且要使其获得的经济利益大于其支出成本。

（6）系统化原则。采购谈判是一项综合性的工作，它不但要考虑自身的利益，还要考虑谈判对手的利益和整个社会利益；不但要处理好与合作伙伴的关系，还要处理好与政府及整个外部环境的关系。

（7）社会效益原则。社会效益原则，是指在进行采购谈判时，谈判的各方一定要从全社会的角度出发，综合考虑谈判的合作项目对全社会的影响。

4. 采购谈判中常用的谈判策略有以下几种。

（1）投石问路策略。在采购谈判中，当买方对卖方的商业习惯或有关诸如产品成本、价格等方面不太了解时，买方主动地摆出各种问题，并引导对方进行较为全面的回答，然后从中得到有用的信息资料。这种策略一方面可以达到尊重对方的目的，使对方感觉到自己是谈判的主角和中心；另一方面，自己又能摸清对方底细，争得主动。

（2）避免争论策略。谈判双方为了谋求各自的利益，必然会在一些问题上发生分歧。此时，双方都要保持冷静、防止冲动，尽可能地避免争论。最好是冷静地倾听对方的意见，或者婉转地提出不同意见，甚至采取休会策略。

（3）感情沟通策略。先通过其他途径接近对方，彼此了解，联络感情。在沟通情感后，再进行谈判。人都是具有感情的，满足人的情感和欲望是人的一种基本需要。因此，在谈判中利用感情的因素去影响对手是一种可取的策略。

（4）货比三家策略。企业首先要选择几家生产己方所需产品的供应商，并向对方提供自己的谈判内容、谈判条件等，同时也要求对方在限定的时间内提供产品样品、产品的性能、产品的价格等相关资料，然后依据这些资料比较分析卖方在谈判态度、交易条件、经营实力、产品性能价比等方面的差异，最终选择其中的一家供应商与其签订供销合同。

（5）声东击西策略。一方为达到某种目的，有意识地将洽谈的议题引导到无关紧要的问题上故作声势，转移对方的注意力，以求实现自己的谈判目标。具体做法是在无关紧要的事情上纠缠不休，以分散对方对自己真正要解决的问题上的注意力。从而在对方无警觉的情况下，顺利实现自己的谈判意图。

（6）最后通牒策略。处于被动地位的谈判者，总有希望谈判成功达成协议的心理。当谈判双方各持己见，争执不下时，处于主动地位的一方可以利用这一心理，提出解决问题的最后期限和解决条件。期限是一种时间性通牒，它可以使对方感到如不迅速作出决定，就会失去机会。

（7）其他谈判策略。在实际谈判活动中，还有多听少讲策略、先苦后甜策略、讨价还价策略、欲擒故纵策略、以退为进策略等。

第六章 采购合同管理

本章学习重点

1. 采购合同的特点，采购合同管理的内容。
2. 采购合同的概念，采购合同的类型和选择依据。
3. 采购合同的内容，采购合同管理的方法。

 技能要求

能运用理论知识对采购合同的内容进行分析，系统掌握采购合同的签订和管理。

采购合同签订后，对于合同的履行和管理是合同双方都非常关心的问题。采购合同的管理是控制采购质量的重要内容。

第一节　采购合同概述

一、采购合同的含义

采购合同是指买卖双方达成的具有法律效力的协议，它是规定采购方（在工程承包合同中又称业主）与供应方（在工程承包合同中又称承包人）在合同成立后的权利、义务与责任的法律文本。

《合同法》规定的合同，是指平等主体的自然人、法人、其他组织之间设立、变更、终止民事权利义务关系的协议。采购合同属于《合同法》规定的 15 种合同中的买卖合同。

合同是商品生产、商品交换发展到一定历史阶段的产物，是商品交换关系在法

律上的反映。合同作为一种法律制度,受国家法律的调整与制约,并由国家强制力保证实施。

[相关知识链接 6-1]

合同及其由来

合同是平等的当事人之间的协议,协议就是当事人之间的合意,能产生法律后果的合意就是合同,不能产生法律后果的合意,一般不称为合同。协议的内容体现了民事权利义务关系,该民事权利义务关系在当事人之间设立、变更和终止。《合同法》规定:《合同法》所规范的债权合同,即平等主体之间设立、变更、终止民事权利义务关系的协议(第 2 条第 1 款),而"婚姻、收养、监护等有关身份关系的协议,适用其他法律的规定"(《合同法》第 2 条第 2 款)。

合同(罗马词 contractus,英文词 contract)在法律上的定义,源于罗马法,其定义为"得到法律承认的债的协议"。

合同又称契约,在我国日常生活中,二者可以通用。在中国历史上合同只是验证契约的一种标记。契约在纸上书写,一式两份,两契由协议双方分别收执,为便于在发生争议时查验"合券为证",便在两契的合并处大书一"同"字,各方所持契约各有半个"同"字,两契相合,则"同"字齐合,"合同"一称由此而出。而在我国现代立法中,都只使用合同的概念,而不再使用"契约"一词。

二、采购合同的特点

由于采购的类型繁多,采购合同除了一般的合同所具有的特征外,还显现出以下一些特点。

(一)采购合同是一种典型的双务合同

采购合同是一种买卖合同,出卖人和买受人的权利和义务在法律上是对等的,双方当事人都享有一定的权利,又负有相应义务,通常一方的义务正是另一方的权利,双务合同的特征极为典型。

[相关知识链接 6-2]

双务合同和单务合同

根据当事人双方是否互负对待给付义务,可将合同分为双务合同和单务合同。

当事人双方相互享有权利并相互负有义务。双方的义务与权利相互关联、互为因果的合同就是双务合同。买卖合同、租赁合同和承揽合同等都属于双务合同。只有一方当事人负担给付义务的合同就是单务合同。赠与合同和借用合同都属于单务合同。一方当事人负有义务，另一方当事人不负任何义务，显然为单务合同；一方当事人负给付义务，另一方当事人负担次要的、不对应的义务，也是单务合同。如附义务的赠与，赠与人将赠与物交付受赠人，受赠人虽不支付对价，但要履行约定的义务，如将受赠财产用于指定用途。该约定义务与赠与人的给付义务是非对等的，所以附义务的赠与仍是单务合同。

区分合同是单务合同还是双务合同的关键并非看双方是否都负担义务，而要看双方所负担义务是否为对待给付义务。

划分双务合同和单务合同，其意义在于：在若干具体制度上双务合同具有特殊性，如双务合同可以适用同时履行抗辩权，因不可归责于双方当事人的原因导致合同不能履行时，双务合同有风险负担的复杂问题，等等。

（二）采购合同约定的转移对象仅限于标的物的所有权

采购合同是当事人关于一方转移标的物所有权给另一方的协议，买方通过支付价款、接受卖方交付的标的物后，即取得了该标的物的所有权。通过这种等价有偿的方式转移标的物所有权，是商品交换的典型法律形式，是采购合同的基本特征和法律结果。采购合同的标的物主要是实物和劳务，一般不包括权利等无形财产的买卖，如土地使用权的转让，专利权、商标权等知识产权的转让及债权转让等，因其移转的并不是标的物的所有权。

（三）采购合同的买方须向卖方支付一定价款

采购合同的买方取得标的物的所有权是有偿的，需向卖方支付一定价款，这是取得标的物所有权的代价。当事人之间关于不以支付价款为代价取得另一方标的物所有权的协议，不属于采购合同。如以赠与方式取得标的物的所有权，或以易货贸易方式取得标的物所有权的协议，都不是严格意义上的采购合同。

三、采购合同的内容

采购合同的种类繁多，可以根据交易的性质和方式制定不同的条款。一般来说，采购合同的内容具备以下主要条款。

（一）商品的品种、规格和数量

商品的品种应具体，避免使用综合品名；商品的规格应规定商品的颜色、式样、尺码和牌号等;商品的数量多少应按国家统一的计量单位标出。必要时,可附上商品品种、规格、数量明细表。

（二）商品的质量和包装

合同中应规定商品所应符合的质量标准,注明是国家标准还是部颁标准;无国家和部颁标准的应由双方协商凭样订（交）货;对于副、次品应规定出一定的比例,并注明其标准;对实行保换、保修、保退办法的商品,应写明具体条款;对商品包装材料、包装式样、规格、体积、重量、标志及包装物的处理等,均应有详细规定。

（三）商品的价格和结算方式

合同中对商品价格的规定要具体:规定作价的办法和变价处理,以及规定对副品、次品的折价办法,规定结算方式和结算程序。

（四）交货期限、地点和发送方式

交（提）货期限（日期）要按照有关规定,根据双方的实际情况、商品特点和交通运输条件等确定。同时,应明确商品的发送方式（送货、代运、自提）。

（五）商品验收办法

合同中要具体规定在数量上验收和在质量上验收商品的办法、期限和地点。

（六）违约责任

签约一方不履行合同,违约方应负违约责任,赔偿对方遭受的损失。在签订合同时,应明确规定,供应者遇到以下三种情况时应付违约金或赔偿金。

第一,未按合同规定的商品数量、品种、规格供货商品。

第二,未按合同中规定的商品质量标准交货。

第三,逾期发送商品。购买者逾期结算货款或提货,临时更改到货地点等,应付违约金或赔偿金。

（七）合同的变更和解除条件

合同中应规定,在什么情况下可变更或解除合同,什么情况下不可变更或解除合同,通过什么手续来变更或解除合同等。

除此之外,采购合同应视实际情况,增加若干具体的补充规定,使签订的合同更切实际,更具有效率。

[相关知识链接 6-3]

我国《合同法》规定的 15 种合同

(1) 买卖合同——出卖人转移标的物的所有权于买受人,买受人支付价款的合同。

(2) 供电合同——供电人向用电人供电,用电人向供电人支付电费的合同。供水合同、供气合同、供热力合同,参照供电合同的有关规定。

(3) 赠与合同——赠与人将自己的财产无偿转让给受赠人,受赠人表示接受赠与的合同。

(4) 借款合同也称贷款合同——当事人约定一方将一定金额的货币资金借给另一方使用,另一方按约定用途使用资金,到期偿还本息的合同。

(5) 租赁合同——当事人一方将特定物交付另一方使用,另一方为此支付租金并于使用完毕后归还原物的协议。

(6) 融资租赁合同——出租人根据承租人对出卖人、租赁物的选择,向出卖人购买租赁物,提供给承租人使用,承租人支付租金的合同。

(7) 承揽合同——承揽人按照定做人的要求完成工作,交付工作成果,定做人给付报酬的合同。

(8) 建设工程合同——承包人进行工程建设,发包人支付价款的合同。建设工程合同包括工程勘察、设计、施工合同。

(9) 运输合同——承运人将旅客或者货物从起运地点运输到约定地点,旅客、托运人或者收货人支付票款或者运费的合同。

(10) 技术合同——当事人就技术开发、转让、咨询或者服务订立的确立相互之间权利义务的合同。

(11) 保管合同——保管人保管寄存人交付的保管物,并返还该物的合同。

(12) 仓储合同——保管人储存存货人的仓储物,存货人支付仓储费的合同。

(13) 委托合同——委托人和受托人约定,由受托人处理委托人事务的合同。

(14) 行纪合同——行纪人以自己的名义为委托人从事贸易活动,委托人支付报酬的合同。

(15) 居间合同——居间人向委托人报告订立合同的机会或者提供订立合同的媒介服务,委托人支付报酬的合同。

第二节　采购合同的类型及选择依据

一、采购合同的类型

采购合同有许多种分类标准，一般可分以下几类。

（一）按采购内容分类

按采购内容，采购合同可分为货物采购合同、工程项目采购合同和服务采购合同。

按照联合国国际贸易法委员会 1994 年通过的《贸易法委员会货物、工程和服务采购示他法》第 2 条："货物"可指各种各样的物品，包括原料、产品、设备和固态、液态或气态物体和电力；以及货物供应的附带服务，条件是那些附带服务的价值不超过货物本身的价值。"工程"可指与楼房、结构或建筑物的建造、改建、拆除、修缮或翻新有关的一切工作，如工地平整、挖掘、架设、建造、设备或材料安装、装饰和最佳修整，以及根据采购合同随工程附带的服务，如钻挖、绘图、卫生、摄影，地震调查和其他类似服务，条件是这些服务的价值不超过工程本身的价值。"服务"可指除货物或工程以外的任何采购对象。

（二）按采购职能的范围和目标分类

按采购职能的范围和目标，采购合同可分为商业采购合同、政府采购合同和制造业采购合同。

商业采购是商业领域为转售而进行采购和储存货物，并以营利为目的，如批发商、零售商的进货采购等。商业采购中最大的部分是零售贸易采购，它将大宗货物从农场或工厂采购过来然后销售给最终消费者。采购是所有商品零售业组织中极其重要的职能。政府采购是指中央和地方政府及其他公共服务部门，为提供公共服务而采购，不以转售和赢利为目的。制造业采购是为了制造、加工货物或材料进行采购和销售。采购也是制造业中的重要环节，制成品的大部分成本来自于所采购的原料。

（三）按合同支付方式分类

按合同支付方式，采购合同可分为固定价格合同、成本加酬金合同和固定工资合同。

1. 固定价格合同

固定价格合同类型，即合同订立的价格在履行中不再发生变化。在固定价格合同中，供应方要担保成功地满足合同中的要求，包括在合同期限允许的工作时间内完成供应工作。同时也必须担负圆满完成工作的财务责任。采购人和供应方都无权擅自对合同中规定的采购价格和进度做变更。采购方有义务支付主合同中规定的固定价格,但对供应方完成合同工作的实际成本可以不予考虑。

大多固定价格合同是通过竞争性招标确立的,但是出于特定采购项目的性质,有时采购方也可以通过成本分析、谈判与供应方达成固定价格合同。

通过竞争性投标所订立的固定价格合同具有许多优点。其一,这类合同要求最少的管理成本,没有审计成本。供应方和采购方的关系也非常简单,供应方独立完成工作,采购方按采购合同验收接货,支付合同价格。在满足合同要求的条件下,供应方节约的每一分钱都是属于自己的。因此,供应方必然努力控制成本,并尽可能地节约成本以满足合同要求。选择效率最高的供货商无疑会给采购方及整个国民经济带来直接的效益和影响。其二,对采购方而言固定价格合同的另一个优点是所有的财务风险都由供应方承担。采购方的最终支付义务仅限于合同中确立的价格,所以超出合同价格以上的任何成本都由供应方承担。

从实际履行合同的情况看,在固定价格合同中虽然供应方负有圆满履行合同义务的责任,但供应方提供不良产品或服务的风险可能比其他类型的定价安排合同要大,尤其是在缺乏可供选择的供货来源和适当的供货商评价体系的情况下。在采用不变固定价格合同时,如果不足够重视供应商评估程序,往往会导致很低劣的合同履行结果。因此采购方必须加强对供货商的选择和合同标的物的验收。

2. 成本加酬金合同

成本加酬金合同确立的基础是,采购方将补偿供应方在履行合同义务中负担的成本。这种支付形式要求供应方向采购方公开成本记录,如政府采购,供货方需向政府审计员提供其账册记录以便对供应方要求补偿的成本数量进行认证。

在一定意义上,在成本加酬金合同中供应方虽然也要完成所要求的工作,但其所承担的义务大大减少了,因为供应方并不负担完成工作的成本。在成本加酬金合同中,采购方承担了合同不履行和迟延履行的大多数财务风险。当然采购方和供应方之间风险的划分不仅由合同形式决定,还与是否包含了某些合同条件有关,如担保的激励条件等。另外,合同的技术规格对划分双方的风险也是至关重要的,因为合同履行最终是否复杂和困难要取决于构成合同一部分的技术规格或者其他技术文件。

3. 固定工资合同

固定工资合同也可以称为以时间为基础的合同,其广泛应用于复杂的研究、施工监理及绝大部分的培训、技术援助任务,因为这类任务难以确定服务的时间和范围。固定工资合同的基本方法是,在合同订立时,确定一个直接从事合同工作的人员的补偿价格。例如,如果合同要求进行工程设计,在合同中就规定供应方用于该项工作的每一个人员每小时或每天进行工程设计所付出的工作补偿价格,该固定价格包括基本工资、保险、纳税、工具、监督管理、现场及办公室各项开支及利润。此外，一般还要加上海外工作津贴。将所有成本因素汇总起来，双方就可以达成需要对供应方进行补偿的价格。在合同履行中，采购方要随着项目的进展监督工作的履行情况，以确保所提供的服务符合合同的要求。

固定工资合同类型主要有劳动工时合同、工时及材料合同两种。

二、采购合同类型的选择依据

根据一般的采购规律，采购合同类型的选择主要是根据采购方的意愿，当然采购合同类型的最终选定也是一个谈判的结果。在大型系统采购中，拟采用的合同类型可能在制定采购规划或"采购战略"文件时就已经作出决策。

各类采购合同包括了分摊公式、多个独立变量、成本、最高限价、激励措施及风险修正条款等，因而为合同类型的选择提供了多重视角。同时影响采购合同类型的内外因素也很多，一般来说，选择采购合同的类型主要依据以下一些条件。

(一) 合同管理的复杂程度和管理成本

合同管理的复杂程度与采购项目的技术复杂性、合同期限的长短和合同工作量的大小有关，也受到所涉及的供应商、相关机构的数量、工作能力及管理理念的影响。合同管理的复杂程度是合同类型选择决策的关键因素。一般来说，复杂程度高的采购项目多采用成本类型合同。

合同的管理成本在合同类型决策中也起着重要作用。如果采购方力图将管理成本降到最低，比较适合选择固定价格合同类型，因采用这类合同无须审计工作，采购方的监督工作也可减到最少。若选择成本和激励合同则要求进行成本审查。固定工资合同则要求定期进行管理工作，以保证供应方付出相应的努力。因此在选择使用何种类型合同时，采购方必须考虑自己进行监督、审查工作的能力与成本。

(二) 技术因素的影响

技术因素的影响主要有两个方面。第一，供应方对技术掌握的程度直接关系着能否满足合同的要求，合同双方必须认真考虑由谁来承担不能达到合同技术要求的风险，这种不确定性是适当选择合同类型时必须考虑的重要因素。第二，特定领域里的技术发展及知识更新日新月异，原订合同的技术规格可能难以说明可接受的合同履行标准。这种情况造成了合同基础的变化及相关合同完成的不确定性，也是合同双方在选择合同类型时要充分考虑的。

(三) 采购项目目标的选择及重视程度

采购项目的基本目标主要是进度目标、成本目标及质量目标。这三个目标哪个更加重要,需要优先考虑,与合同类型的选择有着密切的关系。如果成本目标或进度目标是一个关键因素,那么合同类型就倾向于采用固定价格类型。但同时可能意味着对技术目标的限制,并可能限制了风险调整合同条款的采纳。

高层管理者或决策者对既定采购项目的重视程度也会影响到合同类型的选择。上层领导的关注,意味着技术和财务报告的详细程度的加强,表明使用成本合同类型的倾向性增强。采用成本补偿性合同,有利于采购方明确要求供应方提供充足的成本信息;采用奖金费用合同,可要求供应方编制定期报告文件,从而能更引起双方高层管理对该采购项目进展情况的关注。

(四)对风险及机遇的预测

采购合同在履行期间往往会出现一些风险,如原有提供的便利设施可能被取消,与履约成本有关的通货膨胀的发生,长期合同中可能出现的停止拨付资金等。如果这些风险对供应方来说相当大,那么有可能使用成本类型的合同,或者针对通货膨胀的风险,使用经济价格调整条款。另外,为了使双方都分担一定的风险,可以采用带有最高限价的成本激励合同。

有时某些供应方在面临可能签订系列采购合同的机遇时,对于前期的研究开发合同,即使在成本不确定的情况下也愿意接受固定价格合同。其原因是供应方对后续的生产合同势在必得,以此作为与竞争对手抗衡的手段。

(五)供应方以往的业绩

供应方以往的业绩不但是选择中标者(或是签约人)的重要因素,而且在有些情况下也影响着合同类型的选择。如对服务合同而言,当供应方具有良好的履约业绩时,一些采购机构倾向于使用成本加固定付货合同。相反,如果对于提供类似服务的供应方的以往业绩不了解,或根据采购机构的标准来衡量,所提供服务的效果较差,那么就使用成本加奖励付费合同比较合适。

第三节　采购合同管理的内容

根据采购合同通常所包括的基本内容,采购合同的管理主要从采购合同的谈判与签订,采购合同的履行与担保,采购合同的变更、中止和解除,采购合同的违约责任与索赔四个方面进行。

一、采购合同的谈判与签订

(一)评标过程的澄清阶段

采购合同管理是圆满完成采购项目的重要过程,采购合同管理从合同的谈判就开始了。特别是在一些招标采购项目中,有时采购方将评标过程中的商务和技术问题澄清与正式授标的谈判结合起来,即评标机构会约见潜在的中标者,要求他们澄清一些在评标过程中发现的问题和疑问,利用投标者急于中标的心情,使自己在谈判中处于主动地位。因此作为投标者的供应商在与评标机构进行澄清时,对问题的答复应持慎重的态度,因为这些答复将记录在案,并将构成合同内容的一部分。为此供应商应当考虑所答复的问题对自己投标的技术、商务,特别是标价的影响。

(二)合同谈判阶段

虽然招标文件已经对合同内容的所有方面做了相当明确的规定,而且投标者业已在投标时表示愿意遵守,但是,对于大型项目,采购方很少在这些文件的基础上简单地与中标的供应方签订合同,通常在发出中标通知后,会留有一段时间与该投标者进行正式的合同谈判,最终确定合同文本之后再签订合同。

合同谈判的内容因项目和合同性质、原招标文件规定、采购方的要求等的不同而有所不同。一般来说,合同谈判会涉及合同的商务和技术的所有条款,主要内容包括关于采购项目内容和范围的确认,关于技术要求、技术规范和实施技术方案的确认,关于价格调整条款的确认,关于合同款支付方式的确认,关于工期和维修期的确认,关于争议的解决的确认,以及其他有关改善合同条款的问题等。

(三)合同最后文本的确定

在原投标文件基础上,经过几个回合的讨论和妥协,双方在就整个合同内容达成基本一致意见的基础上,就可以共同确定最终合同文本和签署合同。

最终合同文本是在原投标文件的基础上,补充评标澄清阶段供应商承诺的内容和合同谈判阶段双方达成的一致的内容,因而在投标后,双方同意变动的内容,一般是以"合同补遗"或"合同谈判纪要"的形式确定下来,形成书面文件,与原合同文件一起共同构成一个完整的采购合同。投标文件所附的合同文本及其他技术商务文件一般在投标阶段都已经多次研究,双方都比较熟悉。而"合同补遗"或"合同谈判纪要"则是在合同谈判后根据谈判结果形成的,而且按一般法律惯例,"合同补遗"或"合同谈判纪要"优先于合同其他文件,因为它最终确认了合同签订人之间的意向。因此对"合同补遗"或"合同谈判纪要"的起草、定稿双方都要非常重视。它一般是由采购方或其咨询工程师起草。因它会涉及合同的技术、经济、法律等所有方面,作为供应方主要是核实它是否忠实于合同谈判过程中双方达成的一致意见及其文字的准确性。对于招标文件中经过谈判更改了的部分,应说明已就某某条款进行修正,合同实施按照"合同补遗"或"合同谈判纪要"某某条款执行。

合同签署前,双方应当对所有在招标投标及谈判前后备方发出的文件、文字说明、解释性资料进行清理。对凡是与最终合同文本构成内容矛盾的文件,要宣布作废,这可以在双方签署的"合同补遗"或"合同谈判纪要"中,对相关内容作出排除性质的声明。

同时应该注意的是,采购合同大多适用项目所在国法律,对于违反所在国法律的条款,即使由合同双方达成协议并签了字,也不受该国法律保护。因此,为了确保协议的合法性,应由通晓采购项目所在国法律的律师核实,才可对外确认。

（四）签订合同

采购方或咨询工程师在合同谈判结束后,应按上述内容和形式完成一个完整的合同文本草案,并经供应方授权代表认可后正式形成文件,供应方代表应认真审核合同草案的全部内容,尤其是对修改后的新工作量表和价格表以及"合同补遗"或"合同谈判纪要",要反复核对其是否正确,是否符合双方谈判时达成的一致意见,对谈判中增减或对原合同修正的部分是否已经明确地表示清楚,尤其对数字要核对无误。当双方认为满意并核对无误后,由双方代表草签,至此合同谈判阶段即告结束,供应方应及时准备和递交履约保证金或履约担保,准备正式签署采购合同。

合同正式签字前,供应方要将准备签字的正式文本与草签的文本再重新核对。合同签订的过程,是当事人双方相互协商并最后就各方的权利、义务达成一致意见的过程,签约是双方意志统一的表现。合同协议书由采购方和供应方的法定代表人或其授权委托的全权代表签署后,合同即具备了正式生效的条件。

合同签订之后,供应方应按规定及时递交履约保证金或履约担保,并要求采购方退回投标保证金。同时,如果有约定预付款,供应方还应递交预付款保证金,以争取早日获得预付款,做开工准备工作。在签订合同协议书并收到供应方的履约保证金后,采购方应尽快将投标保证金退还供应方。

二、采购合同的履行与担保

（一）采购合同的履行

采购合同的履行,是指合同依法订立生效后,当事人双方按照合同规定的各项条款完成各自承担的义务和实现各自享受的权利,使当事人双方订立合同的目的得以实现的行为。合同履行是合同法律效力的重要体现,是实现合同目的的重要手段。当事人应当按照合同约定全面履行自己的义务。

采购合同的履行中有两项重要的原则——实际履行原则和适当履行原则。

1. 实际履行原则

实际履行是指当事人应当按照合同的标的履行合同义务,即合同的标的是什么,当事人就应当履行什么,不能任意用其他标的代替。这是因为采购合同的标的物都是一些用于特定条件下的指定物,离开了实际履行,允许当事人任意提供其他标的物(如支付违约金或其他物品)来代替合同约定的标的,当事人的另一方就可能蒙受巨大的直接与间接损失。

2. 适当履行原则

适当履行原则要求当事人在履行合同时,要履行合同的各种要素,即除按合同的标的外,还应按照合同标的物的数量和质量、履行期限、履行地点、履行方式等履行合同,因此可以说适当履行原则是实际履行原则的补充和扩张。实际履行原则是判断当事人是否履行合同的标准,而适当履行原则是判断当事人的履行是否正确的标准。

为了使合同的履行切实实现上述两项原则,在签订合同时必须对上述合同要素做具体规定。以使义务人按规定履行,权利人按规定验收,这对于保证合同的正确履行是十分重要的。

(二)采购合同的担保

采购合同的担保,就是指合同当事人根据法律的规定或合同的约定,为确保债务履行和债权实现而采用的法律保障措施。

担保方式常见的有保证、抵押、质押、留置和定金。

1. 保证担保

保证是指保证人和债权人约定,债务人不履行债务时,保证人按照约定履行债务或者承担责任的行为。保证担保只能由合同以外的第三人作为保证人,同一债务有两个以上保证人的,保证人应当按照保证合同约定的保证份额承担保证责任;保证人没有约定保证份额的为共同保证人,应承担连带责任,债权人可以要求任何一个保证人承担全部保证责任。

按照国际惯例,国际间的采购合同一般双方都要求提供保证担保或其他担保形式,从大量采购活动实践看,这种担保形式对合同的履行是有必要的。

2. 抵押担保

抵押是指债务人或者第三人不转移对作为抵押物的特定财产的占有,将该财产作为债权的担保。债务人不履行债务时,债权人有权依照法律规定以该财产折价或者以拍卖、变卖该财产的价款优先受偿。

对债权人来说,抵押是一种比较可靠的物权担保方式,且免除了保管抵押物之累。由于抵押兼顾了效益和安全,因此称抵押为"担保之王"。

3. 质押担保

质押是指债务人或第三人将其动产或其特定的权利凭证(如汇票、支票、本票、债券、存款单、仓储单、提货单、股票、有限责任公司的股份及知识产权中的财产权等)移交债权人占有,作为债权的担保,债务人不履行债务时,债权人有权依照法律规定以该动产或权力凭证折价、拍卖、变卖或转让以获取价款优先受偿。

质押担保在采购合同的担保机制中也是一种可操作的形式,它为担保活动提供了灵活多样的形式。只是与抵押担保相比,它使债权人为保存质押物增加了一定的工作量。

4. 留置担保

留置是指债权人按照合同约定占有债务人的动产,债务人不按照合同约定的期限履行债务的,债权人有权按照法律规定留置该财产,以该财产折价或者以拍卖、变卖该财产的价款优先受偿。

留置担保一般发生在当事人依照合同规定,保管对方的财物或接受来料加工,对方不按期或不如数给付保管费或加工费时,有权留置对方的财物。

5. 定金担保

定金是指当事人一方为了证明合同的订立和保证合同的履行而在合同履行前支付给对方一定数额的货币。定金作为合同债权的一种担保方式,是一种违约定金,具有制裁性。《担保法》规定:给付定金的一方不履行约定债务的,无权要求返还定金;收受定金的一方不履行约定债务的,应当双倍返还定金。此规定称为"定金罚则",而在债务人履行债务后,应当抵作价款或者收回。

定金担保这一形式,对于防止合同当事人悔约、保证和维护采购合同关系起到较大的作用,因此在采购活动中使用较广泛。

三、采购合同的变更、中止和解除

(一) 合同的变更

狭义的合同的变更,是指在保持合同主体同一性的前提下,对合同内容所做的改变,即合同依法订立后,在尚未履行或者尚未完全履行之前,当事人通过协商对合同内容所做的修改或者补充。

合同的变更可由合同双方的任一方提出。在货物采购中一般合同的变更多由采购方提出。采购方根据有关法律规定可以对合同提出某些条款进行修改。如世界银行货物采购合同中通用合同条款规定,在采购机构认为需要的情况下,在任何时候可向供应方发出指令对合同内下列条款予以更改:①为政府制造的物资或工程的变更图纸、设计与规格;②运输与包装方法;③交货的地点等;④卖方提供的服务。

如果合同变更使供应方履行合同义务的费用或时间发生变化,合同价与交货时间应公平调整,同时相应修改合同。供应方进行调整的要求,必须在收到采购方变更指令后 30 天内提出。

而在工程采购中,合同双方都可能提出修改某些条款,如工作项目的增减、材料的变化、施工方案的改变等。

(二) 合同的中止

合同中止是指在采购过程中采购方发现供应方存在欺骗、贿赂、提供假证明等行为时,为了保护采购方的利益,在完成调查或法律审查之前根据充分的证据实行的一种紧急措施。

对合同的中止应根据有关法律和合同条款规定实施。构成合同中止的原因一般主要有下述几种情况:①供应商或企业为获得某一合同而犯有诈骗或刑事犯罪;②犯有贪污、偷窃、伪造、贿赂等罪行;③投标人提供假证明书;④违反有关报价的不正当竞争;⑤有商业道德不诚实记录,这种过错有可能严重影响现在合同人履约;⑥其他性质严重或恶劣影响合同履行的原因。

中止合同决定的作出应采取明示的方式,给予合同人解释说明和辩护的机会。中止合同决定作出后应立刻用信函方式通知另一方,并告之中止的原因,以及中止合同会产生的后果等有关事项。

由于中止合同是一种紧急措施,故其实施有一定期限,即中止期。在中止期内有关方面须尽快完成调查,否则中止将被取消。

合同的中止,一般在各国法律中予以明确规定,同时在合同中,尤其是在一定金额的采购活动中,在标书和合同中应加入有关中止的条款。

(三) 合同的解除

合同的解除实际上是不履行合同所规定的义务。引起合同的解除情况一般有三种。①因违约行为而解除合同。例如,供应方不按照合同规定履行义务,如交货不符合规格,不能按合同规定日期交货至指定地点等。在这种情况下,一般在作出解除合同的决定前,采购方应尽可能根据合同的具体规定,给予供应方补救机会,如通过罚款、赔偿相关损失、修补等补救措施,争取继续执行合同。②由于采购方的原因导致合同解除。在这种条件下供应方可以要求采购方赔偿其损失。③双方同意解除合同。由于各种特殊或紧急情况在合同履行中可能会要求解除合同。出现这种情况时,最好的办法是采购方和供应方共同协商,在有关合同解除条件上达成一致。

四、采购合同的违约责任与索赔

(一) 违约责任

违约责任是指当事人违反合同约定应承担的民事责任。违约责任制度作为保障债务履行和债权实现的重要措施,是在债务人不履行债务时,国家强制债务人履行债务和承担法律责任的表现。违约责任制度的建立,既有利于促进合同的履行,又有利于弥补违约造成的损失,因而在采购合同管理中,违约责任居于核心地位。正是因为违约责任的存在,合同秩序才得以顺畅、高效有序地运行和发展,整个社会的经济秩序才可能得以保障。

1. 违约责任的基本法律特征

(1) 违约责任是一种财产责任。合同法律关系是以财产关系为内容的法律关系,合同债务直接具有财产的内容。因此,违约责任就是一种财产责任。如当事人一方不履行合同义务或者履行合同义务不符合约定的,应当承担采取补救措施、赔偿损失或支付违约金等违约责任。

(2)违约责任主要采取等价补偿的方法。也就是说,违约责任的范围与补偿力度要与因违约给对方造成的损害大体相适应。

(3)违约责任可以依法由当事人协商决定。合同是由当事人协议而设立的,违约责任作为对已遭破坏的合同关系的补救措施,允许当事人自行约定。其好处在于能省去法院判断违约损失的时间,因此,各国法律均允许双方约定违约金或其违约责任形式。这样既能避免当事人、仲裁庭或法院陷于长期不能确定赔偿范围的困境,又有利于合同纠纷的及时解决,同时也尊重了当事人的意愿。

2. 违约责任的构成要件

违约责任的构成,必须具备一定的条件。违约责任的构成要件如下。

(1)有不履行合同债务的违约行为。在实际违约中,违约行为主要包括不履行、不适当履行和迟延履行三种。不履行是指在合同的履行期限之前,完全不履行合同义务的违约行为。不适当履行是指在合同的履行期限内,当事人有履行合同的行为,但履行行为不符合合同的约定,如履行的标的物的数量或质量不适当,履行的地点或方式不适当等。迟延履行是指债务人员有履行合同的行为,但履行合同的期限晚于合同约定的期限。

(2)有损害事实存在。违约损害事实是指因一方违约行为而给对方造成的财产损失,包括直接损害和间接损害。违约损害具有以下几个特点:第一,损害是实际发生的,不包括尚未发生的损害;第二,损害是可以确定的,其表现为一是能够通过货币计算来确定,二是债权人能够通过举证加以确定;第三,损害是当事人在订立合同时可以预见的。

(3)违约行为与损害事实之间有因果关系。因果关系,是指违约行为与损害事实之间存在的内在的必然的本质的联系。根据《合同法》第107条规定,当事人一方不履行合同义务或者履行合同义务不符合约定的,应当承担违约责任,这条规定不考虑当事人违约主观上是否有过错,除有不可抗力可以免责外,都要承担违约责任。

3. 承担违约责任的方式

(1)继续履行。继续履行是指当事人一方不履行合同义务或履行合同义务不符合约定,不论是否已经承担赔偿金或者违约金责任,都必须根据对方的请求,在自己能够履行的条件下,继续履行合同义务。

(2)采取补救措施。采取补救措施主要适用于质量不符合约定的情况。受损害方根据标的的性质及损失的大小,可以合理选择要求对方承担修理、更换、重做、退货、减少价款或者报酬等违约责任。

（3）赔偿损失。赔偿损失的范围,可由当事人双方自行约定,也可由法律直接规定。在法律没有特别规定和当事人没有另行约定的情况下,应按完全赔偿原则,赔偿全部损失。

（4）违约金。违约金是指由当事人通过协商预先确定的,在违约发生后作出的独立于履行行为以外的给付。违约金具有惩罚的特质,即当事人违约,不论它是否给对方造成经济损失,都必须支付违约金。

（5）定金。如前所述,当事人设立了违约定金的情况下,任何一方不履行合同都将承担定金违约责任。

（二）索　赔

索赔是采购合同履行过程中,合同当事人的一方,由于非自身负责的原因而造成合同义务外的额外费用支出,从而通过一定的合法途径和程序,向合同当事人另一方要求予以某种形式的补偿活动。

索赔在采购合同履行的任何一个阶段都可发生,索赔管理已逐渐成为采购合同双方维护其经济利益的最基本管理行为。

1. 索赔的类型

（1）按索赔的对象,索赔可分为施工索赔和商务索赔。所谓施工索赔,一般是在工程采购中,由于种种原因造成工程的延误、材料的损失、工作量的增加,使合同当事人一方增加了额外费用,因而向合同当事人的另一方提出索赔。所谓商务索赔,大多是在货物采购中,由于供应方或其他部门的原因,导致货物遭受损失或延期交货,采购方依据合同的有关条款向有关单位提出索赔。

（2）按索赔发生的原因,索赔可分为七类,即违约索赔、变更索赔、采购方指令变化引起的索赔、工程暂停索赔、不利自然条件和客观障碍引起的索赔、合同缺陷索赔、其他原因引起的索赔。

2. 索赔程序

索赔的提出一般都会在合同当事人之间产生不同看法,要想索赔成功,提出索赔的一方必须遵守索赔程序。一般进行索赔要按以下几个步骤进行。

（1）提出索赔要求。提出索赔的一方在索赔事项发生的 28 天内,用书面信件正式向另一方发出索赔通知书。索赔通知书主要说明索赔事项的名称、引证索赔依据的合同条款及索赔要求。

按照国际惯例,如果在提出索赔的一方发出索赔通知 30 天内,另一方未做答复,上述索赔应视为已被另一方接受。如在货物采购中,如果供应方未能在采购方发出索赔通知后 30 天内或采购方同意的延长期限内,按照采购方同意的合同规定的任何一种方法解决索赔事宜,采购方将从预付货款或从供应方开具的履约保证金中扣回索赔金额。

（2）保存好同期记录。索赔事项发生后，提出索赔的一方要保存好当时有关记录，以便作为证实材料。

（3）提供索赔证明。在索赔通知发出后的 28 天内，提出索赔的一方要提交一份说明索赔依据和索赔款项的详细报告；如果该索赔事件有连续性的影响，事态还在发展时，按照对方合理要求，则每隔一定时间，提交一次列有累计索赔款额和进一步说明索赔依据、理由的补充材料，说明事态发展情况，直至导致索赔事件终止后 28 天内送出一份最终详细报告，附上最终账目和全部证据资料，提出具体的索赔额或工期延长天数。

（4）索赔支付。当提出索赔的一方提供的详细报告使另一方确认应偿付索赔款额时，另一方应在合同的，支付期限内向对方支付索赔款额。如果提出索赔的一方所提供的详细报告不足以证实全部索赔，另一方应按照已证实并令人信服的那部分索赔的详细资料，给予提出索赔一方部分索赔的付款。

3. 索赔报告的编写

在索赔工作中，索赔报告书的质量和水平对索赔成败关系重大。一项符合法律规程与合同条件的索赔，如果报告写得不好，如对索赔权论证不力、索赔证据不足、索赔款计算有误等，轻则使索赔结果大打折扣，重则会导致整个索赔失败。因此在编写索赔报告时，应特别周密、审慎地论证阐述，充分地提供证据资料，对索赔款计算书反复校核，不允许存在任何计算错误。对于技术复杂或款额巨大的索赔事项，有必要聘请合同专家、法律顾问、索赔专家或技术权威人士担任咨询顾问，以保证索赔取得较为满意的结果。

完整的索赔报告书一般包括四个部分。

（1）总论部分。概括地叙述索赔事项的日期、过程，提出索赔要求的一方为减轻损失而做的努力，索赔事项造成的额外费用或工期延长天数及提出索赔要求。

（2）合同引证部分。其主要目的是论述提出索赔要求的一方有索赔权。该部分主要内容是该采购项目的合同条件及采购项目所在国有关的索赔法律规定，以及类似的索赔案例，以论述自己索赔要求的合理性。

（3）索赔款额计算部分。此部分是以具体的计价方法和计算过程说明提出索赔的一方应得到的经济补偿款额。在编写这部分时要注意计价方法合适、各项开支合理，在论述各组成部分计算过程时要指明所依据的证据资料的名称和编号，这样才能使计算出的索赔总款额有说服力。

（4）证据部分。证据部分通常以索赔报告书附件的形式出现，它包括了该索赔事项所涉及的一切有关证据资料及对这些证据的说明。证据是索赔文件的必要组成部分，没有翔实可靠的证据，索赔是不可能成功的。

索赔证据资料的范围非常广泛，如工地记录、照片、日记、工程师指令、工程计划、地形图、图纸、发票、票据、工资表等。有关索赔资料应该在采购合同签订以后，就由合同部的人员专门搜集整理、分类储存，在引用每个证据时，要注意该证据的效力或可信程度。

　　总之,合同管理人员要想索赔成功,必须重视索赔报告的编写,使索赔报告具有说服力,逻辑性强,符合实际,论述准确,使对方感到合情合理、有理有据。

 **[相关知识链接 6-4]**

我国采购合同的法律适用

　　采购合同是我国众多合同中的一类,它主要适用合同法方面的法律规范。

　　我国的合同法律制度,是随着市场经济的不断发展和市场协作关系的不断扩大而逐步完善起来的。早在改革开放初期的 1981 年,第五届全国人大审议通过了《经济合同法》,随后国务院制定并发布了《工矿产品购销条例》等行政法规,1993年第八届全国人大常委会对《经济合同法》做了修改。以上法律和行政法规,是我国市场经济发展初期(改革开放以后至 1999 年 9 月 30 日),订立采购合同的行为准则。

　　1993 年 3 月 15 日,在《经济合同法》、《涉外经济合同法》、《技术合同法》的基础上,第九届全国人大二次会议审议通过了《合同法》。该法分为总则、分则和附则,共 23 章 428 条,于 1999 年 10 月 1 日起施行。《合同法》是我国第一部统一的合同法。它的诞生,标志着我国合同立法工作的一次飞跃,使得社会主义市场法制体系更为完善,是规范广大流通企业等经济主体订立、履行采购合同等行为的基本法律依据。

　　除《合同法》以外,财政部 1999 年颁布了《政府采购管理暂行办法》,之后又陆续颁布了《政府采购招投标管理暂行办法》、《政府采购合同监督暂行办法》、《政府采购品目分类表》、《政府采购信息公告管理办法》、《政府采购资金财政直接拨付管理暂行办法》及《中央单位政府采购管理实施办法》等一系列规章制度。2002 年,为进一步规范政府采购行为,使各地的政府采购工作在标准、制度、操作上统一起来,由全国人大第九届代表大会常务委员会第二十八次会议审议通过了《政府采购法》,2003 年 1 月 1 日起实施。《政府采购法》的出台,标志着政府采购行为在运行程序、预算编制、采购方式的执行、合同订立和验收、资金结算等环节制度化、规范化,当事人在订立采购合同时应认真遵守。

第四节　采购合同管理的方法

　　通过对大量实践经验的总结,做好采购合同管理工作,最重要的就是合同双方在熟悉合同条款的基础上,要明确各自的责任和义务,并采用严密的合同管理手段,从而将合同履行中可能产生的漏洞、扯皮、责任交叉等现象事先加以防范。在工程采购、货物采购和服务采购中,工程采购合同的管理最为复杂,以下以工程采购合同为例,说明采购合同管理的主要方法。国际咨询工程师联合会(简称FIDIC)1999年10月编制出版的新标准合同条件具有逻辑严密、责任与义务划分明确的特点,是实行工程采购合同管理的基本依据。

 **[相关知识链接 6-5]**

FIDIC 条款简介

FIDIC 是"国际咨询工程师联合会"的法文缩写。通常所说的 FIDIC 条款,就是指 FIDIC 施工合同条件。条款通过业主和承包商签订的承包合同作为基础,以独立、公正的第三方(施工监理)为核心,从而形成业主、监理、承包商三者之间互相联系、互相制约、互相监督的合同管理模式。可以说,FIDIC 是集工业发达国家土木建筑业上百年的经验,把工程技术、法律、经济和管理等有机结合起来的一个合同条件。有人称 FIDIC 是国际承包工程的"圣经"。FIDIC 的总部设在瑞士洛桑。

FIDIC 条款虽然不是法律,也不是法规,却是全世界公认的一种国际惯例。FIDIC 合同条件于 1957 年发行第 1 版,1963 年发行第 2 版,1977 年发行第 3 版,1988 年及 1992 年对第 3 版做了两次修改,习惯上把 1988 年版称为第 4 版。1999年,国际工程师联合会根据多年来在实践中取得的经验及专家、学者的建议与意见,在继承前四版优点的基础上进行重新编写(新编 FIDIC 合同条件)。新编FIDIC 合同一套四本:《施工合同条件》、《工程设备和设计——建设合同条件》、《设计采购施工(EPC)/交钥匙工程合同条件》与《简明合同格式》。此外,FIDIC 为了便于雇主选择投标人、招标、评标,出版了《招标程序》,由此形成一个完整的体系。

国际承包工程行业涉及的 FIDIC,主要是土木工程方面的,因封皮是红色的,海外通常称作红皮 FIDIC;黄色封皮是机电工程方面的,常称黄皮 FIDIC;白色封皮是设计咨询方面的,也叫白皮 FIDIC。

一、明确各方的责任和义务

在工程采购中,责任和义务划分的对象涉及采购方(项目业主)、供应方(承包商)和工程师三方。这是合同责任最重要的划分机制。工程师虽不属于合同的任何一方,但在合同的履行中,要接受项目业主的委托,是非常重要的。以下分别对采购方、供应方、工程师在合同履行过程中各自的主要责任和义务加以概括说明。

(一)采购方的主要责任与义务

采购方的责任与义务主要有以下几个方面。

（1）将任命的业主代表——工程师的授权书通知供应方。

（2）审查批准供应方转让或分包工程某些部分的要求。

（3）审查批准供应方履约保证、承保人、保险单、保险额和保险公司。

（4）负责工程的融资，以保证工程的顺利进行。

（5）在供应方有关手续齐备，并得到工程师的相关证书后，在合同规定的期限内，向供应方支付相关款项。如工程预付款、设备和材料预付款，每月的月结算，最终结算等。

（6）按照工程进度计划，向供应方提供施工用地，并给予供应方用地权。

（7）及时签发工程变更命令。

（8）批准经工程师研究后提出建议并上报的工程延期报告。

（9）协助供应方为工程的进口材料、工程设备及施工装备等办理海关、税收等有关手续。

（10）协助供应方解决生活物资供应、材料供应、运输等问题。

（11）及时答复供应方的信函。

（12）负责编制并向上级及外资贷款单位报送财务年度用款计划、财务结算及各种统计报表等。

（13）负责组成验收委员会进行工程区段的初步验收和最终竣工验收，签发有关证书。

（14）在发生供应方违约的情况下，负责处理中止、终止或撤销合同等事务。

（15）解决合同中的纠纷，如需对合同条款进行必要的变更，需要与供应方协商并取得一致意见。

（二）供应方的主要责任与义务

供应方是项目的具体实施者，其责任与义务，总体来说，就是在合同规定的时间内，按照图纸和技术规范的要求，进行施工并完成工程，同时有义务负责维修在缺陷责任期内出现的任何缺陷，为此供应方需要制定详细的施工进度和施工方法，研究人力、机械的配合和调度，安排各种部位施工的先后次序及按照合同要求进行质量管理，以保证高速优质地完成工程。具体来说，主要有以下内容。

（1）在合同规定的时间内，提交合同要求的各种担保和保险单据，并准时开工。

（2）制订施工进度计划及现金流计划，并定期按照工程师的要求予以修订。采购与提供工程所需的所有材料、施工机械、临时工程、施工管理、监督和劳务。

（3）选择施工方法并保证其稳妥性、可靠性和安全性，设计所有的临时工程，并先将有关的建议书和预算书等资料报送工程师评阅。

（4）接受工程师代表采购方发出的指示、指令，并在整个施工期间，负责管理和保护其所施工的工程,直到工程正式移交给采购方。

(5) 在现场遇到不可抗力的情况下,应及时通知工程师,并会同采购方、工程师协商解决补给费用和工程延期的问题。

(6) 对其职员和劳务人员负责,为其人员办理必要的保险。带领其全体人员遵守工程所在国家和所在地区的有关法律、法令、法规、条例和规章制度。

(7) 负责施工放样和测量。所有施工测量的原始数据、原始图纸均须给工程师检查、校核、签字批准。但供应方对放样测量的数据的准确性负责。

(8) 负责进行材料和工艺的现场试验和室内试验,并按规定报送工程师审核批准,但供应方要对试验数据和试验成果的正确和准确性负责。

(9) 按照工程师的要求,每月报送进入现场和出现场的机械设备数量和型号,报送进入现场的材料数量和耗用量等。

(10) 在订购材料之前,应根据工程师的要求,将材料样品报送审核,或将材料送到工程师指定的实验室进行试验,试验结果报送工程师审核批准。对进场材料要随时抽样检查其质量是否合格。

(11) 按工程所在国家的有关主管单位、采购方或工程师的要求,按时报送各种有关报表,以及办理各种有关手续。

(12) 针对工程质量、施工安全,建立自己的自检体系和制度。

(13) 如果采购方违约,有权暂停工程、减缓工程进度或终止合同。

(14) 任何分包活动都要取得工程师、采购方的批准,并且要根据合同对每个分包人的工作和行为负责。

(15) 对于有多个供应方根据各自的合同同期在一个现场或同一条路线上进行作业的工程,每个供应方必须给予其他供应方合理的协作和方便,以及提供工作的机会。

(16) 应采取一切措施保护现场内外的环境,避免污染和噪音,避免由于供应方的作业引起的对人身周围环境的损害或公害。

(三) 工程师的职责

按照 FIDIC 合同条件,工程采购合同管理以第三方监理的方式,实行质量、进度、费用及合同商务、法律方面的全面管理,才能达到提高质量、保证工期、控制投资的目的,从而实现项目论证中预期的经济效益和社会效益。在 1999 年 10 月 FIDIC 正式出版的新合同条件——《施工合同条件》(conditions of construction) 和《工程设备和设计——建设合同条件》(conditions of contract for plant and design—build) 中,均由工程师负责合同管理工作。工程师的地位相对独立,他享有的权利和应履行的职责在合同中都有明确的规定或可由合同必然推得,他作出的决定必须符合合同的规定并应努力做到公正。

工程师受采购方聘用为它监理工程,进行合同管理,是从宏观上控制施工进度,按供应方在开工时提交的施工进度计划及月计划、周计划进行检查督促,对施工质量则是按照合同中技术规范和图纸内的要求去进行检查验收。工程师可以向供应方提出建议,但并不对如何保证质量负责。对于成本问题,工程师主要是按照合同规定,特别是工程量表的规定,严格为采购方把住支付这一关,并且防止供应方不合理的索赔要求。

工程师的具体职责是在合同条件中规定的,概括说明如下。

(1) 协助采购方评审投标文件,提出决标建议,并协助采购方与中标者谈判,商签采购合同。

(2) 在采购合同实施过程中,按照合同要求,全面负责对工程的监督、管理和检查。协调现场各供应方(在供应方不止一个的情况下)之间的关系,负责对合同文件的解释和说明,处理矛盾,以确保合同的圆满履行。

(3) 审批供应方申请的分包报告,要求它所订的分包合同中包括保护采购方利益的条件,要求供应方必须按照与采购方签订的合同中的图纸、技术规程及合同条款的要求管理分包商。

(4) 监督检查供应方的施工组织设计,施工方案及施工进度,督促供应方按期完成进度。按照合同条件处理有关工期延长问题。必要时发出暂停施工命令和复工命令并处理由此而引起的问题。

(5) 帮助供应方正确理解设计意图,负责有关项目图纸的解释、变更和说明,发出图纸变更命令,提供新的补充图纸,在现场解决施工期间出现的设计问题。审批供应方根据合同要求提交的工程设计或施工详图。处理因设计图纸供应不及时或修改引起的拖延工期及索赔等问题,负责提供原始基准点、基准线和参考标高,审核检查并批准供应方的测量放样结果。

(6) 在合同规定的限度内,就工程或其任何部分的形式、数量或质量标准的变更、签发变更指令,并确定变更了的工程的单价或价款。

(7) 监督供应方认真执行合同中的技术规范、施工要求和图纸上的规定,以确保工程质量能满足合同要求。制定和审批各类对供应方进行施工质量检查的要求和规定。指定或审批试验单位、各项实验室及现场试验结果。及时检查工程质量并签发现场或有关试验的验收合格证书。

(8) 严格检查供应方的材料、设备及订货的数量和质量。

(9) 检查供应方的所有安全设施和工地照明。

(10) 审核供应方提交的每月完成的工程量及相应的月结算财务报表,处理价格调整中有关问题并审查签署月支付证书,及时报采购方审核、支付。

(11) 处理好各类索赔问题,在与采购方和供应方协商后,提出处理意见。

(12) 审批供应方派往现场的施工项目经理及其他进场人员的技术水平、工作能力、工作态度等各项素质。有权随时撤换不称职和不听从管理的各类工作人员。

（13）审核供应方提交的有关设备、施工机械、材料等物品进、出海关的报告，并及时向采购方发出要求办理海关手续的公函。

（14）记录好施工日记，保存一份质量检查记录，以备每月结算及日后查核时用。

（15）工程收尾阶段，核实竣工工程量，核算工程的最终支付，组织或参加竣工验收。

（16）签发合同条款中规定的各类证书与报表。

（17）定期向采购方提供工程情况报告，并根据工地发生的实际情况及时向采购方呈报工程变更报告。

（18）协助调解采购方和供应方之间的各种矛盾。当采购方或供应方违约时，按合同条款的规定，作出初步的裁定，并有责任在仲裁、质询或诉讼的情况下出庭作证。

（19）在缺陷责任期内，检查工程可能发生的缺陷，并在缺陷责任期满后，签发缺陷责任终止证书。

 **[相关知识链接 6-6]**

采购合同的管理者

可以通过建立采购管理小组对合同进行管理，采购管理小组的成员及其功能分析如下。

（1）合同管理者（转包合同管理者）。为小组提供企业管理技巧，负责所有影响成本或进度的事情。合同的性质由合同管理者控制，同时，合同管理者对供应商负责。

（2）设计者或设计工程师。通过合同管理者为供应商提供技术指导。他们将需求转化为具体规格和图表，领导设计审查，临近所有与供应商的技术互动。

（3）质量保证专家。确保供应商可接受的质量计划，进行现场检查，对商品或服务的认可，与设计师或设计工程师协调质量问题和放弃问题。

（4）可靠性工程师。确保所需的可靠性适合现有的采购，确保供应商符合要求。并为采购的零件制定可靠性水平，编写可靠性文件，批准供应商编写的文件。

（5）材料和服务价格及成本分析师。支持合同管理者准备成本建议，分析和评价供应商提交的建议。在谈判中支持合同管理者。

优秀的合同管理需要通过报告、图表和首脑会议等形式对所有经营行为进行清晰的沟通。然而,在不发生冲突的情况下,供应商也必须有与其地位相符的管理自由度。必须及时提醒管理层注意存在问题的领域,并予以解决或"处理"(例如,计划完成其他任务直到需要材料到货或需要的行为已经完成)。合同管理者必须积极提供帮助和建议,如果有必要,还需分享结果。

二、严密的管理手段

　　采购合同管理工作,既要有明确的责任分工,又要有一系列严密的、行之有效的管理手段,包括严格的审批程序,完善的通信设备和交通设备,规范的现场会议制度,以及健全的合同文件管理系统。

(一)严格的审批程序

　　根据 FIDIC 条件的基本原则进行合同管理,就必须按照各个条款中所规定的报批程序和审查批复的时限办事,如若不然,就会构成不同程度的违约,任何无理拖延都是不允许的,都有损于履行合同的严肃性。

　　例如,采购方与供应方相互发出的一切指令、通知必须通过工程师发出,而不能越过工程师直接向对方发出。违反这一办理流程,就会产生"令出多门"的现象,造成管理上的混乱。

　　又如,供应方的月报表或月结算单上报后,工程师应在一定时限内核证,签发月支付证书报送采购方,采购方则应在接到该证书的一定时限内向供应方付款,否则要按合同规定的利率支付利息。

　　在采购合同的专用条件中对于许多报批程序都规定了适合本工程的具体时限,对采购方、供应方和工程师都有约束力,这就为合同的顺利履行提供了基础。

(二)完善的通信设备和交通设备

　　在工程特别是大型工程的实施中,如果没有便利的通信条件和交通条件,就不能有效地进行管理。按照国际惯例,采购方已经把合同管理的任务委托给工程师,则工程师的通信设备和交通设备是否齐全和便利就成了一件十分重要的事情。

　　在招标文件技术规范中,对监理工程师的通信和交通工具的配备都有详细的规定。为工程师及时地提供这些设备是供应方的合同义务。

　　在一项工程采购合同中,工程师只有一名,一般都要由他指派一名工程师代表来行使职权,而工程师代表又可以指派一定数量的监理人员(根据工程复杂程度的需要)来协助他完成工作。因此在大型工程中,工程师班子的通信设备应当包括一般的电话系统、手机及电报、传真机等设备;交通设备应包括一定数量的越野汽车、面包车等,以保证工程师及时到场和及时处理问题,从而避免重大的经济损失或工程事故。

（三）规范的现场会议制度

在合同管理中，现场会议是采购方和工程师做好工程管理的一种有效措施。按照不同的任务和目的，现场会议可分为第一次现场会议、例行现场会议和日常现场协调会议三种形式。

1. 第一次现场会议

第一次现场会议的任务包括介绍工程师和供应方的班子人员与办事机构，制定行政例行程序，检查开工前的各项准备工作，陈述供应方的工程进度计划等。

2. 例行现场会议

例行现场会议是工程开工后定期召开的现场会议，其任务是解决施工中的有关工程进度、工程质量、工程费用及延期、索赔等问题。例行现场会议一般为每月1~2次，紧急需要时可随时召开。

第一次现场会议和例行现场会议都必须有正式的会议议程，以便事先做好准备工作，避免遗漏事项。会议要做详细的记录，该记录一旦被工程师和供应方认可，就成为正式文件，对双方均有约束力。

3. 日常现场协调会议

日常现场协调会议（可以是每日进行，也可每隔几日进行），是由工程师和供应方指派的人员对当日施工中存在的问题和次日的工作安排进行协调，它有利于互通信息及工作的相互配合，有利于及早发现问题，并针对问题作出及时改进和纠正。

（四）健全的合同文件管理系统

采购合同文件管理是合同管理的基础工作之一，也是合同管理中的重要一环。双方签署合同并组建项目合同部之后，合同部负责人应马上派遣专人建立起自己的文件管理系统，尽快开始所有合同文件的整理分类和归档工作。有些项目管理者在招标阶段就着手做此工作，这样就为以后的合同文件管理工作打好了基础。

合同文件管理系统建立之后，要建立严格的接收和发出合同文件的登记和借阅制度。不允许随意将任何文件私自带走，也不能在查阅文件时破坏原来的存放顺序。为了稳妥起见，可以将所有正式签署的合同文本拷贝一份，作为"阅视件"，当合同管理人员或其他人员需要查阅合同文本时，只允许查"阅视件"，而将原件妥善保管以免损坏丢失。同时还要注意文件存放的安全性，尤其是防盗、防火和防潮问题。合同文件在采购项目中属于机密文件，任何泄密都有可能给项目带来无法弥补的损失,所以要特别注意合同文件的保密问题。

合同文件主要包括以下内容。

(1)招投标阶段文件。招投标阶段文件包括全套招标文件、标书释疑、投标人发来的信函、标书的补遗、对标书中有关问题的澄清、评标文件等。

(2)正式合同文件。正式合同文件包括合同协议书、中标函、投标书、合同条件、规范、图纸、标价的工作量表、所有辅助资料表和附件等。

(3)会议纪要。采购项目在实施的全过程中作为最主要的交流方式的是合同双方召开的多次会议。与合同管理有关的会议主要有招标文件澄清会,标前会议,合同签订前的谈判会议,设计、技术协调会,周(月、季)例会,施工协调会,变更、索赔会议,项目进度审查会等。

所有这些会议都要在会议结束时形成会议纪要,以记录双方的观点,双方就某一问题所应采取的行动,各方应负的责任和会上达成的协议等。这些会议纪要都是非常重要的合同文件,是协调合同各方行动和解决争端的主要依据。对于会议纪要,要建立审阅制度,可由与会的一方起草会议纪要后,送交对方(以及有关各方)传阅核签。会议纪要的核签一般应规定期限,如果在此期限内不返回修改意见,即认为同意。

(4)来往信函。在采购活动的整个过程中,供应方和采购方进行了大量信息交流,从而产生了很多来往的信函。这些信函在合同正式签订以后,要和正式签署的合同文本一起,分类整理归档以备使用。这些信函都具有合同文件的效力,是合同支付、结算索赔及解决双方之间争端的重要依据。

来往信函可以分为信件、传真、传送件和电子邮件等。一般来讲,重要文件不能以电子邮件的形式传送,为了提高效率可先用电子邮件发过去,随后提交原件。

按照国际惯例,从合同部发出去的任何一份信函,都必须经合同部负责人签发。发往采购项目部以外的正式信函,则必须有合同部负责人审核,由项目经理正式签发。

(5)合同管理报表。在采购合同管理中,建立健全各类合同管理报表,对于提高合同管理的效率,便于各级领导了解采购项目合同管理情况和状态都是非常必要的。在采购项目开始阶段,就应设计相关的合同管理报表的格式,在合同履行过程中再根据实际需要不断修改完善。

常用的合同管理报表有主合同支付汇总表,主合同变更、索赔申请汇总表,批准变更、索赔汇总表,分包费用支出预算表,分包合同汇总一览表,分包合同支付汇总表,分包合同变更、索赔汇总表,保险单汇总监控表,履约保函、担保汇总监控表等。

 **案例分析**

中国东方航空股份有限公司采购合同

采购合同

合同号：_____　　签订地点：_____　　签订日期：_____

甲方：　中国东方航空股份有限公司

地址：　　上海虹桥路 2550 号

电话：63686268　　传真：62689721　　邮编：200335

乙方：_____

电话：_____　　传真：_____　　邮编：_____

　　本合同由甲乙双方本着平等互利、重信守誉的原则共同订立。根据本合同条款，甲方同意购买，乙方同意出售下述产品，确认下列条款订立本合同：

1　商品(服务)的名称数量及价格

1.1　乙方向甲方提供

商品名称及规格	单价(元)	数量	总价

1.2　乙方负责向甲方提供产品安装调试服务，三年售后支持服务。

1.3　甲方向乙方支付商品总价为人民币_____元。

2　商品支付

2.1　乙方于合同签订后的 2 天内交货。

2.2　交货地点：(甲方指定地点)_____。

3　运输方式及费用负担

运输所发生的费用及运输保险费用均由乙方承担。

4　质量与包装

4.1　乙方保证所提供的均为原厂商未经使用、原包装全新产品（整机及配件）。

4.2　质量符合本合同及符合国家或行业所规定的性能及质量的标准。

5　付款方式

甲方在到货安装调试合格后 30 个工作日内一次性将上述货款支付于乙方。

6　安装调试与验收

6.1　乙方在接到甲方调试通知后三天内对设备进行安装调试。

6.2　乙方在交货时提供详细的设备交货清单及相应的装箱单，甲方根据乙方提供的设备交货清单及装箱单进行设备验收。若甲方在验收后的 5 个工作日内不向乙方提出异议，双方认为货物验收合格。

6.3　设备调试前及调试中，甲方应按乙方要求准备好环境，并对乙方提供协助。

6.4　设备安装调试结束后，由双方代表对设备进行现场验收。

7　保修服务

乙方向甲方提供自设备调试合格之日起＿＿＿＿＿＿＿年免费保修或按产品保修期限保修。但产品经二次保修仍不合格，可调换。保修服务不应影响甲方的生产。修理仍不合格可调换。三次不合格可以退货。

8　违约责任

8.1　甲方若未按合向规定的付款期限付款，每天按合同总额的万分之一向乙方支付违约金。

8.2　乙方若未按合同规定的交货期限交货，每天按合同总额的万分之一向甲方支付违约金。

8.3　其他违约责任，按《中华人民共和国合同法》有关规定处理。

9　人力不可抗拒因素

由于人力不可抗拒因素，致使乙方延迟或不能交货时，乙方应立即将上述情况及时通知甲方，并在以后的十四天内将事故发生所在地政府主管部门开具的事故证明书空邮甲方，并取得甲方认可，采取一系列必要措施加快交货。

10　诉讼

凡有关本合同或执行本合同发生的一切争执，应经过友好协商解决；若不能解决，则提交甲方所在地方法院提起诉讼。

11　合同生效

本合同一式肆份，甲乙双方各执贰份。自双方签字、盖章之日起正式生效。

12　附件

本合同附件为本合同不可分割的组成部分，与合同正文有着同等的效力。

甲方:中国东方航空股份有限公司　　　　乙方:

代表:(盖章)　　　　　　　　　　　　代表:(盖章)

日期:　　　　　　　　　　　　　　　　日期:

 **本章综合练习题**

一、选择题

1. 采购合同的标的物可以是(　　　)。

A. 土地使用权　　　B. 实物和劳务　　　C. 专利权　　　　D. 商标权

2. 属于严格意义上采购合同的是(　　　)。

A. 以支付价款为代价取得另一方标的物所有权的协议

B. 以赠与方式取得标的物的所有权的协议

C. 不以支付价款为代价取得另一方标的物所有权的协议

D. 以易货贸易方式取得标的物所有权的协议

3. 采购合同按合同支付方式可分为(　　　)。

A. 固定价格合同类型、成本加酬金合同类型和固定工资合同类型

B. 个人采购合同、企业采购合同和国家采购合同

C. 商业采购合同、政府采购合同和制造业采购合同

D. 货物采购合同、工程项目采购合同和服务采购合同

4. 采购合同按采购职能的范围和目标可分为(　　　)。

A. 固定价格合同类型、成本加酬金合同类型和固定工资合同类型

B. 个人采购合同、企业采购合同和国家采购合同

C. 商业采购合同、政府采购合同和制造业采购合同

D. 货物采购合同、工程项目采购合同和服务采购合同

5. 采购合同按采购内容可分为(　　　)。

A. 固定价格合同类型、成本加酬金合同类型和固定工资合同类型

B. 个人采购合同、企业采购合同和国家采购合同

C. 商业采购合同、政府采购合同和制造业采购合同

D. 货物采购合同、工程项目采购合同和服务采购合同

6. 如果采购方力图将管理成本降到最低,比较适合选择(　　　)。

A. 固定价格合同　　　　　　　　　B. 成本和激励合同

C. 成本类型合同　　　　　　　　　D. 固定工资合同

7. 在采购合同履行中,(　　　)是判断当事人是否履行合同的标准。

A. 实际履行原则   B. 实际履行原则或适当履行原则

C. 适当履行原则   D. 实际履行原则和适当履行原则

8. 在采购合同履行中,(　　)是判断当事人的履行是否正确的标准。

A. 实际履行原则   B. 实际履行原则或适当履行原则

C. 适当履行原则   D. 实际履行原则和适当履行原则

9. 在采购合同担保中,被称为"担保之王"的是(　　)。

A. 抵押担保   B. 保证担保   C. 质押担保   D. 定金担保

10. 在工程采购合同中,合同的变更(　　)。

A. 只能由采购方提出   B. 只能由供应方提出

C. 由采购方和供应方共同提出   D. 由采购方或供应方提出

二、判断题

1. 采购合同是一种典型的双务合同。

2. 当事人之间关于不以支付价款为代价取得另一方标的物所有权的协议,不属于采购合同。

3. 当供应方具有良好的履约业绩时,一些采购机构倾向于使用成本加奖励付费合同。

4. 高层管理者对既定采购项目的重视程度提高,意味着使用固定价格合同类型的倾向性增加。

5. 按一般法律惯例,"合同补遗"或"合同谈判纪要"优先于合同其他文件、因为它最终确认了合同签订人之间的意向。

6. 使债权人免除保存质押物之累的采购合同担保是质押担保。

7. 在货物采购合同中,合同的变更一般多由供应方提出。

三、简答题

1. 采购合同有哪些特点?

2. 采购合同的内容包括哪些主要条款?

3. 采购合同管理的主要内容有哪些?

4. 简述采购合同索赔的程序。

练习题参考答案

一、选择题

1. B 2. A 3. A 4. C 5. D 6. A 7. A 8. C 9. B 10. D

二、判断题

1. √   2. √   3. ×   4. ×   5. √   6. ×   7. ×

三、简答题

1. 采购合同除了一般的合同所具有的特征外,还显现出以下一些特点。

(1) 采购合同是一种典型的双务合同。采购合同是一种买卖合同,出卖人和买受人的权利和义务在法律上是对等的,双方当事人都享有一定的权利,又负有相应义务,通常一方的义务正是另一方的权利,双务合同的特征极为典型。

(2) 采购合同约定的转移对象仅限于标的物的所有权。采购合同是当事人关于一方转移标的物所有权给另一方的协议,买方通过支付价款、接受卖方交付的标的物后,即取得了该标的物的所有权。

(3) 采购合同的买方须向卖方支付一定价款。采购合同的买方取得标的物的所有权是有偿的,需向卖方支付一定价款,这是取得标的物所有权的代价。当事人之间关于不以支付价款为代价取得另一方标的物所有权的协议,不属于采购合同。

2. 一般来说,采购合同的内容具备以下主要条款。

(1) 商品的品种、规格和数量。商品的品种应具体,避免使用综合品名;商品的规格应规定颜色、式样、尺码和牌号等;商品的数量多少应按国家统一的计量单位标出。必要时,可附上商品品种、规格、数量明细表。

(2) 商品的质量和包装。合同中应规定商品所应符合的质量标准,注明是国家或部颁标准;无国家和部颁标准的应由双方协商凭样订(交)货;对于副、次品应规定出一定的比例,并注明其标准;对实行保换、保修、保退办法的商品,应写明具体条款;对商品包装材料、包装式样、规格、体积、重量、标志、及包装物的处理等,均应有详细规定。

(3) 商品的价格和结算方式。合同中对商品的价格的规定要具体,规定作价的办法和变价处理等,以及规定对副品、次品的折价办法;规定结算方式和结算程序。

(4) 交货期限、地点和发送方式。交(提)货期限(日期)要按照有关规定,并考虑双方的实际情况、商品特点和交通运输条件等确定。同时,应明确商品的发送方式(送货、代运、自提)。

(5) 商品验收办法。合同中要具体规定在数量上验收和在质量上验收商品的办法、期限和地点。

(6) 违约责任。签约一方不履行合同,违约方应负违约责任,赔偿对方遭受的损失。在签订合同时,应明确规定,供应者以下三种情况时应付违约金或赔偿金:第一,未按合同规定的商品数量、品种、规格供货商品;第二,未按合同中规定的商品质量标准交货;第三,逾期发送商品。购买者有逾期结算货款或提货,临时更改到货地点等,应付违约金或赔偿金。

(7) 合同的变更和解除条件。合同中应规定,在什么情况下可变更或解除,什么情况下不可变更或解除合同,通过什么手续来变更或解除合同等。

除此之外,采购合同应视实际情况,增加若干具体的补充规定,使签订的合同更切实际,更具有效率。

3. 根据采购合同通常所包括的基本内容,采购合同的管理主要从采购合同的谈判与签订,采购合同的履行与担保,采购合同的变更、中止和解除,采购合同的违约责任与索赔等四个方面进行。

(1) 采购合同的谈判与签订。管理的主要内容包括评标过程的澄清、合同谈判、合同最后文本的确定以及签订合同。

(2) 采购合同的履行与担保。采购合同的履行,是指合同依法成立生效后,当事人双方按照合同规定的各项条款完成各自承担的义务和实现各自享受的权利,使当事人双方订立合同的目的得以实现的行为。合同履行是合同法律效力的重要体现,是实现合同目的的重要手段。当事人应当按照合同约定全面履行自己的义务。采购合同的担保,就是指合同当事人根据法律的规定或合同的约定,为确保债务履行和债权实现而采用的法律保障措施。担保方式常见的有保证、抵押、质押、留置和定金。

(3) 采购合同的变更、中止和解除。合同的变更是指在保持合同主体同一性的前提下,对合同内容所作的改变。即合同依法成立后,在尚未履行或者尚未完全履行之前,当事人通过协商对合同内容所作的修改或者补充。合同的变更可由合同双方的任一方提出。在货物采购中一般合同的变更多由采购方提出。合同中止是指在采购过程中采购方发现供应方存在欺骗、贿赂、提供假证明等行为时,为了保护采购方的利益,在完成调查或法律审查之前根据充分的证据而实行的一种紧急措施。合同的解除实际上是不履行合同所规定的义务。

(4) 采购合同的违约责任与索赔。违约责任是指当事人违反合同约定应承担的民事责任。违约责任制度作为保障债务履行和债权实现的重要措施,是在债务人不履行债务时,国家强制债务人履行债务和承担法律责任的表现。索赔是采购合同履行过程中,合同当事人的一方,由于非自身负责的原因而造成合同义务外的额外费用支出,从而通过一定的合法途径和程序,向合同当事人另一方要求予以某种形式的补偿活动。

4. 采购合同的索赔程序一般按以下几个步骤进行。

(1) 提出索赔要求。提出索赔的一方在索赔事项发生的 28 天内,用书面信件正式向另一方发出索赔通知书。索赔通知书主要说明索赔事项的名称,引证索赔依据的合同条款及自己的索赔要求。按照国际惯例,如果在提出索赔的一方发出索赔通知 30 天内,另一方未作答复,上述索赔应视为已被另一方接受。

(2) 保存好同期记录。索赔事项发生后,提出索赔的一方要保存好当时有关记录,以便作为证实材料。

(3)提供索赔证明。在索赔通知发出后的 28 天内,提出索赔的一方要提交一份说明索赔依据和索赔款项的详细报告;如果该索赔事件有连续性的影响,事态还在发展时,按照对方合理要求,则每隔一定时间,提交一次列有累计索赔款额和进一步说明索赔依据、理由的补充材料,说明事态发展情况,直至导致索赔事件终止后 28 天内送出一份最终详细报告,附上最终账目和全部证据资料,提出具体的索赔额或工期延长天数。

(4)索赔支付。当提出索赔的一方提供的详细报告使另一方确认应偿付索赔款额时,另一方应在合同的支付期间内向对方支付索赔款额。如果提出索赔的一方所提供的详细报告不足以证实全部索赔,另一方应按照以证实并令人信服的那部分索赔的详细资料,给予提出索赔一方部分索赔的付款。

第七章 采购成本管理

本章学习重点

1. 采购成本的构成,采购过程的成本控制方法,降低采购成本的基本途径。

2. 影响采购成本的主要因素,降低采购成本的常用方法。

3. 采购成本的概念,控制采购成本的意义。

技能要求

能进行采购成本分析和对采购过程进行成本控制。

众所周知,企业的根本目的就是追求利润最大化。在确保其他条件不变的情况下,最大限度地降低采购成本,将直接增加企业的总利润,为企业赢得竞争优势。因此,采购成本管理是采购管理中的一项重要工作。

第一节 采购成本分析

一、采购成本的含义

采购成本是指企业在生产经营过程中,因采购活动而发生的相关费用,即在采购过程中购买、包装、运输、装卸、存储等环节所支出的人力、物力、财力等货币形态的总和。

[相关知识链接 7-1]

成本及其构成

成本是企业在生产经营中所耗费资金的总和,是对象化的费用。会计上通常认为成本是由直接成本与间接成本构成的。

直接成本通常指那些能够被具体而准确地归入某一特定生产部件的成本,即直接消耗的材料,如 1 吨钢材,10 个人工。然而,在已经被普遍接受的会计实务中,已经消耗掉的特定材料的实际价格很有可能并不影响实际材料成本的计算。因为材料的实际价格可能在一个时期内上下波动,所以在计算实际材料成本时通常使用所谓的标准成本。一些企业把上一会计期间期末所支付的各种材料的价格作为标准成本,其他的企业则把一定期间内的平均价格作为标准成本。

间接成本是指那些在工厂的日常运作过程中发生的,不能直接归入任何生产部件的成本。如租金、折旧费用、办公费用等。间接成本通常也用来指间接费用。

那么,成本中应该包含些什么项目呢?有些时候,成本只是直接人工和材料成本。在经济萧条时期,供应商的目的只是补偿这些成本,而不是取得一定的利润,或者说成本是指直接人工、材料和一些间接费用。

二、采购成本的构成

在采购活动中,采购成本主要由购入成本、订货成本、存储成本及缺货成本四部分构成。

 **[相关知识链接 7-2]**

成本习性下的成本分类

管理会计上把成本总额与特定业务量之间的数量依存关系称为成本习性(cost behavior)。

通常认为,成本按其习性可以分为三类。

(1)固定成本,即不随业务量的变化而改变的成本,如企业的广告费、固定工资、固定资产折旧额、财产保险费、职工培训费、科研开发费等。

(2)变动成本,即与业务量成正比例变化的成本。大多数直接成本是变动成本,如直接材料、直接人工、外部加工费等。

(3)混合成本(或称半变动成本),指除了固定成本和变动成本之外的其他成本,即不完全与业务量成比例变化的成本。一般来说,大多数公用事业费,如电话费、电费、水费、煤气费、有线电视费等,以及机器设备的维护保养费、销售人员的薪金(底薪加提成者)等均属于半变动成本。

会计理论上,可以用不同的方法将混合成本分解为固定成本和变动成本,它们也就成为成本习性下的成本构成内容。

（一）购入成本

某项物品的购入成本始终要以进入仓库时的成本来计算。对于外购物品来说，单位外购成本应包括购价和运费。

（二）订货成本

订货成本是指企业向外部供应商发出采购订单的成本，是企业为了实现一次购买活动所支出的各种费用。订货成本中有一部分与采购次数无关，如常设采购机构的基本开支等，称为订货的固定成本；另一部分与采购的次数有关，如差旅费、通信费等，称为订货的变动成本。

更详细地说，商品的订货成本包括以下几个方面。①请购手续成本。请购所花的人工费用、事务用品费用、主管及有关部门的审查费用。②采购成本。估价、询价、比价、议价、采购、通信联络、事务用品等所花的费用。③进货验收成本。检验人员的验收手续所花费的人工费用、交通费用、检验仪器仪表费用等。④进库成本。物料搬运所花费的成本。⑤其他成本。如会计入账、支付款项等所花费的成本，检查库存水平的成本等。

（三）存储成本

存储成本通常也称为持有成本，指企业为存储物料所耗费的成本，主要包括资金成本、保险费用、陈旧成本、储存成本、税金、损耗和变质等费用。

1. 资金成本

资金成本反映失去赢利能力或时间的机会成本。物料的存储需要资金的投入，那么这笔投入的资金就丧失了其他有效使用这笔资金的机会，资金成本即指丧失了这笔资金有效使用带来的赢利。

2. 保险费用

保险费用一般是根据风险评估或承担风险的程度直接征收的。风险评估或承担风险的程度取决于物料和存储设施这两方面的性质。如容易被偷的高价值物料及易燃的危害性物料将会导致相对较高的保险费用。保险费用还受到存储设施内的预防措施的影响。

3. 陈旧成本

陈旧成本是指存储的物料发生了耗损并且得不到保险的补偿，这笔费用的计算是根据过去的经验确定的，如物料容易发生品质变异、破损、报废、被盗、价值下跌等，这些都应计入物料陈旧成本中。

4. 储存成本

物料的存储数量增加，存储成本也会增加，其中主要是搬运成本和仓储成本的增加。仓库的租金、各种管理费用（如保安费、消防费、维修费、盘点费等）都是储存成本。

5. 税金

当物料被存储在仓库中的时候，许多国家把存货列入应交税的财产，因此，存货越多税金也越高。在一般情况下，税金是根据一年内某个特定日期的存货水平或某一段时期内的平均存货水平征收的。有些地方对存货税金不做任何评估。

物料存储成本的一般构成如表 7-1 所示。

表 7-1 物料存储成本的构成

要　　素	资金成本	保险费用	陈旧成本	储存成本	税金	合计
平均数/（%）	15	0.05	1.2	2	1	19.25
范围/（%）	8～40	0～2	0.5～2	0～4	0.5～2	9～50

（四）缺货成本

采购成本中的缺货成本是指因未持有物料或采购供应不及时而造成的物料短缺，以致影响生产进度所引起的成本，如停工待料，有了物料之后的加班，生产计划的变动，信誉的损失，延迟交货，失销，失去客户及为了使物料不至于短缺而产生的安全存货等成本。

1. 延期交货成本

延期交货有两种形式：一是缺货可以在下次规划订货中得到补充；二是加急订货延期交货。

如果延期交货属于第一种形式，企业实际上没有什么损失。但如果经常延期交货，客户可能就会转向其他企业。

如果延期交货属于第二种形式，那么就会发生特殊订单处理和送货费用。延期交货的特殊订单处理费用比规划补充的普通处理费用要高。由于延期交货经常是小规模装运，送货费相对要高，而且延期交货可能需要长距离运输。另外，可能需要利用快速、昂贵的运输方式运送延期交货的货物。因此，延期交货成本可根据额外订单处理费用和额外运费来计算。

2. 失销成本

由于缺货而没有及时向客户交货时，尽管一些客户可以允许延期交货，但仍会有一些客户转向其他企业订货，在这种情况下，缺货导致失销。

失销给企业造成的损失主要包括直接损失、机会损失和失去客户的损失。

（1）直接损失。直接损失即失去这种产品销售机会的利润损失，可以通过这种产品的利润乘以客户的订货数量来确定直接损失。但有时客户的订货数量很难确定，例如，许多客户习惯电话订货，在这种情况下，客户只是询问是否有货，而未指出要订多少货,如果这种产品缺货,那么客户就不会说明需要多少,企业也就不会知道损失的总量。

(2) 机会损失。当初负责这笔业务的销售人员的时间、精力的浪费,就是机会损失。

(3) 失去客户的损失。由于缺货而失去客户,也就是说,客户会转向另一家企业。如果失去了客户,企业也就失去了未来一系列收入,这种缺货造成的损失很难估计,需要用管理科学的技术及市场营销研究方法来分析和计算。

除了利润损失,还有由于缺货造成的信誉损失。信誉的度量,在采购成本管理中常被忽略,但它对企业未来的销售及经营活动非常重要。

 **[相关知识链接 7-3]**

机会成本及其意义

机会成本是指在若干备选方案中,选定某一方案而放弃另一"次优"方案所丧失的潜在收益。

机会成本是因决定选择某一方案而付出的一种代价。在一般情况下,决策者总是在至少两个以上的可行方案中选取最优方案而放弃"次优"甚至劣等方案。因此,被放弃方案的预期收益,就应成为被选取方案的全部成本的一部分,即应将已淘汰的"次优"方案可能获得的收益,作为已选定的最优方案的"机会"成本。

解释"机会成本"最典型、最通俗的事例,是能找到工作的人放弃就业而上学深造,如某人高中毕业后可在社会上谋得年薪 12 000 元的一份工作,现在他(她)放弃就业,到大学求学,假设大学每年的学费是 3 400 元,那三年后他获取大学文凭的成本是 46 200 元,即由 3 400×3＋12 000×3 得出,而不只是 10 200 元(3 400×3 元),这里要把他在大学学习三年所花费的机会成本 36 000 元计算在内。上学深造要付出放弃就业的机会成本,因而高学历者的入职起薪比低学历者的高,就成了合情合理的事了。

如此看来,尽管机会成本不是一般意义上的"成本",它既不构成企业的实际支出,也不记入会计账簿,但却是在决策时必须认真考虑的一个现实因素。

之所以要将被淘汰方案的潜在收益作为被选取方案的机会成本,主要是基于经济学中的两个重要假设:经济资源的稀缺性和有用性。企业拥有的经济资源是有限的,用在这一方面,就不可能同时用在其他方面;有所得,也将有所失。另一方面,企业拥有的经济资源有广泛的经济用途,这样,经济资源的使用就有多种机会可供选择,若某项资源只有一个用途(如煤气公司的输气管道,自来水公司的地下水管等),而没有其他选择机会,那么它的机会成本就等于零。

三、影响采购成本的主要因素

影响采购成本的因素很多,包括采购次数、采购批量大小、采购价格的高低,同时还受企业采购战略、产品结构和采购谈判能力等因素的影响。但最重要和最直接的影响因素还是采购的批量、批次、价格及谈判能力。

(一)采购批量与采购批次

如同批发和零售的价格差距,商品采购的单价与采购的数量有关,通常采购的数量越多,采购的价格越低。因此,采购批量和采购批次是影响采购成本的主要因素。

(二)采购价格与谈判能力

企业在采购过程中谈判能力的强弱是影响采购价格高低的主要原因。不同商品在供应、需求等方面的要素不同,企业在实施采购谈判时,必须要分析所处市场的现行态势,有针对性地选取有效的谈判议价方法,以达到降低采购价格的目的。

第二节　采购成本控制

采购成本在企业销售收入中所占份额的比重较大是实行采购成本控制的主因。加拿大管理学教授迈克尔・W.特里西韦通过研究发现,对企业来说,库存费用约为销售额的3%,运输费用约为销售额的3%,采购成本占销售收入的40%~60%。而对一个国家来说,供应系统总成本占国民生产总值的10%以上,所涉及的劳动力也占总数的10%以上。也有研究表明,在发达国家,原材料采购成本一般占产品单位成本的40%~60%,大型汽车制造企业的外购件成本占销售额的50%以上。

一、采购成本控制的意义

由于采购成本在企业总成本中占的比重较大,采购成本的变化对利润的影响非常明显。因此,采购成本控制应成为企业降低成本的主要环节。特别是在市场竞争日益激烈的情况下,企业面临着产品销售价格不断下降的巨大压力,通过扩大销量来增加利润也愈加困难。在这种情况下,加强采购成本控制成为企业增加利润的重要途径,采购环节将成为企业的又一重要利润源泉。

(一)采购成本对利润的影响

采购成本是指所采购物资的价值和采购费用的总和,采购成本构成了企业成本的主要部分。采购费用主要指企业在物资采购过程中所发生的各种耗费,包括由采购方所承担的运输费用、入库前的挑选整理费用、保管费用、定额范围内的途中损耗等。

制造全球化促使企业与供应商之间的联系更加紧密。市场全球化促使包括材料获得、加工、装配和分销在内的制造活动分布在整个世界。与此同时,供应成本占企业总成本的比例越来越大,其重要性也越来越突出。采购自然成为降低成本的主要环节,其增加利润的效果要远远大于在其他方面采取的措施。

(二)采购环节成为重要的利润源泉

长期以来,采购部门一直被认为是成本中心,理由是采购部门不断地购买原材料,花费企业大量的资金,是花钱的部门。然而,一种新的观念正在被一些企业特别是欧美公司所推崇,即采购部门也是企业的利润中心。这种观念兴起的原因是在白热化的市场竞争中,企业的利润空间已经非常小了,绝大部分行业进入了薄利期,而企业为了得到生存发展所需的足够的利润,不得不通过加强管理来压缩成本以增加利润空间。在实践中许多企业发现,采购环节是一个重要的利润源泉,加强采购管理可以降低企业的库存、避免潜在的断料风险,并且通过优化供应商网络、充分利用供应商的资源、降低原材料的成本等,有效地减少企业的采购成本,从而降低产品的总成本。企业在相同的销售价格的情况下,利润空间得到了扩大。

二、采购过程的成本控制

采购成本控制贯穿于物资采购过程的始末。采购过程中的每个环节、每个方面都要发生各种各样的费用,因此,在采购过程中,应运用各种采购策略,使采购总费用最低。

从采购管理的角度来看,采购部门的职责开始于获得请购单之前,并延续至填发订购单之后,包括一切与采购工作直接或间接相关的活动。因此,就企业整体而言,采购成本控制的优劣不仅关系到采购部门,还牵涉到其他部门是否能协调配合。

(一)采购决策过程的采购成本控制

采购决策过程的采购成本控制,主要是在每次采购过程中,分析确定采购商品的数量、形式是否合适,采购活动是否做到了总成本最低。

1. 采购数量的控制

企业在生产经营过程中,需要购进大量的原材料及零部件,这些物品的采购量应与生产经营规模相平衡。又因订货费与储存费存在着二律背反现象,要使采购总成本最低,就需要确定一个经济的采购批量。

2. 采购商品形式的控制

对于企业所需要的原材料或零部件,既可以购买又可以自己制造,企业应从经济效益出发,根据企业生产能力和成本决定是自制还是外购。

通过对采购决策过程分析,可以使决策更加合理,使采购总成本最低,并使企业获得更多的收益。

(二) 采购实施过程的采购成本控制

1. 选择适当的采购方式

采购方式是指采购主体获取资源或物品、工程、服务的途径、形式与方法。主要有集中采购、分散采购、招标采购、非招标采购、政府采购、JIT 采购等。不同的采购方式对于降低采购成本的贡献也不同。

如 JIT 采购是一种准时化采购模式,可以最大限度地消除浪费,降低库存,实现“零库存”。利用 JIT 采购可以在以下几方面降低采购成本:降低库存,减少库存成本;提高质量水平,降低质量成本;减少采购环节,降低订货成本;降低采购价格,减少材料成本。

再如,随着互联网技术的普及和网络优势的凸显,电子商务的优势起到了降低采购成本的作用,具体有以下几方面:发布公开信息获得最低价,减少中间环节降低交易成本,适时订购降低库存成本,科学管理减少损失。

2. 制定适当的底价

底价是采购方打算支付的最高采购价格,制定底价的过程是确立采购规格、调查收集信息、分析信息估计价格。

1) 确立采购规格

确立采购规格不仅决定物料品质,同时也影响交货日期、价格等。对于常用物料,有统一规格,可直接确立;对于非常用物料及尚未统一规格的物料,使用单位或技术部门可参考有关标准自行设计;对于事先无法说明的物料,可提供样品作为采购物料的标准。

2) 调查收集信息

对于一般性物品,企业可通过报纸、杂志、市场调查资料、各知名企业的厂价、过去的采购记录等多渠道收集采购价格方面的信息。对于专业化强、技术含量高的物品,企业可聘请专业人员进行评估。

3) 分析信息估计价格

企业将采购市场调查所得的资料进行整理、分析,编制材料调查报告,并在此基础上,估计所采购物品的价格。

3．正确进行询价

采购人员制定完底价后，就可以联络供应商，向供应商询价了。进行询价的步骤包括编制询价文件、确定被询价对象、发布询价通告。

1）编制询价文件

询价文件是供应商进行报价的依据。一份完整正确的询价文件可以帮助供应商在最短的时间内，提出正确有效的报价。

一份完整的询价文件至少应包括以下内容：询价项目的品名和料号、询价项目的数量、询价项目的规格要求、询价项目的品质要求、询价项目的报价基础要求、卖方的付款条件、询价项目的交货期要求、询价项目的包装要求、货物运送地点与交货方式、询价项目的售后服务与保证期限要求、供应商的报价到期日、保密协定的签署等。

2）确定被询价对象

采购部门根据采购需求，制定被询价供应商的资格条件，对供应商的供货品种、信誉、售后服务网点等进行资格审查，然后根据资格条件以公平的方式确定被询价供应商的名单。一般选择三家以上供应商作为被询价对象。

3）发布询价通告

企业选择一定渠道与供应商联络，并向这些供应商发布询价通告。企业在发布询价通告后，就会吸引供应商报价，为后面一系列报价、议价奠定基础。

4．正确处理报价

采购人员在获得供应商的报价单后，就需要对其进行处理了。对报价单的处理一般需要以下几个步骤。

1）审查报价单

采购部门在接到供应商的报价单后，对供应商所提供的产品质量、数量、价格以及交货时间等方面进行审查。

2）分析评价报价单

采购部门在接到报价单后，对各供应商价格的高低、交货期的长短、付款条件的宽严、交货地点是否适中等进行分析评价，以便选择恰当的供应商。

3）确定成交供应商

采购部门在完成分析评价工作后，形成评价报告，确定成交供应商，并将结果通知给所有报价的供应商，包括未成交的供应商。

通过对供应商报价单的审查、分析，并与自己所制定的底价进行比较，然后确定出所选的供应商，至此报价处理完毕。

5．成功进行议价

在采购活动中，议价是采购商与供应商共同关心但又存在分歧的问题，议价过程是消除分歧、达成一致的过程。为保证议价的成功,一般需掌握以下技巧:①具备必胜的信心;②有耐心;③有诚意;④善于树立第一印象;⑤营造和谐气氛;⑥表达准确有效;⑦正确的拒绝方式;⑧以成本为中心而不是以价格为中心。

(三)采购管理过程的采购成本控制

企业采购管理过程中的成本控制主要有以下几个方面:合理划分采购管理权限,尽量减少紧急采购现象,严格控制采购费用,恰当的业务控制措施,规范有效率的采购活动。

1. 合理划分采购管理权限

企业采购是采取集中管理还是分散管理,很大程度上取决于企业的整个经营管理体制。如果企业采用的是集中经营管理体制,那么,就有必要对采购进行集中管理;反之,如果企业强调分权和分级核算,则需进行分散管理。但是因为企业采购部门更了解市场情况,为了有效地组织采购业务,即使在分权管理体制的情况下,也需要某种形式上的集中管理。

通常集中采购方式下,采购规模较大,可以获得供应商的价格折扣,降低采购成本;集中采购可以使物流过程合理化并降低物流成本。

2. 尽量减少紧急采购现象

企业进行紧急采购通常会使采购价格偏高从而使采购成本上升,给企业带来经济损失。采购部门应尽量控制紧急采购,并尽量压低其采购数量。当然有些紧急采购如设备突然发生故障、客户送来紧急订单等,是难以避免的,但多数的紧急采购是由于工作疏忽或计划不周造成的。

3. 严格控制采购费用

采购人员不应仅着眼于选购价格最低的材料,还应考虑质量等因素,了解材料的性能和用途及它们在产品中的作用,并对材料进行价值分析,研究在不影响产品质量的前提下,是否可以通过改变材料、改进生产工艺来降低成本。

4. 恰当的业务控制措施

在采购过程中,供应商为了推销其产品,会利用多种手段去讨好采购人员。某些采购人员在得到好处后,会有意偏袒某些供应商而无视企业的利益,购进质量低劣的材料,造成企业的采购成本上升。因此,企业应对采购人员规定严格的纪律制度,在平时的采购过程中定期进行检查。

5. 规范有效率的采购活动

规范有效率的采购活动,既可以避免采购中出现采购数量、质量、时间、价格等方面的不合理,又可以保证企业生产经营的正常进行,达到降低成本的目的。

第三节 降低采购成本的方法

一、降低采购成本的基本途径

降低采购成本是采购部门的一项基本职责,降低采购成本应主要着眼于供应商和供应市场,而不是依靠压缩采购人员的待遇。降低成本的途径归结起来有以下三个。

(一)优化整体供应商结构

优化整体供应商结构包括通过对供应商市场调研等寻找更好的新供应商,通过时常竞争招标采购,与其他单位合作实行集中采购,减少现有的原材料以及零部件的规格品种数以进行大量采购,与供应商建立合作伙伴关系取得优惠价格等。

(二)改进现有供应商的供应配套体系

改进现有供应商的供应配套体系包括促使供应商实施即时供应,改进供应商的产品质量以降低质量成本,组织供应商参与本企业的产品开发及工艺开发,降低产品成本与工艺成本,与供应商实行专项共同改进项目以节省费用(如采用周转包装材料降低包装费用,采用专用运输器具缩短装卸运输时间和成本,采用电子邮件传递文件减少行政费用)并提高工作效率等。

(三)运用采购技巧和战术

运用采购技巧和战术降低采购成本,其中最常用的是灵活运用采购谈判技巧,辅助价格谈判的一个基本工具就是成本结构分析,另一个工具就是了解供应商的"学习曲线",再一个就是利用价格折扣。

美国密歇根州立大学一项全球范围内的采购与供应研究结果表明,在所有的降低采购成本的方式中,供应商参与产品开发最具潜力,成本降低可达42%,利用供应商的技术和工艺则可以降低成本40%,利用供应商开展即时生产可以降低成本20%,供应商改进质量可以降低成本14%,而通过改进采购过程及价格谈判等仅可降低成本11%。欧洲某专业机构的另一项调查也得出类似结果:在采购过程中,通过价格谈判可降低成本3%~5%,通过采购市场调研比较优化供应商平均可降低成本3%~10%,通过发展伙伴型供应商并对供应商进行综合改进可降低成本10%~25%,而供应商早期参与产品开发成本降低则可达到10%~50%。由此可见,在整体采购成本中,采购人员更应该关注"上游"采购,即在产品的开发过程中充分有效的利用供应商。

[相关知识链接 7-4]

学 习 曲 线

学习曲线现象最早是 20 世纪 20 年代在美国一家飞机装配工厂被发现的。该厂的研究表明,生产第 4 架飞机的人工工时数比第 2 架所花的时间减少了 20% 左右,第 8 架又只花费了第 4 架工时的 80%,第 16 架又是第 8 架的 80%,等等。把这种变化过程描绘成图形,可得到如图 7-1 所示的曲线。

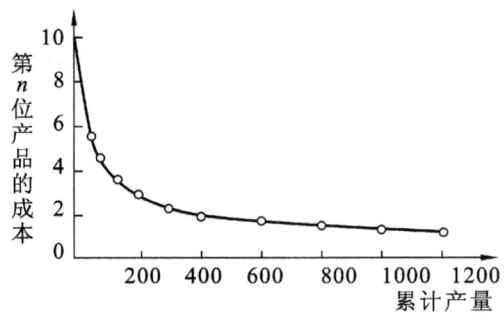

图 7-1 学习曲线

由图 7-1 可知,产量每翻一番,即从 x 台增至 $2x$ 台时,第 $2x$ 台的单台工时下降到第 x 台的 80%。而且,曲线在开始阶段下降很快,以后逐渐变得平坦。人们把这种现象称为 80% 学习曲线,又称经验曲线。此后,在其他产业,如汽车、石油化工、半导体、合成橡胶、人造纤维织物等都发现了类似的现象。尽管不同产品的工时或成本的下降速率不同,但当累计产量增加一倍时,产品工时或成本按同样的百分比有规律递减的现象却是相似的。

学习曲线现象主要是人们提高了熟练程度之后而产生的。如果生产过程都由机器来完成就不存在学习曲线现象了。因此,学习曲线的变化率取决于机器工作与人工工作的比例。实践表明,当人工工作时间与机器工作时间的比例为 3:1(人工占总生产工时的 3/4)时,学习曲线的变化率简称学习率,估计为 80% 比较适当;当该比例为 1:3 时,常设为 90%;当两者基本接近时,则取 85% 为宜。

二、降低采购成本的常用方法

(一)集中采购法

集中采购是指将各部门的需求集中起来,采购单位便可以较大的采购筹码得到比较好的价格折扣。商品标准化后,可以取得供应商标准品的优惠价格,库存量也相对降低。同时,还可以借助统一采购作业来减少行政费用的支出。

不过,集中采购或许会给人一种僵化、没有弹性的感觉,另一个较折中的办法是由使用量最多的单位来整合所有采购数量,负责主导采购议价。这除了可以拥有与集中采购相同的采购筹码外,还能让采购单位更靠近使用单位,更了解使用单位的需求状况。也可以运用其他类似的方法降低采购成本,如由各相关部门代表组成的产品委员会、联合采购、长期合约及总体采购合约等。

(二) 价值分析法

利用价值分析也是重要方法之一。通过价值分析降低采购成本的途径有:将产品设计简化以便于使用替代性材料或制造程序,采用提供较佳付款条件的供应商,采购二手机器而非全新设备,运用不同的议价技巧,选择费用较低的货运承揽业者或考虑改变运输模式(如将空运改为海运),亦可同样达到成本降低的目的。当然前置时间是否足够、是否会影响到其他工作,必须先行确认,并做周密的评估。

(三) 作业成本法

作业成本法是另外一个控制成本的方法,它在美国惠普公司已经实施了多年。这种方式将间接成本依照在某一产品上实际花费的时间正确地进行配置,有别于传统会计作业将间接成本平均分摊的做法。运用到采购管理中,即将采购间接成本按不同的材料、不同的使用部门等进行分配,从而科学地评价每种材料、每个部门等实际分摊的采购间接费用。它可以让管理阶层更清楚地了解采购成本分配的状况。不过,分析的过度细化,往往容易导致越想全面掌控却又越抓不住重点。所以,适时地利用如帕累托分析(Pareto analysis)等来找出关键的成本是非常必要的。

(四) 目标成本法

目标成本是指企业在新产品开发设计过程中,为了实现目标利润而必须达到的成本目标值,即产品生命周期成本下的最大成本允许值。目标成本规划法的核心工作就是制定目标成本,并且通过各种方法不断改进产品与工艺设计,最终使得产品的设计成本小于或者等于其目标成本。这一工作需要由包括营销、开发与设计、采购、工程、财务与会计,甚至供应商与顾客在内的设计小组或工作团队来进行。

产品的目标成本确定以后,可与企业现有的相关产品成本相比较,确定成本差距。而这一差距就是设计小组的成本降低目标,也是所面临的成本压力。设计小组可把这一差距从不同的角度进行分解,如可分解为各成本要素(原材料和辅助设备的采购成本、人工成本等)或各部分功能的成本差距;也可按上述设计小组内的各部分(包括零部件供应商)来分解,以使成本压力得以分配和传递,并为实现成本降低目标指明具体途径。采购部门则要根据每种材料的目标成本进行采购,以保证最终产品的成本能达到目标成本的要求。

(五)成本结构分析法

在实际操作中,了解供应商成本可以在谈判过程中取得合理的价格。控制、降低采购成本的一个基本手段是要求供应商提供尽量详细的报价单,即将供应商提供的产品按固定费用及可变费用细项展开计算,逐项核定其准确合理性。

(六)谈判法

在采购管理中一个至关重要的工作就是对供应商的成本结构及其业绩进行分析,并在此基础上进行谈判。谈判是降低采购成本的重要渠道之一,但最新研究结果表明,通过谈判降低采购成本的幅度是有限的,企业还要配合集中采购、目标成本法、供应商成本法结构分析等方法的运用,综合考虑如何降低采购成本。

 **案例分析**

宜家通过低价采购取得竞争优势

除中国大陆地区宜家的价格表现略为偏高外,在全球其他市场,宜家一直以优质低价的形象出现,这得益于宜家经济型采购策略。

◎以规模采购获得低成本

宜家在选择供应商时,从整体上考虑以使总体成本最低,即以计算产品运抵各中央仓库的成本作为基准,再根据每个销售区域的潜在销售量来选择供应商,同时参考质量、生产能力等其他因素。由于宜家绝大部分的销售额来自欧洲和美国,所以一般只参考产品运抵欧洲和美国中央仓库的成本。

宜家在全球拥有近2 000家供应商(其中包括宜家自有的工厂),供应商将各种材料由世界各地运抵宜家全球的中央仓库,然后从中央仓库运往各个商场进行销售。这种全球大批量集中采购方式可以取得较低的价格,挤压竞争者。

同宜家的大批量采购相比,拷贝者无法以相同的低价获得原材料,要使产品定价低于宜家的价格,只有偷工减料或者是降低生产费用,然而降低生产费用的空间也不会太大,因为宜家的供应商由于订单的数量大,其单位生产费用、管理费用已经相当低了,且宜家在价格上所增加的销售费用、管理费用也不会太高。如果没有足够的利润空间,拷贝也就没有了原动力,偷工减料的产品也无法长期同宜家的产品竞争。

◎因地制宜,改变采购通路,保持竞争优势

宜家亚太地区的中央仓库设在马来西亚,所有发往中国市场的产品必须先运往马来西亚。这种采购方式使宜家总体的成本降低。但是对于中国来说,成本较高。特别是对于家具这类体积较大的商品来说,运费在整个成本中会达到30%,直接影响到最终的定价。

随着亚洲市场特别是中国市场所占的比重不断扩大,宜家正在把越来越多的产品放在亚洲地区生产,这大大降低运费对成本的影响。目前,宜家正在实施零售选择计划,即由中国商场选择几个品种,最后由中国的供应商进行生产,最后直接运往商店的计划。例如,尼克折叠椅原先由泰国生产,运往马来西亚后再转运中国。采购价相当于人民币34元一把,但运抵中国后成本已达到66元一把,再加上商场的运营成本,最后定价为99元一把,年销售量仅为1万多把。实施这项计划后,中国的采购价为人民币30元一把,运抵商店后成本增至34元一把,商场的零售价定为59元一把,比以前低了40元,年销售量猛增至12万把。

随着中国房地产热的高温不退,家居用品市场的竞争也日趋激烈,宜家在产品设计、营销方法以及品牌上已经和其他竞争对手形成了足够的差异,但是这种壁垒能否足以抵挡其他家居用品商的猛烈进攻,价格仍然是主要因素。降低采购成本后,宜家显然在针对目标消费群体,加大本土采购力度,继续降低成本价格,把宜家在全球的价格优势发挥出来,加上其特有的体验营销、服务营销等多种营销手法的综合运用,有助于宜家与众多竞争对手区别开来,从而取得竞争优势。

 **本章综合练习题**

一、选择题

1. 影响采购成本的最重要和最直接的因素是( )。

A. 采购批量、采购批次和采购战略

B. 采购批量、采购批次和采购价格

C. 采购批次、采购价格和采购谈判能力

D. 采购价格、采购谈判能力和采购批量

2. 采购过程的成本控制贯穿于( )。

A. 采购决策、采购实施和采购审批过程

B. 采购实施、采购审批和采购管理过程

C. 采购决策、采购实施和采购管理过程

D. 采购决策、采购审批和采购管理过程

3. 采购人员的差旅费属于( )。

A.订货成本　　　B.缺货成本　　　C.存储成本　　　D.购入成本

4.延期交货成本属于(　　)。

A.订货成本　　　　　　　　B.缺货成本

C.存储成本　　　　　　　　D.购入成本

5.采购单位将各部门的需求集中起来,以较大的采购筹码得到比较好的数量价格折扣的降低采购成本的方法是(　　)。

A.作业成本法　　　　　　　B.目标成本法

C.成本结构分析法　　　　　D.集中采购法

二、判断题

1.在采购活动中,采购成本主要由购入成本、订货成本、存储成本以及缺货成本四部分构成。

2.采购部门一直被认为理由是采购部门不断的购买原材料,花费企业大量的资金,是花钱的部门,是企业的成本中心,不可能成为企业的利润中心。

3.在采购决策过程中,采购成本控制主要是在每次采购过程中,分析确定采购商品的数量、形式是否合适,采购活动是否做到了总成本最低。

4.进库成本属于采购成本中的存储成本。

5.将产品设计简化以便于使用替代性材料或制造程序的降低采购成本方法是成本结构分析法。

三、简答题

1.控制采购成本有何意义?

2.采购实施过程应如何控制采购成本?

3.采购管理过程应如何控制采购成本?

4.降低采购成本的基本途径有哪些?

练习题参考答案

一、选择题

1.B　2.C　3.A　4.B　5.D

二、判断题

1.√　2.×　3.√　4.×　5.×

三、简答题

1. 控制采购成本的意义在于,由于采购成本在企业总成本中占的比重较大,采购成本的变化对利润的影响非常明显。因此,采购成本控制应成为企业降低成本的主要环节。特别是在市场竞争日益激烈的情况下,企业面临着产品销售价格不断下降的巨大压力,通过扩大销量来增加利润也愈加困难。在这种情况下,加强采购成本控制成为企业增加利润的重要途径,采购环节将成为企业的又一重要利润源泉。

2. 采购实施过程的采购成本控制应从以下五个方面进行。

(1) 选择适当的采购方式。采购方式主要有集中采购、分散采购、招标采购、非招标采购、政府采购、JIT 采购等。不同的采购方式对于降低采购成本的贡献也不同。如 JIT 采购是一种准时化采购模式,可以最大限度地消除浪费,降低库存,实现"零库存"。

(2) 制定适当的底价。底价是采购方打算支付的最高采购价格,制定底价的过程是:确立采购规格、调查收集信息、分析信息估计价格。

(3) 正确进行询价。采购人员制定完底价后,就可以联络供应商,向供应商询价了。进行询价的步骤包括编制询价文件、确定被询价对象、发布询价通告。

(4) 正确处理报价。采购人员在获得供应商的报价单后,就需要对其进行处理了。通过对供应商报价单的审查、分析,并与自己所制定的底价进行比较,然后确定出所选的供应商,至此报价处理完毕。

(5) 成功进行议价。在采购活动中,议价是采购商与供应商共同关心但又存在分歧的问题,议价过程是消除分歧、达成一致的过程。

3. 采购管理过程的采购成本控制应从以下五个方面进行。

(1) 合理划分采购管理权限。企业采购是采取集中管理还是分散管理,很大程度上取决于企业的整个经营管理体制。集中采购通常采购规模较大,可以获得供应商的价格折扣,降低采购成本;集中采购可以使物流过程合理化并降低物流成本。

(2) 尽量减少紧急采购现象。企业进行紧急采购通常会使采购价格偏高从而使采购成本上升,给企业带来经济损失。采购部门应尽量控制紧急采购,并尽量压低其采购数量。

(3) 严格控制采购费用。采购人员不应仅着眼于选购价格最低的材料,还应考虑质量等因素,了解材料的性能和用途及它们在产品中的作用,并对材料进行价值分析,研究在不影响产品质量的前提下,是否可以通过改变材料、改进生产工艺来降低成本。

(4) 恰当的业务控制措施。在采购过程中,供应商为了推销其产品,会利用多种手段去讨好采购人员。因此,企业应对采购人员规定严格的纪律制度,在平时的采购过程中定期进行检查。

(5) 规范有效率的采购活动。规范有效率的采购活动,既可以避免采购中出现采购数量、质量、时间、价格等方面的不合理,又可以保证企业生产经营的正常进行,达到降低成本的目的。

4. 降低采购成本有如下基本途径。

(1) 优化整体供应商结构。这包括通过对供应商市场调研等寻找更好的新供应商,通过时常竞争招标采购,与其他单位合作实行集中采购,减少现有的原材料以及零部件的规格品种数以进行大量采购,与供应商建立合作伙伴关系取得优惠价格等。

(2) 改进现有供应商的供应配套体系。改进现有供应商的供应配套体系促使供应商实施即时供应,改进供应商的产品质量以降低质量成本,组织供应商参与本企业的产品开发及工艺开发,降低产品成本与工艺成本,与供应商实行专项共同改进项目以节省费用(如采用周转包装材料降低包装费用,采用专用运输器具缩短装卸运输时间和成本,采用电子邮件传递文件减少行政费用)并提高工作效率等。

(3) 运用采购技巧和战术。运用采购技巧和战术降低采购成本,其中最常用的是灵活运用采购谈判技巧,辅助价格谈判的基本工具是成本结构分析,另一个工具就是了解供应商的"学习曲线",再一个工具就是利用价格折扣。

第八章 采购监督与控制

本章学习重点

1. 采购监督与控制的内容与方法。
2. 采购监督与控制的目的,进行采购监督与控制应注意的问题。
3. 采购监督与控制的意义,采购监督与控制基础工作包括的内容。

 **技能要求**

能运用理论知识制定企业内部采购控制制度。

采购活动是企业很重要的一项工作,采购工作的好坏影响到企业各项工作的正常进行。为了保障企业各项工作的顺利进行,就必须加强采购工作的监管与控制,以降低采购风险。

第一节 采购监督与控制概述

一、采购监督与控制的重要性

采购活动涉及大量资金的流动及各方的利益关系,而且采购活动往往是采购员与各方人员独立自主的经济往来活动,企业采购活动很容易被利用来假公济私、行贿受贿、贪污腐败,以牟求个人私利、损害采购企业或国家的经济利益。这种犯罪行为有很强的驱动力:一是一些供应商,为了获取被采购的机会,拉拢、贿赂采购员;二是一些社会势力威胁或利诱采购员,强买强卖、迫使采购员就范;三是采购员自身的趋利思想。因此采购活动很容易被引入歧途。

犯罪的形式多种多样,目的都是从采购员手中获取采购订单。但是这种采购所得到的货物,或者是价高,或者是商品质量差,这些都给采购企业造成重大经济损失。

另一方面,采购活动也存在许多风险,甚至存在于采购活动的每一环节中。可以说,只要所采购的物资还没有进入采购单位的仓库,就都有可能出现风险。其中,有些风险是一些不可抗拒的偶然因素造成的,如天灾人祸、运输事故等;但大多数都是一些可以回避、可以控制的人为因素造成的,如供应商不讲信用、行骗受骗、收钱赖账、携款逃逸等,这些风险的产生,可能是采购制度不健全、采购人员作业不到位或没经验造成的,却可能因此给企业造成不可挽回的损失。

因此,为了保护企业利益、降低采购风险、保证企业采购活动正常进行,需要对采购活动和采购人员进行监督控制。

 **[相关知识链接 8-1]**

监督的基本内涵

"监"字,最早出现在殷商甲骨文字和铭名中,似一个人站在盛水的盆边,有自照其面之意。

监督就其本意来说即监察督促。在古代汉语中,"监督"是两个词。《说文解字》中说:监,临下也;督,察也。两者结合起来,就有自上而下的察看之义。

在我国古代,"监督"一词最初是指督察军事,以保证军令的畅通。例如,《后汉书·荀彧传》:"古之遣将,上设监督之重,下建副二之任,所以尊严国命而鲜过者也。"后来这一概念被广泛应用于经济、政治、社会关系及日常生活等各个领域,泛指对一切人和事的监察督促。

二、采购监督和控制的目的

采购监督和控制的目的就是实现适价(right price)、适时(right time)、适质(right quality)、适量(right quantity)、适地(right place),即"5R"的采购目标。

1. 适价

价格是采购物流控制最主要的方面,也是采购物流控制的主要目的。对采购物流价格的有效控制,将对企业产生巨大的经济效益。大量使用与少量使用,长期使用与短期使用,价格往往有差别。因此,要通过合理的步骤决定一个合适的价格。

2. 适时

现代企业竞争非常激烈,时间就是金钱。采购计划的制订要非常准确。该进的物料不按要求时间进来,就会造成停工待料,增加管理费用,影响销售和信誉;太早采购囤积物料,又会造成资金的积压、场地的浪费、物料的变质。所以,根据生产计划制订采购计划,按采购计划适时进料,既能使生产、销售顺畅,又可以节约成本,提高市场竞争力。

3. 适质

采购材料的成本是直接的,所以每个采购企业都非常重视;而品质成本是间接的,所以许多采购企业就会忽略"价廉物美"才是最佳的选择,偏重任何一头都会造成最终产品成本的增加。

品质成本的表现有以下几个方面。①产品品质不良,经常性地退货会造成各种管理成本的增加。②产品经常退货,会造成经常性的生产计划变更,增加生产成本,降低信誉和产品竞争力。③产品品质不良,不得以要增加大量检验人员,无形中增加了成本。在生产过程中,因原材料不良造成制造过程中不良品增多,返修、返工多,增加时间成本和人员成本。④产品品质不良,成品品质不良率增加,客户投诉及退货处理增多,付出的代价就高。

4. 适量

采购量多,价格就便宜,但不是采购越多越好。资金周转率、仓储成本都直接影响采购成本。应根据资金的周转率、储存成本、物料需求计划等综合计算出最经济的采购量。

5. 适地

供应商离采购商越近,运输费用就越低,机动性就越高,协调沟通就越方便,成本自然就越低。

三、实施采购监督和控制应注意的事项

(一)明确采购业务内部控制的主体和对象

财务部门是企业管理的综合部门,在采购业务中肩负着付款、材料物资采购成本控制、核算等重要职能,责任重大。因此,财务部门理所当然地应对采购业务进行监控,而采购部门是采购业务的主体,是花钱部门,是被控制的对象。仓库部门是物资保管部门,虽不是花钱部门,但它的疏漏也会导致经济犯罪的发生。

(二)明确采购业务内部控制的控制要点

采购业务的内容、环节较多,对业务进行控制时,一定要抓住控制要点。主要包括有无采购计划,主管领导授权审批,材料物资验收入库,会计人员月末到仓库抽单、核对账实,不相容岗位的分离等。

（三）不断完善采购监督和控制制度

任何内部控制制度都不是完美无缺的，要不断地对它进行修订，使之不断完善，才能适应经济发展和企业管理的需要。随着网络技术的发展，电子商务在购销领域的介入，必然会对传统的采购业务内部控制制度产生冲击，这就要经常研究新情况，解决新问题，使内部控制制度更具前瞻性和适应性。

（四）强化"内部控制"，决不能弱化"外部监督"

企业管理的实践证明，执行制度依靠的是当事行为人，内部控制制度再好，如果人不去执行，也是废纸一张。在现实经济生活中，采购人员、仓库保管人员、会计人员等相关人员合谋犯罪的先例并不少见，这就需要通过诸如政府有关部门和企业领导当局从外部加以解决。因此，政府的审计、监察、纪检等有关部门，企业的主管部门或董事会、监事会，一定要行使监督职能，使企业的经济活动沿着正确健康的轨道前进。

第二节　采购监督与控制的内容

采购监督和控制是采购管理工作的一项重要内容，其主要目的是为了保证实现采购工作的目标和完成采购计划。采购监督和控制是采购主管的重要职责，也是直线管理人员的重要职责，采购监督和控制的主要依据是采购计划，因为在采购的运作过程中，实际工作与采购计划往往会出现偏差，而采购监督和控制的职责就是纠正偏差的过程，采取各种措施，把那些不符合要求的采购活动纳入到正常的轨道上来，使企业稳妥地实现采购的目标。

一、采购监督与控制的基础工作

要搞好采购控制，首先要创造一个良好的采购控制基础条件，为以后的采购活动控制创造一个好的条件。良好的基础条件包括采购员较好的、全面的素质基础，适当提高采购员的工资待遇等几个方面。

（一）加强采购人员素质管理

采购员是采购活动的执行者，也是关系企业采购活动能否顺利进行的关键力量。企业采购活动能否做好，能否克服采购活动中的弊病，采购员是关键。

1. 采购员应具有较好的、全面的素质

采购员良好的、全面的素质包括以下几个方面。①采购员应当有较高的业务素质。采购员应懂得产品的自身特性、生产过程、生产成本、采购渠道、运输保管特性、市场生产供应能力、市场价格行情、交易规则等，还要懂得该产品在本企业的用

途、用量、使用特性等。②采购员应当有较好的道德素质,要有正义感、品行正派、不贪图私利。③采购员应当有较好的政治素质,热爱企业,热爱集体,有敬业精神,能够抵制和反抗一些损害企业利益的违法行为。④采购员应当思维敏捷、口齿伶俐,表达能力强,注重外表形象。

2. 加强采购员素质的培养

企业应重视对采购员素质的培训,有意识地提高员工的素质。这些培训活动包括以下几方面。①业务知识教育、业务知识竞赛等。②职业道德教育、政治学习等。③经常开业务总结会,表彰好人好事,抓住典型事例、典型人物进行分析,开展培养职业道德、向优秀人物学习的活动。批评不良行为,在企业管理中树正气、压邪气。④不定期地开一些辩论会、演讲会等,让员工发表观点、增长知识、培养口才。

(二)适当提高采购员的工资待遇

在企业中,有两个工作岗位要给予特别的关注,一个是推销员,另一个是采购员。推销员良好的工作能够打开市场,为企业创造生存发展的条件;采购员的工作也十分重要,采购工作直接关系到企业的生产成本和产品质量。据统计,一般企业中,原材料的成本占企业产品成本的70%。采购工作做得好,就可以大幅度降低企业的生产成本,创造较大的经济效益。所以根据多劳多得的原则,可以适当提高采购员的工资待遇,培养他们的职业荣誉感,使他们珍惜自己的工作岗位,调动他们的积极性。提高工资待遇,可以根据个人的业绩情况区别对待。真正使有才干、有贡献的人有较高的工资待遇,消除他们的后顾之忧,从而激励他们在工作中不为金钱利诱而坚持原则立场。

(三)建立健全采购规章制度,设立奖惩激励机制

采购管理规章制度要规范采购活动,规范采购员的行为。

首先要制定明确具体的采购作业流程。从接受采购申请单开始,到采购完成进行评估总结为止,一步一步都要明确规定具体的做法。

在制定采购作业流程时,要注意制定每一步的作业标准和质量要求,使得采购员知道每一步的工作怎样做才算做到位了。只有做到位,才能防止有人钻空子,防止坏人有机可乘,避免采购风险。

同时,在作业流程中,要特别强调采购员在外单独活动时,要多与采购部门取得联系。特别是签订协议等重要事件上,多请示汇报,发挥采购部门集体的作用。这样做,还可以降低采购风险,避免许多个人疏漏而造成的错误,保障采购工作的圆满成功。

在设计作业流程时,还要注意设计对每一步作业的约束和监督机制。请示汇报就是一种约束和监督。另外,在资金使用、价格浮动范围、优惠条件赋予等方面

都要设立一定的约束或权限。

其次,要制定岗位责任制度,对各个岗位规定明确的职责范围。采购工作涉及多个岗位,哪个岗位的懈怠都会耽误采购工作的进行。因此各个岗位要互相协调配合。制定岗位责任制,可以使每个岗位都能够明白自己的职责,使得大家都尽职尽责,协调配合。

另外,还要建立奖惩制度。工作流程、岗位责任制建立起来以后,就要坚决执行。为了保证这些制度真正贯彻,就要建立奖惩制度。做得好的,予以奖励;做得不好的,予以惩处。奖励与惩处,有精神方面的,也可以有物质方面的,可以把物质利益与业绩挂钩。

(四)搞好首单采购、创造好的基础环境

首单采购是指新业务开始后的第一单采购任务。首单采购具有重要的作用。

(1)为新业务下的采购打开局面。新业务刚开始,资源市场行情还不清晰,供应链关系还没有建立起来。第一单采购任务做细做好,有利于初步打开资源市场,了解资源市场的行情,也为建立起供应链关系创造了初步条件,这些都为以后的采购工作打开局面奠定了基础。

(2)为后续的采购提供经验。第一单做得好,就可以树立一个样板。后续采购工作可以照样进行;第一单如果不理想,后续采购则可以总结经验,改正缺点,改进工作,后续采购就可以做得更好。

(3)为以后的采购控制提供信息支持。如果第一单业务采用招标采购方式,则通过招标采购,就可以基本上掌握资源市场的价格水平。这个价格水平是比较客观的,它可以为以后采购控制方面的价格控制提供依据。因此,第一单采购最好采用公开招标方式。招标采购的特点,就是让社会上各个供应商实行自由竞争,这样可以比较真实地反映市场上商品的价格行情。为后面的采购提供一个价格参考标准。

所以,为了搞好采购,以便更好地开展采购控制工作,除了要提高员工素质、建立健全制度之外,还要确实抓好第一单采购。为后续采购控制创造了条件,提供了一系列的采购控制的参考标准。

 **[相关知识链接 8-2]**

监督是人类生活的需要

广义上讲,监督是泛指人类社会中的一切监督现象,如人与人之间的互相监督,父母对子女的监护,企业对员工的监督管理,政府部门对管理对象的监管等。

甚至在国际政治活动中也存在着各种形式的监督。从广义监督的角度来看,监督是人类社会普遍存在的一种现象。这种监督是自然形成的,它是人类生活的需要。

首先,监督源于人类的集体生活。人是社会关系的总和,人的生存离不开集体活动。集体活动要求有一定的规则,保证规则的执行就需要人和人之间的监督。人类社会就是在人类自身制定规则、自觉维护规则的过程中,由野蛮走向文明,并且不断向前发展的。由此可见,从本源上讲,监督的根本目的是维护社会秩序,而不是维护统治秩序。

其次,监督是人在社会生活中的普遍需要。苏格拉底说过:"一个缺乏监督的生活毫无价值。"人的成长经过家庭、学校、社会,范围由小到大,但是监督始终都存在着。在社会中生活的人,从生到死,几乎一切行动都处在监督与被监督的环境中。社会生活中的互相监督与自我监督,绝大部分已经成为无意识的行为,只有极少部分的监督行为是有意而为的。只有在必要时,监督才被强调,或者需要订立相关制度。许多监督已经成为隐性监督,即监督行为已经成为人们的自觉行为,或者下意识的行为,也就是说,我们在不知不觉中实行着自我监督与互相监督。

二、采购监督和控制的内容

从采购监督和控制的内容来看,主要是采购人员的控制、采购流程的控制、采购资金的控制、采购信息的收集与使用以及采购绩效的考核。

(一) 采购人员的控制

采购人员是采购活动的执行者,也是关系到采购活动顺利进行的关键。企业要依靠采购人员顺利地完成采购工作,就要提高采购人员的素质,避免和消除在采购活动中存在的假公济私、行贿受贿、贪污腐败、损害企业利益等行为。一些供应商给采购人员以一定的回扣,以此从采购人员手中获取采购订单,而这些产品往往是高价的或者是质量差的,从而给企业带来了经济损失。

要加强对采购人员的素质管理,采购人员应当具备较高的道德素质,要有敬业精神,热爱企业,要品行正派,不贪图私利;应当有较高的业务素质,对物料的特性、生产过程、采购渠道、运输保管、市场交易行情、交易规则有深入的了解;采购人员应当思维敏捷,表达能力强。

要加强对采购人员的职业道德教育,业务知识培训,建立奖惩制度,及时对采购人员进行奖惩。

(二) 采购流程的控制

采购流程的控制包括了整个采购的流程,但这并不意味着整个采购流程事无巨细的各种活动都是控制的直接对象,这需要花费大量的资源,既不可能也不必要。采购控制应当抓住采购流程中的关键点,以重点控制达到控制全局的目的。

企业在采购流程中采购监督和控制的要点包括以下方面：①采购计划的制订；②采购文件的准备；③采购文件的基本内容和要求；④采购文件的审批；⑤向合格的供应商提交采购文件；⑥采购合同的审批；⑦采购合同的签订；⑧向供应商提供的采购文件；⑨向供应商反馈采购物资的质量状况；⑩在供应商处验证采购产品；⑪对供应商提供的产品进行验证；⑫采购文件的保管。

采购监督和控制应制定并实施对采购质量进行重点控制的工作程序。应当对采购文件的编制、评审和发放实施控制。采购文件主要分为以下几类，即 ISO9000 文件、ISO14000 文件、运作程序、作业指导书、表格、图纸和技术资料，这些采购文件要确保准确地规定采购产品的要求且便于供应商的理解。不同企业的采购文件不太一样，但通常采购合同是供需双方之间签订的具有法律效力的协议，是受害方向违约方索赔的重要依据。

采购方应对每一个供应商提供合格产品的能力进行适当的评审，并确保向合格的供应商进行采购。应与供应商就供应产品的质量达成明确的协议，以确保对供应商提供的产品的质量控制。

采购方应与供应商就验证方法达成明确的协议，以确保验证方法的合理性和验证结果的统一。应当制定与供应商解决质量争端的规定，以利于及时解决和处理有关质量的事宜。

采购方应当规定适当措施以确保收到的产品符合规定的质量要求。采购方应当保存与接收有关的产品质量记录，以便追查产生质量问题的原因。

（三）采购资金的控制

在一个企业组织中，采购管理者对采购资金的控制是相当重要的。采购预算控制是采购资金控制常用的手段，采购预算是一种以货币和数量表示的采购计划，实现了采购计划的具体化，为采购资金的控制提供了明确的控制标准，有利于采购资金的控制活动的开展。

因此，采购人员必须按照预算使用采购资金，努力使采购计划符合实际，贯彻既保证生产，又节约的原则，需要什么就采购什么，需要多少就采购多少，对采购的顺序也要做到心中有数。

对于采购资金的使用要建立起一套严格的规章制度，资金的领取、审批、使用，一般要规定具体的权限范围、审批制度、书面证据制度。对于货款的支付，要根据对方的信用程度，具体的风险情况进行稳妥的处理。例如，一般货款的支付，要等货物到达并验收合格以后，再付全部货款；差旅费的领取、审批等都要有较详细的规定。

（四）采购信息的收集和使用

采购控制过程是通过采购信息的传输和反馈得以实现的，控制部分有信息输入到受控部分,受控部分也有反馈信息送到控制部分,形成闭合回路。控制正是根据反馈信息才能比较、纠正和调整它发出的控制信息,从而实现有效控制。

(五) 采购绩效的考核

绩效评估可以清楚地展示目前部门及个人的工作表现,从而找到现状与预设目标的差距,也可以奖勤罚懒,提高工作效率,促进组织目标的实现。

对采购绩效的考核可以分为对整个采购部门(采购团队)的考核及对采购人员个人的考核。对采购部门绩效的考核可以由企业高层管理者来进行,也可以由内部客户来进行;而对采购人员的考核常由采购主管来进行。

第三节　采购监督与控制的方法

欲使采购监督和控制能够顺利并行之有效地进行,采用如下具体方法是至关重要的。

一、建立和健全采购控制制度

完善的采购规章制度可以规范采购人员的行为,规范采购作业流程,从而起到规范采购活动的作用。采购规章制度包括以下内容。

(一) 采购控制程序

采购控制程序的目的是使采购工作有所依循,完成适质、适量的采购职能。其内容包括各部门及有关人员的职责,采购程序要点,采购流程图及采购的相关文件、相关表格等。

(二) 采购规范

采购规范是指将所采购的物料规格详细地记录下来,成为采购人员要求供应商遵守的规范。采购规范包括商标或商号名称、蓝图、规格表、化学分析、物理特性、材料明细表、制造方法、用途、使用说明、标准规格及样品等。

(三) 采购管理办法

采购管理办法是对企业采购流程每一个步骤的详细说明。

(四) 采购作业规定

采购作业规定是指采购作业的信息搜集、询价采购、比价采购或者是议价采购、供应商的评估和所取样品、选择供应商、签订采购合同、请购、订购、与供应商的协调沟通及催交、进货验收、整理付款等的相关规定。

（五）采购作业指导

采购作业指导的目的是对采购作业进行指导，使采购作业有序进行。

（六）外协加工管理办法

外协加工管理办法包括外协加工的目的、范围、类别、厂商调查、选定方法、基准、试用、询价、签订合同、申请、外协、质量控制、不良抱怨、付款、模具管理、外协厂商辅导及考核的规定。

（七）物料与采购管理系统

物料与采购管理系统包括材料分类编号、存量控制、请购作业、采购作业、验收作业、仓储作业、领料发料作业、成品仓储管理、滞料废料处理等有关规定。

（八）进料验收管理办法

进料验收管理办法的目的是使物料的验收及入库作业有所依据。

（九）采购争端解决的规定

采购争端解决的规定包括解决采购争端规定的要求、解决采购争端的常见方法等。

上述采购规章制度既是采购工作的基础，又是采购监督和控制的有效方法。

 [相关知识链接 8-3]

控制的一般方法

一般而言，实现控制的方法有三种：市场控制、官僚控制和小集团控制。

市场控制是一种强调使用外在市场机制，如价格竞争和相对市场份额，在系统中建立使用标准来达到控制的方法。这种方法常用于产品或服务非常明确或确定，以及市场竞争激烈的企业。在这种情况下，企业内各部门常常调整为利润中心，评价的标准是各自对企业利润贡献的百分比。

另一种实现控制系统的方法是官僚控制，它强调组织的权威，依靠管理规章、制度、过程及政策。这种依赖行为规范、良好的工作描述和其他管理机制（如预算）来保证员工举止适当并且符合行为标准。

在小集团控制下，员工的行为靠共同的价值、规范、传统、仪式、信念及其他组织文化方面的东西来调节，如企业仪式，像周年员工颁奖晚餐或假日奖金发放等在控制行为方面具有重要作用,官僚控制是基于森严的等级制度,而小集团则以控制个体和群体(或小集团)来辨别适当的和期望的行为及其衡量方法。由于小集团控制来源于团体共同的价值和规范,因此这种类型的控制系统经常在团体合作频繁且技术变化剧烈的企业中出现。

许多组织并不是单纯依靠上述三种方法中的一种来设计合适的控制系统。取而代之的是选择强调官僚控制或小集团控制,并辅之以市场控制方法。设计一个合适的控制系统的关键是帮助组织高效率且有效地达到它的目标。

二、实施采购标准化作业

采购作业流程应当实施标准化作业,每一个环节都应有记录,哪一个环节出现问题,事后可以找到责任人,进行监督和控制。

要制定标准化的采购作业流程,制定采购作业手册,明确每一个步骤,对出现每一个情况如何处理都要作出规定,要求每一个步骤都要留下记录。这样才能有效地进行监管。

要明确采购人员的权限范围,即要给予采购人员以一定的自主权,以提高其积极性,提高工作效率。但是,对权限范围也要给予限制,防止采购人员滥用权力,增加采购风险,给企业带来经济损失。

建立请示汇报制度,发现出现超越权限范围的情况,要及时请示采购主管,或者是采购副总经理。特别是在采购活动中的一些关键环节,如签订合同,改变作业程序、指标等,一定要及时请示汇报。

建立资金使用制度,对采购资金的使用要建立严格的规章制度,对资金使用的各环节加以监控。特别是货款的支付,要慎重,充分考虑供应商的信用情况,从而减低采购风险。

建立运输进货控制进度,降低进货风险,在签订采购合同时要明确进货风险与责任,以及理赔的相应办法,一些贵重货物要办理好保险,以降低采购进货的风险。

三、建立采购评价制度

采购评价包括两个部分:一是对采购人员的评价,二是对采购部门的评价。建立采购评价制度的目的是要评定业绩,总结经验,纠正缺点,改进工作,同时也是一种监督和控制。

采购人员的自我评价是一种主观考核技术,可以采用填写自我评价表的方式进行,其内容包括实际完成工作情况的汇报、实际情况与计划对比的变化及原因,以及实际完成指标的优劣程度评价。这种方法简便易行,但易受考核者主观心理偏差的影响,削弱考核的公正性。

对采购人员也可以采用客观评价技术,考核指标的设计一般可以采用分值评价法,即对人员绩效评价的项目加以指标化,每一指标确定若干个等级和分值,并逐项对被考核者进行评级和评分,然后将各项指标的得分值汇总,其总分就是对人员绩效考核的结果,此方法将定性与定量结合,有较系统的评价依据,因而比较科学合理,有助于提高考核的效率与质量。

对采购部门的评价可以采用单次审核评估、月末评估和年末评估的方法进行。单次审核评估就是将采购人员自我评价表和采购计划进行对比,如果出现偏差就要及时查清原因,进行监督和控制。月末评估就是把一个月内所有的自我评价表进行统计汇总,得出整个采购部门的业绩评价。年末评估是把月末评估进行汇总,得出全年的业绩汇总。

 [相关知识链接 8-4]

控制的基本过程

不论在什么地方,也不论所控制的是什么,控制的基本过程都包括如下三个步骤:确定标准;对照这些标准衡量业绩;纠正偏离标准和计划的情况。

◎确定标准

由于计划是管理人员设计控制工作的准绳,所以从逻辑上说,控制过程的第一步总是制订计划。然而,由于计划的明细度和复杂性都不一样,并且管理人员通常也不可能事事过问,所以就得制定具体标准。所谓标准即是考核业绩的尺度。标准是从整个计划方案中选出用以衡量业绩的计算单位,这样就可给管理人员一个信号,使他们知道事情的进展状况,而无需过问计划执行过程中的每个步骤。

标准有许多种,其中最佳标准就是可考核的指标或目标。

◎衡量业绩

尽管按标准衡量业绩的方法并不总是行得通。但理想的做法是:以预见为依据便能事先找出偏差并采取适当的措施避免偏差。精明而又有远见的管理人员,有时能够预见到脱离标准的偏差。但是如果缺乏这种能力,则需要尽早揭示偏差。

如果标准制定得当,又有确切地评定下属人员工作的手段,那么对实际业绩或预期业绩的评价就会容易得多。但对于许多活动,则难以制定准确的标准且难以衡量。对大批量生产的产品,要规定其工时标准是十分简单的,同样,按这些标准衡量业绩也很简单。但如果是客户定做的产品,由于标准难以制定,则业绩的评定可能是一件难事。

◎纠正偏差

可以把控制看成是整个管理系统的一个组成部分,并且也可把控制同其他管理职能结合起来,纠正偏差的重要性也正在于此。管理人员通过重新制订计划或调整他们的目标来纠正偏差。他们也可以运用组织职能重新分派任务或明确职责来纠正偏差。他们还可以采用增加人员,更妥善地选拔和培训下属人员,或是最终解雇、重新配备人员等办法来纠正偏差,除此以外,他们还可以用更高明的领导方法,如对工作作出更全面的说明和采用更为有效的领导方法来纠正偏差。

四、及时对采购人员进行奖惩

奖励与惩罚是对采购人员的行为进行监控的重要内容之一。奖惩的意义在于鼓励和肯定积极因素,抵制和否定消极因素,从而保证采购队伍积极向上、努力工作的精神面貌。

奖惩要有明确的规章制度,要公之于众,并经常对采购人员进行教育。奖惩要公平合理,奖罚要分明。奖惩要建立在采购绩效考核的基础上,以客观事实为依据。要及时进行奖惩,以达到激励或教育的最佳效果。奖励要注意物质奖励和精神奖励相结合,惩罚要以理服人,重在说服教育。

 **案例分析**

海尔的采购

与许多企业相比,海尔克服了体制问题,已全面融入国际市场竞争中。海尔在管理中已经建立起适应现代采购和物流需求的扁平化模式:一方面是企业首席执行官对现代采购观念的接受和推行力度;另一方面示范模式的层层贯彻与执行,可防止和清除采购过程中的暗箱操作。

◎供应商的减少

海尔采取的采购策略是利用全球化网络,集中购买,以规模优势降低采购成本,同时精简供应商队伍。据统计,海尔的全球供应商数量由原先的 2 336 家降至 840 家,其中国际化供应商的比例达到了 71%,目前世界前 500 强中有 44 家是海尔的供应商。

◎与供应商的战略关系

在对于供应商关系的管理方面,海尔采用的是 SBD 模式,即共同发展供应业务。海尔有很多产品的设计方案直接交给厂商来做,很多零部件是由供应商提供今后两个月市场的产品预测,并将待开发产品绘成图纸,这样,供应商处就真正成为了海尔的设计部和工厂,并加快了开发速度。许多供应商的厂房和海尔的仓库之间甚至不需要汽车运输,工厂的叉车直接开到海尔的仓库,大大节约了运输成本。海尔本身则侧重于核心的买卖和结算业务,它已从传统的企业与供应商之间简单的买卖关系成功地转型为战略合作伙伴关系,应该说它采取的是一种战略采购模式,即以最低总成本建立业务供给渠道,不是以最低采购价格获得当前所需原料的简单交易。战略采购充分平衡企业内部和外部的优势,以降低整体供应链成本为宗旨,涵盖整个采购流程从原料描述直至付款的全程管理是一种共同发展的双赢策略。

◎优化供应链

网上采购平台的应用是海尔优化供应链环节的主要手段之一。

(1)网上订单管理平台。100%采购订单由网上下达,实现采购计划和订单的同步管理,使采购周期由原来的 10 天减少到 3 天。同时,供应商可以在网上查询库存,根据订单和库存的情况及时补货。

(2)网上支付平台。支付准确率和及时率达到100%,A供应商节省近1 000万元的差旅费,有效降低了供应链管理成本,目前网上支付已达到总支付额的80%。

(3)网上招标竞价平台。通过网上招标,不仅使竞价、价格信息管理准确化,而且防止暗箱操作,降低了供应商管理成本。

(4)在网上可与供应商进行信息互动交流,实现信息共享,强化合作伙伴关系。

这种方式使得采购成本逐年降低。可见,利益的获得是一切企业行为的原动力。成本降低和与供应商双赢关系的稳定发展带来的经济效益,促使众多企业以积极的态度引进和探索先进、合理的采购管理方式。

本章综合练习题

一、选择题

1. 采购监督和控制的目的就是实现(　　　)的采购目标。
A. 3C　　　　　　B. 5S　　　　　　C. 5R　　　　　　D. 5W1H

2. 采购材料中考虑"价廉物美"因素,体现了采购控制的(　　)目的。
A. 适价　　　B. 适质　　　C. 适时　　　D. 适地

3. 采购业务内部控制的主体是(　　)。
A. 财务部门　　　B. 采购部门　　　C. 仓库部门　　　D. 生产部门

4. 制定标准化的采购作业流程和采购作业手册,明确每一个步骤并留下记录,对出现每一个情况如何处理都做出规定。这是采购监督与控制方法中的(　　　)。
A. 建立和健全采购控制制度　　　　　B. 实施采购标准化作业
C. 建立采购评价制度　　　　　　　　D. 及时对采购人员进行奖惩

二、判断题

1. 强调采购计划的制订要非常准确,是为了体现采购控制的适时目的。

2. 采购部门是采购业务的主体,是花钱部门,是采购业务内部控制的对象。

3. 建立采购评价制度的目的是要评定业绩,总结经验,纠正缺点,改进工作,因此它不是一种监督和控制。

4. 采购评价包括两个部分:一是采购人员的评价,二是对采购部门和财务部门的评价。

5. 奖励与惩罚是对采购人员的行为进行监控的重要内容之一。

三、简答题

1. 实施采购监督和控制应注意哪些事项?

2. 采购监督和控制的主要内容有哪些?

3. 建立和健全采购控制制度的主要内容有哪些?

练习题参考答案

一、选择题

1. C 2. B 3. A 4. B

二、判断题

1. √ 2. √ 3. × 4. × 5. √

三、简答题

1. 实施采购监督和控制应注意的事项主要如下。

(1) 明确采购业务内部控制的主体和对象。财务部门是企业管理的综合部门,在采购业务中肩负着付款、材料物资采购成本控制、核算等重要职能,责任重大,是采购业务内部控制的主体。而采购部门是采购业务的主体,是花钱部门,是被控制的对象;仓库部门是物资保管部门,虽不是花钱部门,但它的疏漏也会导致经济犯罪的发生。

(2) 明确采购业务内部控制的控制要点。采购业务的控制要点主要包括有无采购计划,主管领导授权审批,材料物资验收入库,会计人员月末到仓库抽单、核对账实,不相容岗位的分离等。

(3) 不断完善采购监督和控制制度。任何内部控制制度都不是完美无缺的,要不断地对其进行修订,使之不断完善,才能适应经济发展和企业管理的需要。

(4) 强化"内部控制",决不能弱化"外部监督"。政府的审计、监察、纪检等有关部门,企业的主管部门或董事会、监事会一定要行使监督职能,使企业的经济活动沿着正确健康的轨道前进。

2. 采购监督和控制的内容主要如下。

(1)采购人员控制。采购人员是采购活动的执行者,也是关系到采购活动顺利进行的关键。企业要依靠采购人员顺利地完成采购工作,就要提高采购人员的素质,避免和消除在采购活动中存在的假公济私、行贿受贿、贪污腐败、损害企业利益等行为。

(2)采购流程控制。企业在采购流程中采购监督和控制的要点包括采购计划的制订;采购文件的准备;采购文件的基本内容和要求;采购文件的审批;向合格的供应商提交采购文件;采购合同的审批;采购合同的签订;向供应商提供的采购文件;向供应商反馈采购物资的质量状况;在供应商处验证采购产品;对供应商提供的产品进行验证;采购文件的保管。

(3)采购资金控制。采购预算控制是采购资金控制常用的手段,采购预算是一种以货币和数量表示的采购计划,实现了采购计划的具体化,为采购资金的控制提供了明确的控制标准,有利于采购资金的控制活动的开展。

(4)采购信息收集和使用。采购控制过程是通过采购信息的传输和反馈得以实现的,控制部分由信息输入到受控部分,受控部分也有反馈信息送到控制部分,形成闭合回路。控制正是根据反馈信息才能比较、纠正和调整它发出的控制信息,从而实现有效控制。

(5)采购绩效考核。绩效评估可以清楚地展示目前部门及个人的工作表现,从而找到现状与预设目标的差距,也可以奖勤罚懒,提高工作效率,促进组织目标的实现。

3. 建立和健全采购控制制度的主要内容如下。

(1)采购控制程序。采购控制程序的目的是使采购工作有所依循,完成适质、适量的采购职能。其内容包括各部门、有关人员的职责,采购程序要点,采购流程图及与采购相关的文件、表格等。

(2)采购规范。采购规范是指将所采购的物料规格详细地记录下来,成为采购人员要求供应商遵守的规范。包括商标或商号名称、蓝图或规格表、化学分析或物理特性、材料明细表及制造方法、用途及使用说明、标准规格及样品等。

(3)采购管理办法。采购管理办法是对企业采购流程每一个步骤的详细说明。

(4)采购作业规定。采购作业规定是指采购作业的信息搜集、询价采购、比价采购或者是议价采购、供应商的评估和所取样品、选择供应商、签订采购合同、请购、订购、与供应商的协调沟通以及催交、进货验收、整理付款等的相关规定。

(5)采购作业指导。其目的是对采购作业进行指导,使采购作业有序进行。

(6)外协加工管理办法,包括外协加工的目的、范围、类别、厂商调查、选定方法及基准、试用、询价、签订合同、申请、外协、质量控制、不良抱怨、付款、模具管理、外协厂商辅导以及考核的规定。

(7) 物料与采购管理系统。包括材料分类编号、存量控制、请购作业、采购作业、验收作业、仓储作业、领料发料作业、成品仓储管理、滞料废料处理等有关规定。

(8) 进料验收管理办法。其目的是使物料的验收以及入库作业有所依据。

(9) 采购争端解决的规定。包括解决采购争端规定的要求、解决采购争端的常见方法等。

第九章 库存控制原理

本章学习重点

1. 库存控制的基本原理,库存控制的采购订货策略。
2. 库存的储存形态,库存控制的具体环节,库存过程。
3. 库存控制的作用。

 技能要求

能运用库存控制原理分析库存控制过程。

  企业运营的各个环节,实质上是由一个个大大小小的物资进销(出)存系统组成的。在所有的物资进销(出)存系统中都有储存环节,其中的周转储备是一种临时的、不断流转的储备,应保持一个合理水平,因而就使得周转储备成为库存控制的一个具体对象。通过对周转储备的库存过程分析,有的影响库存量,有的并不影响库存量,这就为库存控制找到了现实的切入点。因此,可以在分析企业物资进销(出)存系统的基础上,剖析库存过程,直至探寻到库存控制的基本原理。

第一节　物资进销(出)存系统

一、物资进销(出)存系统

  生产企业和流通企业是企业两大主要类型。生产企业是利用生产手段,将采购进来的原材料加工成产品再销售给客户;流通企业是利用采购手段,把供应商手中的产品采购进来,再销售给客户。从这个角度上看,所有的企业,实际上都是一个(购)进、销(出)、(库)存系统,其根本目的都是为客户提供产品和服务。

　　企业的业务模式,都是将从社会中输入的物资,转换成客户所需要的物资,再销售输出给客户,以满足他们的需要。企业可以看成是一个蓄水池,从上游购进原材料或成品,把它们变成能够满足人们某种需要的产品蓄积起来,这就是成品库存。企业就是以这些库存来面对下游顾客的需求。蓄水池的作用很大,它起到了衔接供需的作用。一方面,企业自身可以正常进货、正常生产——不管当时有没有发生客户需求。生产出来的产品多了,客户用不完就可以存起来,作为库存以满足客户以后的需求。另一方面,也保证了下游客户的正常消费:下游想消费的时候,可以从仓库里提货——不管企业在不在生产,仓库里总是有货供应的。这样,既保证了企业正常生产,又保证了客户的正常需求。它衔接了供需,缓冲了供需脱节的矛盾,使企业的生产供应与客户的需求都能独立正常地进行。

　　在企业的进销(出)存系统中,又有很多小的进销(出)存系统。企业进销(出)存系统面对的是客户的需求,而企业内部的进销(出)存系统面对的是企业内部各个环节的需求。

　　例如,任何一个仓库都是一个进销(出)存系统。采购进来的物资入库,形成进货。人们由于生产或销售需要到仓库来提货,就形成出库。入库大于出库的结果就形成库存。因此,仓库管理这个环节就是一个典型的进销(出)存系统。

　　同样,销售环节也是一个进销(出)存系统。如零售,摆在货架上的货物不断地被顾客买走,这就是销售出货。货架上的货物销售得差不多时就要进货,放置于货架上,这就是进货。进货销货的结果,即现存于货架上的货物,就是库存。

　　生产车间,甚至每一道工序也都是一个进销(出)存系统。例如,对某一道工序来说,上一道工序传下来的工件就是"进",进入本工序加工完毕以后,传入下一道工序就是"出",上一道工序传下来的工件,如果本工序没有加工完,还没有传入下一道工序,就是本工序的"库存"。

　　采购环节也可以看成是一个进销(出)存系统,采购进货就是"进",采购进来的原材料或成品形成库存,存放于原材料库或者成品库,以满足企业生产或销售的消耗需要。生产车间从仓库里领取物资进行生产,或者销售部门从仓库里提货销售,就是"出"。采购入库的物资还没有出库的,就形成了库存物资。这样形成了采购这个环节的进销(出)存系统。采购的实质,就是要形成采购库存(原材料库存、成品库存等),来应对生产部门的生产需求,或者销售部门的销售需求。

二、库存的储存形态

　　所有的进销(出)存系统都有储存环节,企业的储存有各种形态。库存按储存的性质可以分为安全库存、中转库存和周转库存。

(一) 安全库存

　　安全库存是指为预防日后的不测事件而进行的有计划的物资储备。例如,为预防战争、灾害而进行的粮食储备、钢材储备等,如国家储备仓库单纯以储存保管为目的,一般实行较长时间的储存,短时间内不打算动用,除非遇上紧急情况。即使动用,也要以新换旧,保持物资的使用价值。

(二) 中转库存

中转库存是指为衔接不同运输方式、不同运输环节而设立的物资中转运输储存。例如,火车运输换汽车运输、轮船运输换汽车运输、京广铁路运输换陇海铁路运输时,在交接口往往设有中转物资仓库,进行运输中转储存。中转仓库也是要收仓储费或中转费的。

(三) 周转库存

周转库存是指生产企业或者流通企业为进行生产或流通而进行的一些临时的、不断流转的储备,包括仓库储备和临时堆放。例如流通企业的商品仓库,以及柜台上存放的货品,不断地销售出去,又不断地进货补充。生产企业的原材料库、中间品、成品库,以及生产工序旁的临时堆放,不断地被领用消耗,又不断地采购进货补充。这些储备物资都是周转库存。没有周转库存,流通企业的销售就没有办法进行,生产企业的生产也没有办法进行。周转库存是保证生产或流通顺利进行的前提条件。

(四) 安全库存、中转库存、周转库存的区别

安全库存、中转库存、周转库存三类库存的性质互不相同,因而储存追求的目标也互不相同。

安全库存是有意识有计划的储备,其追求的目标主要是要争取达到既定的储备数量,保护好物资的使用价值。在经济效益上的考虑,主要靠提高库容利用率、降低保管损耗来降低库存成本,节省费用。

中转库存主要是为运输服务的,在不同运输方式或不同运输环节的接口处设立仓库,为中转物资的集散、组配、暂时储存等作业提供场所。中转库存追求的目标主要是提高中转作业效率,加快集散,节省费用,降低中转成本。

周转库存和以上两类库存不同。以上两类库存是在生产或流通作业的各个环节上为保证上下各个作业环节能顺利开展而进行的临时性储备,是生产和流通的前提条件。而周转库存追求的目标,是要提高库存周转率,降低库存成本,提高经济效益。提高经济效益最重要的一点,就是要进行库存量的控制。周转库存物资的数量不能少,也不能多,要努力追求一个合适的数量。这也是周转库存区别于安全库存和中转库存的一个显著的特点,即周转库存要进行库存量的控制,而安全库存和中转库存则不需要进行库存量控制。

[相关知识链接 9-1]

控制周转库存的缘由

为什么唯独周转库存要进行库存量的控制呢？因为周转库存是为生产或流通环节服务的。生产企业、流通企业为了降低成本、提高经济效益，都希望库存能够保持一个合适的水平。库存不能太小，因为库存太小了，就会产生缺货，影响生产或销售。不能满足生产或销售的需要，就会直接影响企业的经济效益，这显然不好。但是库存也不能太大，因为太大要多占用仓库，需要人保管，要承担一定的保管费用。另外，储存的物资，从价值形态上看，是一种资金的积压。而作为资金的积压，一是占用了流动资金，二是这些占用的资金还要支付银行利息。这些费用就构成了企业的负担，增加了企业的生产成本或流通成本，降低了经济效益。另外，超量库存还存在库存风险，因为库存积压品，在市场需求日新月异的形势下，很容易成为过时、滞销、淘汰产品，变成"死"库存。积压越多，费用越高，浪费越大，风险越大。所以，企业的周转库存既不能过小，也不能过大，一定要适量。也就是说，周转库存只有进行库存控制，才能使企业利润最大化。

第二节　库存过程与库存控制原理

一、库存过程

既然周转库存需要进行库存控制，那么从哪儿入手进行控制呢？这就需要对库存过程本身进行研究，看它的哪些环节可以影响库存量的大小。一个完整的库存过程，包括以下四个环节。

（一）订货过程

一个库存过程的开始，总是先要采购订货。订货一般有一个时间过程，叫做订货过程。订货过程是指从决定订货起，到现场订货或发出订货单，然后进行订货谈判，直到订货成交、签订订货合同为止的一段过程。订货过程实现了商品所有权的转移，即将一定批量物资的所有权由供方转移到需方手中，因此订货过程是一个商流过程。订货过程结束，在账面上货物就成了采购企业的库存量，这种账面上的库存量又称"名义库存量"，它还不是仓库中的实际库存量。

（二）进货过程

订货成交以后，就要进货，即把订货成交的货物用运输工具从供方所在地运进需方仓库的过程。进货过程是一个物流过程,即克服空间距离,将产品从供方转移到需方仓库的过程。进货入库以后,所采购的物资就成为仓库中的实际库存量。因此进货过程实际上是增加了库存量。

(三)保管过程

物资入库后就进入了仓库的物资保管过程,仓库保管员需采用各种保管措施,以保持物资的使用价值不变,直到物资销售或领用出去为止。在保管过程中应保持库存物资数量不变。保管过程也是一个物流过程。

(四)销售过程(供应过程)

物资被保管一段时间以后,就要被销售,或者被领用而出库。出库过程是库存物资数量减少的过程。此过程既是商流过程,又是物流过程;既发生物资所有权的转移,又发生物资空间位置的转移。

二、库存控制的基本原理

从库存控制的角度看,在库存过程的四个环节中,能影响库存量大小的有订货过程、进货过程和销售(供应)过程三个环节。订货过程和进货过程使库存量增加,销售(供应)过程使库存量减少。库存控制既要控制订货、进货过程,也要控制销售出库过程,方能达到库存控制的目的。两种库存控制的思路有不同的意义。

通过对销售过程的控制来控制库存,意味着对客户的需求进行限制性的供应,这样自然会影响客户需求的满足度。这种情况一般适用于紧缺物资即供不应求物资的进销(出)存系统。这一做法虽然比较被动,但对于紧缺物资只能采用这种方法。

通过对订货、进货过程的控制来控制库存,是在保证客户需求的情况下,通过控制订货、进货的批量和频次来达到控制库存的目的。它保障了客户的需要,所以它是可行的、主动的。但它只适用于供大于求的物资市场情况。也就是说,在商品极大丰富的市场经济社会中,什么时候想订货就能订到货,想订多少就可以订到多少。在这种情况下,就可以采用这种办法来进行库存控制。

相对而言,一般采取通过控制订货、进货过程来控制库存的方法较为常见,因此讨论库存控制问题,通常是从控制订货、进货过程的角度来谈的。

三、库存控制的采购订货策略

(一)采购订货策略的内容

通过控制订货、进货过程来控制库存的基本思想,就是要有一个合适的采购订货策略,即对采购订货的时间、数量、操作方法等进行规范化控制,从而达到对整个库存水平进行控制的目的。

采购订货策略的基本内容包括三个方面：①何时订货，即订货时机；②订多少，即订货量；③如何实施，即订货操作方法。

一个采购订货策略既是一个采购策略，又是一个库存控制策略。

（二）采购订货策略的制定

制定采购订货策略，主要考虑三个方面的问题：需求者的需求类型、经营者的经营方式和选用合适的库存控制方法。

1. 分析需求者的需求类型

为了科学合理地进行库存控制，通常需要对库存需求分类。分析需求类型，就是要弄清几个问题：①它属于什么需求类型，是独立需求还是相关需求？②它属于什么需求周期，是单周期还是多周期？③它属于什么需求性质，是确定型还是随机型？④它属于什么需求分布，是正态分布还是其他分布？

库存需求按特性可分为独立需求库存和相关需求库存。独立需求库存是指客户对某种库存物品的需求与其他种类的库存无关，表现出对这种库存需求的独立性。从库存管理的角度来说，独立需求库存是指那些随机的、企业自身不能控制而是由市场所决定的需求。独立需求库存无论在数量上还是在时间上都有很大的不确定性，但可以通过预测方法粗略地估算。相关需求库存是指与其他需求有内在相关性的需求，根据这种相关性，企业可以精确地计算出它的需求量和需求时间，是一种确定型需求。例如，顾客对某一商品需求（如汽车），对于生产该产品的企业来说，就是独立需求，因为这种需求与其他种类物品需求无关，而且是随机的，企业不能控制。而对于构成该产品的零部件及原材料（如轮胎、车门等）的需求，则是相关需求，因为一旦这种产品需求确定了，生产该产品所需的零部件及原材料的数量就是确定的，是可以精确计算的。

库存按物品需求的重复程度可以分为单周期需求库存和多周期需求库存。单周期需求也称一次性订货，这种需求的特征是偶发性或物品生命周期短，因而很少重复订货。有两种情况：一是偶发的对某种物品的需求，如某些大型活动的纪念章或节日贺卡等；另一种是对易腐物品或时效性很强物品的需求，如鲜鱼、鲜肉、杂志、报纸等。对单周期需求物品的库存控制称为单周期需求库存问题。多周期需求是在长时间内需求反复发生，库存需求不断补充。对多周期需求物品的库存控制称为多周期需求库存问题。与单周期需求库存相比，多周期需求库存问题更为普遍。

库存按需求的性质可以分为确定型需求库存和随机型需求库存两种。所谓确定型需求，是指单位时间内的需求量均匀稳定，而且是确定不变的需求。所谓随机型需求，是指单位时间内的需求量随机变化，时大时小，没有一个确定的值的需求。但仔细分析，可以发现它的取值是在一个范围内变化，且在这个范围内取值都以一定的概率出现。也就是说，虽不能知道它的确切取值，但能知道它大概的取值范围,以及取值的可能性。这种需求叫做随机型需求,随机型需求的变量叫做随机变量。

随机变量必然服从一定的随机分布。在库存控制理论中,可以把它们的分布分成两类:正态分布和其他分布。正态分布的特征是需求量的数值分布在以其平均值为中心的一个对称区域内,中间密度大,越往两端密度越小,分布概率密度曲线呈钟形分布。除正态分布以外的各种分布统统归于其他分布,其他分布的特点是它们总可以用一个分布表来描述,表中能够列出所有各个值出现的概率。对于不同的需求分布,应当采用不同的库存控制模型,一般正态分布用得最多。

2. 弄清经营者的经营方式

在库存控制理论中,可把经营者的经营方式分成三种。①不允许缺货,即客户的所有需求都能由仓库实行现货供应,不能缺货。不允许缺货意味着在整个物资供应期间,库存量不能等于或小于零,仓库里总是有现货供应客户。②可以缺货,即允许不保证对客户的现货供应。客户来买货,仓库中有现货就供应,没有现货就不供应,不会实行欠账供应。缺货,就意味着整个物资供应期间,库存量可以等于零,但不能小于零。③实行补货。所谓补货,就是当客户来买货时,仓库中没有现货供应,但为了不丧失这次销售机会,允许实行欠账供应,答应马上进货,待进货后马上予以补货。补货,就意味着整个物资供应期间,库存量能够等于零,也能小于零。也就是仓库里有现货就供应客户,没有现货就实行欠账供应,并采取赶紧进货的措施,待进货后再补货给客户,消除所欠的账。

上述三种经营方式中每一种又可能采取两种进货方式。①瞬时到货方式,即将一次所订货物一次全部到货,并且订货、进货过程不需要花时间(或可忽略),也就是即订即到、一次到货。②持时到货方式,即一次所订货物按一定的进货速度逐渐进货,整个订货、进货过程需要持续一段时间,最起码要花一个以上单位时间,货物持续到货入库。

3. 选择合适的库存控制方法

最基本的库存控制方法有两种,即定量订货法(A)和定期订货法(B)。它们都是订货点技术下的采购订货方法,但是各自的运行机制不同。定量订货法是基于物资数量的控制,而定期订货法是基于时间的控制。按不同的需求对象、不同的经营方式和不同的物资资源配置方法,可以将独立需求物资的库存控制方法分成以下四种模型,如图 9-1 所示。

这两类基本方法各自按需求对象,又分成确定型需求(q)和随机型需求(s)两种类型。在确定型当中,按经营方式和进货方式分成三大类六种模型(从 q1 至 q6)。其中:q1 是不允许缺货、瞬时到货模型;q2 是不允许缺货、持时到货模型;q3 是允许缺货、瞬时到货模型;q4 是允许缺货、持时到货模型;q5 是实行补货、瞬时到货模型;q6 是实行补货、持时到货模型。

在随机型当中,定量订货法和定期订货法分成两大类四个模型(从 s1 至 s4)。其中,正态分布又有三个模型:已知服务率模型(s1)、已知缺货率模型(s2)和已知补货率模型(s3),其他分布只讨论一个模型(s4)。

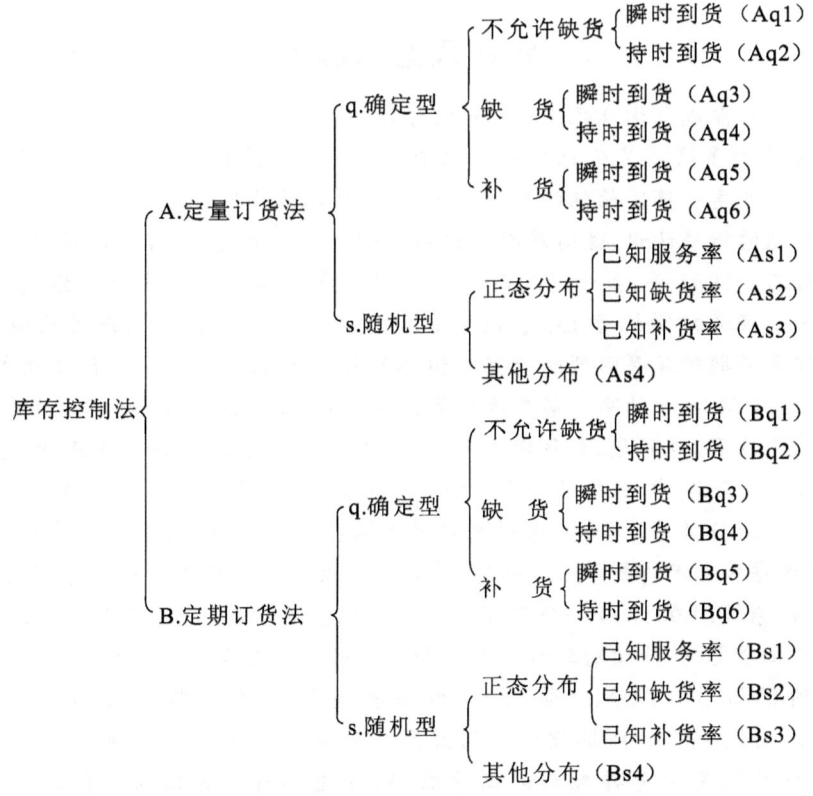

图 9-1 订货点技术的库存控制方法体系

所谓已知服务率,就是已知服务水平。在库存控制中,服务水平主要是指库存满足水平,即由库存量来满足客户需求的程度,也叫做库存满足率。因为库存满足率与缺货率是互补的,都跟安全系数有一一对应的关系,所以有些时候,不是直接知道服务率,而是知道缺货率或安全系数,可以将这些变量看做是等价的。针对给定的需求分布,根据所要达到的库存满足率(或缺货率,或安全系数)制定订货策略,是这一类模型的任务。

已知缺货率和已知补货率是不直接知道服务水平的情况下求订货策略的模型。它们的共同特点就是把缺货费和补货费转化成服务率,或缺货率,或安全系数。

图 9-1 所示的 20 个模型从各种具体的角度精确地描述了订货策略的具体操作方法。虽然数据的精确性不一定要求那么高,但是所处的具体情况却是很重要

的。具体情况弄错了,则大方向也就错了。

[相关知识链接 9-2]

库存理论的形成

物料的存储现象由来已久,但是把存储问题作为一门学科来研究,还是进入20世纪以后的事情。早在1915年哈里斯(Harris)就提出了"经济批量"问题,研究如何从经济的角度确定最佳的库存数量。"经济批量"的提出从根本上改变了人们对库存问题的传统认识,是对库存理论研究的一个重大突破,可以说是现代库存理论的奠基石。1934年,威尔逊(Wilson R. H.)重新得出了哈里斯的公式,即现在人们熟知的经济订货批量EOQ(economic order quantity)公式,或称为威尔逊公式。这就是早期对库存问题的研究。但库存理论真正作为一门理论发展起来,则是在20世纪50年代的事。第二次世界大战之后,由于运筹学、数理统计等理论与方法的广泛应用,特别是50年代以来,人们开始应用系统工程理论来研究和解决库存问题,从而逐步形成了系统的库存理论,亦称"存储论"。1953年,怀廷(Whitin T. M.)撰写了《库存管理的理论》,接着阿罗(Arrow K. J.)等在1958年撰写的《库存和生产的数学理论研究》中提炼了生产库存问题中的数学理论。莫兰(Moran P. A. P.)在1959年撰写了《仓储理论》。此后,库存理论变成了运筹学中的一个独立分支,并陆续对随机或非平稳需求的库存模型进行了广泛深入的研究,如瓦格纳(Wagner A. M.)等人的《经济批量模型的动态性》(1958),维莫特(Vemott. A. F.)等人的《批量订货的最优库存策略》(1965)等。电子计算机的问世,又进一步提高了库存控制的工作效率,促进库存理论成为一门比较成熟的学科。

四、库存控制的作用

库存是企业一项庞大且昂贵的投资。对于制造业来说,原材料库存短缺将影响生产,导致费用增加、产品短缺。通常情况下,库存占企业总资产的比重为20%~40%,库存管理不当将增加仓储,形成大量资金的沉淀,增加企业的商品成本与管理成本,减少赢利。此外,库存管理不当还会掩盖企业许多管理问题,如计划不周、采购不力、生产不均衡、商品质量不稳定及市场销售不力、工人不熟练等。这些都反映了库存管理对企业的重要性。良好的库存管理能够加快资金的周转速度,提高资金的使用效率,增加投资的收益。

(一)库存控制是降低成本的重要途径

库存控制之所以重要,首先在于库存领域存在着降低成本的广阔空间,对于我国的大多数企业尤其如此。通过改善采购方式和库存控制方法,能够有效降低采购费用和保管费用,减少资金占用。

（二）库存控制是提高顾客服务水平的需要

在激烈的市场竞争中,企业不仅要有提供优质商品的能力,还要有提供优质服务的能力。再好的商品如果不能及时供应到顾客手中,同样会降低商品的竞争能力。要保证客户订购时不发生缺货,并不是一件容易的事情。虽然加大库存可以起到提高顾客服务率的作用,但是,加大库存不仅要占用大量资金,而且要占用较大的储存空间,会带来成本支出的上升。如果企业的行为不考虑成本支出,则是毫无意义的,对经营本身并不会起到支持作用,在过高成本下维持的高水平服务也不会长久。因此,必须通过有效的库存控制,在满足物流服务需求的情况下,保持适当的库存量。

（三）库存控制是回避风险的需要

随着科学技术的发展,新产品不断出现,产品的更新换代速度加快。如果库存过多,就会因新产品的出现使其价值缩水,甚至可能一钱不值。从另一个角度看,消费者的需求在朝着个性化、多样化方向发展,对商品的挑剔程度在加大,从而导致商品的花色品种越来越多,这给库存管理带来一定难度,也使库存的风险加大。一旦消费者的需求发生变化,过多的库存就会成为企业陷入经营困境的直接原因。因此,在多品种、小批量的商品流通时代,更需要运用现代库存管理技术科学地控制库存。

（四）库存控制是物流供应链管理中的重要环节

如果把视野从单个企业扩大到同供应商、制造商、批发商和零售商组成的物流范围来考虑库存问题的话,就会发现存在问题的库存数量将会大大增加。组成物流供应链的各企业之间的关系在过去是买卖交易关系,因而企业并不习惯在整个供应链水平上分享交流信息,也不习惯相互协调进行库存管理,这样往往会形成不必要的大量库存,同时也可能降低顾客的满意度。例如,过去组成供应链的各个企业对各自供应商及时、准确的交货承诺并不能完全信赖,因而其储存往往超过实际需要库存量,以防万一出现供应商延期交货或不能交货的情况,这种超过实际需要量的库存常常被称为"缓冲库存"。同样地,过去组成供应链的各个企业与各自的顾客（需要方）之间缺乏必要的信息交流,企业对顾客的需要,特别是最终消费者的实时需要难以把握,往往依靠预测来安排生产。但预测与实际往往存在差距,容易产生库存不足（缺货）或库存过剩的现象。另外,企业为了满足顾客的大量突发性订货往往准备"缓冲库存"。据有关资料统计,这种缓冲库存差不多占到零售业库存的三分之一。因此,从物流管理整体来看,过去这种传统交易习惯导致的不必要库存给企业增加了成本,而这些成本最终将反映在销售给顾客的产品价格上,从而降低顾客的满意度。对供应链进行库存管理不仅可以降低库存水平,减少资金占用和库存维持成本,还可以提高顾客的满意度。当然,实现真正意义上的零库存在现实中是不可能的,这只是及时生产方式下的努力目标。目前,已经出现了许多在维持或改进顾客服务水平的基础上优化企业内部和整个供应链库存的主体技术。

随着组成供应链的企业间的关系从过去建立在买卖交易基础上的对立型关系向基于共同利益的协作伙伴型关系的转变,供应链上的各个企业间交流、分享信息,协调进行库存管理成为可能,而先进的库存管理方法和技术的出现使这种可能变为现实。

 **案例分析**

麦德龙的库存管理

1964 年,Otto Beisheim 教授在德国成立了第一家针对专业顾客的麦德龙现购自运有限公司。麦德龙以其崭新的理念和管理方式在德国及欧洲其他 19 个国家迅速成长并活跃于全世界,拥有 2 000 多家 C&C 制商场、大型百货商场、超大型超市折扣连锁店和专卖店。如今,德国麦德龙集团(Metro)是《财富》500 强企业,全球零售业排名第三,欧洲第二。1995 年,麦德龙携成功的管理模式和先进的信息管理系统落户上海,与著名的上海锦江集团成立了合资公司——麦德龙锦江现购自运有限公司,并迅速向外扩展。麦德龙是第一家获得中国政府批准在公司总部所在地以外城市开设分店的外资商业企业。至 2004 年,麦德龙已相继在上海、无锡、宁波、南京、福州、杭州、青岛、大连、重庆、成都、天津、西安、厦门、东莞、武汉、长沙、南昌等地开设 24 家分店。2004 年在中国的 24 家店销售达 63.64 亿元人民币,出口额约 20 亿欧元。

麦德龙的库存管理以其现购自运配销制(也称为现付自运制)为基础,在供应链管理的过程中,对库存进行管理。

现付自运制的主要特征是:进销价位低,现金结算,勤进快出,自备运输工具,降低流通成本,缩短流通时间。所谓 C&C,就是 Cash&Carry。Cash 即现金结算,顾客用现金购物,公司用现金接受工厂供货,公司与工厂结算时间在 10 天至 30 天,守信誉,不拖欠,保证资金及时回笼,与供货方保持良好的关系。Carry 即自己运送,商品由工厂送货上门,客户自己来车选购,麦德龙免费提供停车场地。

现付自运制堪称营销创新的典范,它彻底改变了传统的商业分工方式,使顾客分摊了一部分传统上应由商业企业来负责的工作——商品的配送,而麦德龙可以以较低价格供应优良的产品和服务,因而大幅度降低了其运营成本,具体体现在三个方面。①降低资金占用。商品在供应商、麦德龙、买方之间能以最低的运营成本和最少的资金占用时间完成流通(9～12天的周转时间大大低于一般的标准),减少了经营风险。②降低采购价格。现金支付和借助麦德龙巨大的销售网络对于供应商是一种极大的便利,一则货出款到,利于厂家回笼资金,二则可依托麦德龙广泛的营销体系,便于寻求生产的均衡点,三则利于节约,进一步拓展市场的各种成本,四则利于企业提高知名度。因此,供应商愿以较低的出厂价提供商品。③降低商场的运输成本和服务成本。公司不设配送中心,厂家直接送货到商场,商场不需要到厂家提货和向买方送货,减少了运输支出和服务成本。总之,麦德龙提供给买方和供应商的这种"分工、合产"安排,让后者看待价值的方式也有了新的角度:买方成了供应商(提供时间、劳力、信息和运输等),供应商也是顾客(享受了麦德龙的技术和业务服务等),而麦德龙本身成为一个拥有服务、管理、支援、设计甚至娱乐的价值星系组合中最耀眼的关键之星。

如今有越来越多的中国企业经理人认识到供应链管理——指对商品、信息和资金在由供应商、制造商、分销商和顾客组成的网络中的流动的管理——是企业提高经营效率、创造竞争优势的关键,而麦德龙可谓是建立快速反应的供应链的佼佼者,因为它能解决供应链中最困难的部分,即降低商品库存。

"做到有效的物流跟踪与库存控制,是整个供应链在最优化状态下运行的基本保证。"麦德龙公司中国区总经理奥利维·赫尔先生一语道破其中奥秘。

在麦德龙,电脑控制系统掌握了商品进销存货的全部动态,将存货控制在最合理的范围。当商品数量低于安全库存时,电脑就能自动产生订单,向供货单位发出订货通知,而且运用计算机系统能有效防止各个环节上的人情干扰、无谓损失,从而保证商品持续供应和低成本经营。麦德龙为了它的长期经营,专门成立了自己的软件开发公司(MGI),设计出一套结合其管理体制的商品管理系统。对于这套系统的重要性,赫尔先生说:"电子化商品管理系统是管理物流的关键。我能在任何时间知道,我们有哪些存货,进了多少,放在哪里,卖了多少,这样就能对整个经营进行掌控。如果能控制整个经营,当然也可以控制成本。"他甚至这样说:"麦德龙最大的优势就是从一开始就建立了库存信息管理系统。"

当然,进行电脑控制还需要人工的监督和决策配合。麦德龙培养专门的监督人员检查整个系统,检查订货数量和交货数量是否相符。"一般的订货程序是电脑提出采购预测,管理者再结合经验做出决定。"赫尔先生说。采购预测是影响整个供应链的关键环节,预测的准确性将影响到其他各个环节的效率,对成本产生直接影响。电脑根据顾客的需求信息,提出采购预测,管理者要根据电脑的预测并参考其他的因素,如季节变化、促销计划、社会上的大型活动,以及整个供应链各个环节的负荷能力等,结合经验做出最后决定。麦德龙在中国的连锁店经营全都依靠这种国际先进库存管理信息技术,效果有口皆碑。以上海锦江麦德龙为例,其开业至今,与近1500家供货商发生数十万笔巨额交易,系统从未出现过差错。

 **本章综合练习题**

一、选择题

1. 库存按储存的性质可以分成（　　）。

A. 中转库存、周转库存和经济库存　　　B. 周转库存、经济库存和安全库存

C. 经济库存、安全库存和中转库存　　　D. 安全库存、中转库存和周转库存

2. 国家储备仓库属于（　　）。

A. 周转库存　　　　B. 安全库存　　　　C. 中间库存　　　　D. 中转库存

3. 一个完整的库存过程，包括（　　）。

A. 订货过程、进货过程、保管过程和销售过程

B. 进货过程、保管过程、销售过程和生产过程

C. 保管过程、销售过程、生产过程和订货过程

D. 销售过程、生产过程、订货过程和进货过程

4. 库存按客户对其需求特性可划分为（　　）。

A. 单周期需求库存和多周期需求库存　　B. 独立需求库存与相关需求库存

C. 周转库存与安全库存　　　　　　　　D. 调节库存与在途库存

5. 下列不属于相关需求库存的是（　　）。

A. 成品库存　　　　　　　　　　　　　B. 在制品库存

C. 零件库存　　　　　　　　　　　　　D. 部件库存

二、判断题

1. 中转库存是指为衔接不同运输方式、不同运输环节而设立的物资中转运输储存，因此，中转仓库不要收仓储费或中转费。

2. 流通企业的商品仓库和柜台上存放的货品，生产企业的原材料库、中间品库、成品库，以及生产工序旁的临时堆放，这些储备物资都是周转库存。

3. 库存过程的四个环节中，能影响库存量大小的是订货过程、进货过程和销售(供应)过程三个环节。

4. 制定采购订货策略就是要对采购订货的时间、质量、操作方法等三个基本内容进行规范化控制。

5. 独立需求库存是指那些随机的、企业自身不能控制而是由市场决定的需求所形成的库存。

三、简答题

1. 为什么周转库存要进行库存量控制？

2. 如何理解库存控制的基本原理？

3. 如何正确制定采购订货策略？

练习题参考答案

一、选择题

1. D　2. B　3. A　4. B　5. A

二、判断题

1. ×　2. √　3. √　4. ×　5. √

三、简答题

1. 周转库存要进行库存量的控制,是因为周转库存是为生产或流通环节服务的。生产企业、流通企业为了降低成本、提高经济效益,都希望库存能够保持一个合适的水平。库存不能太小,因为库存太小了,就会产生缺货,影响生产或销售。不能满足生产或销售的需要,就会直接影响企业的经济效益,这显然不好。但是库存也不能太大,因为太大要多占用仓库,需要人保管,要承担一定的保管费用。另外,储存的物资,从价值形态上看,是一种资金的积压。而作为资金的积压,一是占用了流动资金,二是这些占用的资金还要支付银行利息。这些费用就构成了企业的负担,增加了企业的生产成本或流通成本,降低了经济效益。另外,超量库存还存在库存风险,因为库存积压品,在市场需求日新月异的形势下,很容易成为过时、滞销、淘汰产品,变成"死"库存。积压越多,费用越高,浪费越大,风险越大。所以,企业的周转库存既不能过小,也不能过大,一定要适量。也就是说,周转库存只有进行库存控制,才能使企业利润最大化。

2. 从库存控制的角度看,在库存过程的四个环节中,能影响库存量大小的有订货过程、进货过程和销售(供应)过程三个环节。订货过程和进货过程使库存量增加,销售(供应)过程使库存量减少。库存控制既要控制订货、进货过程,也要控制销售出库过程,方能达到库存控制的目的。两种库存控制的思路有不同的意义。

通过对销售过程的控制来控制库存,意味着对客户的需求进行限制性的供应,这样自然会影响客户需求的满足度。这种情况一般适用于紧缺物资即供不应求物资的进销(出)存系统。这一做法虽然比较被动,但对于紧缺物资只能采用这种方法。

通过对订货、进货过程的控制来控制库存,是在保证客户需求的情况下,通过控制订货、进货的批量和频次来达到控制库存的目的。它保障了客户的需要,所以它是可行的、主动的。但它只适用于供大于求的物资市场情况。也就是说,在商品极大丰富的市场经济社会中,什么时候想订货就能订到货,想订多少就可以订到多少。在这种情况下,就可以采用这种办法来进行库存控制。

相对而言,一般采取通过控制订货、进货过程来控制库存的方法较为常见,因此讨论库存控制问题,通常是从控制订货、进货过程的角度来谈的。

3. 制定采购订货策略,要考虑以下三个方面的问题。

(1) 分析需求者的需求类型。为了科学合理地进行库存控制,通常需要对库存需求分类。分析需求类型,就是要弄清:它属于什么需求类型,是独立需求还是相关需求? 它属于什么需求周期,是单周期还是多周期? 它属于什么需求性质,是确定型还是随机型? 它属于什么需求分布,是正态分布还是其他分布?

(2) 弄清经营者的经营方式。在库存控制理论中,可把经营者的经营方式分成不允许缺货、可以缺货和实行补货三种。经营者的经营方式不同,对库存控制的要求也不尽相同:不允许缺货,就意味着整个物资供应期间,库存量不能等于或小于零,仓库里总是有现货供应客户;可以缺货就意味着整个物资供应期间,库存量可以等于零,但不能小于零;实行补货就意味着整个物资供应期间,库存量能够等于零,也能小于零。

(3) 选择合适的库存控制方法。最基本的库存控制方法有两种,即定量订货法和定期订货法。它们都是订货点技术下的采购订货方法,但是各自的运行机制不同。定量订货法是基于物资数量的控制,而定期订货法是基于时间的控制。

第十章 独立需求下的库存控制

本章学习重点

1. 库存控制的定量订货法、定期订货法、经济订货批量、ABC分类法和安全库存量的确定。

2. ABC分类法实施步骤,经济生产批量订货法。

3. 定量订货法与定期订货法的区别,经济订货批量的特殊模型,订单生产的库存控制方法。

 ## 技能要求

掌握库存控制方法的基本原理和应用技巧,并能在库存控制的实践中灵活运用。

库存需求中的独立需求是指不依赖于其他需求的自主需求,通常来自客户订单或市场预测。独立需求最明显的特征是需求的对象和数量不确定,一般只能通过预测方法粗略估计。独立需求库存控制的关键在于确定订货点(order point, OP),其方法可分为两类:一类是定量控制方法,通过连续观察库存数量是否达到订货点来实现;另一类是定期控制方法,通过周期性地检查库存水平来实现对库存的补充。

第一节 定量订货法

一、定量订货法的原理

定量订货法是指在日常管理中不断地监控库存物料数量,当库存物料数量降低到预先设定的某一基准(订货点)时,发出订货通知并按订货批量(经济订货批

量)补充订货的一种库存控制方法。

定量订货法是一种基于物料数量的订货法,它主要靠控制订货点和订货数量两个参数来控制订货,达到既能满足库存需求,又能使总费用最低的目的。

 [相关知识链接 10-1]

定量订货法的首创者

定量订货法由戴维斯(Davis)所创,美国物料试验协会(American Society for Testing Materials)加以推荐,因此定量订货法又称为戴维斯法或 ASTM 法。

定量订货法的原理是:事先确定一个订货点 Q_k(需要订货时的库存量),平时随时检查库存,当库存下降到 Q_k 时,立即进行订货,其订货数量取为经济订货量 Q^*。

一段时间内库存量的变化如图 10-1 所示。

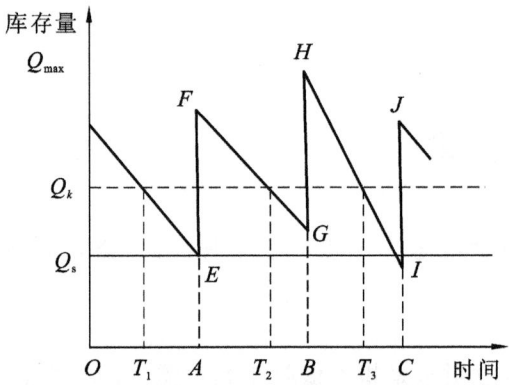

图 10-1　定量订货法库存变化示意图

首先假定物料需求速率不是均匀稳定的,即 $R_1 \neq R_2 \neq R_3$。在 OA 时间段内,库存以 R_1 的速率下降,在 T_1 时刻,库存下降到 Q_{k1},则进行第一次订货,订货量为 Q^*。在 T_1A 时间段内,库存继续以 R_1 的速率下降到 E 点,此时库存量等于安全库存量(Q_s),第一次订货物料也在此时到达,库存由 Q_s 上升到 Q_s+Q^*,到达 F 点。在 AB 时间段内,库存以 R_2 的速率下降,由于 $R_2<R_1$,所以库存消耗周期长些。在 T_2 时刻,库存下降到 Q_{k2},第二次订货,订货量仍为 Q^*。在 T_2B 时间段内,库存继续以 R_2 的速率下降到 G 点,第二次订货物料到达,库存提高了 Q^*,到达 H 点。由于 $R_2<R_1$,$(B-T_2)<(A-T_1)$,所以在 T_2B 时间段内,库存消耗量少,G 点库存较高,因而 H 点库存也较高。在 BC 时间段内,库存以 R_3 的速率下降,在 T_3 时刻,库存下降到 Q_{k3},由于 $R_3>R_1>R_2$,所以库存消耗量最大,下降到最低点 I 点,还动用了安全库存,同时,库存消耗时间最短,即$(C-B)<(A-O)<(B-A)$。当第三次订货物料到达后,库存又提高了Q^*,到达J点。库存量就是这样周期性地变化。

二、定量订货法中订货点的确定

在实施定量订货法时,需要确定两个最主要的订货控制参数,一个是订货时机,即订货点,另一个是订货数量,即订货的批量,通常为经济订货批量 EOQ。经济订货批量将在本章第三节介绍,这里重点介绍订货点的确定。

所谓订货点,就是库存物料必须订货的警戒点。到了订货点,如果不订货,就会出现缺货。因此,订货点也就是订货的启动控制点,是库存物料发出订货的时机,它控制了库存量的水平。

在库存控制中,通常把发出订货的时机作为订货点。具体来说,既可以把库存下降到某一个特定的水平作为订货点,也可以把某个确定的事件作为订货点。前者用在定量订货法中,后者用在定期订货法中。

在日常库存运行中,随着物料的出库,库存量会慢慢下降。当库存量下降到一定程度就应该订货,否则就会产生缺货。但是库存量究竟下降到什么程度才应该订货? 直观的概念是在发出订货时尚剩下的库存量能维持在订货过程中的出库消耗,也就是说,在下一次所订货物到达并入库之前,库存量应该能维持出库消耗的正常进行。这种思想也就是确定订货点大小的依据。

在定量订货法中,我们把订货点Q_k定义为

$$Q_k=D_L \tag{10-1}$$

式中:D_L——订货提前期的需求量。

所谓订货提前期,是指从仓库管理人员发出订货时起到订货成交并且把所订物料从对方仓库运达己方仓库入库为止的整个时间段,包括企业内部的订货准备时间、定点传送时间、供应商物料准备时间、运输时间和物料入库前的验收时间。订货提前期的需求量就是在整个订货提前期内出库消耗的物料总量。

订货提前期的需求量是一个随机变量,一般受到需求速率(R)和订货提前期(L)的长度的影响。需求速率是指单位时间的需求量,也就是每天(或周、月、年等)仓库物料的出库消耗量,也是每天(或周、月、年等)库存物料减少的数量,或库存下降的速率。

需求速率越大,订货提前期越长,订货提前期的需求量就越大。因此,订货提前期的需求量等于需求速率与订货提前期的乘积。一般情况下,需求速率与订货提前期都是随机变量。因为,需求速率是依据需求次数、每次需求量的大小得出的,而日总需求量可能时大时小。提前期的长度受人员、车辆、运力、路况、天气等具体情况变化的影响,也可能是时长时短的。

在库存控制中,最常用的随机分布是正态分布。如果订货提前期的需求量、需求速率和订货提前期均服从正态分布,则

$$D_L \sim N(\overline{D_L}, \delta_D)$$

$$R \sim N(\overline{R}, \delta_R)$$

$$T_k \sim N(\overline{T_k}, \delta_T)$$

根据概率论与数理统计知识,可知

$$D_L = \overline{D_L} + \alpha \cdot \delta_D = \overline{D_L} + Q_s = \overline{R} \cdot \overline{T_k} + \alpha \cdot \sqrt{\overline{T_k} \cdot \delta_R^2 + \overline{R}^2 \cdot \delta_T^2} \quad (10\text{-}2)$$

式中:α——安全系数,表示标准偏差的个数;

Q_s——安全库存量,等于安全系数与标准偏差的乘积。

在实际运用时,也可以采取一些简单的办法。通常把订货点看成是由两部分构成的:一部分是平均订货提前期的需求量,另一部分是安全库存量。其计算公式为

$$订货点 = 平均订货提前期的需求量 + 安全库存量 \quad (10\text{-}3)$$

$$平均订货提前期的需求量 = 平均订货提前期的天数 \times 日平均需求量 \quad (10\text{-}4)$$

$$安全库存量 = (预计日最大需求量 - 日正常需求量) \times 平均订货提前期的天数$$

$$(10\text{-}5)$$

例 10-1　某公司某项零件过去六个订货提前期消耗量(单位为吨)分别为 135、124、132、120、123、142,安全系数为 1.95,求订货点。

解　$\overline{D_L} = (135 + 124 + 132 + 120 + 123 + 142) \div 6$ 吨 $= 129$ 吨

$$\delta_D = \sqrt{\frac{1}{6} \sum_{i=1}^{6} (D_{L_i} - 129)^2} = 18.868 \div 2.45 \text{ 吨} = 7.7 \text{ 吨}$$

$$Q_k = D_L = \overline{D_L} + Q_s = (129 + 1.95 \times 7.7) \text{吨} = 144.02 \text{ 吨}$$

所以,订货点的库存量为 144.02 吨。

例 10-2　某公司甲种物料的经济订货批量为 890 吨,平均订货提前期为 12 天,平均每天正常需求量为 32 吨,预计日最大需求量为 42 吨,求订货点。

解　$Q_k = [12 \times 32 + (42 - 32) \times 12]$ 吨 $= 504$ 吨

所以,订货点的库存量为 504 吨。

三、定量订货法的应用

(一)定量订货法的优缺点

1. 定量订货法的优点

(1)实际操作简单易行。实践中常常采用双堆法(双箱法)进行库存控制。所谓双堆法,就是将某物料分成两堆,一堆为订货点库存,另一堆为周转库存。平时使用周转库存,当消耗完就开始订货;订货期间则使用订货点库存,直到订货物料到达。双堆法省去了随时检查库存的工作,简化和方便了包装、装卸和运输,实施起来简单方便。

（2）及时掌握库存动态。由于平时要详细检查和盘点库存,看是否降低到订购点,因此可以随时了解库存的动态。

（3）充分发挥了经济订货批量的作用,可降低库存量和库存成本,有利于节约费用,提高经济效益。

2. 定量订货法的缺点

（1）增加了库存保管费用。需要经常对库存进行详细检查和盘点,工作量大且需花费较多的时间、人力和物力。

（2）订货模式过于机械,缺乏灵活性。

（3）订货时间不能预先确定,不利于严格管理,也不易做出较精确的人员、资金、工作等计划安排。

（二）定量订货法的适用性

定量订货法主要用于 ABC 分类法中的 C 类物资,即对那些单价低而数量较多的物料实施库存控制,做到既满足需求,又使总费用最低。一般来说,定量订货法主要适用于以下物料的订购:单品种物资;价格低廉、订货量大且不便于少量订购的物料,如螺钉、螺母等;需求变动较大及需求预测比较困难的物料;品种数量繁多、库存管理工作量大的物料;通用性较高、需求量比较平稳的物料。

另外,在实际工作中应用定量订货法时,还要注意其适用的环境要求。①只适用于订货不受限制的情况,即订货时间和订货地点都不受任何限制,这就要求市场上的物资资源供应充足、自由流通。②只能直接运用于单一品种物资的采购,如果要实行多品种联合采购,还要对此法进行灵活处理。

第二节　定期订货法

一、定期订货法的原理

定期订货法是指按照预先确定的订货时间间隔,周期性地检查库存物料数量,随后发出订货通知,将库存补充到目标水平的一种库存控制方法。

在定期订货法中,不使用经济订货批量,而是按固定的订货时间间隔订货。如每间隔 3 天订货一次,或 1 个月订货两次。通常订货时间间隔又称为订货周期,所谓订货周期,是指相邻两次订货之间的时间间隔。在定量订货法中,订货周期是变化的,而每次订货数量保持不变;在定期订货法中,恰好相反,即每次订货数量变化而订货周期不变。

定期订货法是一种基于时间的订货控制方法,它主要靠设定订货周期和最高库存量以达到控制库存量的目的。只要订货周期和最高库存量控制得当,既不会造成缺货,又可以节省库存费用。

定期订货法的原理如下。事先确定一个订货周期 T 和一个最高库存量 Q_{max}，周期性地检查库存，确定检查时刻的实际库存量 Q_{ki}、已订货但还没有到达的物料数量（在途物料量）I_i，以及已发出出货通知但还没有出货的物料量（延期出货量）B_i。计算出每次订货量 Q_i，使得订货后的"名义库存量"等于最高库存量 Q_{max}。组织订货。

一段时间内库存量的变化如图 10-2 所示。

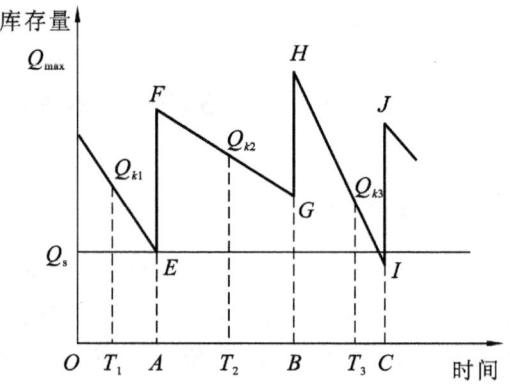

图 10-2　定期订货法库存变化示意图

首先假定物料需求速率不是均匀稳定的，即 $R_1 \neq R_2 \neq R_3$。在 OA 时间段内，库存以 R_1 的速率下降。由于预先确定了订货周期 T，也就是规定了订货时间，到了订货时间，不论实际库存量是多是少，都要进行订货。所以当到了第一次订货时间，即 T_1 时刻，就检查库存，确定 T_1 时刻的库存量 Q_{k1}，并计算订货量 Q_1，进行订货，使"名义库存量"上升到最高库存量 Q_{max}。在 T_1A 时间段内，库存继续以 R_1 的速率下降到 E 点，此时库存量等于安全库存量（Q_s），第一次订货物料也在此时到达，库存量由 E 点上升到 F 点。在 AB 时间段内，库存以 R_2 的速率下降，由于 $R_2 < R_1$，所以当到了第二次订货时间，即 T_2 时刻，库存量 $Q_{k2} > Q_{k1}$。此时再次计算订货量 Q_2，进行订货，使"名义库存量"又上升到最高库存量 Q_{max}。在 T_2B 时间段内，库存继续以 R_2 的速率下降到 G 点，第二次订货物料到达，库存由 G 点上升到 H 点。在 BC 时间段内，库存以 R_3 的速率下降，当到了第三次订货时间，即 T_3 时刻，库存下降到 Q_{k3}，由于 $R_3 > R_1 > R_2$，所以库存消耗量最大，即 $Q_{k3} < Q_{k1} < Q_{k2}$，但订货时间间隔相同，即 $T_2 - T_1 = T_3 - T_2 = T$，此时进行订货，订货量为 Q_3。当第三次订货物料到达后，库存由 I 点上升到 J 点。库存量就是这样周期性地变化。

二、定期订货法中订货点与订货量的确定

（一）订货点的确定

定量订货法是一个基于数量的订货方法，所以订货点用一个库存数量水平来

确定。而定期订货法是一个基于时间的订货法,所以订货点用一个特定的时间来确定,这时的订货点不用订货数量表示,而用订货周期 T 表示。

订货周期实际上就是定期订货的订货点,其间隔时间总是相等的。订货间隔期的长短直接决定最高库存量的大小,即库存水平的高低,进而也决定了库存成本的多少。所以,订货周期不能太长,否则会使库存成本上升;也不能太短,太短会增加订货次数,使得订货费用增加,进而增加库存总成本。一般情况下,从费用角度出发,如果要使订货过程中发生的总费用最低,可以采用经济订货周期的方法来确定订货周期 T,其公式为

$$T^* = \sqrt{\frac{2S}{D \cdot H}} \tag{10-6}$$

式中:T^*——经济订货周期;

　　D——年总需求量;

　　S——单位订货费(每次订货费);

　　H——单位物料单位时间(通常为年)保管费。

在实际操作中,经常结合供应商的生产周期或供应周期来调整经济订货周期,从而确定一个合理可行的经济订货周期。因为有些供应商是多品种轮番批量生产,或是季节性生产,都有一个生产周期或供应周期,这样确定经济订货周期便于所需物料的采购。当然也可以结合人们比较习惯的时间单位,如周、旬、月、季、年等来确定经济订货周期,因为人们通常按日历时间安排生产计划、工作计划,这样确定经济订货周期可以与生产计划、工作计划相吻合,比较方便。

(二)订货量的确定

定期订货法中的订货量是变化的,它取决于很多因素,关键是预先确定一个最高库存量 $Q_{\max}$,在此基础上来确定每次订货的订货量。

1. 最高库存量 $Q_{\max}$ 的确定

在定量订货法中,应把订货提前期的需求量作为制定订货点的依据。在定期订货法中,则应把订货周期 T 和其后一个订货提前期 L 结合在一起,即 $T+T_k$ 的长度为一个时间单元,把 $T+T_k$ 期间内的需求量 D_{T+T_k} 作为制定 $Q_{\max}$ 的依据。如果 D_{T+T_k} 服从正态分布,则

$$D_{T+T_k} \sim N(\overline{D}_{T+T_k}, \delta_{D_{T+T_k}})$$

根据概率论与数理统计知识,可知

$$Q_{\max} = \overline{D}_{T+T_k} + \alpha \cdot \delta_{D_{T+T_k}} = D_{T+T_k} + Q_s \tag{10-7}$$

式中:$\overline{D}_{T+T_k}$——订货周期与订货提前期的总需求量的平均值;

　　$\delta_{D_{T+T_k}}$——订货周期与订货提前期的总需求量的标准偏差。

根据前面的知识,式(10-7)也可以写成

$$Q_{\max}=(T+\overline{T}_k)\cdot\overline{R}+\alpha\cdot\sqrt{(T+\overline{T}_k)\cdot\delta_R^2+\overline{R}^2\cdot\delta_T^2} \tag{10-8}$$

式(10-8)包含以下三种特殊情况。

(1) 当 T_k 不变,为确定值,即 $\delta_T=0$ 时,有

$$Q_{\max}=(T+\overline{T}_k)\cdot\overline{R}+\alpha\cdot\sqrt{(T+\overline{T}_k)}\cdot\delta_R \tag{10-9}$$

(2) 当 R 不变,为确定值,即 $\delta_R=0$ 时,有

$$Q_{\max}=R\cdot(T+\overline{T}_k+\alpha\cdot\delta_T) \tag{10-10}$$

(3) 当 T_k、R 都不变,为确定值,即 $\delta_R=\delta_T=0$ 时,有

$$Q_{\max}=R\cdot(T+\overline{T}_k) \tag{10-11}$$

式(10-11)这种情况就是确定型库存模型,它也是随机型库存模型的特殊情况。

例 10-3 某种物料月需求量服从平均值为 15、标准偏差为 $\sqrt{10/3}$ 的正态分布,每次订货费为 30 元,每件物料每月的保管费为 1 元,订货提前期为 1 个月。实行定期订货法,首次盘点得到物料的实际库存量为 22 件,在途物料量为 5 件。如果要求库存满足率达到 97.7%(即安全系数为 2),求订货周期 T 和最高库存量 $Q_{\max}$。

解 $$T^*=\sqrt{\frac{2S}{D\cdot H}}=\sqrt{\frac{2\times30}{15\times1}}月=2\ 月$$

$$Q_{\max}=(T+\overline{T}_k)\cdot\overline{R}+\alpha\cdot\sqrt{(T+\overline{T}_k)}\cdot\delta_R$$
$$=[(2+1)\times15+2\times\sqrt{2+1}\times\sqrt{10/3}]件=51\ 件$$

所以,订货周期为 2 个月,最高库存量为 51 件。

2. 每次订货的订货量确定

定期订货法的订货量是不固定的,订货量的多少是由当时实际库存量的大小决定的。考虑到订货点时已订货但还没有到达的物料数量(在途物料量),每次订货的订货量计算公式为

$$订货量=Q_{\max}-实际库存量-在途物料量 \tag{10-12}$$

在实际运用时,也可以采取一些简单办法计算每次订货的订货量,计算公式为

订货量=平均每天的需求量×(订货提前期+订货周期)+安全库存量

$$-实际库存量-在途物料量 \tag{10-13}$$

例 10-4 求例 10-3 中的订货量。

解 订货量=$Q_{\max}$-实际库存量-在途物料量=(51-22-5)件=24 件

例 10-5 某企业乙种物料的经济订货批量为 750 吨,订货周期为 30 天,订货提前期为 10 天,平均每日正常需求量为 25 吨,预计日最大需求量为 40 吨,订货时的实际库存量为 600 吨,在途物料量为 0,求订货量。

解 $$Q_{\max}=[25\times(10+30)+(40-25)\times10]吨=1\ 150\ 吨$$

订货量=(1 150-600-0)吨=550 吨

所以,订货量为 550 吨。

三、定期订货法的应用

（一）定期订货法的优缺点

1. 定期订货法的优点

（1）可以合并订货与进货，减少订货管理费与物料运输费。

（2）周期盘点比较彻底、精确，不需要每天检查和盘点库存，减少了工作量，节省了管理费用，提高了工作效率。

（3）库存管理的计划性强，能预先制订订货计划和工作计划，有利于实行计划管理。

2. 定期订货法的缺点

（1）需要较大的安全库存量来保证物料需求。由于不能及时监测库存动态，为避免突发性的大量物料需求引起缺货而带来的损失，需要制定较高的安全库存量。

（2）每次订货的批量不固定，无法确定经济订货批量，不能发挥经济订货批量的优越性，因而运营成本较高，经济性较差。

（3）手续麻烦，每次订货都得检查储备量和订货合同，并要计算出订货量。

（二）定期订货法的适用性

定期订货法一般适用于企业需要严格管理的重要货物。

定期订货法最适宜于供货渠道较少或货源来自中心仓库的库存控制。

定期订货法主要用于 ABC 分类法中的 A 类物料，即那些数量少却价值高、利润高，需要特别精细管理的物料的订货。对这些少数的物料实行精细管理，可以最大限度地保障供应、保证收益、降低成本。

四、定期订货法与定量订货法的比较

定期订货法与定量订货法是独立需求条件下库存控制中最重要的两种方法。两者各有所长，它们的基本区别是：定量订货法采用"事件驱动"的控制方法；而定期订货法采用"时间驱动"的控制方法。也就是说，在定量订货法中，当预先规定的再订货水平（订货点）的事件发生后就进行订货，这种驱动事件有可能随时发生，主要取决于对该物料的需求情况。相对而言，在定期订货法中，只限于在预定时期期末进行订货，是由时间来驱动的。

在定量订货法中，必须连续监控剩余库存量。因此，定量订货法采用永续盘存制度盘点库存，它要求每次从库存里取出物料或者往库存里增添物料时，必须更新记录以确认是否已达到订货点。而在定期订货法中，库存盘点只在盘点期进行。

两种方法的比较见表 10-1。

表 10-1　定量订货法与定期订货法的比较

比较项目	定量订货法	定期订货法
订货量	固定(每次订货量相同)	变化(每次订货量不同)
订货时间	随机(库存量降到订货点时)	定期(订货间隔期相同)
库存量大小	小,安全库存也小	大,安全库存也大
库存记录	每次出入库都需记录	只在盘点期记录
库存控制要求	较松	严格
库存控制品种数	同时控制多种物料	较少
适用范围	价值低,需求相对稳定,经常领用的C类物料	价值高,需求稳定的 A 类物料

第三节　经济订货批量

　　库存控制中每次订货的数量多少直接关系到库存的水平和库存总成本的大小,因此,为了控制库存就希望找到一个合适的订货数量,使它的库存总成本最小。经济订货批量模型能满足这一要求。经济订货批量模型就是通过平衡采购进货成本和保管仓储成本,确定一个最佳的订货数量来实现最低库存总成本的方法。经济订货批量模型根据需求和订货、到货间隔时间等条件是否处于确定状态,可分为确定条件下的模型和概率统计条件下的模型。由于经济订货批量的概率统计模型较为复杂,本章只介绍经济订货批量的确定模型。

一、经济订货批量的含义

　　所谓经济订货批量,是指库存总成本最小时的订货批量。库存控制中的成本主要包括保管费、订货费、缺货费和购买费。

 [相关知识链接 10-2]

EOQ 方程式的创始人

　　库存控制研究的是在什么时间、以什么数量、从什么来源补充库存,使得库存和补充订货的总费用最少。早在 1915 年,哈里斯(Harris F.)对银行货币的储备进行了详细的研究,建立了一个确定型的库存费用模型,并确定了最优解,即最佳批量。1934 年,威尔逊(Wilson R. H.)独立再创,重新得出了哈里斯的公式,即经济订货批量 EOQ 公式,并把它引入市场,因此人们往往把威尔逊视为 EOQ 方程式的创始人。经过后人的发展和完善,经济订货批量模型及其变形已形成较为完善的库存控制体系,并在实践中得到了广泛的应用。经济订货批量模型研究如何从经济的角度确定最佳的库存数量,从根本上改变了人们对库存问题的传统认识,是对库存理论研究的一个重大突破,可以说,是现代库存理论的奠基石。

(一)保管费

保管费是指库存物料在保管过程中所发生的一切费用,即物料在收货、存储和搬运时发生的费用,包括出入库时的装卸、搬运、验收、堆码、检验费用,保管用具用料费用,仓库建造、供暖、照明与设备配备、折旧、修理等维持仓库费用,保管人员工资、福利及有关费用,保管过程中物料毁损、陈旧、盗窃、存货价值下跌等所损失的费用,税金以及保险费用,库存资金应支付的银行利息以及造成的机会损失费用等。显然,保管费用的大小与被保管物资数量的多少和保管时间的长短有关。库存保管费随着库存量的增加而增加。

(二)订货费

订货费是指库存物料在订货过程中发生的全部费用,即企业在提出订货申请单、分析货源、填写采购订货单、跟踪订货时发生的费用,包括订货人员的差旅费、检验仪器的折旧费用、通信费、手续费以及跟踪订单的费用等。订货费与订货次数成正比,而与每次订货量的多少无关。在年需求量一定的情况下,订货次数越多,则每次订货量越小。

(三)缺货费

缺货费是指由于库存物料缺货而造成的缺货损失费用,包括失去销售机会而减少的赢利收入,违反合同而遭受的罚款,紧急订货而支付的特别费用、加班费用、失去商誉与失去客户的损失等。增大库存量,可减少缺货,但库存保管费会大大增加。在最简单的情况下,可以认为缺货费用与缺货量成正比,缺货量越大,缺货费越高。

(四)购买费

购买费是指库存物料的实际购买费用,它与购买价格和购买数量有关。当物料从外部购买时,购买价格应包含物料的运杂费以及运输过程的保险费;当物料由企业内部制造时,购买价格为物料的单位生产成本。

在制定库存策略时,应综合考虑这四类费用。购买费只与物资的数量有关,在计划期间订购量一定的情况下,与订购批量无关,因此,购买费用可视为固定成本。而订货费、保管费、缺货费都与订货批量有关,批量不同,费用也不同,因此,它们可视为可变成本。只有可变成本才与订货批量有关,因此在考虑计算订货批量时,可以只考虑可变成本,而不考虑固定成本。

二、经济订货批量的基本模型

(一)经济订货批量模型的基本原理

经济订货批量的基本模型是库存控制的标准分析方法,该基本模型有以下假设条件：①单位时间内的需求量不变，即需求速率均匀且为常量；②订货提前期不变；③各次订货的订货费相同，与订货批量的大小无关；④没有数量折扣；⑤保管费与库存量成正比；⑥全部订货一次到货，且不允许缺货；⑦单一品种。

库存物料的订货与使用循环发生，如图 10-3 所示。在循环开始的 0 时刻，收到 Q_0 单位的订货批量。随着时间的推移，由于需求速率固定，库存数量以固定的速率减少。当库存量降低到订货点时，就按 Q_0 单位发出一批新的订货。经过一个固定的订货提前期后，库存量降低为零，此时新物料正好到达并入库。

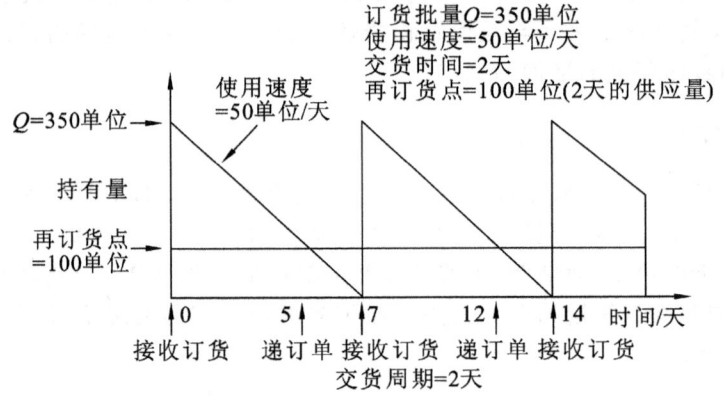

图 10-3　库存水平随时间变动示意图

由于采购成本仅与单位购买价格和年总需求量有关，与订货批量无关，因此，在年总需求量一定的情况下，最优订货批量取决于保管成本与订货成本的高低。最优订货批量反映了保管成本与订货成本之间的平衡：当订货批量变化时，一种成本上升，另一种成本下降。例如，当订货批量较小时，平均库存就会比较低，保管成本也相应较低。但是，小订货批量必然导致经常性的订货，这样又会迫使订货成本上升。相反，偶尔发生的大量订货会使订货成本降低，但又会导致较高的平均库存水平，从而使保管成本上升。如图 10-4 所示。

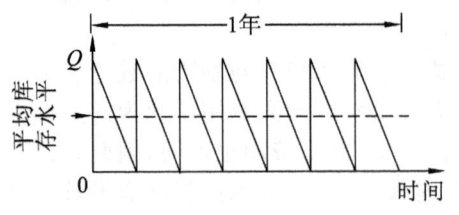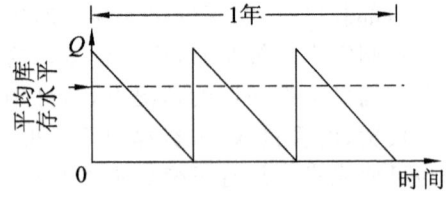

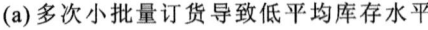

(a)多次小批量订货导致低平均库存水平　　　(b)偶尔大量订货导致高平均库存水平

图 10-4　平均库存水平与年订货量的关系

因此，理想的解决方案是，既不能订货批量特别小、订货次数特别多，又不能订货批量特别大、订货次数特别少，只能在两者之间寻求平衡。

（二）经济订货批量的基本模型

最优订货批量取决于保管成本与订货成本的相对数量。

1. 保管成本（C_1）

设单位物料单位时间的保管费用为 H，订货批量为 Q_0，库存持有量平稳地从 Q_0 单位降到 0 单位，因此平均库存是订货批量的 $1/2$，即 $Q_0/2$，则保管成本为

$$C_1 = \frac{Q_0}{2} \cdot H \tag{10-14}$$

因此，保管成本是一个关于订货批量的线性函数，保管成本的增减与订货批量的变化成正比，如图 10-5(a) 所示。

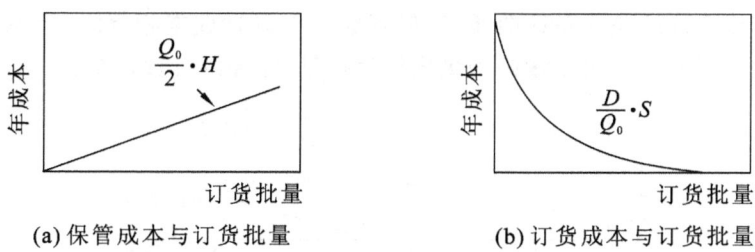

(a) 保管成本与订货批量　　　　(b) 订货成本与订货批量

图 10-5　保管成本、订货成本与订货批量的关系

2. 订货成本（C_0）

对于给定的年总需求量来说，订货批量越大，所需订货次数就越少。例如，年总需求量是 12 000 单位，订货批量是 1 000 单位，即 $Q_0 = 1\,000$ 单位，则 1 年必须订货 12 次；如果 $Q_0 = 2\,000$ 单位，就只需要订货 6 次；如果 $Q_0 = 3\,000$ 单位，只需要订货 4 次。订货费不像保管费，它对订货批量反应比较迟钝，无论订货批量是多少，特定活动都得照常进行，如确定需求量、定期评价供应源、准备发货单等。即使检查货物以证实质量与数量特征，也不受订货批量多大影响，因为大量货物只抽样检验，并不全部检验。因此，订货费是固定的，年订货成本是年订货次数与订货费用的函数。

设年总需求量为 D，年订货次数为 N，单位订货费为 S，一般情况下，年订货次数为

$$N = D/Q_0 \tag{10-15}$$

则订货成本为

$$C_0 = N \cdot S = D/Q_0 \cdot S \tag{10-16}$$

因此，订货成本是一个关于订货批量的非线性函数，订货成本的增减与订货批量的变化反向相关，如图 10-5(b) 所示。

3. 购买成本（C_3）

设年总需求量为 D，单位购买价格为 P，则购买成本为

$$C_3 = D \cdot P \qquad (10\text{-}17)$$

由于物料年总需求量是固定不变的,因此,年购买成本为固定常数,且与订货批量无关。

4. 年总成本(C)

年总成本 C 由购买成本 C_3、保管成本 C_1 和订货成本 C_0 三部分构成,当每次订货批量为 Q_0 时,年总成本为

$$C = C_3 + C_1 + C_0$$

即

$$C = D \cdot P + Q_0/2 \cdot H + D/Q_0 \cdot S \qquad (10\text{-}18)$$

年总成本与订货批量的关系(经济订货批量模型)如图 10-6 所示。由图 10-6 可见,年总成本曲线是一条凹曲线,当保管成本与订货成本相等时,年总成本达到最小值,此时对应的订货批量则为最优订货批量,即经济订货批量。

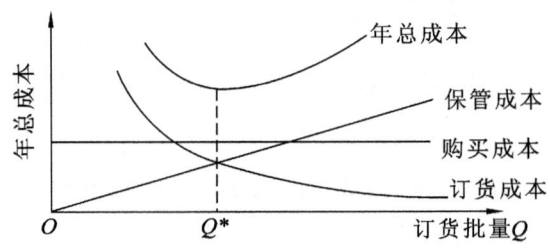

图 10-6 经济订货批量模型

因此,要使年总成本为最小值,需将式(10-18)对订货批量 Q_0 求导数,并令一阶导数为 0,得到经济订货批量的计算公式为

$$Q^* = \sqrt{\frac{2D \cdot S}{H}} \qquad (10\text{-}19)$$

或者

$$Q^* = \sqrt{\frac{2D \cdot S}{F \cdot P}} \qquad (10\text{-}20)$$

式中:Q^*——经济订货批量;

   D——年总需求量;

   S——单位订货费;

   H——单位物料单位时间(通常为年)保管费;

   P——单位购买价格;

   F——单位保管费率,即单位物料单位时间保管费与单位购买价格的比率。

当订货批量取经济订货批量时,订货次数 N 为 D/Q^*,订货周期 T 为 $Q^* \cdot 365/D$(一年取 365 天),或 $T = 365/N$,年总成本为

$$C(Q^*) = D \cdot P + \sqrt{2D \cdot S \cdot H} \qquad (10\text{-}21)$$

或者

$$C(Q^*)=D \cdot P + \sqrt{2D \cdot S \cdot F \cdot P} \qquad (10\text{-}22)$$

例 10-6　某服装商场每年需要购买 8 000 套儿童服装,每套服装的价格是 100 元,其单位保管费为服装价格的 3%,每次订货费为 30 元。试求该服装商场的经济订货批量、年总成本和订购次数。

解　$$Q^* = \sqrt{\frac{2D \cdot S}{F \cdot P}} = \sqrt{\frac{2 \times 8\,000 \times 30}{3\% \times 100}} 件 = 400 件$$

$$C(Q^*) = D \cdot P + \sqrt{2D \cdot S \cdot F \cdot P}$$

$$= (8\,000 \times 100 + \sqrt{2 \times 8\,000 \times 30 \times 3\% \times 100}) 元 = 801\,200 元$$

$$N = D/Q^* = 8\,000/400 次 = 20 次$$

所以,企业的经济订货批量为 400 件时,年总成本最小,年总成本为 801 200 元,订购次数为 20 次。

三、经济订货批量的特殊模型

(一)有数量折扣的经济订货批量

供应商为了吸引企业一次购买更多的物料,往往规定购买数量达到或超过某一数量标准时给予企业价格上的优惠,这个事先规定的数量标准称为折扣点。由于折扣是按购买数量提供的,因而又称为数量折扣。在有数量折扣的条件下,由于折扣前的单位购买价格与折扣后的单位购买价格不同,因此必须对经济订货批量公式进行必要的修正。

在有数量折扣的情况下,由于每次订货量大,订货次数减少,年订货费会降低。但是订货量大会使库存增加,从而使库存保管费增加。在供应商采取数量折扣的情况下,企业应进行计算和比较,以确定是否需要增加订货量去获得折扣。其判断的准则是:若接受折扣所产生的年总成本小于经济订货批量所产生的年总成本,则应接受折扣;反之,应按不考虑数量折扣计算的经济订货批量购买。

1. 一个折扣点

如图 10-7 所示,设原来的价格为 P_1,企业在这种价格水平下按经济订货批量订货。若供应商规定当订货批量大于等于 Q_1 时,价格取折扣 β,即价格为 $(1-\beta)P_1$,这时企业就需要确定,是接受折扣,按 Q_1 订货,还是不接受折扣仍按原来的经济订货批量订货。

可以采用成本比较法,即比较折扣前后的

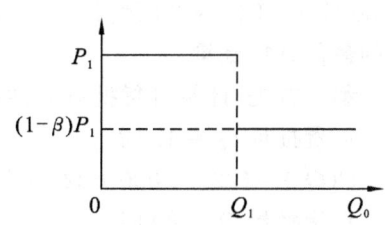

图 10-7　价格折扣原理图

年总成本哪个更低。如果接受折扣后年总成本低,就接受折扣,按折扣点数量订货,否则仍按原经济订货批量订货。即

折扣前:$C(Q^*) = D \cdot P_1 + Q^*/2 \cdot H + D/Q^* \cdot S$

折扣后:$C(Q_1) = D \cdot (1-\beta)P_1 + Q_1/2 \cdot H + D/Q_1 \cdot S$

若 $C(Q^*) > C(Q_1)$,则接受折扣,按折扣点数量 Q_1 订货;若 $C(Q^*) < C(Q_1)$,则不接受折扣,仍按经济订货批量 Q^* 订货。

2. 多个折扣点

在多个折扣点的情况下(见表 10-2),采用成本比较法计算最佳订货批量。其步骤如下。

表 10-2　折扣价格表

折扣点	$Q_0 = 0$	Q_1	...	Q_t	...	Q_n
折扣价格	P_0	P_1	...	P_t	...	P_n
折扣区间	$[Q_0, Q_1)$	$(Q_1, Q_2]$		$[Q_t, Q_{t+1})$		$[Q_n, \infty)$
折扣区间经济批量	Q_1^*	Q_2^*		Q_t^*		Q_n^*

第一步,计算订货批量分别取各个折扣点时的年总成本。

$$C(Q_i) = D \cdot P_i + Q_i/2 \cdot H + D/Q_i \cdot S$$

第二步,计算各个折扣区间的经济订货批量 Q_i^* 和每个有效的经济订货批量对应的年总成本 $C(Q_i^*)$。所谓有效,是指求出折扣区间的经济订货批量 Q_i^* 应落在折扣区间内,即 $Q_{i-1} \leqslant Q_i^* < Q_i$。

$$Q_i^* = \sqrt{\frac{2D \cdot S}{H}} = \sqrt{\frac{2D \cdot S}{F \cdot P_{i-1}}}$$

第三步,取第一步和第二步中成本最小的一个对应的订货批量作为最佳订货批量。

例 10-7　某企业依计划每年需采购 A 零件 1 000 件。A 零件的每次订货成本是 5 元,每个零件每年的保管费是单位购买价格的 20%,A 零件供应商为了促销采取以下的数量折扣:当订货批量不超过 41 件时,单价为 22 元;订货批量在 41 至 80 件时,单价为 20 元;订货批量超过 80 件时,单价为 18 元。求在此条件下企业的最佳订货批量。

解　首先,计算订货批量分别取各折扣点时的年总成本,即

订货批量 $Q_1 = 40$ 时,

$C(Q_1) = (22 \times 1\,000 + 22 \times 0.2 \times 40/2 + 1\,000 \times 5/40)$元 $= 22\,213$ 元

订货批量 $Q_2 = 80$ 时,

$C(Q_2) = (20 \times 1\,000 + 20 \times 0.2 \times 80/2 + 1\,000 \times 5/80)$元 $= 20\,222.5$ 元

然后,计算各折扣区间的经济订货批量。

$$Q_1^* = \sqrt{\frac{2 \times 1\,000 \times 5}{22 \times 0.2}} \text{件} = 48 \text{件}$$

由于 $Q_1^* = 48$，不在折扣区间 $[0,40]$ 内，因此计算的经济订货批量无效。

$$Q_2^* = \sqrt{\frac{2 \times 1\,000 \times 5}{20 \times 0.2}} \text{件} = 50 \text{件}$$

由于 $Q_2^* = 50$，在折扣区间 $[41,80]$ 内，因此计算其对应的年总成本，即

$$C(Q_2^*) = (20 \times 1\,000 + 20 \times 0.2 \times 50/2 + 1\,000 \times 5/50) \text{元} = 20\,200 \text{元}$$

$$Q_3^* = \sqrt{\frac{2 \times 1\,000 \times 5}{18 \times 0.2}} \text{件} = 53 \text{件（无效）}$$

最后，比较各订货批量年总成本的大小，确定最佳订货批量。

由于 $C(Q_2) < C(Q_2^*) < C(Q_1)$，因此最佳订货批量为 $Q_2 = 80$ 件。

（二）允许缺货的经济订货批量

在实际生产活动中，因运输方面出现的问题导致订货物料到达时间有可能延期，物料需求速率有可能变大。此外，供应商因库存物料不足难以及时发货，有时会出现缺货现象，产生缺货成本。在允许缺货的情况下，需要对经济订货批量模型进行必要的修正。

如图 10-8 所示，设允许缺货情况下的最大库存水平为 V，每次的订货批量为 Q_0，订货周期为 T，缺货成本为 C_4，单位物料单位时间（通常为年）的缺货费为 B，订货周期内库存物料满足需求的时间为 t_1，订货周期内缺货的时间为 t_2。则

$$T = t_1 + t_2, \quad \frac{t_1}{T} = \frac{V}{Q_0}, \quad \frac{t_2}{T} = \frac{Q_0 - V}{Q_0}$$

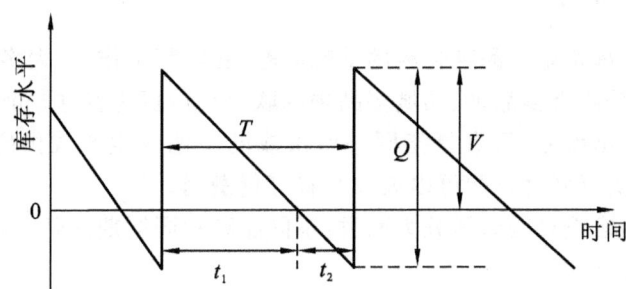

图 10-8　允许缺货的经济订货批量模型

在没有出现缺货时，平均库存为 $V/2$；在出现缺货时，平均库存为 $(Q_0 - V)/2$。在缺货条件下的年总成本为

$$C = C_3 + C_0 + C_1 + C_4$$

$$= D \cdot P + \frac{D}{Q_0} \cdot S + \frac{V}{2} \cdot H \cdot \frac{t_1}{T} + \frac{Q_0 - V}{2} \cdot B \cdot \frac{t_2}{T}$$

$$=D \cdot P+\frac{D}{Q_0} \cdot S+\frac{V}{2} \cdot H \cdot \frac{V}{Q_0}+\frac{Q_0-V}{2} \cdot B \cdot \frac{Q_0-V}{Q_0}$$

$$=D \cdot P+\frac{D}{Q_0} \cdot S+\frac{V^2}{2Q_0} \cdot H+\frac{(Q_0-V)^2}{2Q_0} \cdot B$$

因此,要使年总成本为最小值,需将上式对订货批量 Q_0 和最大库存水平 V 分别求偏导数,并分别令一阶偏导数为 0,得到经济订货批量的计算公式为

$$Q^*=\sqrt{\frac{2D \cdot S}{H}} \cdot \sqrt{\frac{H+B}{B}} \qquad (10\text{-}23)$$

同时得到最大库存水平的计算公式为

$$V^*=\sqrt{\frac{2D \cdot S}{H}} \cdot \sqrt{\frac{B}{H+B}} \qquad (10\text{-}24)$$

由于 $\sqrt{(H+B)/B}>1$,因此缺货条件下的经济订货批量大于正常条件下的经济订货批量。当单位缺货费 B 不断增加时,缺货条件下的经济订货批量逐渐接近于正常条件下的经济订货批量。

例 10-8 某企业依计划每年需采购 A 零件 1 000 件。A 零件的单价为 20 元,每次订货成本为 5 元,每个 A 零件每年的保管费是单位购买价格的 20%,每个 A 零件每年的缺货费是单位购买价格的 50%。求在缺货条件下企业的经济订货批量。

解 $Q^*=\sqrt{\frac{2D \cdot S}{H}} \cdot \sqrt{\frac{H+B}{B}}=\sqrt{\frac{2 \times 1\,000 \times 5}{20 \times 0.2}} \cdot \sqrt{\frac{20 \times 0.2+20 \times 0.5}{20 \times 0.5}}$ 件 $=59$ 件

所以,在缺货条件下企业的经济订货批量为 59 件。

(三)联合订购

以上讨论的都是单一品种物料的采购问题,在实际工作中,大多都是多品种的联合订购,尤其是同类多品种、同城多品种的联合订购更为普遍。前者是指同类产品的多种不同规格型号,后者是指同一城市或同一地区生产或供应的多个品种。在这些情况下,实行联合订购可以大大节省订货费用。

联合订购问题按订购时间分为两类:不同品种相同周期的联合订购,不同品种不同周期的联合订购。

1. 不同品种相同周期的联合订购

不同品种相同周期的联合订购的基本原理是把联合订购的各个品种归为一个组,作为一个整体综合考虑它们的保管成本和订货成本,以求得使年总成本最低的共同订货周期。

设第 i 种物料的年总需求量为 D_i,单位价格为 P_i,单位物料单位时间(通常为年)的保管费为 H_i,在联合订购中各自的订货批量为 Q_i,联合订购的单位订货费用为 S,联合订购的订货周期为 T。可知第 i 种物料的订货次数 $N_i=D_i/Q_i$,由于是

联合订购,因此各种物料的订货次数相等,即 $N_1 = N_2 = \cdots = N_i = \cdots = N_n = N$,则订货周期为 $T = 1/N$,订货次数为 $N = 1/T$,第 i 种物料的订货批量为 $Q_i = D_i/N = D_i T$,保管成本为

$$C_{1i} = \frac{Q_i}{2} \cdot H_i = \frac{D_i \cdot T}{2} \cdot H_i \qquad (10\text{-}25)$$

式中:C_{1i}——第 i 种物料的保管成本;

　　Q_i——第 i 种物料的订货批量;

　　D_i——第 i 种物料的年总需求量;

　　T——订货周期;

　　H_i——第 i 种单位物料单位时间(通常为年)保管费。

各种物料单位时间的总保管成本等于各种物料的保管成本之和,即

$$C_1 = \sum_{i=1}^{N} \frac{D_i \cdot T}{2} \cdot H_i \qquad (10\text{-}26)$$

式中:C_1——各种物料的总保管成本。

各种物料单位时间的总订货成本为

$$C_0 = N \cdot S = \frac{S}{T} \qquad (10\text{-}27)$$

式中:C_0——各种物料的总订货成本;

　　S——单位订货费用。

所以各种物料的年总成本为

$$C = \sum_{i=1}^{N} D_i \cdot P_i + \sum_{i=1}^{N} \frac{D_i \cdot T}{2} \cdot H_i + \frac{S}{T} \qquad (10\text{-}28)$$

因此,要使年总成本为最小值,需将式(10-28)对订货周期 T 求导数,并令一阶导数为 0,得到共同的经济订货周期 T^* 和各种物料的经济订货批量 Q^* 的计算公式为

$$T^* = \sqrt{\frac{2S}{\sum\limits_{i=1}^{N} D_i \cdot H_i}} \qquad (10\text{-}29)$$

$$Q^* = D_i \cdot T^* = D_i \sqrt{\frac{2S}{\sum\limits_{i=1}^{N} D_i \cdot H_i}} \qquad (10\text{-}30)$$

此时,各种物料的年总成本为

$$C(Q^*) = \sum_{i=1}^{N} D_i \cdot P_i + \sqrt{2S \sum_{i=1}^{N} D_i \cdot H_i} \qquad (10\text{-}31)$$

例 10-9　某企业甲、乙、丙三种物料实行联合订购,各自的年需求量、单位保管费用和每次的订货费用见表 10-3,求联合订购的订货周期、各种物料的经济订货批量和三种物料的年总成本。

表 10-3 物料采购费用表

	年总需求量/件	单位价格/(元/件)	单位保管费用/(元/件·年)	年订货费用/元
甲	5 000	31.8	0.50	
乙	3 250	54.6	1.00	125
丙	2 900	47.2	0.75	

解 为求各个品种的订货批量，先求 $\sum_{i=1}^{3} D_i \cdot H_i$

$$\sum_{i=1}^{3} D_i \cdot H_i = (5\,000 \times 0.50 + 3\,250 \times 1.00 + 2\,900 \times 0.75) 元/年 = 7\,925 元/年$$

则共同的订货周期和各种物料相应的经济订货批量分别为

$$T^* = \sqrt{\frac{2S}{\sum_{i=1}^{3} D_i \cdot H_i}} = \sqrt{\frac{2 \times 125}{7\,925}} 年 = 0.1776 年$$

$$Q_甲^* = D_1 T^* = 5\,000 \times 0.177\,6 件 = 888 件$$

$$Q_乙^* = D_2 T^* = 3\,250 \times 0.1776 件 = 577 件$$

$$Q_丙^* = D_3 T^* = 2\,900 \times 0.1776 件 = 515 件$$

$$Q^* = Q_甲^* + Q_乙^* + Q_丙^* = (888 + 577 + 515) 件 = 1\,980 件$$

$$C(Q^*) = \sum_{i=1}^{3} D_i \cdot P_i + \sqrt{2S \sum_{i=1}^{3} D_i \cdot H_i}$$

$$= (5\,000 \times 31.8 + 3\,250 \times 54.6 + 2\,900 \times 47.2 + \sqrt{2 \times 125 \times 7\,925}) 元$$

$$= (473\,330 + 1\,407.57) 元 = 474\,737.57 元$$

所以，甲、乙、丙三种物料都以 0.177 6 年的订货周期同时订货，甲的经济订货批量为 888 件，乙的经济订货批量为 577 件，丙的经济订货批量为 515 件，三种物料的年总成本为 474 737.57 元。

2. 不同品种不同周期的联合订购

不同品种不同周期的联合订购的基本原理是设定一个基准周期 T，将各品种单独订购的经济订货周期都化成这个基准周期的简单倍数。以基准周期连续运行，在不同的基准周期下实行不同品种的联合订购。每个品种都在自己的简单倍数所在的基准周期中联合订购。

设各品种的共同订货费为 S_{00}，各自的订货费为 S_i，保管费为 H_i，单位价格为 P_i，年总需求量为 D_i。计算步骤如下。

（1）先求各自的订货周期 T_i。

$$T_i = \sqrt{\frac{2S_i}{D_i \cdot H_i}}$$

（2）取 T_i 中最小的作为基准周期，其余都转化为其整数倍。

$$T_0 = \min\{T_i\}$$

$$T_i = [a_i]T_0$$

其中，$a_i = T_i/T_0$，$[a_i]$为不大于a_i的整数。

（3）求基准周期T_0。

$$C(T_0) = \sum_{i=1}^{N} D_i \cdot P_i + \frac{S_{00}}{T_0} + \sum_{i=1}^{N} \frac{S_i}{T_i} + \frac{1}{2} \sum_{i=1}^{N} D_i \cdot H_i \cdot T_i \qquad (10\text{-}32)$$

令$\dfrac{\partial C(T_0)}{\partial T_0} = 0$，得

$$T_0 = \sqrt{\frac{2\left(S_{00} + \displaystyle\sum_{i=1}^{N} \frac{S_i}{[a_i]}\right)}{\displaystyle\sum_{i=1}^{N} D_i \cdot H_i [a_i]}} \qquad (10\text{-}33)$$

当S_i都等于S_0时，则

$$T_0 = \sqrt{\frac{2(S_{00} + N \cdot S_0)}{\displaystyle\sum_{i=1}^{N} D_i \cdot H_i}} \qquad (10\text{-}34)$$

第四节　经济生产批量订货法

经济订货批量模型假设企业整批订货在一定时刻同时到达，而不是在一段时间内分批分次到达。然而在实际生产活动中，库存物料在一段时间内是逐渐增加的，而不是在某一时刻突然增加，尤其是企业采取物料自制时。企业生产物料和消耗物料是同时进行的，如果生产率等于需求率，则生产出来的物料立即用于消耗，不需要建立库存。但是，大多数情况下，生产率是大于需求率的，因此库存是逐渐增加的，而不是在某一时刻突然增加的。要使库存不至于无限增加，当库存达到一定量时，应该停止生产一段时间。由于生产系统调整准备时间的存在，在补充成品库存的生产中，也有一个一次生产多少最经济的问题，这就是经济生产批量（economic product quantity，EPQ）问题。

在实际生产活动中，有些物料可能是自制而不是外购，这时的订货就是生产，因此采用经济生产批量模型来确定订货数量最为合适。

一、经济生产批量模型的含义

所谓经济生产批量模型，就是在订货以递增的方式到达，或消耗和生产同时使物料减少和增加，或物料可能是自制而不是外购的情况下，确定最经济的订货数量的一种模型。

二、经济生产批量模型的确定

由于经济生产批量（EPQ）允许订货物料分批分次以递增的方式到达，其假设条件与经济订货批量（EOQ）模型不一样，因此需要对经济订货批量模型进行修正。

设 p 为生产率（单位时间产量），r 为需求率（$r<p$），t_p 为生产时间，I_{max} 为最大库存量，Q 为生产批量，LT 为生产提前期，RL 为订货点。

图 10-9 描述了在经济生产批量模型下库存量随时间变化的过程。生产在库存为 0 时开始进行，经过生产时间 t_p 结束。若在生产时间 t_p 内没有物料需求，库存量将按生产率 p 增长，生产批量 Q 为生产率与生产时间的乘积，即 $Q=p \cdot t_p$。由于在生产时间 t_p 内存在需求率为 r 的需求，并且生产率 p 大于需求率 r，因此库存将以 $(p-r)$ 的速率增长，经过时间 t_p，库存量达到最大库存量 I_{max}，最大库存量为库存增长率与生产时间的乘积，即 $I_{max}=(p-r) \cdot t_p$。生产停止后，库存量按需求率 r 下降。当库存量减少到 0 时，又开始了新一轮生产。Q 既是在 t_p 时间内的生产量，又是在补充周期 T 内消耗的库存量。

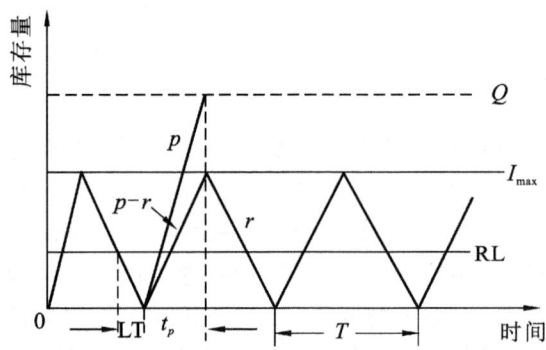

图 10-9　经济生产批量模型假设下的库存量变化

当企业物料采取自制方式而不是外购时，物料的购买价格取决于物料的生产成本，物料的订货费则按生产准备成本计算。由于库存量是在 0 与 I_{max} 之间变动，因此平均库存量是最大库存量的一半，即

$$平均库存量 = \frac{I_{max}}{2} = \frac{(p-r) \cdot t_p}{2} = \frac{(p-r) \cdot Q}{2p} (t_p=Q/p) \qquad (10\text{-}35)$$

若不允许缺货，则年总成本为

$$年总成本 = 生产成本 + 生产准备成本 + 保管成本 \qquad (10\text{-}36)$$

$$C = D \cdot P' + D/Q \cdot S' + \frac{(p-r) \cdot Q}{2p} \cdot H \qquad (10\text{-}37)$$

式中：D——年总需求量，以单位计；

$\quad\ \ P'$——单位生产成本；

Q——生产批量；

p——生产率；

r——需求率；

S'——每次的生产准备成本；

H——每单位物料单位时间（通常为年）保管费。

为获得最低成本的经济生产批量，现求年总成本对于生产批量 Q 的一阶导数，并令其为 0。即

$$\frac{dC}{dQ}=-\frac{D \cdot S'}{Q^2}+\frac{(p-r)}{2p} \cdot H=0$$

则经济生产批量的计算公式为

$$Q^{*\prime}=\sqrt{\frac{2D \cdot S'}{H}} \cdot \sqrt{\frac{p}{p-r}} \qquad (10\text{-}38)$$

当生产批量取经济生产批量时，最优的生产时间 $t_p=Q^{*\prime}/p$，最低年总成本为

$$C(Q^{*\prime})=D \cdot P'+\sqrt{\frac{2D \cdot S' \cdot H \cdot (p-r)}{p}}$$

$$=D \cdot P'+\sqrt{2D \cdot S' \cdot H \cdot (1-\frac{r}{p})} \qquad (10\text{-}39)$$

或者

$$C(Q^{*\prime})=D \cdot P'+\frac{p-r}{p} \cdot H \cdot Q^{*\prime} \qquad (10\text{-}40)$$

例 10-10 根据预测，市场每年对某公司生产的产品的需求量为 20 000 台，公司一年有 250 个工作日，生产率为每天 100 台，生产提前期为 4 天。单位产品的生产成本为 50 元，单位产品的年保管费为 10 元，每次生产的生产准备成本为 20 元。试求该公司的经济生产批量、年生产次数、订货点和最低年总成本。

解 日需求率 $r=D/N=20\,000/250$ 台/天 $=80$ 台/天

$$Q^{*\prime}=\sqrt{\frac{2D \cdot S'}{H}} \cdot \sqrt{\frac{p}{p-r}}=\sqrt{\frac{2\times20\,000\times20\times100}{10\times(100-80)}}\text{台}=632\text{ 台}$$

年生产次数 $N=D/Q^{*\prime}=20\,000/632$ 次 $=31.6$ 次

订货点 $\text{RL}=r\times\text{LT}=80\times4$ 台 $=320$ 台

最低年总成本 $C=D\times P'+(1-r/p)\times H\times Q^{*\prime}$

$$=[20\,000\times50+(1-80/100)\times10\times632]\text{元}=1\,001\,264\text{ 元}$$

所以，经济生产批量为 632 台，年生产次数为 31.6 次，订货点为 320 台，最低年总成本为 1 001 264 元。

若缺货成本是有限的，则要考虑缺货影响，必须修正年总成本。年总成本应包括缺货成本、生产成本、生产准备成本和保管成本。若缺货是延期付货（面临的是不会失去的需求），则全部库存不足数量应由下一次生产来补足。

在缺货成本有限的情况下，经济生产批量计算公式为

$$Q^{*\,'} = \sqrt{\frac{2D \cdot S'}{H}} \cdot \sqrt{\frac{p}{p-r}} \cdot \sqrt{\frac{H+B}{B}}$$ (10-41)

式中:B——每单位物料单位时间(通常为年)延期付货费。

第五节　ABC分类法

企业库存的物料品种繁多,每种物料的价格都不一样,库存数量也不相等,有的物料库存数量不多但是占用的资金很多,有的物料库存数量很多但占用的资金却很少。在这种情况下,对所有的库存物料不加区别地进行管理是不现实和不经济的,因为不断地盘点、发放订单、接受订货等需要耗费大量的时间和资金。为了使有限的时间、资金、人力、物力等企业资源得到更有效的利用,企业应对库存物料进行分类,依据物料重要程度的不同,采用不同的库存管理策略,即按ABC分类法管理库存。

一、ABC分类法的原理

ABC分类法的基本原理是将库存物料按品种和占用资金的多少分为非常重要的物料(A类)、一般重要的物料(B类)和不太重要的物料(C类),然后针对不同重要级别分别进行管理与控制。其核心是"分清主次,抓住重点"。

　**[相关知识链接 10-3]**

80/20原则与ABC分类法

1879年,意大利经济学家帕累托在研究米兰的财富时发现,占人口总数很小比例的人口拥有占财富总数很大比例的财富,而占人口总数很大比例的人口却只拥有占财富总数很小比例的财富,这一现象也广泛存在于社会的其他领域,被总结为"关键的少数和次要的多数",称为帕累托原则,也叫80/20原则。例如在库存管理中,一个仓库存放的物料品种成千上万,但是,在这些物料中,只有少数品种价值高、销售速度快、销售量大、利润高,构成仓库利润的主要部分,而大多数品种价值低、销售速度慢、销售量小、利润低,只能构成仓库利润的极小部分。

1951年,美国通用电气公司的迪克在对公司的库存产品进行分类时,首次提出将公司的产品,根据销售量、现金流量、前置时间或缺货成本,分成A、B、C三类。A类库存为重要的产品,B类和C类库存依次为次重要的产品和不重要的产品。

ABC 分类法的标准见表 10-4。

表 10-4 ABC 分类法的分类标准

类别	品种数占总品种数的百分比/（%）	资金占总库存资金的百分比/（%）
A	10 左右	70 左右
B	20 左右	20 左右
C	70 左右	10 左右

如果用累计品种百分比曲线表示（又称帕累托曲线），可以清楚地看到 A、B、C 三类物料在品种和库存资金占用额上的比例关系，如图 10-10 所示。

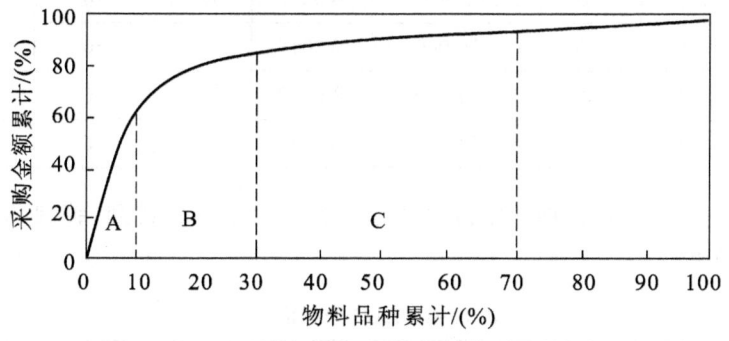

图 10-10 ABC 分类法曲线示意图

由图 10-10 可以看出，A 类物料的品种数很少，但占用了大部分库存资金，因此，物料品种数增加时，库存资金累计额百分比增长很快，曲线很陡；B 类物料的品种数累计百分比与库存资金累计额百分比基本相等，因此曲线较平缓；C 类物料品种数很多，但是库存资金累计额百分比很小，因此曲线十分平缓，基本呈水平状。

二、ABC 分类法实施的步骤

ABC 分类法实施的步骤如下。

第一步，收集库存物料在某一段时间的品种数、购买单价、需求量等资料。

第二步，将库存物料按其占用资金的大小顺序排列，编制 ABC 分类汇总表。

第三步，计算库存物料品种数的百分比和累计百分比。

第四步，计算库存物料占用资金的百分比和累计百分比。

第五步，按照分类标准编制 ABC 分析表进行分类，确定 A、B、C 各类物料。

例 10-11 某公司对上一年度的 20 种库存物料统计了平均需求量和平均购买价格，见表 10-5。为了对这些库存物料进行有效的控制，公司决定采用 ABC 分类法。试用 ABC 分类法对该公司的库存物料进行分类。

表 10-5　物料需求信息表

物料编号	年需求量	单位价格/元	占用库存资金额/元	物料编号	年需求量	单位价格/元	占用库存资金额/元
W0001	5	210	1 050	W0011	10	8	80
W0002	75	15	1 125	W0012	25	60	1 500
W0003	2	3 010	6 020	W0013	90	110	9 900
W0004	2 000	5	10 000	W0014	200	950	190 000
W0005	700	80	56 000	W0015	50	80	4 000
W0006	1	18 000	18 000	W0016	1 500	140	210 000
W0007	250	10	2 500	W0017	150	10	1 500
W0008	10 000	5	50 000	W0018	20	50	1 000
W0009	400	30	12 000	W0019	350	20	7 000
W0010	650	25	16 250	W0020	65	75	4 875

解　第一步,将库存物料按占用库存金额的大小顺序排列,编制 ABC 分类汇总表,见表 10-6。

表 10-6　ABC 分类汇总表

物料编号	占用库存资金额/元	占用库存资金额百分比/(%)	累计占用库存资金额/元	累计占用库存资金额百分比/(%)	物料品种数	物料品种数百分比/(%)	累计物料品种数	累计物料品种数百分比/(%)
W0016	210 000	34.84	210 000	34.84	1	5	1	5
W0014	190 000	31.52	400 000	66.36	1	5	2	10
W0005	56 000	9.29	456 000	75.65	1	5	3	15
W0008	50 000	8.29	506 000	83.94	1	5	4	20
W0006	18 000	2.99	524 000	86.93	1	5	5	25
W0010	16 250	2.70	540 250	89.63	1	5	6	30
W0009	12 000	1.99	552 250	91.62	1	5	7	35
W0004	10 000	1.66	562 250	93.28	1	5	8	40
W0013	9 900	1.64	572 150	94.92	1	5	9	45
W0019	7 000	1.16	579 150	96.08	1	5	10	50
W0003	6 020	1.00	585 170	97.08	1	5	11	55

续表

物料编号	占用库存资金额/元	占用库存资金额百分比/(%)	累计占用库存资金额/元	累计占用库存资金额百分比/(%)	物料品种数	物料品种数百分比/(%)	累计物料品种数	累计物料品种数百分比/(%)
W0020	4 875	0.81	590 045	97.89	1	5	12	60
W0015	4 000	0.66	594 045	98.55	1	5	13	65
W0007	2 500	0.41	596 545	98.96	1	5	14	70
W0012	1 500	0.25	598 045	99.21	1	5	15	75
W0017	1 500	0.25	599 545	99.46	1	5	16	80
W0002	1 125	0.19	600 670	99.65	1	5	17	85
W0001	1 050	0.17	601 720	99.82	1	5	18	90
W0018	1 000	0.17	602 720	99.99	1	5	19	95
W0011	80	0.01	602 800	100	1	5	20	100

第二步,按照分类标准,编制 ABC 分析表进行分类,确定 A、B、C 各类物料。见表 10-7。

表 10-7　ABC 分析表

类别	占用库存资金额分类/万元	品种数	品种数百分比/(%)	累计品种数百分比/(%)	占用库存资金额/元	占用库存资金额百分比/(%)	累计占用库存资金额百分比/(%)
C	1.2 以下	13	65	100	50 550	8.39	100.00
B	1.2~19	5	25	35	152 250	25.26	91.61
A	19 以上	2	10	10	400 000	66.36	66.36

第三步,确定 A、B、C 各类物料。

A 类物料,占用库存资金额为 190 000 元以上,物料编号为 W0016、W0014,品种数为 2。

B 类物料,占用库存资金额为 12 000～190 000 元,物料编号为 W0005、W0008、W0006、W0010、W0009,品种数为 5。

C 类物料,占用库存资金额为 12 000 元以下,物料编号为 W0004、W0013、W0019、W0003、W0020、W0015、W0007、W0012、W0017、W0002、W0001、W0018、W0011,品种数为 13。

三、ABC 分类控制的准则

对库存物料进行 ABC 分类后,仓库管理人员应根据企业的经营策略和 A、B、C 三类物料各自不同的特点对其实施相应的管理和控制。ABC 分类控制的准则如下。

(一) A 类

A 类物料品种数量少,但占用库存资金多,是企业非常重要的物料,要重点管理。

第一,在满足客户对物料需求的前提下,尽可能降低物料库存数量,增加订货次数,减少订货批量和安全库存量,避免浪费大量的保管费与积压大量资金。

第二,与供应商建立良好的合作伙伴关系,尽可能缩短订货提前期和交货期,力求供应商供货平稳,降低物料供应变动,保证物料及时供给。

第三,严格执行物料盘点制度,定期检查,严密监控,尽可能提高库存物料精度。

第四,与客户勤联系多沟通,了解物料需求的动向,尽可能正确地预测物料需求量。

第五,加强物料维护和保管,保证物料的使用质量。

第六,一般采用定期订货方式。

(二) B 类

B 类物料品种数量和占用库存资金都处于 A 类与 C 类之间,是企业一般重要的物料,可以采取比 A 类物料相对简单而比 C 类物料相对复杂的管理方法,即常规管理方法。B 类物料中占用库存资金比较高的品种要采用定期订货方式或定期定量相结合的方式。另外,B 类物料对物料需求量的预测精度要求不高,只需每天对物料的增减加以记录,到了订货点时以经济订货批量加以订货。

(三) C 类

C 类物料品种数量多,但占用库存资金少,是企业不太重要的物料,可以采取简单方便的管理方法。

第一,减少物料的盘点次数,对部分数量很大、价值很低的物料不纳入日常盘点范围,并规定物料最低出库的数量,以减少物料出库次数。

第二,为避免缺货现象,可以适当提高物料库存数量,减少订货次数,增加订货批量和安全库存量,减少订货费用。

第三,尽量简化物料出库手续,方便领料人员领料,采取双堆法控制库存。

第四,一般采用定量订货方式或联合订货方式。

四、ABC 分类控制的注意事项

ABC 分类控制的目标是把重要的物料与不重要的物料区分开来,区别对待,企业在对 A、B、C 三类物料进行分类控制时,还需要注意以下几个方面。

第一,ABC 分类与物料单价无关。A 类物料占用库存资金很高,可能是单价不高但需求量极大的组合,也可能是单价很高但需求量不大的组合。与此相类似,C 类物料可能是单价很低,也可能是需求量很小。通常对于单价很高的物料,在管理控制上要比单价较低的物料更严格,并且可以取较高的安全系数,同时加强控制,降低因安全库存量减少而引起的风险。

第二,有时仅依据物料占用库存资金的大小进行 ABC 分类是不够的,还需以物料的重要性作为补充。物料的重要性主要体现在缺货会造成停产或严重影响正常生产、缺货会危及安全、缺货后不易补充三个方面。对于重要物料,可以取较高的安全系数,一般为普通物料安全系数的 1.2～1.5 倍,提高可靠性,同时加强控制,降低缺货损失。

第三,进行 ABC 分类时,还要对诸如采购困难问题、可能发生的偷窃、预测困难问题、物料的变质或陈旧、仓容、需求量大小和物料在经营上的急需情况等因素加以认真考虑,做出适当的分类。

第四,可以根据企业的实际情况,将库存物料分为适当的类别,并不要求局限于 A、B、C 三类。

第五,分类情况不反映物料的需求程度,也不揭示物料的获利能力。

第六节　订单生产的库存控制

在订单生产方式下,客户要求生产的产品规格很多,致使各生产车间的加工方法不稳定,材料、零件的规格和种类繁多,增加了库存控制的难度。为提高库存周转率,减少资金积压,同时为避免因缺料引起生产线停工待料,生产管理人员与物料管理人员可以采用以下库存控制方法。

一、定量基准法

所谓定量基准法是指物料的库存量经常维持所设定的基准库存量的方法。

定量基准法的实施步骤如下:①根据产销计划、以往经验、目前实际情况以及对未来的预测,慎重地决定基准库存量;②根据产品订单量的大小以及未来的趋势,决定下批应订购物料的数量。

定量基准法的适用范围如下:①产品所耗用的材料、零件属于标准形态;②材料、零件的耗用不均衡,不稳定。

例 10-12 某工厂生产某产品,预计每月需要 A 材料 2.5 吨,订货提前期为 4 个月,则基准库存量为 12 吨(2 吨为安全库存量)。当该厂接到一批订货,需用 A 材料 3 吨时,应立即订购 A 材料 3 吨补充基准库存。

二、半自动顺序法

半自动顺序法的实施步骤如下:①根据过去材料、零件耗用量的经验,求出月平均耗用量;②确定从材料、零件开始订购到材料入厂验收所需的订货提前期;③根据材料与零件耗用量的大小、交货延迟以及损耗情况,求出最为经济的安全库存量;④求出订购点(订购点=月平均耗用量×订货提前期+安全库存量);⑤求出最高库存量(最高库存量=订货点+月需求量);⑥当材料、零件的库存下降到订货点时,即自动订购需要用量。

如图 10-11 所示,当库存为 K_1 时,立即订购 B_1 数量的材料。到下个月时,实际的库存为 K_2,加上已购未入库量 B_1,这时应订购 B_2 数量的材料。到第三个月时,实际的库存为 K_3,加上已购未入库量 B_1 与 B_2,则应订购 B_3 数量的材料。到第四个月时,实际的库存为 K_4,加上已购未入库量 B_1、B_2 与 B_3 时,应订购 B_4 数量的材料。到第五个月时,以往订购的材料数量 B_1 已入厂,加上已购未入库量 B_2、B_3 与 B_4 时,应订购 B_5 数量的材料。到第六个月,B_1 的库存量已耗用掉,以往订购的材料数量 B_2 已入厂,加上已购而未入库量 B_3、B_4 与 B_5 时,则应订购 B_1

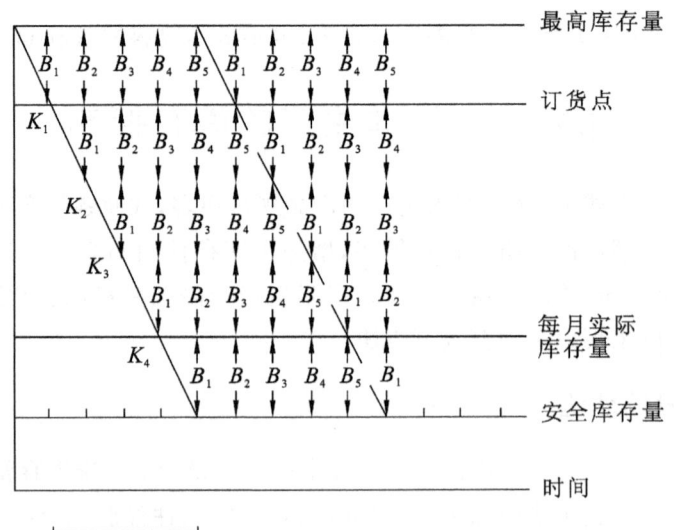

图 10-11 半自动顺序法示意图

数量的材料。如此循环,每月实际存量为安全库存量加上 B_1 (或 B_2 或 B_3 或 B_4 或 B_5)的水准。

半自动顺序法在订单生产的库存控制中应用很广,其适用范围如下:①产品所耗用的材料、零件经常使用并属于标准形态;②材料、零件的耗用均衡稳定。

例 10-13　某厂某项产品,平均每月需要 A 材料 40 吨,该物料的订货提前期为 4 个月。根据多年经验,材料偶尔延误半个月,材料进料的损耗率为 5%,则

$$A\ 材料的安全库存量=(40\times1/2+40\times5\%)吨=22\ 吨$$
$$订购点=(40\times4+22)吨=182\ 吨$$
$$最高库存量=(182+40)吨=222\ 吨$$

三、专案计划法

在订单生产下,产品所耗用的材料、零件非常特殊,而且耗用量很不稳定,价格也非常昂贵。如果对这类材料、零件的库存不严格加以控制,容易造成极大的浪费,因此需要采用专案计划法。

专案计划法的实施步骤如下:①确定产销计划资料;②确定材料、零件由开始订购到材料入厂验收所需的订货提前期;③核查该材料现有库存量;④预计使用时间及每月耗用量;⑤核算已购未入库量并预定入厂时间;⑥当现有库存量+已购未入库量-预定使用数量>0,不必订购;⑦当现有库存量+已购未入库量-预定使用数量<0,即刻订购。

专案计划法的适用范围如下:①产品使用较特殊、较贵重的材料与零件;②材料、零件的耗用量相当不稳定。

例 10-14　某厂某产品需用 A 材料。2 月初的库存量、已购未入库量及预计使用情况见表 10-8,则根据专案计划法分析结果,2 月以"不必订购"为宜。

表 10-8　物料需求量表

材料名称	规格	库存量(A)/千克	已购未入库量及预定入厂月(B)/千克				合计(A)+(B)/千克	预定使用时间及数量(C)/千克						总计(A)+(B)-(C)/千克	拟订购量/千克
			2月	3月	4月	5月		2月	3月	4月	5月	安全	合计		
A		1 000	3 000	0	0	0	4 000	1 000	750	500	500	500	3 250	+750	不必订购

注:A 材料的订货提前期为 4 个月。

四、指用订购法

指用订购法是依据生产计划换算成某种材料的需求量后再与现有库存量核

对,然后指出该材料所需要的数量,并加以订购。

指用订购法的实施步骤如下:①生产管理部门预先编制制造明细表或材料消耗表;②将所需材料与现有库存量查对后,指出需求量和购入日期加以订购。

指用订购法的适用范围如下:①产品所耗用的材料、零件是新规格或相当特殊;②材料、零件的耗用量少但价格昂贵,而且事先难以确定使用时间与使用数量;③指用订购期间较订货提前期长。

例 10-15　某公司于每月中旬提出下个月份的生产计划。其产品以东洋培林公司生产的轴承为零件,订货提前期为一周。通常在每月中旬生产计划制订后,生产管理人员立即开出订购单,订购期间为半个月,大于订货提前期。因此该公司的物料管理人员在实施轴承的库存控制时,可应用指用订购法。

五、现用现购法

有时物料的订购事先并不能都有良好的计划,而订货提前期往往比指用期间长。在这种情况下,则必须采用现用现购法。现用现购法是指在物料计划不佳或物料很难计划时,急着使用(现用)某种物料,因库存短缺,而赶紧订购(现购)的方法。

现用现购法的适用范围如下:①接到紧急订单或接到的订单交货期很短,而仓库的物料不足;②产品所耗用的材料为罕用物料,由于担心这种罕用物料成为呆料,因此仓库不储存该物料;③新产品开发设计或产品设计变更,出现许多新物料;④间接物料的需求无法事先预测,但企业需要间接物料;⑤生产计划变更,物料准备来不及;⑥因供应商或者运输方面的原因,造成紧急采购。

第七节　安全库存的设定

如果某一期间的需求是稳定的,不会出现变动,则没有设置安全库存的必要。在实际库存管理中,物料需求在大多数情况下会发生波动,需求是随机的;同时,由于订货受到供应商供应状况、运输状况等影响,补充库存的交货期也会出现提前或延迟的现象。此外,库存管理过程中出现的物料毁损,仓库台账上出现的记账误差和物料计算差错以及呆料与废料等都会导致库存与需求发生偏差。为了避免出现库存不足,设立安全库存是必要的。

一、安全库存的含义

安全库存,又称保险库存,是为防止不确定因素(订货期间需求增长、延期供货和管理不善等)引起的缺货而设置的一定数量的库存。

安全库存量是最低库存量,在一般情况下不动用;一经动用,则应在下批订货到达后立即补齐。安全库存的数量除了受需求和供应的不确定性影响外,还与企业希望达到的客户服务水平有关,这些是制定安全库存决策时主要考虑的因素。

在库存控制中,所谓客户服务水平,又称库存满足率,是指库存物料对于客户需求的满足程度,在数学上用概率 P 表示。在这里,库存满足率特指订货点库存量对于订货提前期的需求量的满足程度。即在订货、进货期间里,客户到仓库来要货,仓库里现货供应的订货、进货次数占该期间内订货、进货总次数的百分比。库存满足率与缺货率是互补的,都跟安全系数有一一对应的关系。所谓缺货率,是指库存物料对于客户需求的不满足程度,在数学上用概率 Q 表示。在这里,缺货率特指订货点库存量对于订货提前期的需求量的不满足程度,也就是一个期间内发生了缺货的订货、进货次数占总订货、进货次数的百分比。

由于客户需求通常无法准确预测,企业如果要提高系统的服务水平,常常采用增大库存储备的方法。当客户需求急剧增加时,企业生产可能一时无法满足客户需求的增长,就可以通过动用安全库存来满足客户需求。安全库存量越多,及时满足供货的可能性越大,但同时也意味着企业要占用更多的资金,付出更高的库存成本。因此,对企业而言,盲目地提高服务水平并不一定会带来期望的经济效益,如何将服务水平定位到一个合理的水平,是企业进行库存控制决策时必须考虑的重要因素。

安全库存量越大,出现缺货的可能性就会越小。避免缺货是企业所期望的,但是,安全库存过高,会导致剩余库存的出现,并且从经济的角度看,保持100%的库存满足率付出的成本代价也越大。

表 10-9 是美国贝尔电话研究所进行的一份调查,反映了缺货率与必要库存量之间的关系。

表 10-9　缺货率与必要库存调整表

发生缺货的允许概率	必要库存量($)
1 年 1 次	76 000
2 年 1 次	100 000
5 年 1 次	134 000
10 年 1 次	167 000
不发生缺货	276 000

由表 10-9 可以看出,保证绝对不发生缺货付出的代价是非常高昂的。从经济的角度考虑,应根据不同物料的用途以及客户的要求,将缺货率保持在适当的水平上,允许一定程度缺货现象的存在。

二、安全库存量的确定

安全库存可以预防需求量预测与实际消耗之间的差异,以及期望运输时间与实际运输时间之间的差异所造成的损失,在补充周转库存时预防缺货。它也是在库存水平上增加一部分库存量以满足不可预见的需求,如不稳定的需求、供应困难及其他紧急情况。

计算安全库存量要以需求因素(包括需求变化、预测不准确、缺货)、供应因素(包括订货提前期变化、订货提前期估计不准确、供应的安全性)、库存策略(包括缺货的危害、物品费用、报废损失、损耗率和空间需求)及客观条件(包括理货、质量检验、机器工厂布置、零件、工具、检验设备、叉车的流动、工厂和仓库的布置)等因素为基础。

对于安全库存量的计算,将借助于数量统计方面的知识,对需求量的变化情况和订货提前期的变化做一些基本的假设,根据需求量发生变化、订货提前期固定,订货提前期发生变化、需求量固定以及两者同时发生变化三种情况,分别求安全库存量。

(一)需求量发生变化,订货提前期固定

假设需求的变化情况服从正态分布,由于订货提前期是固定的数值,因而可以根据正态分布图,直接求出在订货提前期内需求分布的均值和标准差,或通过直接的期望预测,以过去订货提前期内的需求情况为依据,确定需求的期望平均值和标准差。在这种情况下,安全库存量的计算公式为

$$Q_s = \alpha \cdot \delta_R \cdot \sqrt{T_k} \tag{10-42}$$

式中:δ_R——订货提前期需求速率的标准差;

T_k——订货提前期的长短;

α——安全系数,可以在安全系数表(见表 10-10)中根据库存满足率或缺货率查出。

表 10-10　安全系数表

P	0.50	0.55	0.60	0.65	0.70	0.75	0.80	0.84	0.85	0.90
Q	0.50	0.45	0.40	0.35	0.30	0.25	0.20	0.16	0.15	0.10
α	0	0.13	0.26	0.39	0.54	0.68	0.84	1.00	1.04	1.28
P	0.95	0.96	0.97	0.977	0.98	0.99	0.998	0.998 7	0.999 9	1.000
Q	0.05	0.04	0.03	0.023	0.02	0.01	0.008	0.001 3	0.000 1	0.000 0
α	1.65	1.75	1.88	2.00	2.05	2.33	2.40	3.00	3.07	3.09

例 10-16　某企业的液氮平均日需求量为 1 000 瓶,并且液氮的需求情况服从标准差为 20 瓶/天的正态分布,提前期是固定常数 5 天,如要求库存满足率为95%,试确定安全库存量的大小。

解　根据题意可知:$\delta_R = 20$ 瓶/天,$T_k = 5$ 天,且由 $P = 95\%$,查表得 $\alpha =$

1.65,则
$$Q_s = \alpha \cdot \delta_R \cdot \sqrt{T_k} = 1.65 \times 20 \times \sqrt{5} \text{ 瓶} = 74 \text{ 瓶}$$
所以,在库存满足率为 95% 的情况下,安全库存量为 74 瓶。

(二)需求量固定,订货提前期发生变化

当订货提前期内的需求情况固定不变,订货提前期的长短随机变化时,安全库存量的计算公式为

$$Q_s = \alpha \cdot \delta_T \cdot R \qquad (10\text{-}43)$$

式中:δ_T——订货提前期的标准差;

$\quad R$——订货提前期的日需求量;

$\quad \alpha$——安全系数。

例 10-17 在上例中,如果液氮的日需求量为固定常数 1 000 瓶,订货提前期是随机变化的,而且服从均值为 5 天、标准差为 1 天的正态分布,求 95% 库存满足率下的安全库存量。

解 根据题意可知:$\delta_T = 1$ 天,$R = 1\,000$ 瓶/天,$P = 95\%$,查表得 $\alpha = 1.65$,则
$$Q_s = \alpha \cdot \delta_T \cdot R = 1.65 \times 1 \times 1\,000 \text{ 瓶} = 1\,650 \text{ 瓶}$$
所以,在库存满足率为 95% 的情况下,安全库存量为 1 650 瓶。

(三)需求量和订货提前期都随机变化

在实际生活中,多数情况下订货提前期和需求量都是随机变化的。此时,要建立联合概率分布来求出需求量水平和订货提前期延时的不同组合的概率(联合概率分布值域为从以最小需求量和最短订货提前期的乘积表示的水准,到以最大需求量和最长订货提前期的乘积表示的水准),并且假定需求量和订货提前期是相互独立的,在这种情况下,安全库存量的计算公式为

$$Q_s = \alpha \cdot \sqrt{T_k \cdot \delta_R^2 + \overline{R}^2 \cdot \delta_T^2} \qquad (10\text{-}44)$$

式中:δ_T——订货提前期的标准差;

$\quad \delta_R$——订货提前期需求速率的标准差;

$\quad \overline{R}$——订货提前期平均需求速率;

$\quad \overline{T}_k$——平均订货提前期长度;

$\quad \alpha$——安全系数。

例 10-18 在上例中,假设日需求量和订货提前期是相互独立的,而且它们的变化均严格服从正态分布,日需求量服从均值为 1 000 瓶、标准差为 20 瓶/天的正态分布,订货提前期满足均值为 5 天、标准差 1 天的正态分布,求 95% 的库存满足率下的安全库存量。

解 根据题意可知:$\delta_R = 20$ 瓶/天,$\delta_T = 1$ 天,$\overline{R} = 1\,000$ 瓶/天,$\overline{T}_k = 5$,$P =$

95%,查表得 $\alpha = 1.65$,则

$$Q_s = \alpha \cdot \sqrt{\overline{T_k} \cdot \delta_R^2 + \overline{R}^2 \cdot \delta_T^2} = 1.65 \times \sqrt{5 \times 20^2 + 1\,000^2 \times 1^2} \text{ 瓶} = 1\,652 \text{ 瓶}$$

即在库存满足率为 95% 的情况下,安全库存量为 1 652 瓶。

在实际运用时,也可以采取一些简单办法计算安全库存量,如订货提前期需求比例法和供应天数法。

1. 订货提前期需求比例法

将安全库存量表示为一设定的时间段,则该时间乘以该段时间内平均需求量即为这段时间的总需求。对大多数物料来说,50% 订货提前期的需求量一般就可以作为一个合适的安全库存数量。

例如:

每日需求量=450/30 单位=15 单位;

订货提前期=10 天;

订货提前期的需求量=10×15 单位=150 单位;

安全库存=150×50% 单位=75 单位。

所以,每天 15 单位的需求量与 10 天订货提前期的乘积 150 单位就是这段时间的总需求。安全库存量是这段时间的总需求的一半即 75 单位,这实际是 5 天的库存量。

这种方法对许多物料来说会导致过多或过少的安全库存,适用于那些有很长的可靠的订货提前期且需求相当稳定的物品。如果一个进口产品有 12 周的提前期,6 周的需求量为安全库存量。但是如果运输是及时的而且消耗是逐月稳定的,那么安全库存就太大了,这意味着太多的资金占用在非生产性的库存上。对于订货提前期很短且需求变动非常大的物料,如果有 1 周的订货提前期,则 3~4 天的需求量为安全库存量。此时需求变动如果非常大,安全库存就不能满足客户的需要了,则存在着很高的缺货风险。

2. 供应天数法

供应天数法是人为指定一段时间的供应量作为安全库存量,因为每个月没有足够的时间去检查每种物料的安全库存指标。这种按一定天数供应量计算的安全库存量往往需要足够大的安全库存,结果是导致库存量大大增加。如某种物品每天的使用量为 10 千克,按 5 天的供应量作为安全库存时,该物品的安全库存为 50 千克。

以上是定量订货法中安全库存量的确定方法。在定期订货法中,安全库存量除了受需求速率与订货提前期变动的影响外,还受订货周期的影响,因为在订货周期内需求速率也在变动。因此,定期订货法中计算安全库存量时,应该用订货周期与订货提前期之和来计算,即 $T + T_k$,分别为

（1）需求量变化,订货提前期固定

$$Q_s = \alpha \cdot \delta_T \cdot \sqrt{T + T_k} \qquad (10\text{-}45)$$

（2）需求量固定,订货提前期发生变化

$$Q_s = \alpha \cdot \delta_{T+T_k} \cdot R \qquad (10\text{-}46)$$

（3）需求量和订货提前期都随机变化

$$Q_s = \alpha \cdot \sqrt{(\overline{T + T_k}) \cdot \delta_R^2 + \overline{R}^2 \cdot \delta_{T+T_k}^2} \qquad (10\text{-}47)$$

 **案例分析**

戴尔库存控制的"直线供应链"模式

2001 年,对于许多企业来说不是一个好年头,似乎唯有戴尔公司一枝独秀,在风吹雨打中岿然不动。据美国权威的 IDC 公司报告,戴尔公司 2002 年第一季度的电脑销售额已经在全球独占鳌头,市场占有率达到了 13.1%。

那么,答案到底是什么呢? 就是戴尔公司实行的基于现代信息技术基础上的供应链管理。

从 1984 年迈克尔·戴尔创立戴尔计算机公司开始,戴尔公司就一直采用直线模式,这种模式如今已经成了美国电脑业的一个典范。戴尔不是以技术见长的公司,然而戴尔用这个模式,硬是把公司从一个小作坊式的小企业,发展成为如今全球领先的计算机公司。需要指出的是,直线模式并不等于直销,直线模式的真正核心在于直销背后的包括采购、生产、配送等一系列环节在内的快速反应。直销可以被模仿,但直线模式却是很难被模仿的,这也是为什么戴尔能在竞争激烈的电脑市场中保持领先的奥妙所在。

戴尔利用一切先进的通信方法和自己的顾客保持联系,了解每一个顾客的独特需求,细分产品以满足不同顾客的不同要求。互联网是戴尔用来直接面对顾客的好工具,顾客可以在网上直接指定自己需要的电脑类型和电脑零件,还可以指定送货方式及付款方式。通过互联网,戴尔可以全面地了解和把握市场需求,这种了解和把握会贯穿公司的每一个业务部门,从研发、生产到销售都需要遵循顾客的喜好,这样才能做到和顾客的需求同步。

许多公司的生产过程都是优先于销售,在接到订单前早已经生产好了产品,等着顾客来购买,这样很容易造成产品的库存积压。而戴尔的方式则是先了解顾客的需求,然后再生产。实现这种方式需要有一套很好的供应链管理系统,一旦解决了供应链系统,直线模式就能发挥最大的威力,使顾客得到最大的满足,同时也可以大大降低产品的积压。戴尔的存货期只有 6 天,而中国最优秀的电脑生产企业的存货期也要 30 天,这个对比可以很好地说明直线模式的优势。在电脑技术日新月异、电脑价格直线下跌的时代,库存管理几乎成了电脑制造企业的财务生命线,产品库存给企业造成的压力也越来越大。戴尔的直线模式是根据客户的具体需求,而不是根据市场的预测制订生产计划的,这种现做现卖的方式使戴尔在库存上占有很大的优势,也是戴尔之所以能保持良好的财务状况的主要原因之一。

在戴尔直线模式的背后,是其出色的供应链管理,它能在收到顾客个性化需求的订单后,立即向不同的供应商采购材料,迅速转入生产,再交给快递公司分发送货。在整个过程中,戴尔能保证公司的实际材料库存量始终保持在最低水平,从而使产品的价格更具有竞争力。

戴尔的供应链管理有两个难点,一是客户服务,二是物料配送。解决好这两个难题,是整条供应链管理的关键。

客户服务要面对面地处理好所有客户的要求,对一个公司有很高的难度。戴尔充分利用了互联网的特点,通过互联网,公司能和大部分的客户建立联系,并且和每一个客户都维持一对一的详尽对话,尽可能多地收集到客户信息和客户要求;客户也能通过互联网发送各自的订单,提出自己的服务要求。在戴尔的公司内部,有一个专门处理客户信息的系统,它能对不同的客户信息进行分类,对客户的订单进行处理并且自动传递到采购和生产部门。网上订单处理既加快了速度,又加强了数据处理的准确性,为公司下一步的采购和生产做好铺垫。

在客户服务这一点上,还要提到的是售后服务和技术支持。在这一点上,戴尔采取的是外包的方式,并且用一系列的制度来保证服务品质,控制外包厂商的技术水平。外包可以有效地节约公司成本,对公司的业务重点做出细分。

物料配送、物流成本每年大概要花费公司运营成本的 74%,2000 年戴尔花在物流上的资金是 210 亿美元,这笔费用只要下降 0.1%,就能带来很大的收益。为了消减物流成本,戴尔在物流管理上下了很大的工夫。

戴尔公司和供应商建有非常严密的网络,每一个供应商都和戴尔连在网上,通过电子网络,戴尔和上游配件制造商组成了一个虚拟企业。在这个虚拟企业中,供应商变成了戴尔的一个零件提供部门,互相之间联系紧密。当戴尔接到客户从网上发出的购买电脑的电子订单以后,公司的配置中心会把整张订单分解成一张张的零件采购订单,通过网络发给配件供应商;各个供应商在收到订单以后,马上组织生产,在指定的期限内发货给戴尔;收到零件以后,戴尔公司只需在生产车间进行组装,就可以把成品包装发送了。

有时戴尔也会面对原料不足的情况,这时戴尔就会马上和供应商取得联系,确认对方是否可能增加下一次发货的数量。如果问题涉及硬盘之类的通用部分,公司会与后备供应商商量。如果穷尽所有供应渠道仍然无法解决问题,公司采购部门就与销售和营销人员磋商,协助把需求转向其他方面。所有这一切过程,都会在几个小时内完成。

 **本章综合练习题**

一、选择题

1. 在实施定量订货法时,需要确定两个最主要的订货控制参数是(　　)。

A. 订购费用和订货数量　　　　　　B. 订货数量和订货点

C. 订货点和订购批次　　　　　　　D. 订购批次和订购费用

2. 在确定订货点的简化方法中,决定订货点的两个参数是(　　)。

A. 平均订货提前期的需求量和安全库存量

B. 安全库存量和订货提前期

C. 订货提前期和需求速率

D. 需求速率和平均订货提前期的需求量

3. 实务中采用的双堆法属于一种(　　)。

A. 定期订货法　　　　　　　　　　B. 最高库存订货法

C. 定量订货法　　　　　　　　　　D. 经济生产批量订货法

4. 在实施定期订货法时,需要确定两个最主要的订货控制参数是(　　)。

A. 最高库存量和安全库存量　　　　B. 安全库存量和订货数量

C. 订货数量和订货周期　　　　　　D. 订货周期和最高库存量

5. 定期订货法中的订货量是变化的,它取决于很多因素,其关键是预先确定一个(　　)。

A. 库存数量　　　　　　　　　　　B. 订货数量

C. 最高库存量　　　　　　　　　　D. 安全库存量

6. ABC 分类法中,品种数目占总品种数的百分比和资金占总库存资金的百分比分别达到(　　)的是 A 类库存物料。

A. 70 左右和 10 左右　　　　　　　B. 20 左右和 20 左右

C. 20 左右和 60 左右　　　　　　　D. 10 左右和 70 左右

7. 为防止不确定因素引起的缺货而设置的一定数量的库存是(　　)。

A. 最高库存　　　B. 安全库存　　　C. 经济库存　　　D. 正常库存

二、判断题

1. 定量订货法是一种基于物料数量的订货法,它主要靠控制订货点和订货费用两个参数来控制订货。

2. 定期订货法是一种基于时间的订货控制方法,它主要靠设定订货周期和最高库存量以达到控制库存量的目的。

3. 在经济订货批量模型中,最优订货批量取决于保管成本与订货成本的高低,与订货批量无关。

4. ABC 分类法中的 C 类物资主要适用于定量订货法。

5. ABC 分类法中的 A 类物资主要适用于定量订货法。

6. 如果某一期间的需求是不稳定的,则没有设置安全库存的必要。

三、简答题

1. 定量订货法有哪些优点和缺点?

2. 定期订货法适用于哪些情况?

3. 实施 ABC 分类法的步骤有哪些?

4. 在 ABC 分类法中,如何对 A、B、C 各类物料进行控制?

5. 为什么要制定安全库存量? 什么是客户服务水平?

练习题参考答案

一、选择题

1. B 2. A 3. C 4. D 5. C 6. D 7. B

二、判断题

1. × 2. √ 3. √ 4. √ 5. × 6. ×

三、简答题

1. 定量订货法的优点有:①实际操作简单易行;②及时掌握库存动态,由于平时要详细检查和盘点库存,看是否降低到订购点,因此可以随时了解库存的动态;③充分发挥了经济订货批量的作用,可降低库存量和库存成本,有利于节约费用,提高经济效益。

定量订货法的缺点有:①增加了库存保管费用,需要经常对库存进行详细检查和盘点,工作量大且需花费较多的时间、人力和物力;②订货模式过于机械,缺乏灵活性;③订货时间不能预先确定,不利于严格管理,也不易做出较精确的人员、资金、工作等计划安排。

2. 定期订货法一般适用于企业需要严格管理的重要货物。定期订货法最适宜于供货渠道较少或货源来自中心仓库的库存控制。定期订货法主要用于 ABC 分类法中的 A 类物料,即那些数量少却价值高、利润高,需要特别精细管理的物料的订货。

3. ABC 分类法实施的步骤如下。

第一步,收集库存物料在某一段时间的品种数、购买单价、需求量等资料。

第二步,将库存物料按占其用资金的大小顺序排列,编制 ABC 分类汇总表。

第三步,计算库存物料品种数的百分比和累计百分比。

第四步,计算库存物料占用资金的百分比和累计百分比。

第五步,按照分类标准编制 ABC 分析表进行分类,确定 A、B、C 各类物料。

4. 对库存物料进行 ABC 分类后,仓库管理人员应根据企业的经营策略和 A、B、C 三类物料各自不同的特点对其实施相应的管理和控制。ABC 分类控制的准则如下:A 类物料品种数量少,但占用库存资金多,是企业非常重要的物料,要重点管理;C 类物料品种数量多,但占用库存资金少,是企业不太重要的物料,可以采取简单方便的管理方法;B 类物料品种数量和占用库存资金都处于 A 类与 C 类之间,是企业一般重要的物料,可以采取比 A 类物料相对简单而比 C 类物料相对复杂的管理方法,即常规管理方法。

5. 安全库存量是最低库存量,在一般情况下不动用;一经动用,则应在下批订货到达后立即补齐。安全库存的数量除了受需求和供应的不确定性影响外,还与企业希望达到的客户服务水平有关,这些是制定安全库存决策时主要考虑的因素。

在库存控制中,所谓客户服务水平,又称库存满足率,是指库存物料对于客户需求的满足程度。在这里,库存满足率特指订货点库存量对于订货提前期的需求量的满足程度。即在订货、进货期间里,客户到仓库来要货,仓库里现货供应的订货、进货次数占该期间内订货、进货总次数的百分比。

第十一章 关联需求下的库存控制

技能要求

能实际操作 MRP 模拟系统和 ERP 模拟系统。

库存需求中的相关需求（或称从属需求）是指对某种物资的需求与其他需求有内在相关性的需求。相关需求的明显特征是对某种物资的需求是从属性的，是由独立需求导出的需求。例如，构成最终产品的零部件和原材料是相关需求，企业可以根据最终产品的需求精确地计算出这些零部件和原材料的需求量和需求时间。

相关需求的库存订货量和订货时间，可由物料需求计划（material requirement planning，MRP）系统和企业资源计划（enterprise resource planning，ERP）系统加以确定，这也就构成了相关需求的两种库存控制方法。

[相关知识链接 11-1]

传统物流采购的特点

在传统物流采购过程中，一般用订货点的方法来处理生产制造过程中的供需矛盾,其中包括 2W1H,即订什么(what)、何时订(when)、订多少(how many)。订货点是一种按过去的经验预测未来的物料需求的方法。这种方法的实质在于遵循"库存补充"的原则,保证在任何时候仓库里都有一定数量的存货,以便生产经营需要时随时取用。经济批量法是使用经济批量公式及库存模型计算出使订货费用和库存费用总和最低的订货批量的方法。但是这一方法是建立在如下一些苛刻的假设前提之上的,有很大的盲目性。①对各种物料的需求是相互独立的。传统库存管理的方法不考虑物料项目之间的联系,各项物料的订货点是分别加以确定的。然而,在实际的生产中,各项物料的数量必须进行合理的配置,才能制造装配成产品。②物料需求是连续的。传统库存管理模型假定对物料的需求是相对稳定的,因此,每次物料的需求量都小于订货总数。实际上,采用传统订货法的系统下达订货的时间常常偏早,从而造成物料积压;另一方面,生产需求的不均衡往往会造成库存短缺,从而给生产造成严重损失。③库存消耗之后,及时补充库存。在传统库存管理中,库存一旦低于订货点或消耗时,就立即发出订货,以保证一定的存货。这种不依需求而订购的做法非但没有必要,也很不合理,在需求间断的条件下,必然造成大量的库存积压。

第一节　MRP 库存控制方法

一、MRP 的含义

MRP 是在订货点法计划基础上发展形成的一种新的库存计划与控制方法,它是建立在计算机基础上的生产计划与库存控制系统。其主要内容包括客户需求管理、产品生产计划、原材料计划及库存记录。其中客户需求管理包括客户订单管理及销售预测,将实际的客户订单数与科学的客户需求预测相结合即能得出客户需要什么及需要多少。应注意的是,客户需求预测应是科学的预测,而不是主观的猜测或只是一个主观的愿望。产品生产计划指的是产品的生产时间和数量,这将成为决定需要多少劳动力和设备以及需要多少原材料和资金的依据。产品生产计划应是客户需求与现有库存量比较的结果。产品生产计划要求非常精确,因为不准确的产品生产计划有可能导致资源浪费或是不能满足客户的需求。原材料计划是在产品生产计划的基础上制订的原材料需求计划,表示要生产所需要的产品而需要准备原材料的具体情况。而在确定购买原材料之前,需要检查现有库存记录,并通过比较得出实际的购买量,因此,保证库存数据的准确性尤为重要。

MRP 以基本的 MRP 为基础,发展出来了闭环 MRP、MRPⅡ和 MRPⅢ。

二、基本 MRP

(一)MRP 的基本原理

根据主生产进度计划和主产品的层次结构逐层逐个地计算出主产品所有零部

件的生产时间、生产数量,该计划就叫做物料需求计划。其中,如果零部件靠企业内部生产的,需要根据各自的生产时间长短来提前安排投产时间,形成零部件投产计划;如果零部件需要从企业外部采购的,则要根据各自的订货提前期来确定提前发出各自订货的时间、采购的数量,形成采购计划。确实按照这些计划进行生产和采购,就可以实现所有零部件的生产计划,从而不仅保证产品的交货期,而且降低原材料的库存,减少流动资金的占用。MRP 的逻辑原理,如图 11-1 所示。

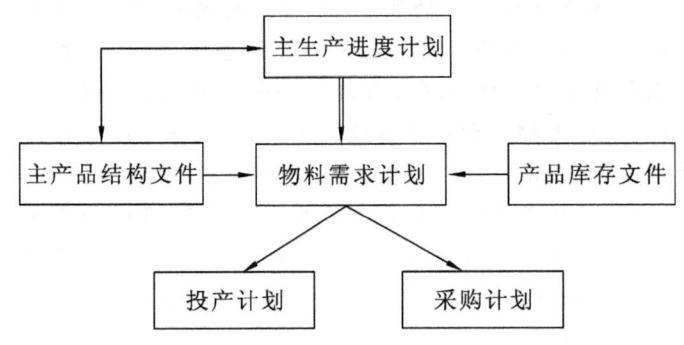

图 11-1　MRP 逻辑原理图

由图 11-1 可以看出,物料需求计划是根据主产品结构文件、主生产进度计划和产品库存文件而形成的。

1. 主产品

主产品就是企业用以供应市场需求的产成品。例如,汽车制造厂生产的汽车、电视机厂生产的电视机,都是各自企业的主产品。

2. 主产品结构文件

主产品结构文件(bill of materials,BOM)主要由反映主产品的层次结构、所有零部件的结构关系和数量组成。根据该文件,可以确定主产品及其各零部件的需要数量、需要时间及其相互间的装配关系。

3. 主生产进度计划

主生产进度计划(master production schedule,MPS)主要描述主产品及由其结构文件 BOM 决定的零部件的生产进度,表现为各时间段内的生产量,包括生产时间、生产数量或装配时间、装配数量等。

4. 产品库存文件

产品库存文件,包括主产品和其所有的零部件的库存量、已订未到库量和已分配但还未提走的库存量。制定物料需求计划的指导思想,就是要尽可能减少库存。产品优先从库存物资中供应,仓库中有的,就不再安排生产和采购,仓库中有但数量不够的,只安排不够的那一部分数量的生产或采购。

5. 制造任务单和采购订货单

由物料需求计划再产生产品投产计划和产品采购计划,根据这些计划组织物资的生产和采购,生成制造任务单和采购订货单,交制造部门生产或交采购部门采购。

(二)MRP 系统的运行

1. MRP 的输入

MRP 的输入包括主生产进度计划、主产品结构文件和库存状态文件等 3 个文件。

(1)主生产进度计划。主生产进度计划是 MRP 系统最主要的输入信息,也是MRP 系统的主要依据。该计划来自于企业的年度计划,在 MRP 中用 52 周来表示。其基本原则是,主产品生产进度计划覆盖的时间长度要不少于其组成零部件中最长的生产周期,否则,这样的主产品进度计划不能进行 MRP 系统的运行,因此是无效的。表 11-1 所示为产品 A 的生产计划表。

表 11-1 产品 A 的生产计划表

时间(周)	一	二	三	四	五	六	七	八
产量(件/周)	30	20	25	—	60	—	20	—

(2)主产品结构文件。主产品结构一般用树型结构表示,最上层是 0 级,即主产品级,然后是 1 级,对应主产品的一级零部件,如此逐级往下分解,最后一级为 n 级,一般是最初级的原材料或者外购零配件。每一层有 3 个参数:①零部件名称;②组成零部件的数量;③相应的提前期,包括生产提前期(LT)和订货提前期。

例如,主产品 A 的树型结构如图 11-2 所示。

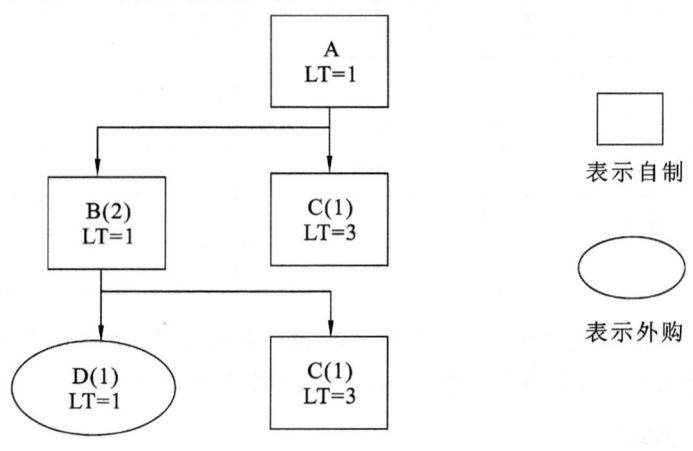

图 11-2 产品 A 结构图

产品 A 由 2 个部件 B 和 1 个零件 C 装配组成,而部件 B 又由 1 个外购件 D 和 1 个零件 C 装配组成。A、B、C、D 的提前期分别是 1、1、3、1 周。即装配 1 个 A 要 1 周时间(装配任务需提前 1 周下达),装配 1 个 B 要提前 1 周下达任务单,生产 C 要提前 3 周下达任务单,而采购 1 个 D 要提前 1 周发出订货单。

(3) 库存状态文件(inventory status records,ISR)。该文件包含有各个品种在系统运行提前期库存量的静态资料,但它主要提供并记录 MRP 运行过程中的实际库存量的动态变化过程。主要参数如下。

① 总需求量。指主产品及其零部件在每一周的需求量。其中主产品的总需求量与主生产进度计划一致,而主产品零部件的总需求量可以根据主产品生产进度计划和主产品结构文件推算得出。

② 计划到货量。指根据正在执行中的采购订单或生产订单在未来的某一个时段将要入库或将要完成的数量。它不包括本次 MRP 运行生成的生产任务单和采购任务单中的产品。

③ 库存量。指每个周末库存物品的数量。

$$库存量=本周初库存量+本周到货量-本周供应量$$
$$=上周末库存量+本周到货量-本周供应量$$

例如,根据产品 A 生产进度计划输入它在各周的总需求量,并输入它在各周的计划到货量(第一周、第三周、第五周、第七周分别计划到货 15 件、20 件、40 件、60 件),再输入产品 A 在 MRP 运行前的期初库存量(20 件)。

MRP 输入完毕后,系统会自动计算出各周的库存量、净需求量、计划订货量和计划发出订货量,如表 11-2 所示。

表 11-2 产品 A 的库存文件

项目:A(0 级) 提前期:1 周		周 次							
		一	二	三	四	五	六	七	八
总需要量/件		30	20	25	—	60	—	20	—
计划到货量/件		15	—	20		40		60	
库存量/件	20	5	−15	−20	−20	−40	−40	0	0
净需要量/件		0	15	5	0	20	0	0	0
计划接受订货/件		—	15	5		20			
计划发出订货/件		15	5	—	20	—	—	—	—

上述 3 个文件即为 MRP 的主要输入文件。除此以外,为运行 MRP 还需要一些基础性的数据输入,其中包括物料编码、提前期、安全库存量等。

2. MRP 的输出

MRP 的输出包括主产品及其零部件在各周的净需求量、计划接受订货量和计划发出订货量等 3 个文件。

（1）净需求量。指系统需要外界在给定的时间提供的给定的物料数量，即生产系统需要什么物品、需要多少、什么时候需要。不是所有零部件每一周都有净需求的，只有发生缺货才发生净需求量，某个品种某个时间的净需求量就是这个品种在这一个时间的缺货量。所谓"缺货"，就是上一周的期末库存量加上本期的计划到货量小于本期总需求量。

本周净需求量＝本周总需求量－本周计划到货量－本周初库存量

在实际运行中，不是所有的负库存量都会产生净需求量。净需求量的计算可以这样确定：在现有库存量一栏中第一个出现负库存量的周，其净需求量就等于其负库存量的绝对值。在其后连续出现的负库存量各周中，各周的净需求量等于其本周的负库存量减去前一周的负库存量的差的绝对值。

（2）计划接受订货量。指为满足净需求量的需求，应该计划从外界接受订货的数量。

计划接受订货量＝净需求量

（3）计划发出订货量。指发出采购订货单进行采购或发出生产任务单进行生产的数量。它在数量上等于计划接受订货量，时间上比计划接受订货量提前一个提前期。

由于 MRP 输出的参数是直接由 MRP 输入的库存文件参数计算出来的，为直观起见，常常把 MRP 输出与 MRP 的库存文件连接在一起，边计算边输出结果。

例如，表 11-2 显示的是产品 A 的 MRP 运行结果，其运行程序如下。

第一，根据 MRP 输入的库存文件计算出产品 A 各周的库存量，本周库存量是指周末库存量，可为正数、负数或零。

第二，MRP 系统计算和输出各周的净需求量。根据净需求量的确定方法，可计算出第二周、第三周、第五周的净需求量分别为 15 件、5 件、20 件，第四周、第六周、第七周、第八周的净需求量为 0。

第三，MRP 系统计算和输出计划接受订货量，它在数量和时间上都与净需求量相同，如表 11-2 中所示，第二周接受 15 件，第三周接受 5 件。计划接受订货量满足净需求量，而计划到货量满足部分总需求量。二者相加，即可满足总需求量。

第四，MRP 系统计算和输出计划发出订货量，它是把计划接受订货量（或净需求量）在时间上提前一个提前期（此处为一周），订货数量不变而形成的，例如，第一周发出 15 件的订货单，第二周发出 5 件的订货单。这即是 MRP 最后处理的结果，它最后给出的是发出的一系列订货单和订货计划表。

（三）MRP 的特点

1. 需求的相关性

同订货点方法不同，MRP 是针对具有相关性需求物资的库存控制方法，不但需求本身之间相关,需求和资源也相关,需求的品种数量也相关,需求时间也相关。

2. 需求的确定性

MRP 是根据主生产进度计划、主产品结构文件、库存文件和各种零部件的生产时间或订货、进货时间精确计算出来的,其需要的时间、数量都是确切规定好了的,不能够改变。

3. 计划的精细性

MRP 有充分的根据,从主产品到零部件,从需求数量到需求时间,从生产先后到装配关系都作了明确的规定,无一遗漏或偏差。不折不扣地按照这个计划进行,能够保证主产品生产计划的如期实现。

4. 计算的复杂性

MRP 要根据主产品生产计划、主产品结构文件、库存文件、生产时间和采购时间把主产品的所有零部件的需要数量、需要时间、先后关系等准确计算出来,其计算量是非常庞大的。特别是当主产品复杂、零部件数量特别多时,只有借助计算机,该工作才有可以进行的可能性。

MRP 的优越性是很明显的,由于进行了精确的计划和计算,所有需要采购的物资能够按时按量到达需要它的地方,一般不会产生超量的原材料库存。事实上对于采购品,从经济订货批量考虑,没有必要一定要追求零库存,这样可以大大节约订货费用和各种手续费用,从而降低生产成本。通过对使用 MRP 的企业调查显示,这些企业库存水平平均降低了 20%～40%,与此同时,零部件缺货的情况也减少了 80%;对客户的服务大为改进,服务水平可以达到 95%。这就很好地解决了库存量与服务水平两者之间的矛盾,改变了以往那种两者不可兼得的局面。

MRP 除了能经济有效地采购企业所需的物料外,还有利于促进企业提高管理水平。因为实行 MRP 采购,必然是企业采用了 MRP 系统,而 MRP 系统输入的信息多、操作规范、时间观念强,这些都要求企业加强系统化、信息化、规范化管理,提高企业素质和管理水平。MRP 采购管理工作的复杂性虽然加大了工作量,但更重要的是工作要求也更为精细。

三、闭环 MRP

(一)闭环 MRP 的原理

基本 MRP 能根据有关数据计算出相关物料需求的准确时间与数量,但它还不够完善,其主要缺陷是没有考虑到生产企业现有的生产能力和采购有关条件的约束。因此,计算出来的物料需求有可能因设备和工时的不足而没有能力生产,或者因原料的不足而无法生产。MRP 系统的正常运行,需要有一个现实可行的主生产计划,它除了要反映市场需求和合同订单以外,还必须满足企业生产能力的约束条件。因此,除了要编制资源需求计划外,还要制订能力需求计划,同各个工作中心的能力进行平衡。同时，基本 MRP 也缺乏根据计划实施情况的反馈信息进行调整的功能。

正是为了解决以上问题，MRP 系统在 20 世纪 70 年代发展为闭环 MRP 系统。闭环 MRP 系统除了物料需求以外，还将能力需求计划、车间作业计划和采购作业计划全部纳入 MRP，形成一个封闭的系统，它是一个完整的生产计划与控制系统。

（二）能力需求计划

在闭环 MRP 系统中，把关键工作中心的负荷平衡称为资源需求计划（material requirement planning，MPS），或粗能力计划，它的计划对象为独立需求件，主要面向的是主生产计划；把全部工作中心的负荷平衡称为能力需求计划（capacity requirement planning，CRP），或详细能力计划，而它的计划对象为相关需求件，主要面向的是车间。由于 MRP 和 MPS 之间存在内在的联系，所以资源需求计划与能力需求计划之间也是一脉相承的，而后者正是在前者的基础上进行计算的。

确定能力需求计划的依据主要有以下几个因素。

（1）工作中心。它是各种生产或加工能力单元和成本计算单元的统称。对工作中心，都统一用工时来量化其能力的大小。

（2）工作日历。它是用于编制计划的特殊形式的日历，由普通日历除去每周双休日、假日、停工和其他不生产的日子，并将日期表示为顺序形式而形成的。

（3）工艺路线。它是一种反映制造某项“物料”加工方法及加工次序的文件。它说明加工和装配的工序顺序、每道工序使用的工作中心、各项时间定额、外协工序的时间和费用等。

（三）由 MRP 输出的零部件作业计划

闭环 MRP 的基本目标是满足客户和市场的需求，因此在编制计划时，总是先不考虑能力约束而优先保证计划需求，然后再进行能力计划。经过多次反复运算，调整核实，才转入下一个阶段。能力需求计划的运算过程就是把物料需求计划订单换算成能力需求数量，生成能力需求报表。能力需求计划的计算逻辑过程可用图 11-3 来表示。

在计划时段中也有可能出现能力需求超负荷或低负荷的情况。闭环 MRP 能力计划通常是通过报表的形式（直方图是常用工具）向计划人员报告，但是并不进行能力负荷的自动平衡，这个工作由计划人员人工完成。

各工作中心能力与负荷需求基本平衡后，接下来的一步就是要集中解决如何具体地组织生产活动，使各种资源既能合理利用又能按期完成各项订单任务，并将客观生产活动的状况及时反馈到系统中，以便根据实际情况进行调整与控制。这

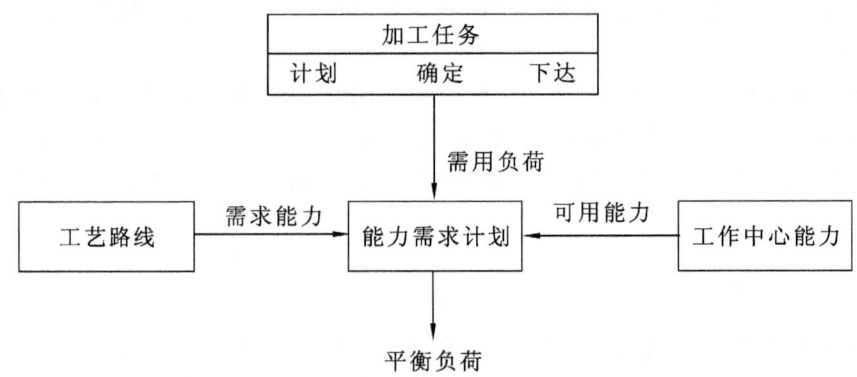

图 11-3　能力需求计划报表生成过程

就是现场作业控制。

现场作业控制的工作内容一般包括以下四个方面。

（1）车间订单下达。订单下达是核实 MRP 生成的计划订单，并转换为下达订单。

（2）作业排序。它是指从工作中心的角度控制加工工件的作业顺序或作业优先级。

（3）投入产出控制。它是一种监控作业流（正在车间作业的订单）通过工作中心的技术方法。利用投入/产出报告，可以分析生产中存在的问题，采取相应的措施。

（4）作业信息反馈。它主要是跟踪作业订单在制造过程中的运动，收集各种资源消耗的实际数据，更新库存余额并完成 MRP 的闭环。

四、MRP Ⅱ

（一）MRP Ⅱ 的原理

20 世纪 80 年代，人们把生产、财务、销售、工程技术、采购等各个子系统集成为一个一体化的系统，并称为制造资源计划（manufacturing resource planning）系统，英文缩写还是 MRP，为了区别物料需求计划而记为 MRP Ⅱ。MRP Ⅱ 根植于美国的大量生产方式，寻求最有效地配置企业资源，以保证企业经济、有效地运行。

MRP Ⅱ 的基本思想就是把企业作为一个有机整体，从整体最优的角度出发，运用科学方法对企业各种制造资源和产、供、销、财各个环节进行有效的计划、组织和控制，使它们得以协调发展，并充分地发挥作用。

（二）MRP Ⅱ 的特点

1. 计划的一贯性与可行性

MRP Ⅱ 是一种计划主导型管理模式，计划层次从宏观到微观、从战略到技术、由粗到细逐层优化,但始终保证与企业经营战略目标一致。它把通常的三级计划管理统一起来,计划编制工作集中在厂级职能部门,车间班组只能执行计划、调度和反馈信息。计划下达前反复验证和平衡生产能力,并根据反馈信息及时调整,处理好供需矛盾,保证计划的一贯性、有效性和可执行性。

2. 管理的系统性

MRPⅡ是一项系统工程,它把企业所有与生产经营直接相关部门的工作联结成一个整体,各部门都从系统整体出发做好本职工作,每个员工都知道自己的工作质量同其他职能的关系。这只有在"一个计划"下才能成为系统,条块分割、各行其是的局面应被团队精神所取代。

3. 数据共享性

MRPⅡ是一种制造企业管理信息系统,企业各部门都依据同一数据信息进行管理,任何一种数据变动都能及时地反映给所有部门,做到数据共享。在统一的数据库支持下,按照规范化的处理程序进行管理和决策,改变了过去信息不通、情况不明、盲目决策等现象。

4. 动态应变性

MRPⅡ是一个闭环系统,它要求跟踪、控制和反馈瞬息万变的实际情况,管理人员可随时根据企业内外环境条件的变化迅速作出响应,及时决策调整,保证生产正常进行。它可以及时掌握各种动态信息,保持较短的生产周期,因而有较强的应变能力。

5. 模拟预见性

MRPⅡ具有模拟功能,它可以解决"如果怎样……将会怎样"的问题,可以预见在相当长的计划期内可能发生的问题,事先采取措施消除隐患,而不是等问题已经发生了再花几倍的精力去处理。这将使管理人员从忙碌的事务堆里解脱出来,致力于实质性的分析研究,提供多个可行方案供领导决策。

6. 物流与资金流的统一性

MRPⅡ包含了成本会计和财务功能,可以由生产活动直接产生财务数据,把实物形态的物料流动直接转换为价值形态的资金流动,保证生产和财务数据一致。财务部门及时得到资金信息用于控制成本,通过资金流动状况反映物料和经营情况,随时分析企业的经济效益与决策,指导和控制经营和生产活动。

(三) MRPⅡ 的作用

MRPⅡ系统在生产库存管理方面的作用体现在以下方面。①可使库存投资降低到最小限度。一般可降低库存 20%～35%。②可使库存损耗大大减少。一方面由于库存降低,库存损耗也随之减少;另一方面由于 MRPⅡ 准确记录库存,实行周期盘点法,能够及时发现造成库存损耗的原因,并及时予以消除。③降低采购成本,提高采购效率。据统计,使用 MRPⅡ可使采购成本降低 5%,通过采购计划法和供应商建立长期稳定的合作关系,大大提高了采购效率。④可以对每项物料提供未来的库存状态信息。

(四)MRPⅡ的运行程序

MRPⅡ的运行程序大致如下。根据市场需求预测和客户订单确定主生产计划,主生产计划是 MRPⅡ系统的主要输入信息。然后对产品进行分解,列出物料清单。按物料独立与相关需求理论对物料清单进行分析,赋予基本零件和原材料不同的需求时间,从而确定物料的采购品种、数量和时间。在整个过程中,要不断地进行信息反馈,适时地调整,使整个系统处于动态优化的状态。

五、MRPⅢ

MRPⅢ是在 MRPⅡ的基础上,增加了准时生产(JIT)、专家系统(ES)、并行工程(CE)等内容,使工程设计、工艺设计、工程管理、生产制造等功能有机地结合在一起的一种先进生产系统。MRPⅢ把制造资源计划(MRPⅡ)技术和工艺流程设计、工程设计、智能决策等进一步集成起来,进一步加强了物资资源配置技术的功能和技术含量。

MRPⅢ由 MRPⅡ、JIT、ES、CE 及其管理人员组成。在该系统中,各部分在不同的生产阶段上发挥各自的特长:MRPⅡ用来执行长期计划编制;JIT 用来控制短期计划的实施,可支持混合方式的制造环境,兼顾"多品种小批量生产"和"大批量生产"两种生产类型,提高企业的应变能力和市场竞争水平;ES 在拥有大量专家知识和经验的程序系统控制下,辅助决策一些有章可循的问题;而 CE 则对随机可能发生的意外情况和战略性问题,通过人机交互干预系统工作。采用先进的并行工程技术,是为了使工程设计、工艺设计、工程管理、生产制造等各个阶段都能按照工程组织的内部有机联系,恰当地相互配合,以最大限度地压缩各阶段的提前期,从而使各方面的工作同时并进,大大缩短产品生产周期,提高生产率、产品质量和服务水平,增强企业竞争优势。

第二节　ERP 库存控制方法

MRP 的思想在 20 世纪四五十年代即已产生,六七十年代随着以计算机技术为主的信息技术的发展,MRP 的思想应用于社会实践,成为生产物流领域里的一种新方法。其后又经过多次改进,直至形成 MRPⅡ体系。现阶段又融合了其他现代管理思想和技术,发展成为企业资源计划(enterprise resource planning,ERP)思想及技术。

一、ERP 思想的提出

（一）MRPⅡ的局限性

解决制造问题的物料需求计划（MRP），与解决企业生产能力的能力需求计划（CRP），以及解决企业财务、销售、生产问题相结合的制造资源计划（MRPⅡ），在其相应的阶段为企业管理水平的提高提供了良好的环境和技术，对企业全面生产管理发挥了重要的作用。但随着企业的运营环境由闭环向开环、由封闭向开放、由面向国内到面向整个世界的变化，MRPⅡ逐步显示出其局限性。

1. 无法满足对企业整体资源集成管理的要求

企业竞争范围的扩大，要求对企业的各个方面加强管理，并要求企业信息化集成程度更高，以对企业的整体资源而不仅仅是制造资源进行集成管理。现代企业都意识到，企业的竞争是综合实力的竞争，要求企业有更强的资金实力、更快的市场响应速度。因此，信息管理系统与理论仅停留在对制造部分的信息集成与理论研究是远远不够的。与竞争有关的物流、信息及资金要从制造部分扩展到全面质量管理、企业的所有资源（分销资源、人力资源和服务资源等）及市场信息和资源，并且要求能够处理工作流。在这些方面，MRPⅡ都已经无法满足企业的需要。

2. 无法满足既独立又统一的资源共享管理的要求

企业规模不断扩大，大集团、多工厂要求协同作战，统一部署，这已超出了MRPⅡ的管理范围。全球范围内的企业兼并和联合潮流方兴未艾，大型企业集团和跨国集团不断涌现，企业规模越来越大，这就要求集团与集团之间、集团内多工厂之间统一计划，协调生产步骤，汇总信息，调配集团内部资源。这些既要独立又要统一的资源共享管理是MRPⅡ目前无法解决的。

3. 无法满足供应链管理的要求

信息全球化趋势的发展要求企业之间加强信息交流和信息共享。企业之间既是竞争对手，又是合作伙伴。信息管理要求扩大到整个供应链的管理，这些更是MRPⅡ所不能解决的。随着全球信息的飞速发展，尤其是互联网的发展与应用，企业与客户、企业与供应商、企业与客户之间，甚至是竞争对手之间都要要求对市场信息快速响应、信息共享。越来越多的企业之间的业务在互联网上进行，这些都向企业的信息化提出了新的要求。

总之，MRPⅡ仅能改变企业内部资源的信息流。随着全球经济一体化的加速，企业与其外部环境的关系越来越密切，MRPⅡ逐渐不能满足需要。于是，不仅能处理企业内部资源的信息流，同时还能处理与企业外部环境有关信息流的企业资源计划应运而生。

（二）企业资源计划的含义

企业资源计划（ERP）是建立在信息技术基础上的，利用现代企业的先进管理思想，全面地集成企业的所有信息资源，并为企业提供决策、计划、控制和经营业绩评估的全方位和系统化的管理平台。

ERP集信息技术与先进的管理思想于一体，成为现代企业的运行模式，反映了时代对企业合理调配资源、最大化地创造社会财富的要求，成为企业在信息时代生存和发展的基石。

ERP在实际运用中，不同的业界所处的视角不同，对ERP也有不同的理解，因而形成了三个不同层次的含义。

1. ERP是管理思想

管理学界认为，ERP是一种管理思想。ERP是一整套企业管理系统体系标准，其实质是在MRPⅡ基础上进一步发展而成的面向供应链的管理思想。

2. ERP是软件产品

IT（信息技术）界认为，ERP是一种软件产品。ERP是综合应用了客户机/服务器体系、关系数据库管理系统（RDBMS）、面向对象技术（OOT）、图形客户界面技术（GUI）、第四代语言（4GL）、网络通信等信息产业成果，以ERP管理思想为灵魂的软件。

[相关知识链接 11-2]

ERP软件在我国的应用

20世纪90年代起，世界上涌现出了数百家专门从事MRP、MRPⅡ和ERP产品的开发、销售和咨询的公司，比较著名的包括SAP（德国）、ORACLE（美国）、PeopleSoft（美国）、J. D. E（美国）、BAAN（荷兰）、SSA（美国）等公司。美国《财富》杂志前500家大公司中，绝大部分都用ORACLE解决方案，有200多家使用SAP产品。

在我国，从1981年沈阳第一机床厂从德国引进第一套MRPⅡ软件起，MRPⅡ/ERP在我国的应用与推广已经历了20年的风雨历程。在这期间，我国机械工业企业，如沈阳第一机床厂、沈阳鼓风机厂、北京第一机床厂、第一汽车制造厂、广州标致汽车公司等先后从国外引进了MRPⅡ软件。据不完全统计，我国目前已约有700家企业购买或使用了这种先进的管理软件。

然而，直到20世纪90年代初，我国计划经济才开始向市场经济转型。市场经济环境下发展的国外MRPⅡ软件在我国企业中应用成功的案例寥寥无几，出现所谓水土不服现象。除了当时我国企业技术与管理水平、人员素质等原因外,我国的经济环境与企业管理体制、财务会计制度等也都对 MRPⅡ 的应用产生了巨大的阻力,使得我国多数企业 MRPⅡ 系统应用不成功。所以,从 80 年代起,在国家有关部门的支持下,我国逐渐出现研制自己的 MRPⅡ 软件系统的单位,如机械部北京自动化所(利玛)、开思等。它们按照 MRPⅡ 理论,在一定程度上结合我国企业的具体情况,开发出面对我国制造业的 MRPⅡ 系统。

90 年代,我国的财务软件也开始向业务—财务一体化方向发展,一些有实力的财务软件厂商迅速接受 MRPⅡ/ERP 等企业管理软件思想与理论。1998 年 5 月,金蝶、用友、安易等八家中国最具实力的财务软件商在北京联合发市"向管理软件全面进军"的宣言,加入 ERP 阵营。目前,国内 ERP 软件供应商包括:以 SAP 为代表的国外厂商,以利玛为代表的原国内 MRPⅡ 厂商,以金蝶为代表的原国内财务软件厂商,以及一些新近成立的 ERP/财务软件厂商。财务厂商的加入给 ERP 市场带来了巨大的活力,使我国 ERP 的发展与应用进入一个高潮时期。

来源于 IDC(国际数据公司)的数据显示,国内目前市场知名度较高的有金蝶、用友、开思和利玛。国际软件在高端有著名的"JPOBS"集团(即 J. D. EDWARDS,PEOPLESOFT,ORACLE,BAAN,SAP),以及 CA 和 SSA。在相对中低端领域有 QAD,FOURTH,SHIFT,SYMIX 等。它们各自的市场份额为:金蝶 2.3%、用友 1.9%、J. D. EDWARDS 7.5%、ORACLE20.7%、BAAN3%、SAP28.7%、CA3.2%、SSA5.8%、QAD6.8%、FOURTHSHIFT7.2%、SYMIX1.6%。

调查显示,目前 ERP 系统供应商渗透率排名前三位之和达到 68.3%,超过了三分之二的市场份额,这 3 家 ERP 供应商分别是 SAP(34.3%)、ORACLE(19.6%)和用友(14.4%)。微软(8.2%)、金蝶(6.0%)和神州数码(4.6%)分列第四、五、六位。

3. ERP 是管理系统

制造业界认为,ERP 是一种管理系统。ERP 是整合了企业管理理念、业务流程、基础数据、人力物力、计算机硬件和软件于一体的企业资源管理系统。

综合上述三层含义,ERP 理论是从 MRPⅡ 发展而来的,但其内容更为丰富,应用更为广泛,技术更为成熟。ERP 在应用功能上超越了 MRPⅡ,实现了更为广泛的管理功能,并且将这些功能集合起来;在应用环境上支持多种生产类型、多种经营方式、多种业务;在应用方法上采用了图形、模拟、决策等各种方法;在应用技术上支持开放的客户机/服务器系统。

二、ERP 的工作原理

ERP 系统将企业内部所有资源整合在一起,对采购、生产、成本、库存、分销、运输、财务、人力资源各个环节进行规划,使企业经营管理活动中的物流、资金流、信息流、工作流加以集成和综合,从而达到最佳资源配置,取得最佳效益。

ERP 系统的核心仍然是 MRPⅡ,其主要工作原理是首先制订主生产计划,然后根据主生产计划制订物料需求计划,并且通过能力需求计划的检验和核实得以实行。主生产计划、物料需求计划、能力需求计划构成了 ERP 顶层,起到指导整个企业生产的作用,其主要的关注点是企业的物流和能力问题。ERP 的总流程图如图 11-4 所示。

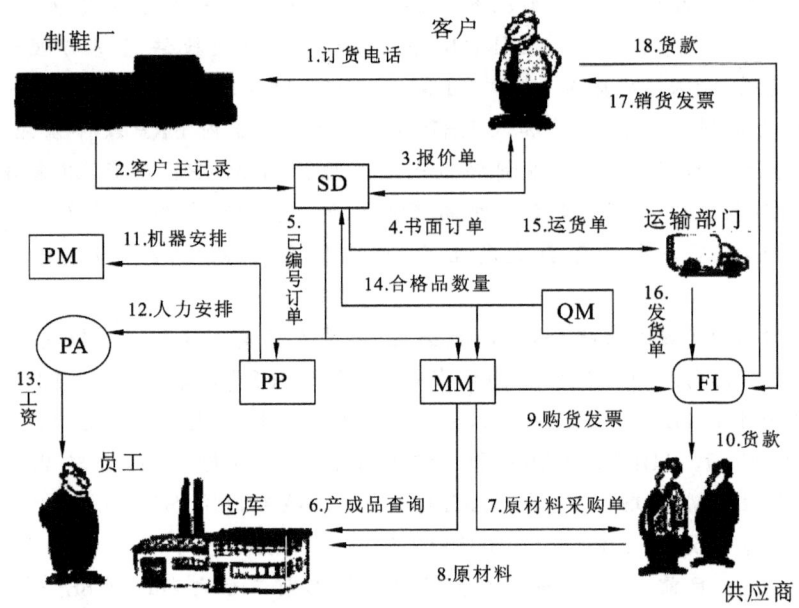

SD——销售与分销模块;MM——物料管理模块;PP——生产计划模块;
FI——财务会计模块;PM——工厂维护模块;PA——人事管理模块;
QM——质量管理模块

图 11-4　以制鞋厂为例的 ERP 原理及功能图[①]

三、ERP 的核心管理思想

ERP 的核心管理思想是供应链管理。企业为了保持和扩大市场份额,先要有相对稳定的销售渠道和客户,为了保证产品的质量和技术含量,必须有相对稳定的原材料和配套件以及协作件的供应商。企业同其销售代理、客户和供应商的关系,已不再是简单的业务往来对象,而是利益共享的合作伙伴关系,这是现代管理观念的重大转变。这种合作伙伴关系组成了一个企业的供应链,是"精益生产"(lean production)的核心思想。当遇到有特定的市场和产品需求时,企业的基本合作伙伴不一定能满足这类新产品开发生产的要求,这时,企业会组织一

[①] 转引自广州市财政局著:《电算化会计中级教程》,中山大学出版社 2001 年版。

个由特定的供应和销售渠道组成的短期或一次性的供应链,形成"动态联盟"(或称"虚拟工厂"),把供应和协作单位(包括产品研究开发)看成是企业的一个组成部分,运用同步工程,用最短的时间将新产品打入市场,这是"敏捷制造"(agile manufacturing)的核心思想。当前,企业之间的竞争已不再是一个企业对一个企业的竞争,而是已经发展成为一个企业的供应链同竞争对手的供应链之间的竞争。ERP 正是适应这种竞争形势的需求发展起来的。

在供应链上除了人们已经熟悉的物流、资金流、信息流外,还有容易为人们所忽略的增值流和工作流。就是说,供应链上有 5 种基本"流"在流动。

从形式上看,客户是在购买商品或服务,但实质上客户是在购买商品或服务所能带来效益的价值。各种物料在供应链上移动,是一个不断增加其技术含量或附加值的增值过程,在此过程中,还要注意消除一切无效劳动与浪费。因此,供应链含有增值链(value-added chain)的含义。不言而喻,只有当产品能够售出,增值才有意义。企业单靠成本、生产率或生产规模的优势打价格战是不够的,要靠价值的优势打创新战,这才是企业竞争的真正出路,而 ERP 的功能就是为企业提供了分析并改进这个增值过程的能力。

信息、物料、资金都不会自己流动,物料的价值也不会自动增值,它们要靠人的劳动来实现,要通过企业的业务活动——工作流(work flow)或业务流程(business process),才能流动起来。工作流决定了各种流的流速和流量,是企业业务流程不断重组的研究对象。ERP 提供各种行业的行之有效的业务流程,而且可以按照竞争形势的发展,随着企业工作流(业务流程)的改革在应用程序的操作上进行相应的调整。

总之,ERP 所包含的管理思想是非常广泛和深刻的,这些先进的管理思想之所以能够实现,是同信息技术的发展和应用分不开的。ERP 不仅面向供应链,体现精益生产、敏捷制造、同步工程的精神,而且必然要结合全面质量管理(TQM)以保证产品质量和客户满意度;结合准时生产(JIT)以消除一切无效劳动与浪费,降低库存和缩短交货期;它还要结合约束理论(theory of constrain,TOC,是优化生产技术 OPT 的发展)来定义供应链上的瓶颈环节,消除制约因素,来扩大企业供应链的有效产出。

 [相关知识链接 11-3]

计算机辅助库存管理

计算机辅助库存管理发展历史悠久,最早取得成果的是美国 IBM 公司的奥里斯基博士,他在 20 世纪 60 年代设计并组织实施了第一个 MRP(material requirements planning)系统。这个系统主要是针对订货点法在处理相关需求时出现的局限性,提出的物料需求计划方法。经过半个多世纪的发展,MRP 已成长为 ERP。在 20 世纪,其发展经历了:①40 年代的库存控制订货点法（order point）;②60 年代的时段式 MRP（time phased material requirements planning）;③70 年代的闭环 MRP（closed loop MRP）;④80 年代发展起来的 MRPⅡ;⑤90 年代,美国著名的咨询企业加特纳公司根据当时的计算机信息处理技术的发展和企业对供应链的管理的需要,预测到在信息时代制造业管理信息系统将发生变革,提出了 ERP（如图 11-5 所示）。

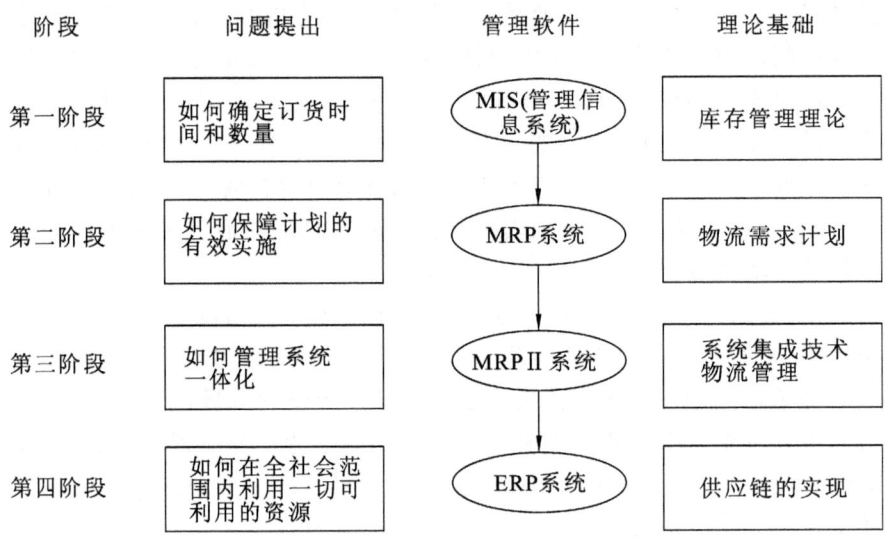

图 11-5　ERP 系统发展历程[1]

ERP 还处于不断发展中,进入 21 世纪又出现了 ERPⅡ概念,称为协同商务。

四、ERP 与 MRP 的关系

（一）MRP 是 ERP 的核心功能

MRP 主要用于订货管理和库存控制,它从产品的结构或材料清单出发,根据需求的优先顺序,在统一的计划指导下,实现企业的产销物信息集成,解决了制造业所关心的缺货与超储的矛盾。MRP 作为生产计划与控制模块,是 ERP 系统不可缺少的核心功能。特别是,MRPⅡ是 ERP 的重要组成部分。MRPⅡ是以将生产活动中的销售、财务、成本、工程技术等主要环节与闭环 MRP 集成为一个系统,覆盖企业生产制造活动所有领域的一种综合制订计划的工具。MRPⅡ通过周密的计划,有效地利用各种制造资源,控制资金占用,缩短生产周期,降低成本,提高

---

[1] 转引自陈恭和主编:《管理信息系统:理论与实践》,高等教育出版社 2004 年版。

生产率,实现企业制造资源的整体优化。MRPⅡ运用管理会计的概念,用货币形式说明了执行企业材料计划带来的效益,实现了材料信息同资金信息的集成,保证了资金流与物流的同步,便于实时做出决策。

(二)ERP 与 MRPⅡ 的主要区别

在 MRPⅡ 基础上发展起来的 ERP,把原来的制造资源计划拓展为围绕市场需求而建立的企业内外部资源计划系统。ERP 突破了原来只管理企业内部资源的方式,把客户需求、企业内部的经营活动以及供应商的资源融合到一起,体现了完全按市场需求制造的经营思想。ERP 也打破了 MRPⅡ 只局限于传统制造业的旧的观念和格局,把触角伸向各个行业,特别是金融业、通信业、高科技产业、零售业等,大大扩展了应用范围,如图 11-6 所示。

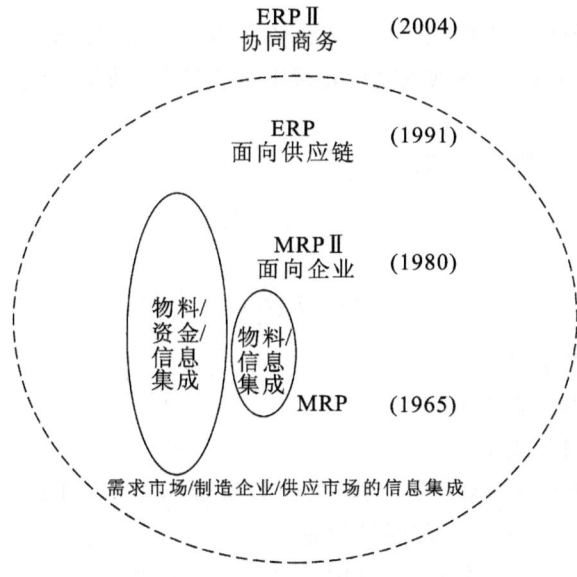

图 11-6 MRP、MRP Ⅱ、ERP 的扩展关系图[①]

五、ERP 库存控制模型

由于受到市场及消费需求或其他因素的影响,任一产品的需求量都不是恒定的,而是一个随机变量,且服从正态分布,如图 11-7 所示。

设 X_L 为订货提前期 L 内实际的需求量,服从正态分布,假设其期望值为 μ,标准差为 σ,缺货的风险为 α。

(1)在需求稳定的情况下,当库存量下降到 OP 时便发出订货通知单,在订货

---

① 转引自杭永宝主编:《企业信息化教程》,东南大学出版社 2003 年版。

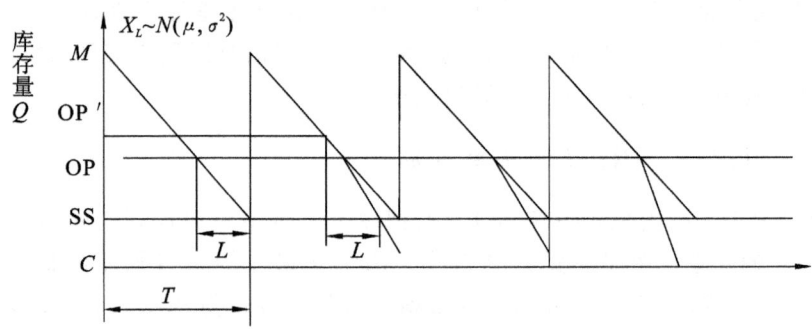

Q——进货批量;L——订货提前期;M——最高库存量;

T——进货间隔期;OP——进货点;SS——安全库存量

图 11-7 订货的模型示意图

提前期 L 内库存量稳定下降,即 $X_L = OP/L$。当库存量下降到 SS 的时候,所订的货物及时到达,库存量由 SS 变成 M,此时不发生缺货,缺货风险 $\alpha = 0$,缺货成本也为零。

由经济订购批量模型可知:

每次的订购量
$$EOQ = \sqrt{\frac{2S \cdot R}{C}}$$

订购间隔期
$$T = \sqrt{\frac{2S}{R \cdot C}}$$

式中:R——每期需求量;

S——每次的订购成本;

C——单位储存成本。

(2) 当库存量下降到 OP 的时候,发出订货通知单,在订货提前期 L 内,若实际需求增大,即 $X_L > OP/L$。此时缺货量为

$$L \cdot X_L - OP = L(X_L - OP/L)$$

在安全库存不可以被消耗的情况下,当 $X_L > \mu$ 的时候即发生缺货;由正态分布的图形规律可知,此时的缺货概率为 0.5。

$$P(X_L > \mu) = \alpha$$

$$P(\frac{X_L - \mu}{\sigma} > 0) = \alpha$$

在安全库存不能被消耗且订货提前期保持不变的情况下,只能提前订货,则订货点会升高至 OP'。

$$OP' = 2OP - \frac{OP^2}{L \cdot X_L}$$

(3) 在订货提前期 L 内,若实际需求增大,即 $X_L > OP/L$。在安全库存可以被消耗的情况下,当 $X_L > \mu + SS$ 的时候即发生缺货。缺货概率为

$$P(X_L > \mu + SS) = \alpha$$

$$P(X_L - \mu > SS) = \alpha$$

$$P\left(\frac{X_L - \mu}{\sigma} > \frac{SS}{\sigma}\right) = \alpha$$

$$P\left(\frac{X_L - \mu}{\sigma} \leq \frac{SS}{\sigma}\right) = 1 - \alpha$$

这样,在企业现有的安全库存下,可求得其缺货风险;同样,把缺货风险 α 控制在一定的范围内,则有相应的安全库存

$$SS = Z\sigma$$

其中: $\Phi(Z) = 1 - \alpha$。

此时,订货点 $OP = SS + LX$;库存最大量 $M = EOQ + SS$。

例 11-1 某公司某产品 W 由本地厂家独家供应,运输距离短,因此每天送货。由其历史数据可得:每月总的库存费用为 1 845 元,平均库存为每月 5 000 件,月需求量 R 为 2 720 件,标准差 σ 为 1 173。

(1)费用计算

单位库存费用 $C = 1\,845/(5\,000 \times 30)$元 $= 0.012\,3$ 元

订购费用 $S = 21$ 元/批

(2)模型建立与计算

应用统计性库存模型辅以 ERP 的库存控制,则

经济订购批量 $EOQ = \sqrt{\dfrac{2R \cdot S}{C}} = \sqrt{\dfrac{2 \times 21 \times 2\,720}{0.0123}}$件 $= 3\,048$ 件

订货的间隔期 $T = \sqrt{\dfrac{2S}{C \cdot R}} = \sqrt{\dfrac{2 \times 21}{0.0123 \times 2\,720}}$天 $= 1.12$ 天

则订货提前期 L 取 1 天。

当需求 X 增大时会产生缺货风险,为安全起见,缺货风险 α 一般控制在 0.1 范围内,此时对应的安全库存应为: $P\left(\dfrac{X_L - \mu}{\sigma} \leq \dfrac{SS}{\sigma}\right) = 1 - \alpha = 0.9$。

由标准正态分布表可得: $\Phi(Z) = 0.9$,则 $Z = 1.280$

所以,$SS = Z\sigma = 1.280 \times 1\,173$ 件 $= 1\,501$ 件

订货点 $OP = SS + L \cdot X_L = (1\,501 + 1 \times 2\,720)$件 $= 4\,221$ 件

库存最大量 $M = Q + SS = (3\,048 + 1\,501)$件 $= 4\,549$ 件

在安全库存不可以被消耗的情况下,当实际需求量 X 增大为 4 300 件,为了保证不发生缺货,此时的订货点应为

$$OP' = 2OP - \frac{OP^2}{L \cdot X_L} = \left(2 \times 4\,221 - \frac{4\,221^2}{4\,300 \times 1}\right)\text{件} = 4\,299 \text{ 件}$$

由上面的计算可知,最高库存量为 4 549 件,在安全库存可以被消耗的情况下,订货点为 4 221 件,在安全库存不可以被消耗的情况下,订货点为 4 299 件。每

次订购 3 048 件,订货间隔期为 1.12 天,订货提前期为 1 天,安全库存为 1 501 件。所以,可以采用每天进货一次,每次的采购量为 3 050 件,安全库存为 1 500 件。则平均库存量由原来的 5 000 件下降到现在的 3 025 件,下降了 39.5%。

 **案例分析**

海尔:零距离 零库存 零营运资本

海尔借助全面的信息化管理手段,整合全球供应链资源,快速响应市场,取得了极大成功,创造了中国制造业企业的一个奇迹。

◎经验值得借鉴

海尔集团取得今天的业绩,与实行全面的信息化管理是分不开的。借助先进的信息技术,海尔发动了一场管理革命:以市场链为纽带,以订单信息流为中心,带动物流和资金流的运动。通过整合全球供应链资源和客户资源,逐步向"零库存、零营运资本和(与客户)零距离"的终极目标迈进。

◎以市场链为纽带重构业务流程

海尔现有 10 800 多个产品品种,平均每天开发 1.3 个新产品,每天有 5 万台产品出库;一年的资金运作进出达 996 亿元,平均每天需做 2.76 亿元结算,1 800 多笔账;在全球有近 1 000 家供方(其中世界 500 强企业 44 家),营销网络 53 000 多个;拥有 15 个设计中心和 3 000 多名海外经理人。如此庞大的业务体系,依靠传统的金字塔式管理架构或者矩阵式模式,很难维持正常运转,业务流程重组势在必行。

总结多年管理经验,海尔探索出一套市场链管理模式。市场链简单地说就是把外部市场效益内部化。过去,企业和市场之间有条鸿沟,在企业内部,人员相互之间的关系也只是上下级或同事。如果产品被市场投诉了,或者滞销了,最着急的是企业领导人。下面的员工可能也很着急,但是使不上劲。业务流程重构后,海尔不仅让整个企业面对市场,而且让企业里的每一个员工都去面对市场,把市场机制成功地导入企业的内部管理,把员工相互之间的同事和上下级关系变为市场关系,形成内部的市场链机制。员工之间实施 SST(索赔、索酬、跳闸):如果你的产品和服务好,下道工序给你报酬,否则向你索赔或者"亮红牌"。

结合市场链模式,海尔集团对组织机构和业务流程进行了调整,把原来各事业部的财务、采购、销售业务全部分离出来,整合成商流推进本部、物流推进本部、资金流推进本部,实行全集团统一营销、采购、结算;把原来的职能管理资源整合成创新订单支持流程 3R(研发、人力资源、客户管理)和基础支持流程 3T(全面预算、全面设备管理、全面质量管理),3R 和 3T 流程相应成立独立经营的服务公司。

整合后,海尔集团商流本部和海外推进本部负责搭建全球的营销网络,从全球的客户资源中获取订单;产品本部在 3R 支持流程的支持下不断创造新的产品满足客户需求;产品事业部将商流获取的订单和产品本部创造的订单执行实施;物流推进本部利用全球供应链资源搭建全球采购配送网络,实现 JIT 订单加速流;资金流推进本部搭建全面预算系统。这样就形成了直接面对市场的完整的核心流程体系和 3R、3T 等支持体系。

商流推进本部、海外推进本部从全球营销网络获得的订单形成订单信息流,传递到产品本部、产品事业部和物流本部,物流本部按照订单安排采购配送,产品事业部组织安排生产;生产的产品通过物流的配送系统送到客户手中,而客户的货款也通过资金流依次传递到商流、产品本部、物流和供方手中。这样就形成了横向网络化的同步的业务流程。

◎ERP+CRM:快速响应客户需求

在业务流程再造的基础上,海尔形成了"前台一张网,后台一条链"("前台的一张网"是海尔客户关系管理网站 www. haiercrm. com,"后台的一条链"是海尔的市场链)的闭环系统,构筑了企业内部供应链系统、ERP 系统、物流配送系统、资金流管理结算系统,以及遍布全国的分销管理系统和客户服务响应 Call-Center 系统,并形成了以订单信息流为核心的各子系统之间无缝连接的系统集成。

海尔 ERP 系统和 CRM(客户关系管理)系统的目的是一致的,都是快速响应市场和客户的需求。前台的 CRM 网站作为与客户快速沟通的桥梁,将客户的需求快速收集、反馈,实现与客户的零距离;后台的 ERP 系统可以将客户需求快速反映到供应链系统、物流配送系统、财务结算系统、客户服务系统等流程系统,实现对客户需求的协同服务,大大缩短了对客户需求的响应时间。

海尔集团于 2000 年 3 月 10 日投资成立海尔电子商务有限公司,全面开展面对供应商的 B2B 业务和针对消费者个性化需求的 B2C 业务。通过电子商务采购平台和定制平台与供应商和销售终端建立紧密的互联网关系,建立起动态企业联盟,达到双赢的目标,提高双方的市场竞争力。在海尔搭建的电子商务平台上,企业和供应商、消费者实现互动沟通,使信息增值。

面对个人消费者,海尔可以实现全国范围内网上销售业务。消费者可以在海尔的网站上浏览、选购、支付,然后可以在家里静候海尔的快捷配送及安装服务。

◎CIMS+JIT:海尔 e 制造

海尔的 e 制造是根据订单进行的大批量定制,海尔 ERP 系统每天准确自动地生成向生产线配送物料的 BOM,通过无线扫描、红外传输等现代物流技术的支持,实现定时、定量、定点的三定配送;海尔独创的过站式物流,实现了从大批量生产到大批量定制的转化。

实现 e 制造还需要柔性制造系统。在满足客户个性化需求的过程中,海尔采用计算机辅助设计与制造(CAD/CAM),建立计算机集成制造系统(CIMS)。在开发决策支持系统(DSS)的基础上,通过人机对话实施计划与控制,从物料资源计划(MRP)发展到制造资源计划(MRPⅡ)和企业资源计划(ERP),还有集开发、生产和实物分销于一体的准时生产(JIT),供应链管理中的快速响应和柔性制造(agile manufacturing),以及通过网络协调设计与生产的并行工程(concurrent engineering)等,这些新的生产方式把信息技术革命和管理进步融为一体。

现在海尔在全集团范围内已经实施 CIMS,生产线可以实现不同型号产品的混流生产。为了使生产线的生产模式更加灵活,海尔有针对性地开发了电子订货系统(EOS)、ERP 系统、JIT 三定配送系统等六大辅助系统,正是因为采用了这种柔性制造系统(FMS),海尔不但能够实现单台电脑客户定制,还能同时生产千余种配置的电脑,而且还可以实现 36 小时快速交货。

海尔的企业全面信息化管理是以订单信息流为中心,带动物流、资金流的运动,所以,在海尔的信息化管理中,同步工程非常重要。

例如,美国海尔销售公司在网上下达一万台的订单。订单在网上发布的同时,所有的部门都可以看到,并同时开始准备,相关工作并行推进。不用召开会议,每个部门只要知道与订单有关的数据,做好自己应该做的事就行了。如采购部门一看订单就会做出采购计划,设计部门也会按订单要求把图纸设计好。又如,2000年3月24日,河北华联通过海尔网站的电子商务平台下达了5台商用空调的订单,订单号为5000541。海尔物流采购部门和生产制造部门同时接到订单信息,在计算机系统上,马上显示出负责生产制造的海尔商用空调事业部的缺料情况,采购部门与压缩机供应商在网上实现招投标工作,配送部门根据网上显示的配送清单4小时以内及时送料到工位。3月31日,海尔商用空调完成定制产品生产,5台商用空调室外机组入库。

海尔电子事业部的美高美彩电也是海尔实施信息化管理、采用并行工程的典型案例。传统的开发过程是串行过程,部门之间相互隔离,工作界限分明,产品开发按阶段顺序进行,导致开发周期长(一般4~6个月)、成本高。

海尔电子事业部为保证美高美彩电在2000年国庆节前上市,根据市场的要求,原定6个月的开发周期必须压缩为2个月。以2个月时间为总目标,美高美彩电开发项目组建立开发市场链,按信息化管理的思路,组建了两个网络,一个是由各部门参与的、以产品为主线的多功能集成产品开发团队,另一个是以采购供应链为主线的外部协作网络。

在产品设计方面,技术人员直接到市场上获得客户需求信息,并把信息转化为产品开发概念。在流程设计方面,通过内部流程的再造和优化,整合外部的优势资源网络,在最短的时间内,以最低的成本满足了订单需求。在设计过程中,一个零部件设计出来后,物流就可以组织采购,而且物流参与到设计中,利于提高产品质量。

最终海尔美高美彩电从获得订单到产品上市只用了2个半月的时间,创造了产品开发的一个奇迹。

◎零距离、零库存：零营运资本

海尔认为，企业之间的竞争已经从过去直接的市场竞争转向客户的竞争。海尔 CRM 联网系统就是要实现端对端的零距离销售。海尔已经实施的 ERP 系统和正在实施的 CRM 系统，都是要拆除影响信息同步沟通和准确传递的阻隔。ERP 是拆除企业内部各部门的"墙"，CRM 是拆除企业与客户之间的"墙"，从而达到快速获取客户订单、快速满足客户需求的目标。

传统管理下的企业根据生产计划进行采购，由于不知道市场在哪里，所以是为库存采购，其结果是企业里有许许多多的"水库"。海尔现在实施信息化管理，通过三个 JIT 打通这些"水库"，把它变成一条流动的河，不断地流动。JIT 采购就是按照计算机系统的采购计划，需要多少，采购多少。JIT 送料指各种零部件暂时存放在海尔立体库，然后由计算机进行配套，把配置好的零部件直接送到生产线。海尔在全国建有物流中心系统，无论在全国什么地方，海尔都可以快速送货，实现 JIT 配送。

库存不仅仅是资金占用的问题，最主要的是会形成很多的呆坏账。现在电子产品更新很快，一旦产品换代，原材料和产成品价格跌幅均较大，产成品积压的最后出路就只有降价，所以会形成现在市场上的价格战。不管企业说得多么好听，降价的压力就来自于库存。海尔用及时配送的时间来满足客户的要求，最终消灭库存的空间。

营运资本，国内把它叫做流动资产，国外叫做运营资本。流动资产减去流动负债等于零，就是零营运资本。简单地说，就是应该做到现款现货。而要做到现款现货，就必须按订单生产。

加入 WTO 以后，中国企业面临更加激烈的竞争。海尔保持 CRM 精神，优化 SCM（供应链管理）效果，推广 ERP 应用，支持海尔的第三方商流和第三方物流的发展要求，成为第三方的信息应用平台，加促海尔融入"全球一体化"经济的大潮。

 **本章综合练习题**

一、选择题

1. 相关需求下的库存控制方法有（　　）。

A. CRP 和 MRP　　　　　　　　B. MRP 和 ERP

C. ERP 和 MPS　　　　　　　　D. MPS 和 CRP

2. ERP 指的是（　　）。

A. 企业资源计划　　　　　　　　B. 物料需求计划

C.资源需求计划   D.能力需求计划

3. 运行 MRP 系统,应输入的文件包括(   )。

A.库存状态文件、投产计划和主生产进度计划

B.投产计划、主生产进度计划和主产品结构文件

C.主生产进度计划、主产品结构文件和库存状态文件

D.主产品结构文件、库存状态文件和投产计划

4. MRP II 指的是(   )。

A.物料需求计划   B.企业资源计划

C.能力需求计划   D.制造资源计划

5. MRP 指的是(   )。

A.能力需求计划   B.物料需求计划

C.企业资源计划   D.制造资源计划

二、判断题

1. 物料需求计划指的是 ERP。

2. MRP 系统运行后,输出的文件包括净需求量、计划接受订货量和计划发出订货量。

3. 通常所讲的闭环 MRP 指的就是 MRP II。

4. ERP 作为一种管理系统,其核心是 MRP III。

5. ERP 作为一种管理思想,其核心是供应链。

三、简答题

1. 什么是能力需求计划? 确定能力需求计划的依据主要有哪些因素?

2. MRP 有哪些特点?

3. MRP II 是怎样运行的?

4. ERP 与 MRP 的关系如何?

练习题参考答案

一、选择题

1. B　2. A　3. C　4. D　5. B

二、判断题

1. ×　2. √　3. ×　4. ×　5. √

三、简答题

1. 在闭环 MRP 系统中,把全部工作中心的负荷平衡称为能力需求计划(CRP),或详细能力计划。它的计划对象为相关需求件,主要面向的是车间。

确定能力需求计划的依据主要有 3 个因素。

(1) 工作中心。它是各种生产或加工能力单元和成本计算单元的统称。对工作中心,都统一用工时来量化其能力的大小。

(2) 工作日历。它是用于编制计划的特殊形式的日历,由普通日历除去每周双休日、假日、停工和其他不生产的日子,并将日期表示为顺序形式而形成的。

(3) 工艺路线。它是一种反映制造某项"物料"加工方法及加工次序的文件。它说明加工和装配的工序顺序、每道工序使用的工作中心、各项时间定额、外协工序的时间和费用等。

2. MRP 的特点如下。

(1) 需求的相关性。MRP 是针对具有相关性需求物资的库存控制方法,不但需求本身之间相关,需求和资源也相关,需求的品种数量也相关,需求时间也相关。

(2) 需求的确定性。MRP 是根据主生产进度计划、主产品结构文件、库存文件和各种零部件的生产时间或订货、进货时间精确计算出来的,其需要的时间、数量都是确切规定好了的,不能够改变。

(3) 计划的精细性。MRP 有充分的根据,从主产品到零部件,从需求数量到需求时间,从生产先后到装配关系都作了明确的规定,无一遗漏或偏差。不折不扣地按照这个计划进行,能够保证主产品生产计划的如期实现。

(4) 计算的复杂性。MRP 要根据主产品生产计划、主产品结构文件、库存文件、生产时间和采购时间把主产品的所有零部件的需要数量、需要时间、先后关系等准确计算出来,其计算量是非常庞大的。特别是当主产品复杂、零部件数量特别多时,只有借助计算机,该工作才有可以进行的可能性。

3. MRPⅡ的运行程序大致如下。根据市场需求预测和客户订单确定主生产计划,主生产计划是 MRPⅡ系统的主要输入信息。然后对产品进行分解,列出物料清单。按物料独立与相关需求理论对物料清单进行分析,赋予基本零件和原材料不同的需求时间,从而确定物料的采购品种、数量和时间。在整个过程中,要不断地进行信息反馈,适时地调整,使整个系统处于动态优化的状态。

4. ERP 与 MRP 的关系表现为,既相互联系,又相互区别。

(1) MRP 是 ERP 的核心功能。MRP 主要用于订货管理和库存控制,它从产品的结构或材料清单出发,根据需求的优先顺序,在统一的计划指导下,实现企业的产销物信息集成,解决了制造业所关心的缺货与超储的矛盾。MRP 作为生产计划与控制模块,是 ERP 系统不可缺少的核心功能。特别是,MRPⅡ是 ERP 的重要组成部分。MRPⅡ是以将生产活动中的销售、财务、成本、工程技术等主要环节与闭环 MRP 集成为一个系统,覆盖企业生产制造活动所有领域的一种综合制订计划的工具。MRPⅡ通过周密的计划,有效地利用各种制造资源,控制资金占用,缩短生产周期,降低成本,提高生产率,实现企业制造资源的整体优化。MRPⅡ运用管理会计的概念,用货币形式说明了执行企业材料计划带来的效益,实现了材料信息同资金信息的集成,保证了资金流同物流的同步,便于实时做出决策。

(2) ERP 与 MRPⅡ的主要区别。在 MRPⅡ基础上发展起来的 ERP,把原来的制造资源计划拓展为围绕市场需求而建立的企业内外部资源计划系统。ERP 突破了原来只管理企业内部资源的方式,把客户需求、企业内部的经营活动以及供应商的资源融合到一起,体现了完全按市场需求制造的经营思想。ERP 也打破了MRPⅡ只局限于传统制造业的旧的观念和格局,把触角伸向各个行业,特别是金融业、通信业、高科技产业、零售业等,大大扩展了应用范围。

第十二章 供应链环境下的库存控制

本章学习重点

1. 零库存管理、供应商管理库存、联合库存管理的方法。

2. 牛鞭效应的形成和解决办法,供应链下的库存控制特征。

3. 供应链中的不确定性与库存问题,多级库存优化与控制。

技能要求

能运用供应链的库存控制原理分析供应链中的库存问题。

随着供应链管理思想的发展与理论的成功,供应链库存管理已成为一个新发展趋势,企业的竞争也从单个企业之间的竞争转变为供应链之间的竞争。供应链(supply chain)是相互间通过提供原材料、零部件、产品、服务的厂家及供应商、零售商等组成的网络。库存以原材料、在制品、半成品、成品的形式存在于供应链的各个环节之中。在供应链中,从供应商、制造商、批发商到零售商,每个环节都有库存,库存是各个环节联系的纽带。因此,供应链中的库存控制是十分重要的。供应链库存管理同传统的库存管理相比有许多新的特点和优势。在供应链管理环境下,库存管理打破了传统各自为政的库存控制方式,从供应链角度研究库存决策问题。供应链管理下的库存控制,是在动态中达到最优化的目标,在满足顾客服务要求的前提下,力求尽可能地降低库存,提高供应链的整体效益。最初的研究主要是在多级库存下的牛鞭效应,后来出现了涉及库存所有权转移的新型库存管理模式,如零库存管理、供应商管理库存(VMI)、联合库存管理(JMI)和多级库存管理。

第一节 供应链中的库存问题分析

一、供应链管理环境下的库存问题

供应链环境下的库存问题和传统的企业库存问题有许多不同之处,这些不同点体现了供应链管理思想对库存的影响。传统的企业库存管理侧重于优化单一的库存成本,从存储成本和订货成本出发确定经济订货量和订货点。从单一的库存角度看,这种库存管理方法有一定的适用性,但是从供应链整体的角度看,单一企业库存管理的方法显然是不够的。目前供应链管理环境下的库存控制存在的主要问题有三大类:信息类问题,供应链的运作问题,供应链的战略与规划问题。

(一) 缺乏供应链的整体观念

虽然供应链的整体绩效取决于各个供应链的节点绩效,但是各个部门都是各自独立的单元,都有各自独立的目标与使命。有些目标和供应链的整体目标是不相干的,更有可能是冲突的。因此,这种各行其道的山头主义行为必然导致供应链整体效率的低下。

(二) 对客户服务的理解不当

供应链管理的绩效应该由客户来评价,或者用对客户的反应能力来评价。但是,对客户服务的理解与定义各不相同,导致对客户服务水平的差异。许多企业采用订货满足率来评估客户服务水平,这是一种比较好的客户服务考核指标。但是客户满足率本身并不保证运作问题,如一家计算机工作站的制造商要满足一份包含多产品的订单要求,产品来自各供应商,客户要求一次性交货,制造商要等各个供应商的产品都到齐后才一次性装运给客户,这时,用总的客户满足率来评估制造商的客户服务水平是恰当的,但是,这种评估指标并不能帮助制造商发现是哪家供应商的交货迟了或早了。

(三) 交货状态数据不准确

当顾客下订单时,他们总想知道什么时候能交货。在等待交货的过程中,也可能会对订单交货状态进行修改,特别是当交货被延迟以后。

(四) 信息传递系统效率低下

在供应链中,各个供应链节点企业之间的需求预测、库存状态、生产计划等都是供应链管理的重要数据,这些数据分布在不同的供应链组织之间,要做到有效地快速响应客户需求,必须实时地传递,为此需要对供应链的信息系统模型做相应的改变,通过系统集成的办法,使供应链中的库存数据能够实时、快速地传递。但是目前许多企业的信息系统并没有很好地集成起来,当供应商需要了解客户的需求信息时,常常得到的是延迟的信息和不准确的信息。延迟会导致误差并影响库存量的精确度,所以短期生产计划的实施也会遇到困难。

(五)库存中存在不确定性因素

供应链运作中存在诸多的不确定性因素,如订货提前期、货物运输状况、原材料的质量、生产时间、运输时间、需求的变化等。为减少不确定性因素对供应链的影响,首先应了解不确定性因素的来源和影响程度。

(六)库存控制策略简单化

无论是生产型企业还是物流型企业,库存控制的目的都是保证供应链运行的连续性和应对不确定性需求。了解和跟踪处于不确定性状态的因素是第一步,第二步是要利用跟踪获得的信息去制定相应的库存控制策略。这是一个动态的过程,因为不确定性也在不断地变化。有些供应商在交货与质量方面可靠性好,而有些则相对差些;有些物品的需求可预测,而有些物品的需求难预测,库存控制策略应能反映这种情况。许多公司对所有的物品采用统一的库存控制策略,物品的分类没有反映供应与需求中的不确定性。在传统的库存控制策略中,多数是面向单一企业的,采用的信息基本上来自企业内部,其库存控制没有体现供应链管理的思想。因此,制定有效的库存控制方法,并能体现供应链管理的思想,是供应链库存管理的重要内容。

(七)缺乏合作与协调性

供应链是一个整体,只有协调好了各方的活动,才能取得最佳的运作效果。协调的目的是使满足一定服务质量要求的信息可以无缝地、流畅地在供应链中传递,从而使整个供应链能够根据客户的要求步调一致,形成更为合理的供需关系,适应复杂多变的市场环境。例如,当客户的订货由多种产品组成,而各产品又由不同的供应商提供时,如客户要求所有的商品都一次性交货,这时企业必须对来自不同供应商的交货期进行协调。如果组织间缺乏协调与合作,会导致交货期延迟和服务水平下降,同时库存水平也由此而增加。供应链的各个节点企业为了应对不确定性,都设有一定的安全库存。正如前面提到的,设置安全库存是企业采取的一种应急措施。问题在于,在多厂商特别是全球化的供应链中,组织的协调涉及更多的利益群体,相互之间的信息透明度不高,在这样的情况下企业不得不维持一个较高的安全库存,并为此付出较高的代价。组织之间存在的障碍有可能使库存控制变得更为困难,因为各自都有不同的目标、绩效评价尺度和仓库,也不愿意去帮助其他部门共享资源。在分布式的组织体系中,组织之间的障碍对库存集中控制的阻力更大。要进行有效的合作与协调,组织之间需要一种有效的激励机制。企业内部一般有各种各样的激励机制以加强部门之间的合作与协调,但是当涉及企业之间的激励时,困难就大得多。问题还不止如此,信任风险的存在更加深了问题的严重性,相互之间缺乏有效的监督机制和激励机制是供应链企业之间合作性不稳固的原因。

(八) 产品的过程设计没有考虑供应链上库存的影响

现代产品设计与先进制造技术的出现,使产品的生产效率大幅度提高,而且具有较高的成本效益,但是供应链库存的复杂性常常被忽视了,结果导致所有节省下来的成本都被供应链上的分销成本与库存成本给抵消了。同样,在引进新产品时,如果不进行供应链的规划,也会因产生如运输时间过长、库存成本过高等原因而无法获得成功。另一方面,在供应链的结构设计中,同样需要考虑库存的影响。要在一条供应链中增加或关闭一个工厂或分销中心,一般是先考虑固定成本与相关的物流成本,至于网络变化对运作的影响因素,如库存投资、订单的响应时间等常常是放在第二位的。但是这些因素对供应链的影响不可低估。

二、供应链中的不确定性与库存

(一) 供应链中的不确定性

从供应链整体的角度看,供应链上的库存无非有两种:一种是生产制造过程中的库存,另一种是物流过程中的库存。供应链库存的存在是为了应对供应链各环节中的各种不确定性,保持供应链系统的正常和稳定,但同样也会产生并掩盖管理中的问题。

供应链中的不确定性来源主要有三个方面:供应者供应的不确定性,生产者生产过程中的不确定性,顾客需求的不确定性。供应者供应的不确定性表现在供应商的生产系统发生故障延迟生产而造成的延迟供货,意外的交通事故导致的供货运输延迟,客户订单系统传递中的延迟等。生产者生产过程中的不确定性主要来源于制造商生产系统的可靠性不高、机器的故障、计划执行的偏差等。顾客需求的不确定性主要表现在对顾客需求预测的偏差、顾客购买力的波动、从众心理和个性特征等。

供应链上的不确定性,不管来自哪方面,从根本上来讲都是由三个方面的原因造成的。①需求预测水平。预测水平与预测时间的长度有关,预测时间越长,预测精度越差;另外还有预测方法对预测的影响。②决策信息的可获得性、透明性、可靠性。信息的准确性对预测同样有影响,下游企业与顾客接触的机会多,可获得的有用信息多;远离顾客需求,信息可获性和准确性差,因而预测的可靠性差。③决策过程的影响,特别是决策人心理的影响。需求计划的取舍与修订,对信息的要求与共享,无不反映个人的心理偏好。

（二）供应链中的库存

由于供应链中存在不确定性，为了保证供应、生产和销售的正常进行，必须在供应链的各环节保有一定的库存。为了减少企业的库存水平，需要增加供应链上各成员企业之间信息的交流与共享，减少不确定性因素对库存的影响，增加库存决策信息的透明性、可靠性和实时性。

三、库存管理在供应链管理中的意义

（一）供应链环境下传统库存管理的局限性

20 世纪 60 年代以前，库存管理最盛行的方法是通过确定经济生产批量、安全库存、再订货点等技术，来保障生产的稳定性，但由于没有注意到独立需求和相关需求的差别，采用这些方法并未取得期望的成效。

60 年代中期，库存管理技术中物料需求计划的出现，则较好地解决了相关需求管理问题。此后，人们就一直探求更好的库存管理模式和技术，并产生了诸如制造资源计划、准时生产制及精细生产等新的库存管理技术。这些新的库存管理模式对提高企业整体效益和在市场上的竞争能力确实作出了不可低估的贡献。但是这些技术在适应经济全球化和满足消费需求差异性、小批量、及时性方面越来越显得力不从心。

以 MRPⅡ 和 JIT 为例，这两种生产方式都是只考虑企业内部资源的利用问题，一切存货的优化工作均着眼于本企业资源的最优应用。但面对企业之间由竞争走向合作和经济一体化的发展，这些库存管理技术的指导思想显得有些不适应。因为在当前的市场环境里，一切都要求能够快速响应客户需求，而要达到这一目的，仅靠一个企业所拥有的资源是不够的。

（二）供应链管理的库存控制作用

从供应链上各节点企业的角度看，将库存中的存货看做是一种重要的流动资产，已经成为企业物流的重要组成部分。实施有效科学的库存管理，可以降低企业平均资金的占用水平，提高存货的流转速度和总资产周转率，从而提高企业的经营效益。

在整个供应链体系中，库存变成一种平衡机制，各节点企业利用它作为缓冲区，以满足连续需求和调整紧急需求，保证生产的连续性，提高客户满意度。随着组成供应链的各节点企业间关系从过去建立在买卖交易基础上的对立型关系向基于共同利益的协作伙伴型关系的转变，供应链上各个企业间的交流、共享信息以及协调进行库存管理成为可能，而先进的库存管理方法和技术的出现使这种可能变成现实。目前，已经出现了很多在维持或改进客户服务水平的基础上优化企业内部和整个供应链库存的方法和技术。供应链库存管理的最高理想是实现供应链企业的无缝连接,消除供应链企业之间的库存现象,实现零库存。

四、供应链管理下库存控制的目标

供应链管理下的库存控制,是在满足顾客服务要求的前提下,力求尽可能地降低整个供应链的库存水平,提高供应链的整体效益,是一个动态优化过程。具体而言,供应链管理下库存控制的目标是:在满足供应链各个成员生产经营需要的基础上,充分利用有限的库存资金,降低库存成本,提高服务水平,保证生产正常进行,快速响应顾客需求,增加赢利,增强竞争力。

为了实现最佳库存控制目标,需要协调和整合供应链各个成员的活动,使每个成员不仅以有效实现自己的功能为目标,更要以实现整个供应链的整体效益为目标。

五、供应链管理环境下的库存控制内容

供应链环境下的库存问题和传统的企业库存问题有许多不同之处,这些不同点体现了供应链管理思想对库存控制的影响。传统的库存管理是以单个企业为对象,主要目的是对企业的库存进行分类和重点管理,从存储成本和订货成本出发,确定经济订货量和订货点,侧重于单个企业库存最优化。如:采购部门为降低采购价格而偏好于大量采购,致使库存增加;销售部门为了避免缺货,提高顾客满意度,倾向于备齐各类商品和维持较高的库存水平等。这样,企业内部供产销各个环节都可能与库存管理部门之间有一定的冲突。

从供应链整体的角度看,单一企业库存管理的方法显然是不够的。供应链条件下的库存管理不再将库存当做保证生产和销售的措施,而将它作为一种供应链的平衡机制。通过应用简化供应链和经济控制论等方法解除薄弱环节来寻求总体平衡,追求商品在流通渠道中流动的最高效率。

目前,供应链管理环境下的库存控制包括三大方面,即供应链的运作、供应链的信息管理、供应链的战略与规划。

(一)供应链的运作

供应链的整体绩效取决于供应链各个节点的绩效,但各个部门都是各自独立的单元,都有各自独立的目标与使命。供应商、生产商、分销商、零售商等都各自持有自己的库存。也就是说整条供应链上的各个节点都持有自己的库存,虽然各个节点可以使单个节点本身的库存成本最小化,但是从供应链整体的角度来看,这种方式并不可取,因为它仅仅是各个节点的最优化,而不是整个供应链的最优化,影响了供应链的优化运行。供应链作为一个整体,只有各节点企业之间密切合作,才能降低库存,取得最佳运作效果。

（二）供应链的信息管理

有效、及时地传递与共享信息，可以减少供应链中的不确定性，降低库存水平。在传统的库存管理中，供应链中的成员信息封闭，缺乏共享，低效率传递，再加上市场中的需求信息在从下游企业传递到上游企业的过程中，受信息的不透明性及随机性的影响，导致真实信息被扭曲或被滞后传递、被放大，使信息失真。把失真的信息作为预测分析的基础，供应链的各个节点中都添加了自身的决策判断，结果导致信息持续失真，并且失真度逐渐放大，最终导致库存过多、利润降低、误导产能计划、生产计划失误等严重后果。在供应链中，各个供应链节点企业之间的需求预测、库存状态、生产计划等都是供应链管理的重要数据，这些数据分布在不同的供应链组织之间，要做到有效地快速响应客户需求，就必须实时地对之进行传递。因此，需要对供应链的信息系统模型做相应的改变，通过系统集成的办法，使供应链中的库存数据能够实时、快速地传递。

（三）供应链的战略与规划

在供应链管理环境下，库存控制的目的是保证供应链运行的连续性，应对不确定性需求。在传统的库存控制策略中，多数是面向单一企业的，采用的信息基本上来自企业内部，其库存控制缺乏战略考虑与规划。在供应链库存管理中，应从整个供应链角度考虑库存问题，从战略上制定库存目标，如集成化的供应链库存战略，建立合作与协调的库存机制，来规划整个供应链的库存管理，使整个供应链的库存控制更有竞争力。

第二节　牛鞭效应

随着市场全球化和竞争的加剧，企业之间的竞争已变成供应链之间的竞争。企业只有对供应链末端客户的需求形成快速反应才能获得成功。为了形成最强大的竞争优势，供应链成员要相互合作，缩小服务与客户需求之间的差距，形成无缝隙供应链。而无缝隙供应链的形成，关键在于对供应链中信息流的正确理解和系统结构的优化，以求标本兼治，从源头上减弱和消除供应链中存在的牛鞭效应。这也是目前供应链管理体系中亟待解决的现实问题。

一、牛鞭效应及其产生的原因

（一）牛鞭效应的含义

物流过程中存在着需求与供给的不确定性，即向供应商订货量的误差会大于向顾客销售量的误差，而且这种误差会沿着物流过程不断向上传递，这样会导致最终端的误差扩大，这种现象被称为"牛鞭效应"（bullwhip effect）。

牛鞭效应是需求的不确定性和需求信息扭曲的结果。不确定性来自物流过程中的各个环节，如供应商、制造商、分销商和顾客等所有成员，并沿着节点逐级传播。

采用传统的库存管理模式不可能解决牛鞭效应问题，只有采用供应链库存管理模式才可以消除这种需求放大现象。

[相关知识链接 12-1]

牛鞭效应的发现

宝洁公司（P&G）在研究尿不湿的市场需求时发现，该产品的零售数量是相当稳定的，波动并不大。但在考察分销中心订货情况时，吃惊地发现波动明显增大了，该分销中心说，他们是根据汇总的销售商的订货需求量订货的。宝洁公司进一步研究后发现，零售商往往根据对历史销量及现实销售情况的预测，确定一个较客观的订货量，但为了保证这个订货量是及时可得的，并且能够适应顾客需求增量的变化，零售商通常会将预测订货量做一定放大后向批发商订货，批发商出于同样的考虑，也会在汇总零售商订货量的基础上再做一定的放大后向销售中心订货。这样，虽然顾客需求量并没有大的波动，但经过零售商和批发商的订货放大后，订货量就一级一级地放大了。在考察其供应商（如 3M 公司）的订货情况时，宝洁公司惊奇地发现订货的变化更大，而且越往供应链上游其订货偏差越大。除了宝洁公司外，惠普公司在考察其打印机的销售状况时也发现存在这一现象。这就是营销活动中的需求变异放大现象。这种信息扭曲的放大作用在图形显示上很像一根甩起的赶牛鞭，因此被形象地称为牛鞭效应。

实际上，早在 1961 年，弗雷斯特（J. Forrester）就通过一系列的实际案例揭示了这种工业组织的动态学特征和时间变化行为。在库存管理研究中，斯特曼（J. D. Sterman）1989 年通过一个"啤酒分销游戏"验证了需求变异放大现象。而真正对需求变异放大现象做出较为全面和详细分析的是美国斯坦福大学的李教授（H. L. Lee），他于 1994 年、1997 年提出的需求变异放大原理是对需求信息扭曲在供应链中传递的一种形象描述。

（二）牛鞭效应产生的原因

在供应链中，每一个供应链节点企业的信息都有一个信息的扭曲，并且这种扭曲程度沿着供应链向上游逐级放大，使订货量的波动程度沿供应链不断扩大。很显然，这种现象会给企业带来严重后果，如产品的库存水平提高、服务水平下降、供应链的总成本过高及定制化程度低等，这必然降低供应链企业的整体竞争力，最终使每一个供应链成员蒙受损失。因此，为了弱化和根除牛鞭效应的负面影响，提高供应链敏捷性，必须剖析牛鞭效应的成因，以探寻相应的整治对策。

1. 供应链结构是产生牛鞭效应的根源

只有从系统的角度分析供应链结构，才能把握牛鞭效应的症结所在。首先，将供应链系统的结构分解为要素组成（参与的实体）及要素（实体）之间的相互合作关系两个方面进行考虑。根据水平层次和垂直规模的不同，可将供应链的结构分为链状结构、整树结构、短粗结构和细长结构四种。

从要素组成对牛鞭效应的影响来看，在传统的供应链结构下，上游和下游的委托代理关系是结构内生的，而且委托方和代理商之间、委托方之间及代理商之间的利益又不协调，加之信息的不完善和契约的局限性，缺乏有效的激励机制，导致双方利益目标和博弈结果之间的次优选择，这是产生牛鞭效应的基于结构的经济学原因。随着供应链水平层次和垂直规模的增多，委托代理关系的梯次也随之增加，利益目标和博弈决策之间的二次选择也就被多次重复，而每一次重复都意味着次优选择的进一步优化，这是牛鞭效应随供应链长度、宽度增加而逐渐放大的原因。因此，对于上述供应链四种结构，在其他条件相同时，链状结构对牛鞭效应的影响最小，而整树结构影响最大，短粗结构和细长结构视具体情况而定。供应链中的成员个数越多，信息被加工的次数越多，信息被扭曲的现象也越严重。

从要素之间的相互合作关系对牛鞭效应的影响来看，要素之间的关系可分为完全合作、部分合作和独立决策三种。它们分别从信息结构、组织结构和保证机制三个方面对牛鞭效应产生影响。完全合作在信息结构上达到信息完全共享，对生产的安排、计划的执行、库存的分配、市场的预测实行统一集中的控制，便于识别加工过的信息，不会对供应商产生太大的订货波动，也不会加剧牛鞭效应。部分合作没有组织结构上的合作，只是信息结构上部分信息的共享，如果合作领域包括的主要流程与订货流程息息相关，那么，会对减少供应商订单波动产生一定影响，否则，牛鞭效应会依旧存在。在经过多次重复合作和博弈之后，相互的信任也会减少牛鞭效应。独立决策的结果是最大化了牛鞭效应，特别是在产品短缺、交货时间长、市场波动比较大的情况下，供应商将面临着巨大的需求波动。一定的库存保障可以降低独立决策放大牛鞭效应的影响程度。

2. 需求预测修正是引发牛鞭效应的直接原因

在供应链中，每个企业都会向其上游订货，当供应链的成员采用其直接的下游订货数据作为需求信息时，就会产生需求放大。零售商按顾客需求预测订货，确定订货点和安全库存，通常采用指数平滑法来预测平均需求及其方差，观察的数据越多，对预测值的修正也就越多，增大了需求的变动性。同样，分销商按零售商的订货数量来预测需求，连续对未来需求进行修正，最后到达上游供应商手中的订货数量已是经过多次修正的库存补给量，变动更大了，这样不可避免导致了牛鞭效应的产生。

3. 批量订购、价格波动、短缺博弈加速牛鞭效应

在供应链中，每个企业出于成本和安全库存考虑，通常都会进行批量订购，所以，从经销商到制造商再到供应商，订货量要比实际销售量大得多。大量的安全库存产生牛鞭效应，并且供应链中各环节的交货期越长，波动会越剧烈。此外，订单通常都是随机分布，甚至是重叠的，当顾客的订货周期重叠时，很多顾客会在同一时间订货，需求高度集中，从而导致牛鞭效应高峰的出现。

基于批量的价格折扣和一些促销手段造成的价格波动，往往会促使零售商在低价时购买大量商品，产生预先购买行为，使得采购量大于实际需要量，人为地增大了需求的变动性，无疑加剧了牛鞭效应。

短缺博弈行为则表现在当产品供不应求时，制造商往往进行配额限量供应，此时，销售商为了获得更大份额的配给量，故意夸大其订货需求，而当需求降温时，订货又突然消失。这种短缺博弈导致的需求信息的扭曲最终引发牛鞭效应。

二、牛鞭效应的解决方法

从供应商的角度看，牛鞭效应是供应链上的各层经销商（总经销商、批发商、零售商）转嫁风险和进行投机的结果。它会导致生产无序、库存增加、成本加重、通路阻塞、市场混乱、风险增大，而妥善解决这个问题能够规避风险，减量增效。企业可以从以下六个方面进行综合治理。

（一）订货分级管理

从供应商的角度看，并不是所有销售商（批发商、零售商）的地位和作用都是相同的。按照帕累托定律，他们有的是一般销售商，有的是重要销售商，有的是关键销售商，而且关键销售商的比例大约占 20％，却实现了 80％ 的销量。因此供应商应根据一定标准对销售商进行分类，对于不同的销售商划分不同的等级，对他们的订货实行分级管理。如对于一般销售商的订货实行满足管理，对于重要销售商的订货进行充分管理，对于关键销售商的订货实现完美管理，这样就可以通过管住关键销售商和重要销售商来减少变异概率，在供应短缺时，可以优先确保关键销售商的订货。还可以采用分级管理策略，在合适时机剔除不合格销售商，维护销售商的统一性和渠道管理的规范性。

（二）加强出入库管理，合理分担库存责任

避免人为处理供应链有关数据的一个方法是使上游企业可以获得其下游企业的真实需求信息，这样，上下游企业可以根据相同的原始资料来制订供需计划。例如，IBM、惠普和苹果等公司在合作协议中明确要求分销商将零售商中央仓库里产品的出库情况反馈回去，虽然这些数据没有零售商销售点的数据那么全面，但这总

比把货物发送出去以后就失去对货物的信息要好得多。

使用电子数据交换系统等现代信息技术对销售情况进行适时跟踪也是解决牛鞭效应的重要方法,如戴尔公司通过互联网(Internet)/内联网(Intranet)、电话、传真等组成了一个高效信息网络,当订单产生时即可传至戴尔信息中心,由信息中心将订单分解为子任务,并通过 Internet/Intranet 分派给各区域中心,各区域中心按电子订单进行组装,并按时间表在约定的时间内准时供货(通常不超过 48 小时),从而使订货、制造、供应"一站式"完成,有效地防止了牛鞭效应的产生。

(三) 联合库存管理策略

联合库存管理策略是合理分担库存责任、防止需求变异放大的先进方法。在供应商管理库存的环境下,销售商的大库存并不需要预付款,不会增加资金周转压力,相反,大库存还会起到融资的作用,提高资本收益率,甚至还能制约供应商,因此它实质上加剧了订货需求放大,使供应商的风险异常加大。联合库存管理则是对此进行修正,使供应商与销售商权利责任平衡的一种风险分担的库存管理模式。它在供应商与销售商之间建立起了合理的库存成本、运输成本与竞争性库存损失的分担机制,将供应商全责转化为各销售商的部分责任,从而使双方的成本和风险共担,利益共享,有利于形成成本、风险与效益平衡,从而有效地抑制了牛鞭效应的产生和加剧。

(四) 缩短提前期,实行外包服务

一般来说,订货提前期越短,订量越准确,因此鼓励缩短订货期是破解牛鞭效应的一个好办法。

根据沃尔玛的调查:如果提前 26 周进货,需求预测误差为 40%;如果提前 16 周进货,则需求预测的误差为 20%;如果在销售时节开始时进货,则需求预测的误差为 10%。并且通过应用现代信息系统可以及时获得销售信息和货物流动情况,同时通过多频度、小数量联合送货方式,实现实需型订货,从而使需求预测的误差进一步降低。

使用外包服务,如第三方物流也可以通过缩短提前期和小批订货来实现规模经营,这样销售商就无须从同一个供应商那里一次性大批订货。虽然这样会增加额外的处理费用和管理费用,但只要所节省的费用比额外的费用大,这种方法还是值得应用的。

(五) 规避短缺博弈行为

面临供应不足时,供应商可以根据顾客以前的销售记录来进行限额供应,而不是根据订购的数量,这样就可以防止销售商为了获得更多的供应而夸大订购量。通用汽车公司长期以来都是这样做的,现在很多大公司,如惠普等也开始采用这种

方法。

在供不应求时,销售商对供应商的供应情况缺乏了解,博弈的程度就很容易加剧。与销售商共享供应能力和库存状况的有关信息能减轻销售商的忧虑,从而在一定程度上可以防止他们参与博弈。但是,共享这些信息并不能完全解决问题,如果供应商在销售旺季来临之前帮助销售商做好订货工作,他们就能更好地设计生产能力和安排生产进度以满足产品的需求,从而减少产生牛鞭效应的机会。

(六)提前回款期限

提前回款期限、根据回款比例安排物流配送是消除订货量虚高的一个好办法,因为这种方法只是将期初预订数作为一种参考,具体的供应与回款挂钩,从而保证了订购和配送的双回路管理。

提前回款期限的具体方法是将会计核算期分为若干期间(如一个月分为三个期间或者四个期间,每个期间 10 天或者 7 天),在每个期间末就应当回款一次;对于在期间末之前多少天积极回款者给予价格优惠等,会有利于该项计划的推进。

第三节　零库存管理

一、零库存的含义

按照《物流术语》国家标准的规定,库存(inventory)是指处于仓库存储状态的物品。广义的库存当然还包括处于制造加工状态和运输状态的物品。因此,这里所谓的零库存(zero inventory),是指以仓库存储形式的某种物品的储存数量为零,即不保持库存。

但是,显然上述对零库存含义所做的解释是建立在狭义的库存概念上的,库存所指为"仓库中处于暂时停滞状态的物资"。如果是针对广义库存概念,则根本不可能出现零库存,因为物资要么处于静态要么处于动态。因此,全面了解零库存的含义,需要注意以下几点。

(一)零库存不等于没有库存

虽然某些经济实体(如生产企业)不单独设立仓库和库存物资,但这并不等于取消了其他形式的库存。实际上,生产企业和商业企业为了应对各种意外情况,必须储备一定数量的原材料、半成品和成品,只不过这种储备不是采取库存的形式罢了。例如,供应商管理库存相对于需求方来说,就是实现了零库存,但实际上只是库存转嫁而已。换句话说,供应商管理库存系统就是供货方替代客户(需求方)管理库存,库存的管理职能转由供应商来负责。

(二)零库存是一个微观概念

所谓零库存,是针对微观经济领域内经营实体(企业)的库存状况而言的一种库存变化趋势,它属于微观经济范畴。而从全社会来看,不可能也不应该实现零库存。国家以各种形式(其中包括库存形式)储备一些物资(如粮食、战略物资、抢险救灾物资等)以应对可能发生的各种自然灾害和其他各种意外事件,是非常有必要的。

(三)零库存不是针对所有库存

从库存的状态来分,库存可以分为经营性库存、安全库存、季节性库存、促销库存、投机库存和积压库存等。零库存主要是针对积压库存和经营性库存而言的。对于企业为了消除产销分离、供货短缺、运输迟延、需求波动、套期保值等原因而保有的库存不但不能为零,而且要有适量的库存来满足正常需要。

(四)零库存不是对所有企业都适用

丰田、戴尔、沃尔玛能实现零库存,并不代表所有企业都能实现零库存。关键要看企业所处的商业环境是什么,经营的是什么产品。例如,丰田汽车装配线确实可以做到生产环节的零库存,但除了本身有先进有效的管理手段和方式外,就是它周围有上百家零配件供应商和原材料仓库。可见,零库存是基于"零"距离供应之上的库存。

另外,丰田经营的汽车,是逐渐走向个性化的大件商品。假如经营的是非个性化的商品(如大众化的家用电器),实现零库存就是不合算的。因为生产和销售都是批量进行的,而消费则是连续和随机的,并且随着生产技术的进步,这种商品的价值越来越低,单位库存商品占用的资金越来越少,而实现零库存要增加单位商品的生产、交换和消费费用。所以,这类商品应该实行适量库存而不是零库存政策。对那些个性化、价值很高的商品实行 JIT 和零库存是比较合算的。

(五)零库存不仅是数量概念

零库存不仅是量的概念,而且还应注意结构的合理性。如果把零库存仅仅看成是仓库存储物的数量变化或数量变化趋势而忽视整体结构的合理性,那么,降低成本的目的就很难实现。因为在库存结构、库存布局不尽合理的状态下(例如多层次设立仓库,库存相当分散),即使某些经营实体个别的库存数量趋于零或等于零,也不能说明库存是合理的。因为,仓库设施重复存在,用于设置仓库和维护仓库的资金占用量并没有减少。

[相关知识链接 12-2]

零库存的产生

零库存可以追溯到 20 世纪六七十年代。当时的日本丰田汽车公司实行拉式生产(pull manufacturing)的准时生产方式(JIT)，并在管理手段上采用看板管理、单元化生产等技术，以实现在生产过程中线边基本上没有积压的原料和半成品。这不仅大大降低了生产过程中的库存及资金的积压，而且实施 JIT 的过程提高了相关生产活动的管理效率。当时，丰田汽车公司只是在生产领域实现了零库存，在原材料供应和产品销售领域则没有实现零库存。

此后，零库存不仅应用在生产过程中，而且延伸到原材料供应、物流配送、产成品销售等各个环节。特别是计算机技术、网络信息技术在零售商业和物流业中的应用，使"信息代替库存"、"动态代替静态"等与零库存异曲同工的概念被更为广泛地提出，并且被大量的企业实践。如戴尔计算机公司运用直销模式以实现成品的零库存，沃尔玛运用先进的信息技术(如卫星定位系统、地理信息系统、电子订货系统、条码技术等)和供应链管理模式达到零库存状态。

二、零库存的实现形式

企业是否采用零库存，关键是要找到一个平衡点。在这个平衡点上，增加单位库存量所增加的库存费用等于因为增加这个库存所减少的生产、交换和消费成本，也就是经济学上所讲的边际成本等于边际收益。根据这个平衡点，企业可以综合自身所处的行业特点(如企业生产的产品特点)、商业环境(如物流的社会化程度)、管理水平(如企业信息化水平)等因素，判断企业到底能否采用零库存。企业通常可以采取以下形式实现零库存。

(一) 利用第三方物流服务

由于库存成本不能消灭，只能转嫁，因此采用委托第三方物流服务的方式实现零库存具有如下两点好处。第一，受托方(第三方)可以充分发挥其专业化水平高的优势，开展规模经营活动，从而能够做到以较低费用的库存管理提供较高水平的后勤活动。第二，可以大量减少委托方的后勤工作，由此能够集中精力从事生产经营活动。

(二) 实行配套生产和分包销售的经营制度

配套生产和分包销售，这种现象多见于制造业。实践证明，采用配套生产和分包销售方式从事生产经营活动,也可以在一定程度内实现零库存。第一,在协作、配套的生产方式下,企业与企业之间的经济关系更加密切,从而在一些企业之间(如在生产零配件的企业和组装产品的主导企业之间)能够自然地构筑起稳定的供货(或购货)渠道;供货渠道稳定,则意味着可以免除生产企业在后勤保障工作上存在着的后顾之忧,进而可促使其减少物资库存总量,甚至取消供应品库存,实现零库存。第二,在分包销售体制下,实行"统一组织产品销售,集中设库储存产品"的制度,并通过配额供货的形式将产品分包给经销商,因此,在各个分包(销售)点上是没有库存的,也就是说,在分包销售制度下,分包者的销售品库存是等于零的。

在发达国家的制造业中,许多生产商的零库存在很大程度上都是通过推行上述生产方式和产品销售制度而实现的。在有些国家里,生产汽车和家用电器等机电产品的企业都是集团性的组织,在结构上是由少数几家规模很大的主导企业和若干家小型协作企业组成的。其中,主导企业主要负责完成产品装配和市场开发等任务,协作企业则负责自己的生产活动,并且能在指定的时间内送货到位。由于供货有保障,因此,主导企业都不再另设一级库存,从而使其库存呈现零的状态。

(三)实施库存集中管理

在保生产、保供应思想的主宰下,相当部分企业采用多级分散采购、分散管理库存的体制。这种分散管理体制使企业层层设库,层层设账,造成车间有小库、分厂设中库、总厂建大库的小而全、大而全的库存管理体系。这种体制虽然能满足二级单位使用方便和应对紧急需要,但造成企业人力、物力、财力的大量浪费,更为严重的是增加了企业总库存,占用了企业大量的流动资金。

库存集中管理,就是由企业的一个部门对企业库存物资进行统一协调、统一指挥、统一调度和总量控制,既保证企业的物资供应,又能使库存最小化,降低库存成本。库存集中管理体制不仅有利于企业节约仓库设施,减少库存管理费用,进行库存物资统一调度,而且可以实现库存资源信息共享,提高企业应变能力。

(四)采用供应链管理模式

采用供应链管理模式实现零库存,就是从生产到消费,通过供应链企业之间信息交流与共享来增加库存决策信息的适时性、准确性、透明性,并减少不确定性因素对库存的影响,达到供应链各成员单位的无缝连接,确保库存量最大限度地降低。

采用供应链管理模式实现零库存需要从以下几个环节入手。

(1)整合供应链业务流程,为订单而采购,减少库存。这就要求企业以顾客的需求为生产经营的起点,企业的采购、存货储备、生产和销售都由顾客的订单来支配,并围绕订单而运作。库存管理是以客户订单为依据,根据需求信息向前反馈;企业则根据订单将销售计划、生产计划和采购计划编制成整体计划。

(2)充分利用供应商管理库存和联合库存管理,降低库存水平。采用供应商管理库存,加强了供应商的责任,使供应商根据需求状况和变化趋势,确定库存水平和补给策略,以对市场需求实现快速响应;而需求方不设库存或少设库存,可以减少资金占用。联合库存管理是供需双方同时参与,共同制订库存计划,使供应链成员单位之间对需求的预期保持一致,从而消除需求变异放大现象,提高供应链同步化程度和整体运作水平,进而降低库存规模。

（3）强化库存定额管理。供应链上的供应商和需求方要根据需求物资的重要性、使用频率、价值、采购难易程度、制造周期、可替代程度等对物料进行分类,并对不同类别的物料进行综合分析,确定库存定额和订货周期,并严格按照库存定额编制采购计划,避免无计划采购。

（4）加强信息化基础建设。要通过计算机和电子网络的广泛应用,及时掌握库存信息,及时反馈信息,实现供应链内外部信息系统集成和信息共享,从而有效地控制库存。

（五）实行看板管理

这是准时方式中的一种简单方式。在企业的各工序之间、企业之间、生产企业与供应者之间,借助看板,逆生产流程方向,由下一环节向上一环节提出指定供应,协调关系,做到准时同步,从而有可能使供应库存实现零库存。

下面就以看板管理为例较为详细地介绍零库存管理实务。

三、零库存管理实务——看板管理

（一）看板管理的基本原理

看板管理是日本丰田汽车公司创造的具有独特风格的生产控制方法。它是把传统的由前工序向后工序送货的制度改为由后工序向前工序取货的制度,并且通过看板把前后工序联系起来。所谓看板就是记载由前工序应生产的零件号,零件名称、数量,运送时间、地点,运送容器等内容的卡片或其他形式的信息载体(如不同颜色的灯光、小球、小牌等)。前工序根据看板所提供的信息,只在必要的时间生产后工序所必需的工件。这样,就把整个生产系统真正组织成为由产出决定投入的闭环系统,从而把在制品的储备量压缩到最低限度,实现零库存。

（二）看板的功能

1. 看板是生产过程中前后作业之间联系与沟通的工具

看板是生产过程中前后作业之间联系与沟通的工具,它为生产以及搬运下达作业指令。这是看板最基本的功能。

生产计划部门根据预测以及订货而制定的生产指令只下达到总组装线,各个前工序的生产均根据看板来进行。看板中记载着生产量、生产时间、方法、顺序及搬运量、搬送时间、搬送目的地、放置场所、搬运工具等信息,从总组装工序逐次向前工序拉动。在总组装线将所使用的零部件的看板取下,据此去前工序领取,而前工序则只生产被这些看板所领走的量。"向前工序领取"以及"适时适量生产"就是这样通过看板来实现的(见图 12-1)。

图 12-1 看板与"向前工序领取"

2. 看板可以防止过量生产和过量搬运

看板操作必须遵守既定的使用规则,其中一条是"没有看板就不能生产,也不能搬运"。根据这一规则,各工序如果没有拿到看板,既不能进行生产,也不能进行搬送;看板数量减少,则生产量也相应减少。看板所表示的只是必要的量,因此通过看板的运用能够做到自动防止过量生产及过量搬运。

3. 看板是进行"目视管理"的工具

看板的使用规则中有"看板必须与实物在一起"、"前工序按收到看板的顺序进行生产"。根据这一规则,作业现场的管理人员对生产的优先顺序一目了然,易于管理。并且根据看板所表示的信息,就可知道后工序的作业进展情况(见图 12-2)。

图 12-2 看板是"一目了然"的目视工具

4. 看板是改善工作的工具

通过减少看板的数量可以实现工作流程的简化。看板数量的减少意味着工序间在制品数量的减少。在运用看板的情况下,如果某一工序设备出故障,生产出不良品,根据看板的使用规则之一"不能把不良品交给后工序",后工序所需得不到满足,就会造成全线停工,因此可使问题立即暴露,从而必须立即采取改善措施来解决问题。

 **[相关知识链接 12-3]**

看板操作的使用规则

使用看板有 6 个规则:①没有看板就不能生产,也不能搬运;②前工序只能生产取走的部分;③前工序按收到看板的顺序进行生产;④看板只能来自后工序;⑤看板必须与实物在一起;⑥不能把不良品交给后工序。

(三)看板的种类和使用

1. 看板的种类

看板主要分为传送看板、生产看板与临时看板三种(见图 12-3)。

$$
看板
\begin{cases}
传送看板 \begin{cases} 工序间看板 \\ 外协看板 \end{cases} \\
生产看板 \begin{cases} 工序内看板 \\ 信号看板 \end{cases} \\
临时看板
\end{cases}
$$

图 12-3　看板的种类

1)传送看板

传送看板用于指挥零部件在前后工序之间的移动,包括工序间看板和外协看板。其中,工序间看板是工厂内部后工序到前工序领取所需的零部件时使用的看板。外协看板,与工序间看板类似,只是"前工序"不是内部的工序而是供应商,是针对外部的协作厂家所使用的看板,也可称为对外订货看板。看板上面须记载进货的名称和进货时间、每次进货的数量等信息。外协看板的使用流程如图 12-4 所示。

2)生产看板

生产看板用于指挥各工序的生产,包括工序内看板和信号看板。

工序内看板是各个工序进行加工时所用的看板。这种看板规定了所生产的零部件及其数量,它只在工作地和它的出口存放处之间往返,典型的工序内看板如图 12-5 所示。

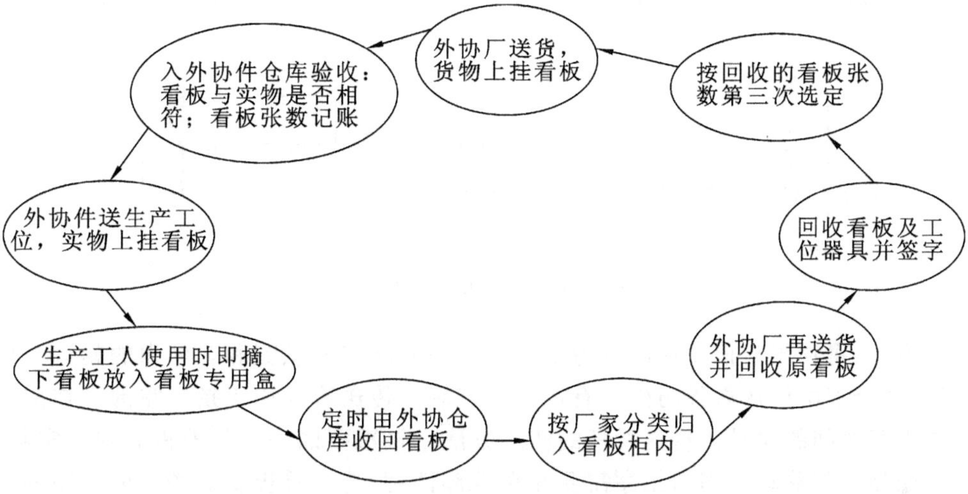

图 12-4　外协看板的工作流程

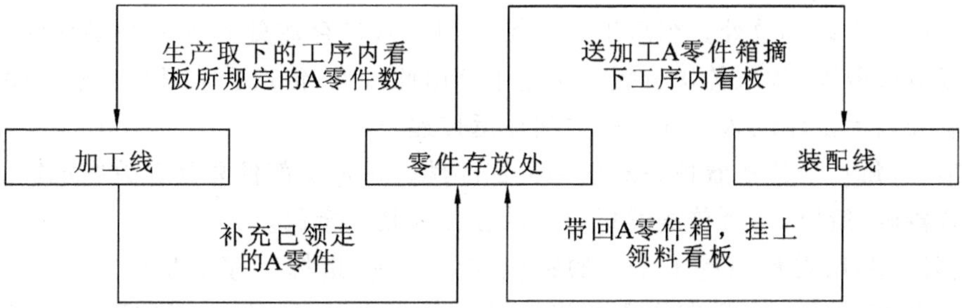

图 12-5　工序内看板流程

信号看板是在不得不进行成批生产的工序之间所使用的看板,如树脂成型工序、模锻工序等。信号看板挂在成批制作出的产品上。当该批产品的数量减到基准数时摘下看板,送回生产工序,然后生产工序按该看板的指示开始生产。另外,零部件出库到生产工序,也可利用信号看板来进行指示配送。

3）临时看板

临时看板是进行设备维护、设备修理等临时任务时所使用的看板。

2. 看板的使用

看板是用来组织生产、传递信息的一种手段。如果制定看板的使用方法不够周密,生产就无法正常进行。从看板的使用方法我们可以进一步领会精益生产方式的"拉动式"生产的独特性。使用看板要注意以下几点。

第一,需对设备进行重新排列,重新布置。要做到各工序所使用每种零部件都只有一个发出地(如前工序),并且在整个生产过程中零部件要有明确的、固定的移动路线。每一个作业区也要重新布置,每个作业区通常都设有两个存放处:入口存放处和出口存放处。对于组装作业,一个作业区可能有多个入口存放处(见图 12-6)。

图 12-6　作业点零部件存放

第二,将物流与信息流区分为工序之间的物流与信息流和工序内的物流与信息流,并分别由传送看板与生产看板进行控制。传送看板用于指挥零部件在前后两道工序之间的移动。传送看板的使用方法中最重要的一点是看板必须随实物,即与产品一起移动。当后工序需要补充零部件时,传送看板就被送至前工序的出口处并附在放置所需的零部件的容器上,同时取下该容器上的生产看板,放入生产看板专用盒中。传送看板附在装有零部件的容器中,从前工序的出口存放处搬运到后工序的入口存放处。当后工序开始使用其入口存放处容器中的零部件时,传送看板就被取下,放入传送看板专用盒中。由此可见,传送看板只是在前工序的出口存放处与后工序的入口存放处之间往返传递。

第三,每一个传送看板只对应一种零部件。每种零部件总是存放在规定的、相应的容器内,所以,一个传送看板对应的容器也是一定的。

第四,利用看板控制工序内的物流与信息流,指挥工序的生产,规定所生产的零件及其数量。它只在作业点与其出口存放处之间往返。当后工序传来的传送看板与该作业点出口存放处容器上的生产看板相关内容一致时,则取下生产看板放入生产看板专用盒。该容器连同传送看板一起被送到后工序的入口存放处。该作业点作业人员按顺序从生产看板专用盒内取走生产看板,并按生产看板的具体内容,从作业点的入口存放处取出要加工的零部件,加工完规定的数量之后,将生产看板附于容器上,放置于该作业点出口存放处。如果生产看板专用盒中的看板数量为零,则停止生产。在一条生产线上,无论是生产单一品种还是多品种,均按这种方法所规定的顺序和数量进行生产,既不会延误也不会产生过量的中间库存。

总之,传统的生产管理观点,强调设备不能停,确保生产不能中断,应对种种影响生产的因素只靠增加库存一条措施,所以系统效率是比较低的。准时生产则主张减少库存,最好降到零库存。当然要绝对达到零库存的理想状态是不可能的,但零库存管理的目的是,通过降低库存发现管理存在的问题,然后解决这些暴露出来的问题,使生产系统得到改善。而这种改进的过程是没有完结的,是一种不断提高上升的良性循环过程。零库存管理体现了生产追求尽善尽美的管理思想。

第四节　供应商管理库存模式

　　长期以来,流通中的库存各自为政。流通环节中的每一个部门都是各自管理自己的库存,零售商、批发商、供应商都有各自的库存,各个供应链环节都有自己的库存控制策略。由于各自的库存控制策略不同,所以不可避免地产生需求的扭曲现象,即所谓的需求放大现象(牛鞭效应),无法使供应商快速地响应客户的需求。

　　在供应链管理环境下,供应链的各个环节的活动都应该是同步进行的,而传统的库存控制方法无法满足这一要求。供应商管理库存(VMI)的供应链库存管理方法的出现,打破了传统的各自为政的库存管理模式,体现了供应链的集成化管理思想,是一种新兴的库存管理思想。

一、VMI 的含义与构成

(一) VMI 的含义

　　VMI 是供应商管理库存(vendor managed inventory)的简称,我国《物流术语》国家标准把 VMI 定义为:供应商等上游企业基于其下游客户的生产经营和库存信息,对下游客户的库存进行管理与控制。

　　通常认为,VMI 是一种库存管理方案,是以掌握零售商销售资料和库存量作为市场需求预测和库存补货的解决方法。经由销售资料得到市场消费需求信息,供应商可以更有效地计划、更快速地反映市场变化和消费者的需求。因此,VMI 可以用来降低库存量、改善库存周转,进而保持库存水平的最优化。同时在 VMI 系统中,供应商和客户分享重要信息,所以双方都可以改善需求预测、补货计划、促销管理和装运计划等。VMI 把以传统通路产生的订单作为补货依据,改变为以实际的或预测的消费需求作为补货依据。

　　例如,供应商用库存来应对不可预测的需求或中间客户(如分销商或批发商)不稳定的需求,而中间客户也设立库存来应对不稳定的内部需求或供应链的不确定性。虽然供应链中每一个组织独立地寻求保护其各自在供应链的利益不受意外干扰,这是可以理解的,但是不可取的。因为这样做影响了供应链的优化运行。供应链的各个不同组织根据各自的需要独立运作,导致重复建立库存,因而无法达到供应链全局的最低成本,整个供应链系统的库存会随着供应链长度的增加而发生需求扭曲。VMI 系统突破了传统的条块分割的库存管理模式,以系统的、集成的管理思想进行库存管理,使供应链系统能够获得同步化的运作。

(二) VMI 系统的构成

　　VMI 系统最主要可分成两个模组:第一个是需求预测计划模组,可以产生准确的需求预测;第二个是配销计划模组,可根据实际客户订单、运送方式,产生客户满意度高及成本低的配送规则。

1. 需求预测计划模组

需求预测最主要的目的就是要协助供应商做库存管理决策。准确预测可以明确地让供应商了解应该销售何种商品,销售给谁,以何种价格销售,何时销售等。

预测所需参考的要素包括:客户订货历史资料,即客户平常的订货资料;非客户历史资料,即市场情报,如促销活动资料。

需求预测程序为:第一,供应商收到客户最近的产品活动资料,紧接着VMI进行历史需求分析;第二,使用统计分析方法,以客户的平均历史需求、客户的需求动向、客户需求的周期做参考,产生最初的预测模式;第三,统计工具可模拟不同的条件,如促销活动、市场动向、广告、价格异动等,产生出调整后的预测需求。

2. 配销计划模组

配销计划模组最主要的目的是进行有效的管理库存量。利用VMI可以比较库存计划和实际库存量并得知目前库存量尚能维持多久。所产生的补货计划是依据需求预测计划模组得到的需求预测、与客户约定的补货规则(如最小订购量、配送提前期、安全库存)、配送规则等。至于补货订单方面,VMI可以自动完成最符合经济效益的建议配送策略(如运送量、运输工具的承载量)及配送进度。

二、VMI 的实施

(一) VMI 的实施原则

1. 合作性原则

在实施 VMI 时,相互信任与信息透明是很重要的,供应商和客户(零售商)都要有较好的合作精神,能够相互保持较好的合作。

2. 互惠原则

VMI 不是关于成本如何分配或谁来支付的问题,而是通过 VMI 的实施减少整个供应链上的库存成本,使双方成本最小,使双方都能获益。

3. 目标一致性原则

实施 VMI 的彼此双方都应明白各自的责任,要在观念上达成一致,对库存放在哪里、什么时候支付、是否要管理费、要花费多少等问题都要回答,并且将其体现在框架协议中。

4. 持续改进原则

实施 VMI 能使供需双方共享利益和消除浪费。VMI 的主要思想是供应商在客户的允许下设立库存,确定库存水平和补给策略,拥有库存控制权。精心设计与开发的 VMI 系统,不仅可以降低供应链的库存水平,降低成本,而且,客户还可获得高水平的服务,改善资金流,与供应商共享需求变化的透明性,获得更高的客户信任度。

（二）VMI 的实施方法

1. 建立标准的托付订单处理模式

改变订单的处理方式,先由供应商和批发商一起确定供应商的订单业务处理过程所需要的信息和库存控制参数,然后建立一种订单的处理标准模式,如电子数据交换标准报文,最后把订货、交货和票据处理各个业务功能集成在供应商一边。

2. 透明连接供应商和客户库存信息系统

库存状态透明性(对供应商)是实施 VMI 的关键。供应商能够随时跟踪和检查到销售商的库存状态,从而快速地、准确地做出补充库存的决策,对企业的生产供应状态做出相应的调整。为此需要建立一种能够使供应商和客户(分销商、批发商)的库存信息系统透明连接的方法。

VMI 运用电子数据交换使供应商与客户彼此交换资料,交换的资料包括产品活动、计划进度及预测、订单确认、订单等。每个交换资料包含的主要项目见表 12-1。

表 12-1　供应商与客户交换资料详目

项　　目	资 料 内 容
产品活动资料	可用产品、被订购产品、计划促销产品、零售产品
计划进度及预测资料	预测订单量、预定或指定的出货日期
订单确认资料	订单量、出货日期、配送地点
订单资料	订单量、出货日期、配送地点

3. 实施 VMI 补货作业流程

VMI 的作业流程如图 12-7 所示,具体过程如下。

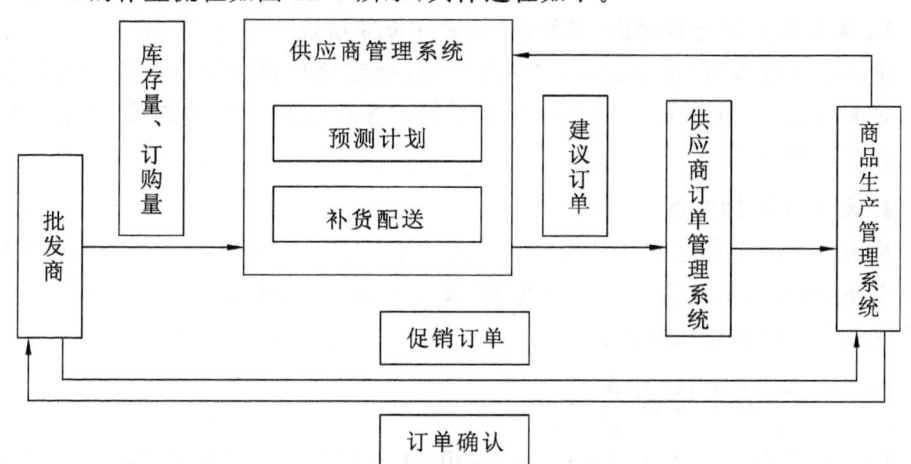

图 12-7　VMI 作业流程

（1）批发商每日或每周送出正确的商品活动资料给供应商。

（2）供应商接收客户传送来的商品活动资料,结合该商品的历史资料做预测。

（3）供应商运用统计方法,针对每种商品做出预测。

（4）供应商根据市场情报、销售情形对预测做适当调整。

（5）供应商按照调整后的预测再修订补货系统预先设定的条件、配送条件、客户要求的服务等级、安全库存量等,产生最具效益的订单量。

（6）供应商根据现有的库存量、已订购量产生最佳的补货计划。

（7）供应商根据自动货物装载系统计算得到最佳运输配送量。

（8）供应商根据以上得到的最佳订购量,在供应商内部产生客户所需的订单。

（9）供应商产生订单确认资料并传送给客户,通过客户补货。

（三）VMI的实施步骤

供应商管理库存的实施可以分如下几个步骤。

1. 建立顾客情报信息系统

要有效地管理销售库存,供应商必须获得顾客的有关信息。通过建立顾客的信息库,供应商能够掌握需求变化的有关情况,把由批发商（分销商）进行的需求预测与分析功能集成到供应商的系统中来。

2. 建立销售网络管理系统

要很好地管理库存,供应商必须建立起完善的销售网络管理系统,保证产品需求信息畅通和物流畅通。为此,供应商必须保证产品条码的可读性和唯一性,解决产品分类、编码的标准化问题,解决商品存储运输过程中的识别问题。

目前已有许多企业采用MRPⅡ或ERP系统,这些软件系统都集成了销售管理的功能。通过对这些功能的扩展,可以建立完善的销售网络管理系统。

3. 建立供应商与分销商（批发商）的合作框架协议

供应商和分销商（批发商）一起通过协商,确定处理订单的业务流程及控制库存的有关参数（如再订货点、最低库存水平等）、库存信息的传递方式（如电子数据交换或互联网）等。

4. 组织机构的变革

过去一般由会计经理处理与客户有关的事情,引入VMI后,在订货部门产生了一个新的职能:负责客户库存的控制、库存补给,以提高服务水平。因此,VMI要求改变供应商的组织模式。

三、VMI的支持技术

VMI的支持技术主要包括商品的标识（ID）代码、电子数据交换（EDI）、条码、连续补给程序等。

（一）ID 代码

供应商要有效地管理客户的库存,必须对客户的商品进行正确识别,为此有必要对供应链商品进行编码,通过获得 ID 代码并与供应商的产品数据库相连,以实现对客户商品的正确识别。目前国际上通行的商品代码标准是国际物品编码协会(EAN)和美国统一代码委员会(UCC)共同编制的全球通用的 ID 代码标准。相应地,国外企业已建立了应用于供应链的 ID 代码的类标准系统,如 EAN—13(UPC—12)、EAN—14(SCC—14)、SSCC—18 及位置码等,我国也建有关于物资分类编码的国家标准。

供应商应尽量按国际标准对产品进行编码,以便在客户库存中对本企业的产品进行快速跟踪和分拣。因为客户(批发商、分销商)的商品多种多样,有来自不同的供应商的同类产品,也有来自同一供应商的不同产品。实现 ID 代码标准化有利于采用电子数据交换系统进行数据交换与传送,提高供应商对库存管理的效率。

（二）电子数据交换

电子数据交换(electronic data interchange,EDI),是一种在处理商业或行政事务时,按照一个公认的标准,形成结构化的事务处理或信息数据格式,借以完成从计算机到计算机的数据传输的电子传输方法。

供应商要有效地对客户(分销商、批发商)的库存进行管理,采用 EDI 进行供应链的商品数据交换是一种安全可靠的方法。为了实现供应商对客户的库存进行实时测量,供应商必须每天都能了解客户的库存补给状态。因此,采用基于联合国确认的全球电子数据交换通信标准 EDIFACT(electronic data interchange for administration commerce and transport,商业和运输电子数据交换管理)的库存报告清单能够提高供应链的运作效率。该清单能自动生成每天的库存水平(或定期的库存检查报告)、最低的库存补给量,可以大大提高供应商对库存的监控效率。分销商(批发商)的库存状态也可以通过 EDI 报文的方式通知供应商。

在 VMI 系统中,供应商关于装运与发票等工作都不需要特殊的安排,主要的数据是顾客需求的物料信息记录、订货点水平和最小交货量等,需求方(分销商、批发商)唯一需要做的是接受 EDI 订单确认或配送建议,以及利用该系统发放采购订单。

（三）条码

条码是 ID 代码的一种符号,是对 ID 代码进行自动识别且将数据自动输入计算机的方法和手段。条码技术的应用解决了数据录入与数据采集的瓶颈,为供应商管理库存提供了有力支持。

条码是目前国际上供应链管理中普遍采用的一种技术手段。为有效实施

VMI系统,应该尽可能地使供应商的产品条码化。条码技术对提高库存管理的效率是非常显著的,它是实现库存管理的电子化的重要手段,使供应商对产品的库存控制一直可以延伸到和销售商的POS(销售时点信息系统)进行连接,实现客户库存的供应链网络化控制。

(四) 连续补给程序

连续补给程序策略将零售商向供应商发出订单的传统订货方式,变为供应商根据客户库存和销售信息决定商品的补给数量。这是一种实现VMI策略的有力工具和手段。为了快速响应客户"降低库存"的要求,供应商通过和客户(分销商、批发商或零售商)建立合作伙伴关系,主动提高向客户交货的频率,使供应商从过去单纯地执行客户的采购订单变为主动为客户分担补充库存的责任,在加快供应商响应客户需求的速度同时,也使需求方减少了库存水平。

综上可知,VMI的好处是可以提供更好的客户服务,增加公司的竞争力,提供更精确的预测,降低营运成本,加快计划生产进度,降低库存量与库存维持成本,以及实施有效的配送。

第五节　联合库存管理

VMI是一种供应链集成化运作的决策代理模式,它把客户的库存决策权代理给供应商,由供应商代理分销商或批发商行使库存决策的权力。而联合库存管理则是一种风险分担的库存管理模式,它使得供应链环节中的各类企业,共同对库存问题进行管理。因此,在供应链企业之间的合作关系中,联合库存管理更加强调双方的互利合作关系,更集中地体现了战略供应商联盟的新型企业合作思想。

一、联合库存管理的基本思想与优势

(一) 联合库存管理的基本思想

联合库存管理(jointly managed inventory,JMI),顾名思义,就是供应链上的各类企业(供应商、制造商、分销商)通过对消费需求认识和预测的协调一致,共同进行库存的管理和控制,利益共享,风险同担。

在联合库存管理模式中,风险分担、减少库存浪费、供应商战略联盟和避免需求放大的思想都得以最充分的展示。

传统的库存管理,一般将库存分为独立需求和相关需求两种库存模式进行管理。相关需求库存问题采用物料需求计划处理,而独立需求的库存问题则采用订货点办法处理。一般来说,产成品库存管理为独立需求库存问题,而在制品和零部件以及原材料的库存控制问题为相关需求库存问题。此外,分销商为了应对顾客需求的不确定性也需要库存,其库存也为独立需求库存。联合库存管理对上述不同需求性质的库存问题进行统一而协调的管理和控制,这将更好地解决供应链系统中由于各节点企业的相互独立库存运作模式导致的需求放大现象,提高供应链的同步化程度。

联合库存管理与供应商管理库存不同,它强调双方同时参与,共同制订库存计划,使供应链过程中的每个库存管理者(供应商、制造商、分销商)都从相互之间的协调性考虑,使供应链相邻的两个节点之间的库存管理者对需求的预期保持一致,从而消除需求变异放大现象。任何相邻节点需求的确定都是供需双方协调的结果,库存管理不再是各自为政的独立运作过程,而是供需连接的纽带和协调中心。

(二)联合库存管理的优势

基于以上管理思想,与传统的库存管理模式相比,联合库存管理模式有如下几个方面的优点:第一,为实现供应链的同步化运作提供了条件和保证;第二,减少了供应链中的需求扭曲现象,降低了库存的不确定性,提高了供应链的稳定性;第三,库存作为供需双方的信息交流和协调的纽带,可以暴露供应链管理中的缺陷,为改进供应链管理水平提供依据;第四,为实现零库存管理、准时采购以及精细供应链管理创造了条件;第五,进一步体现了供应链管理的资源共享和风险分担的原则。

二、联合库存管理的实施

(一)建立供需协调的管理机制

为了发挥联合库存管理的作用,供需双方应从合作的精神出发,建立供需协调管理的机制,明确各自的目标和责任,建立合作沟通的渠道,为供应链的联合库存管理提供有效的机制。为此,供需双方必须本着互惠互利的原则,制定共同的合作目标,并对诸如库存如何在多个需求商之间进行调节与分配、库存的最大量和最低库存水平、安全库存的确定、需求的预测等问题进行协商处理。要做到这一点,供应链节点企业应建立一种信息沟通的渠道或系统,以保证需求信息在供应链中的畅通和准确。如将条码技术、扫描技术、POS 和 EDI 集成起来,并通过互联网的技术手段,构建供需双方之间畅通的信息沟通渠道。

(二)建立公平公正的利益分配和激励体系

联合库存管理需要供应链上的企业利益共享、风险同担。因此,公平公正的利益分配和激励体系对企业的战略联盟极为关键。应确保每一企业在承担相应责任的同时获得对等的收益。同时,对各个企业(供应商、制造商、分销商或批发商)进行有效的激励,防止机会主义行为,增加协作性和协调性。

(三)充分利用 MRP II 和 DRP 技术

MRP II(制造资源计划)系统和 DRP(distribution resource planning,配送资

源计划)技术系统是在供应链库存管理中比较成熟的两种资源管理系统。联合库存管理功效的有效发挥应借助于这两种系统的作用。一般而言,在原材料的联合库存管理中应采用 MRPⅡ,而在产品的联合库存管理中则应采用 DRP。DRP 的简要流程如图 12-8 所示。

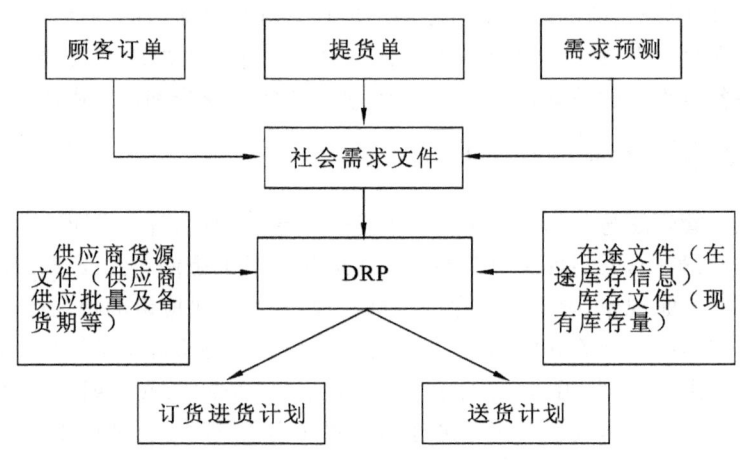

图 12-8 DRP 系统流程图

(四)建立快速响应系统

快速响应系统在美国等西方国家的供应链管理中被认为是一种有效的管理策略。它经历了三个发展阶段:第一阶段为商品条码化,通过对商品的标准化识别处理加快订单的传输速度;第二阶段是内部业务处理的自动化,采用自动补库与 EDI 系统提高业务自动化水平;第三阶段是采用更有效的企业间的合作,消除供应链组织之间的障碍,提高供应链的整体效率,如通过供需双方合作确定库存水平和销售策略等。快速响应系统需要供需双方的密切合作,因此,建立快速响应系统将使联合库存管理更加有效。

第六节 多级库存优化与控制

一、多级库存的基本思想

(一)多级库存的含义

理论上讲,供应链的层次是可以无限的,即从客户到原材料供应商,整个供应链是 n 个层次的供应链网络模型,分一级供应商、二级供应商……A 级供应商,然后到核心企业(组装厂);分销商也可以是多层次的,分一级分销商、二级分销商、三级分销商等,最后才到客户。但是,现实的供应链的层次并不是越多越好,而是越少越好。

因此,实际供应链的层次并不很多,采用供应—生产—分销这样的典型三层模型足够说明供应链的运作问题。整个供应链在制造商、分销商、零售商三个地方存在三个库存,这就是三级库存。更多则为多级库存。

(二)多级库存优化控制的基本思想

1. 供应链的全局性优化

联合库存管理是一种联邦式供应链库存管理策略,是对供应链的局部优化控制,而要进行供应链的全局性优化与控制,则必须采用多级库存优化与控制方法。因此,多级库存优化与控制是供应链资源的全局性优化。

供应链管理下的多级库存管理的目的是使整个供应链各个阶段的库存最小,而现行的企业库存管理模式是从单一企业内部的角度去考虑库存问题,因而并不能使供应链整体达到最优。

2. 单级库存优化基础上的库存控制

多级库存的优化与控制是在单级库存控制的基础上形成的。多级库存系统根据不同的配置方式,包括串行系统、并行系统、纯组装系统、树形系统、无回路系统和一般系统。

二、基于成本优化的多级库存控制

传统的库存优化问题无一例外的是仅进行库存成本优化。但是,在强调快速制造、基于时间的现代市场竞争条件下,仅优化成本这样一个参数显然是不够的,还应该把时间(库存周转时间)的优化也作为库存优化的主要目标来考虑。因此,多级库存优化与控制的层次应该包括基于成本优化的多级库存控制和基于时间优化的多级库存控制。

基于成本优化的多级库存控制实际上就是确定库存控制的有关参数:库存检查期、订货点、订货量。

(一)多级库存控制的库存成本结构

基于成本优化的多级库存控制的库存成本结构包括维持库存费用、交易成本和缺货损失成本。

1. 维持库存费用

库存维持费用(holding cost,用 C_h 表示)包括资金成本、仓库及设备折旧费、税收、保险金等。维持库存费用与库存价值和库存量的大小有关,其沿着供应链从上游到下游有一个累积的过程。因此,维持库存费用的计算公式为

$$C_h = \sum (H_I \times V_I) \tag{12-1}$$

式中：H_I——单位周期内单位产品（零件）的维持库存费用；

V_I——I级库存量。

整个供应链的库存维持费用为：如果是上游供应链，则维持库存费用是一个汇合的过程；而在下游供应链，则是分散的过程。

2. 交易成本

交易成本（transaction cost，用 C_t 表示），是在供应链企业之间的交易合作过程中所产生的各种费用，包括谈判要价、准备订单、商品检验费用、佣金等。交易成本随交易量的增加而减少。交易成本与供应链企业之间的合作关系有关。通过建立一种长期的互惠合作关系有利于降低交易成本，因此，战略合作伙伴关系的供应链企业之间交易成本是最低的。

3. 缺货损失成本

缺货损失成本（shortage cost，用 C_s 表示），是由于供不应求即库存 V_I 小于零的时候，所造成的市场机会损失及客户罚款等。缺货损失成本的高低与库存大小有关。库存量大，缺货损失成本低；反之，缺货损失成本高。为了减少缺货损失成本，维持一定量的库存是必要的，但是库存过多将增加维持库存费用。

4. 供应链的库存总成本

根据以上分析，供应链的某一级库存总成本应该为

$$C = \sum (C_h + C_t + C_s) \tag{12-2}$$

多级库存控制的目标就是优化总的库存成本，使其达到最小。

（二）多级库存控制策略

多级库存控制策略分为中心化（集中式）控制策略和非中心化（分散式）控制策略。

1. 中心化控制策略

中心化控制是将控制中心放在核心企业上，由核心企业对供应链系统的库存进行控制，协调上游与下游企业的库存活动以获得库存的优化。这样，核心企业也就成了供应链上的数据中心（数据仓库），担负着数据的集成、协调功能。采用中心控制的优势在于能够对整个供应链系统的运行有一个较全面的掌握，能够协调各个节点企业的库存活动。中心化控制策略在管理上协调的难度大，特别是供应链的层次比较多，即供应链的长度较长或增加时，协调和控制的难度会比较大。

中心化库存优化控制的目标是使供应链上多级库存 $C_i (i=1,2,\cdots,n)$ 总的库存成本最低，即

$$\min TC = \min\{\sum_{i=1}^{n}(C_h^2 + C_t^2 + C_s^2)\} \tag{12-3}$$

如果是供应—生产—分销这样典型的三级库存的供应链的运作问题,那么,基于成本的库存优化的基本原理就在于以下公式的含义,即

$$\min(C_{mfg} + C_{cd} + C_{rd}) \tag{12-4}$$

式中:C_{mfg}——制造商的库存成本;

C_{cd}——分销商的库存成本;

C_{rd}——零售商的库存成本。

2. 非中心化控制策略

非中心化库存控制是把供应链的库存控制分为三个成本集结中心,即制造商成本中心、分销商成本中心和零售商成本中心,各自根据自己的库存成本优化做出优化的控制策略。

非中心化的库存控制要取得整体的供应链优化效果,需要增加供应链的信息共享程度,使供应链的各个部门都共享统一的市场信息。非中心化多级库存控制策略能够使企业根据自己的实际情况独立做出快速决策,有利于发挥企业自己的独立自主性和灵活机动性。

非中心化库存再订货点的确定,可完全按照单点库存的订货策略进行,即每个库存点根据库存的变化,独立地决定库存控制策略。非中心化的多级库存优化策略需要企业之间的协调性比较好,如果协调性差,有可能导致各自为政的局面。

三、基于时间优化的多级库存控制

基于成本优化的多级库存优化方法是传统的做法。随着市场的变化,市场竞争已从传统的、简单的成本优先的竞争模式转为时间优先的竞争模式,这就是敏捷制造的思想。因此供应链的库存优化不能简单地仅优化成本。

在供应链管理环境下,库存优化还应该考虑对时间的优化,如库存周转率的优化、供应提前期的优化、平均上市时间的优化等。库存时间过长对产品的竞争力不利,因此供应链系统应从提高客户响应速度的角度提高供应链的库存管理水平。

为了说明时间优化在供应链库存控制中的作用,下面看一个例子。

某零售商统计测算了多年库存水平的有关数据,也统计了相应状态下的供应提前期有关数据。结果发现,在提前的时间分别为0、2、4个时间单位(天、月等,此为指数),其分别对应的库存水平的变化呈现出一定的规律性。当提前期为0时,库存量的变化相对平缓;当提前期为2时,库存水平的波动幅度开始增大;当提前期为4时,库存水平的波动幅度变得更大。

图12-9显示了随着时间的推移,一个零售商从供应商获得的库存水平与变化的提前期的关系。从图中可以看出,随着提前期的增加,库存量更大而且摆动更大。深入研究库存量的变化与供应提前期的关系,有着明显的经济意义。

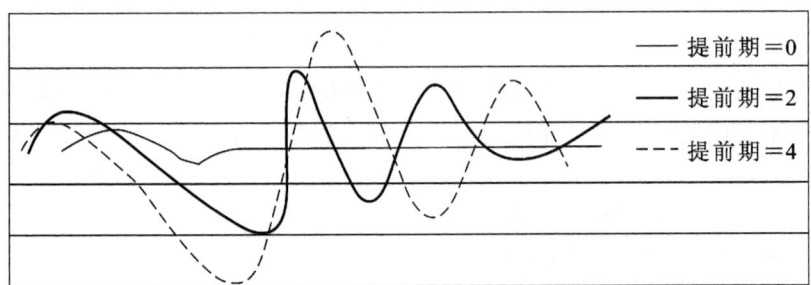

图 12-9　库存水平与供应提前期的关系

　　高库存量意味着占用高额流动资金,会直接减缓企业资金流动速度,降低资金周转速度;同时,库存增大时还要求增加仓库管理人员,而由于劳动管理制度的限制,库存减少时不便减少管理人员,只会增加企业人员费用开支。这两个因素都会引起企业利润的减少。

　　也就是说,延长供货提前期,实际上会导致更大的库存,导致利润的减少;缩短提前期不但能够维持更少的库存,而且有助于库存控制,从而增加企业的利润。

 ## 案例分析

光明乳业的物流革命

　　2003 年,在中国市场乳业大战日趋白热化之时,光明乳业制定了"以质量、新鲜度作为竞争手段,以速度和效率制胜"的战略。为了取得竞争的胜利,光明乳业与主要客户——联华合作,针对其 30 家门店保鲜牛奶产品及达能酸奶的缺货率、新鲜度、库存积压率和按时到货率的情况进行了调研。调研结果显示,除产品的按时到货率基本满意外,光明乳业的产品在缺货率、新鲜度及库存积压率方面都不太理想。

　　对此,光明乳业认为有以下三个原因。一是由于保鲜产品配送的特殊性,光明乳业每日与联华的订单数量达几千张,双方的工作量都比较大,造成订单的采集成本比较高。二是订单下达完全依靠业务员的经验或者感觉来判断,会有一些误差,而这种个人的经验又难以转化为公司的财富。另外,人员的流动造成公司短期内的业务情况异常,销量有一定的流失。三是光明乳业让业务员通过手持设备(PDA)进行订单输入,这种数据交换的方式具有很强的时效性,并且销售准确率高,但每天只能导入一次订单,不能实现二次配送,难以满足零售商的需求。

　　经过深入分析,光明乳业发现供应商管理库存是增加销售量、提高服务水平、降低成本、保持竞争力和加强与客户联系的有效手段。2003 年,光明乳业决定与

联华联手开展 VMI 项目,提高订单精度和效率,实现无间断供货,最终实现电子化订单、网上对账及支付。

为了很好地完成项目,光明乳业与联华协商制定了 VMI 项目的目标。通过实施 VMI,光明乳业希望能够根据客户分销中心(DC)或零售终端(POS)的销售情况进行有效的客户需求预测,达到减少自身库存不足,提高客户服务水平和库存周转率,减少客户和供应商的库存水平,最终减少供应链成本的目的,进而优化物流配送,加强与零售商之间的战略合作伙伴关系,提高供应链管理水平和客户忠诚度。同时,光明乳业希望能根据客户实际销售情况,变"推动供应"为"拉动供应",提高订单的效率和精度,减少采集成本。

对于经销商或零售商来说,实施 VMI 的阻力在于说服供应商。对于供应商来说,主要困难在于关键问题的解决。

根据光明乳业设计的系统物流架,由联华的各家超市将每日库存和销售数据信息及进货单信息传递到联华总部,然后经由联华总部传递到光明乳业的后台——VMI 系统中。这些信息经过 VMI 系统处理后,给出一个产品的预测值信息,然后把信息给联华发送过去。之后,联华根据这个信息制定订单并返回到光明乳业公司。最终,光明乳业 ERP 的后台会产生一个物流配送单,实现不间断送货。

然而,这个看似简单的系统,实施起来难度却非常大,其中订单的预测是 VMI 系统的关键因素,也是光明乳业面临的最大难题。为了保证订单的准确性,光明乳业绞尽脑汁,摸索出一套行之有效的预测思路。

首先,光明乳业对联华的一些历史数据进行回归曲线等初步分析,对一些主要因素进行考虑,如节假日、温度、天气、促销等不确定性因素,系统管理人员将这些因素转化成参数,由业务员提供个人经验值,完成 VMI 预测系统的销售影响因素的初始系数设定。

接下来,对历史数据及各种信息(如 VMI 门店信息、天气、促销、团购、库存预警、发货策略等)进行整理。

最后,通过光明乳业 VMI 这个多元化的信息反馈系统,确保任何影响销售的因素及时被记录并交由系统做进一步处理。主要分四个方面:一是对各种信息如门店信息、天气信息、团购信息等进行基础性维护;二是通过光明的 OMO(行销自动化)系统完成促销计划的提前导入,以计划的准确性及信息转换的便捷性完善促销信息;三是采集产品的缺货率、新鲜度、产品排面、即时库存、精品促销活动等更多的信息,并立即运用起来;四是与联华形成互动联系,二次要货计划由网上 VMI 系统实现,而一些突发信息如停电、修路等可以通过光明 VMI 热线来实现,形成门店主动反馈。

这样,光明乳业就能较为准确地对预测进行判断和调整,提高预测的精度。

光明乳业参与 VMI 的积极性和耐心取得了回报,对首批运行 VMI 管理的 43 家门店的情况调查发现,2003 年 8—10 月份与 2002 年同期销售额相比,实施 VMI

的门店的增长率比未实施VMI的门店高出7％～10％；在按时到货率方面，每天6时30分前到货率由原来的94.9％提高到96.0％；产品缺货率方面，保鲜牛奶由27.8％降低到22.6％，光明酸奶由29.8％降低到19.5％，达能酸奶由38.7％降低到23.1％；产品新鲜度方面，保鲜牛奶从42.1％提高到52.1％，光明酸奶从63.6％提高到66.0％，达能酸奶从73.8％提高到79.8％。尽管这些实施成果还没有达到光明乳业设定的目标，但已表明其在实施VMI系统方面取得了一定的成功。

同时，光明乳业VMI实施的成功也带动了公司业务量的增长和竞争力的提升。2003年，光明乳业实现主营业务收入59.81亿元，比上年增长19％，实现净利润2.82亿元，同比增长25％。在2003年中国企业联合会、中国企业家协会组织的"中国500强企业"评选名次上，光明乳业比2002年上升不少。2004年1月，在著名媒体《财富中国》发布的《2004年中国证券市场领导力报告》中，光明乳业入选了"2004年全国最具领导力的20家上市公司"。

但是，对于取得的一些成绩，光明乳业并没有得意忘形。他们认为，有效地实施VMI必须处理好以下几方面的问题，否则就会满盘皆输。一是零售商提供给供应商的数据质量。VMI系统实施的关键是订单的预演，如果零售商提供的数据质量较差，VMI系统就不能正常运行。二是数据传输的稳定性和及时性。如供应商要求零售商在11时以前将数据传送过来，而在实际操作中数据晚2个小时，VMI系统就不能进行及时的数据分析。三是业务流程的坚决执行。尽管项目是通过系统来完成的，但人是一个非常重要的因素，因为系统是由人来操作的。因此，VMI系统维护人员是一个非常重要的因素，他们必须完成职能的转变，由开始的信息输入、人工调整订单职能转变到目前的自动导入信息的核对、新的参数设定、订单核查以及微调的职能，最终作为VMI软件的管理者。另外，双方项目组要通力合作，高度信任并且积极地进行协作。

 ## 本章综合练习题

一、选择题

1. 供应链管理环境下的库存控制存在的主要问题有（   ）。

A. 供应链的战略与规划问题、优化单一的库存成本问题和信息类问题

B. 优化单一的库存成本问题、信息类问题和供应链的运作问题

C. 信息类问题、供应链的运作问题和供应链的战略与规划问题

D. 供应链的运作问题、供应链的战略与规划问题和优化单一的库存成本问题

2. 供应链中的不确定性来源主要有（   ）。

A. 管理过程中的不确定性、供应者供应的不确定性和生产者生产过程中的不

确定性

B.供应者供应的不确定性、生产者生产过程中的不确定性和顾客需求的不确定性

C.生产者生产过程中的不确定性、顾客需求的不确定性和管理过程中的不确定性

D.顾客需求的不确定性、管理过程中的不确定性和供应者供应的不确定性

3.牛鞭效应的解决方法之一是（　　　）。

A.提前回款期限　　　　　　　　　B.订货不分级管理

C.延长订货提前期　　　　　　　　D.进行短缺博弈

4.不能正确实施零库存管理的方式是（　　　）。

A.供应链管理模式　　　　　　　　B.看板管理

C.第三方物流　　　　　　　　　　D.库存分散管理

5.供应商管理库存模式的英文缩写是（　　　）。

A.VMI　　　　　B.JMI　　　　　C.JIT　　　　　D.EDI

6.在实施联合库存管理过程中，一般而言，对原材料应采用 MRPⅡ，而对产品的联合库存管理则应采用（　　　）。

A.MRP　　　　　B.DRP　　　　　C.ERP　　　　　D.CRP

二、判断题

1.供应链库存的存在是为了应对供应链各环节中各种的不确定性，保持供应链系统的正常性和稳定性。

2.牛鞭效应是一种需求放大现象，采用传统的库存管理模式和供应链的库存管理模式均可能解决牛鞭效应的问题。

3.零库存就是企业没有库存。

4.VMI 系统的构成主要有两个：供应计划模组和配销计划模组。

5.基于成本优化的多级库存控制方法主要有中心化控制策略和非中心化控制策略。

三、简答题

1.供应链管理下的库存控制目标是什么？

2.牛鞭效应产生的原因主要有哪些？

3.简述看板管理的基本原理。

4.实施 VMI 的原则有哪些？

练习题参考答案

一、选择题

1. C 2. B 3. A 4. D 5. A 6. B

二、判断题

1. √ 2. × 3. × 4. × 5. √

三、简答题

1. 供应链管理下库存控制的目标是:在满足供应链各个成员生产经营需要的基础上,充分利用有限的库存资金,降低库存成本,提高服务水平,保证生产正常进行,快速响应顾客需求,增加赢利,增强竞争力。为了实现最佳库存控制目标,需要协调和整合供应链各个成员的活动,使每个成员不仅以有效实现自己的功能为目标,更要以实现整个供应链的整体效益为目标。

2. 牛鞭效应产生的原因主要如下。

(1) 供应链结构是产生牛鞭效应的根源。根据水平层次和垂直规模的不同,可将供应链的结构分为链状结构、整树结构、短粗结构和细长结构四种。在其他条件相同时,链状结构对牛鞭效应的影响最小,而整树结构影响最大,短粗结构和细长结构视具体情况而定。供应链中的成员个数越多,信息被加工的次数越多,信息被扭曲的现象也越严重。

(2) 需求预测修正是引发牛鞭效应的直接原因。在供应链中,每个企业都会向其上游订货,当供应链的成员采用其直接的下游订货数据作为需求信息时,就会产生需求放大。零售商按顾客需求预测订货,确定订货点和安全库存,通常采用指数平滑法来预测平均需求及其方差,观察的数据越多,对预测值的修正也就越多,增大了需求的变动性。同样,分销商按零售商的订货数量来预测需求,连续对未来需求进行修正,最后到达上游供应商手中的订货数量已是经过多次修正的库存补给量,变动更大了,这样不可避免导致了牛鞭效应的产生。

(3) 批量订购、价格波动、短缺博弈加速牛鞭效应。在供应链中,每个企业出于成本和安全库存考虑,通常都会进行批量订购,所以,从经销商到制造商再到供应商,订货量要比实际销售量大得多。大量的安全库存产生牛鞭效应,并且供应链中各环节的交货期越长,波动会越剧烈。此外,基于批量的价格折扣和一些促销手段造成的价格波动,往往会促使零售商在低价时购买大量商品,产生预先购买行为,使得采购量大于实际需要量,人为地增大了需求的变动性,无疑加剧了牛鞭效应。最后,短缺博弈行为导致的需求信息的扭曲最终引发牛鞭效应。当产品供不应求时,制造商往往进行配额限量供应,此时,销售商为了获得更大份额的配给量,故意夸大其订货需求,而当需求降温时,订货又突然消失。

3. 看板管理的基本原理是,把传统的由前工序向后工序送货的制度改为由后工序向前工序取货的制度,并且通过看板把前后工序联系起来。所谓看板就是记载由前工序应生产的零件号,零件名称、数量,运送时间、地点,运送容器等内容的卡片或其他形式的信息载体(如不同颜色的灯光、小球、小牌等)。前工序根据看板所提供的信息,只在必要的时间生产后工序所必需的工件。这样,就把整个生产系统真正组织成为由产出决定投入的闭环系统,从而把在制品的储备量压缩到最低限度,实现零库存。

4. 实施 VMI 的原则如下。

(1)合作性原则。在实施 VMI 时,相互信任与信息透明是很重要的,供应商和客户(零售商)都要有较好的合作精神,能够相互保持较好的合作。

(2)互惠原则。VMI 不是关于成本如何分配或谁来支付的问题,而是通过 VMI 的实施减少整个供应链上的库存成本,使双方成本最小,使双方都能获益。

(3)目标一致性原则。实施 VMI 的彼此双方都应明白各自的责任,要在观念上达成一致,对库存放在哪里、什么时候支付、是否要管理费、要花费多少等问题都要回答,并且将其体现在框架协议中。

(4)持续改进原则。实施 VMI 能使供需双方共享利益和消除浪费。VMI 的主要思想是供应商在客户的允许下设立库存,确定库存水平和补给策略,拥有库存控制权。精心设计与开发的 VMI 系统,不仅可以降低供应链的库存水平,降低成本,而且,客户还可获得高水平的服务,改善资金流,与供应商共享需求变化的透明性,获得更高的客户信任度。

参考文献

[1] 裴凤萍.采购管理与库存控制[M].大连:大连理工大学出版社,2007.

[2] 韩光军,孙月婷.采购管理[M].北京:首都经济贸易大学出版社,2007.

[3] 王槐林.采购管理与库存控制[M].2版.北京:中国物资出版社,2004.

[4] 朱新民,林敏晖.物流采购管理[M].北京:机械工业出版社,2004.

[5] 曲立.库存管理理论与应用[M].北京:经济科学出版社,2006.

[6] 张为民,白士强.采购管理[M].北京:化学工业出版社,2007.

[7] 李雅萍.采购物流[M].北京:对外经济贸易大学出版社,2004.

[8] 刘荔娟.现代采购管理[M].上海:上海财经大学出版社,2005.

[9] 张远昌.仓储管理与库存控制[M].北京:中国纺织出版社,2004.

[10] 刘莉.仓储管理实务[M].北京:中国物资出版社,2006.

[11] 孙明贵.库存物流管理[M].北京:中国社会科学出版社,2005.

[12] 梁世翔.采购实务[M].北京:人民交通出版社,2005.

[13] 郝渊晓.现代物流采购管理[M].广州:中山大学出版社,2003.

[14] 现代物流管理课题组.物流库存管理[M].广州:广东经济出版社,2002.

[15] 唐纳德·沃尔特斯.库存控制与管理[M].李习文,李斌,译.北京:机械工业出版社,2005.

[16] 龚国华,吴嵋山,王国才.采购与供应链[M].上海:复旦大学出版社,2005.

[17] 梁军.采购管理[M].北京:电子工业出版社,2006.

[18] 王小军.ERP系统中组件技术及库存控制问题的研究与应用[D].武汉:华中科技大学,2005.

[19] 约翰·科伊尔,等.企业物流管理:供应链视角[M].7版.文武,等,译.北京:电子工业出版社,2003.

[20] 郝渊晓,张鸿,马健诚.采购物流学[M].广州:中山大学出版社,2007.

[21] 刘斌.采购与供应管理[M].北京:高等教育出版社,2005.

[22] 汪国章.ERP原理、实施与案例[M].北京:电子工业出版社,2003.

[23] 鲍勃·多纳斯,等.物流与库存管理手册[M].王宗喜,等,译.北京:电子工业出版社,2003.

[24] 道格拉斯·兰伯特,等.物流管理[M].张文杰,等,译.北京:电子工业出版社,2003.

[25] 《物流师实务手册》编写组.物流师实务手册[M].北京:机械工业出版社,2007.

[26] 陈恭和.管理信息系统:理论与实践[M].北京:高等教育出版社,2004.

[27] 甘华鸣,解新艳.采购[M].3版.北京:中国国际广播出版社,2002.

[28] 广州市财政局.电算化会计中级教程[M].广州:中山大学出版社,2001.

[29] 宋华,等.现代物流与供应链管理[M].北京:经济管理出版社,2000.

[30] 赵继新,杨军.采购管理[M].北京:高等教育出版社,2006.

教学支持说明

"21世纪全国高等学校物流管理专业应用型人才培养系列规划教材"系华中科技大学出版社"十一五"规划重点教材。

为了改善教学效果,提高教材的使用效率,满足高校授课教师的教学需求,本套教材备有与纸质教材配套的教学课件(PPT电子教案)。

为保证本教学课件及相关教学资料仅为教师个人所得,我们将向使用本套教材的高校授课教师免费赠送教学课件或者相关教学资料,烦请授课教师填写如下授课证明并寄出(发送电子邮件或传真、邮寄)至下列地址。

地址:湖北省武汉市珞喻路1037号华中科技大学出版社发行公司市场部

邮编:430074

电话:027—87557436

传真:027—87542424

E-mail:yingxiaoke2007@163.com

----------------------------------✂---------------------------------

证　　　明

兹证明_____大学_____系/院第_____学年开设的_____课程,采用华中科技大学出版社出版的_____编写的_____作为该课程教材,授课教师为_____,学生共计_____个班共计_____人。

授课教师需要与本书配套的教学课件为:

授课教师的联系方式

联系地址:_____

邮编:_____

联系电话:_____

E-mail:_____

系主任/院长:_____(签字)

(系/院办公室盖章)

_____年_____月_____日